珍藏版

贰拾玖

老照片

主编 冯克力

山东画报出版社

济南

图书在版编目（CIP）数据

老照片：珍藏版. 贰拾玖/冯克力主编. —济南：
山东画报出版社，2023.8（2024.8 重印）
ISBN 978-7-5474-4193-0

Ⅰ.①老… Ⅱ.①冯… Ⅲ.①世界史－史料 ②中国
历史－现代史－史料 Ⅳ.①K106 ②K260.6

中国国家版本馆CIP数据核字(2023)第060273号

LAO ZHAOPIAN：ZHENCANG BAN ERSHIJIU
老照片：珍藏版. 贰拾玖
冯克力 主编

责任编辑 赵祥斌
装帧设计 王 芳

主管单位 山东出版传媒股份有限公司
出版发行 山东画报出版社
　　　　　社　　　址　济南市市中区舜耕路517号　邮编 250003
　　　　　电　　　话　总编室（0531）82098472
　　　　　　　　　　　市场部（0531）82098479
　　　　　网　　　址　http://www.hbcbs.com.cn
　　　　　电子信箱　hbcb@sdpress.com.cn
印　　刷 山东临沂新华印刷物流集团有限责任公司
规　　格 140毫米×203毫米　32开
　　　　　24印张　551幅图　480千字
版　　次 2023年8月第1版
印　　次 2024年8月第2次印刷
书　　号 ISBN 978-7-5474-4193-0
定　　价 80.00元

如有印装质量问题，请与出版社总编室联系更换。

OLD PHOTOS

老照片

定格历史　收藏记忆

主编　冯克力

山东画报出版社

韩国汉城（今首尔）贫民窟里的母亲帮女儿剪头发，远处是毁于战火中的教堂。（参阅本辑《战后十年的韩国社会》）

（秦风　供稿）

OLD PHOTOS

老照片

主编 冯克力

山东画报出版社

执行编辑　赵祥斌

特邀编辑　张　杰
　　　　　丁　东
　　　　　邵　建

美术编辑　王　芳

特邀审校　王者玉

图书在版编目（CIP）数据

老照片.第127辑／冯克力主编. —济南：山东画报出版社，2019.10
ISBN 978-7-5474-3286-0

Ⅰ.①老… Ⅱ.①冯… Ⅲ.①世界史—史料②中国历史—现代史—史料 Ⅳ.①K106 ②K260.6

中国版本图书馆CIP数据核字（2019）第233180号

老照片.第127辑
冯克力主编

责任编辑　赵祥斌
装帧设计　王　芳

出 版 人　李文波
主管单位　山东出版传媒股份有限公司
出版发行　山东画报出版社
　　　　　社　　址　济南市市中区英雄山路189号B座　邮编 250002
　　　　　电　　话　总编室（0531）82098472
　　　　　　　　　　市场部（0531）82098479　82098476（传真）
　　　　　网　　址　http：//www.hbcbs.com.cn
　　　　　电子信箱　hbcb@sdpress.com.cn
印　　刷　山东临沂新华印刷物流集团有限责任公司
规　　格　140毫米×203毫米　1/32
　　　　　6印张　139幅照片　120千字
版　　次　2019年10月第1版
印　　次　2019年10月第1次印刷
书　　号　ISBN 978-7-5474-3286-0
定　　价　20.00元

目　录

一家人与一只华南虎的往事

李 伟

2011年6月11日，英国《卫报》登出了一则"旧闻"，故事的讲述者是一位名叫约翰尼·威勒鼎的英国老人，他年过八旬，深居简出。如果不是老照片见证，恐怕没有人相信他曾在中国生活，且陪伴他度过童年的竟是一群动物，其中还有一只老虎。

约翰尼·威勒鼎1923年生于中国。父亲十九岁时就从英国来华闯荡，在海关谋得工作，此后一路升职，并娶得他上司的中丹混血的女儿——玛丽·伊丽莎白。他们生下了两女一男，也就是约翰尼和他的两个姐姐。

1929年秋，一纸调令，威勒鼎一家来到福建省东部港口——三都澳。1899年这里被清政府主动辟为通商口岸。威勒鼎成了当地海关——福海关的新一任代理税务司，统领海关工作。依照惯例，一家人入住税务司公馆。这是一栋券廊式二层建筑，位于三都澳中央的三都岛，居高临下，视野绝佳，彰显着海关在这片港湾的至高地位。

此时，约翰尼已经到了上学的年纪。对他来说，童年是孤独的，父母只在一日三餐时露面，陪伴他更多的是奶妈、保姆

1

和宠物狗。由于当地教育条件有限，约翰尼被送到一所离家遥远的学校上学，与家人更加聚少离多。

这一天，约翰尼·威勒鼎正在教室里上课。他不会想到，此时此刻家门口突然响起的敲门声，即将改变一家人的生活。

约翰尼的母亲玛丽打开房门，只见三个士兵站在门口。领头的士兵自报来意：他们是专为一只小虎崽而求访的。原来，周边有个村子被老虎闹得鸡犬不宁。一队士兵临危受命，他们射杀了母虎，又在"庆功宴"上吃了两只幼虎。仅有一只公虎崽幸存了下来，出生才十来天，还看不见东西。不知是出于同情，还是想发笔财，几个士兵提起了约翰尼的母亲，认为她很可能愿意购买。果不其然，约翰尼的母亲以三十六美元的高价买下了这只名叫"太极"（Tiggy）的公虎崽。

此事暂且按下不表。我们有必要了解一下约翰尼的母亲和这家人不同寻常的生活。

在约翰尼看来，他的母亲玛丽是家里的权威。这位原本害羞娴静的女子，婚后却因痴迷饲养宠物而"疯"名远播。约翰尼记得母亲养过的宠物，"有一只鹿、一只豪猪、一只鹈鹕和一只狐狸"，"还有一只黑猩猩，以及在我出生前有一只豹子。这些动物差不多住在一块儿，各有各的笼子，但每天总有几小时与家人和狗打成一片。它们种类不同，但这似乎不成阻碍"。

约翰尼记得一只名叫"米奇"的猴子，喜欢坐在大姐弗雷迪的肩上，耷拉着尾巴。"五岁时，我突发奇想，扯了它的尾巴。真是一场灾难"，猴子被吓得不轻，自此不让约翰尼近身。此外，有只强壮的黑猩猩，也是家庭一员，常被约翰尼的玩伴们戏弄。一次，一个男孩照常踢它取乐，不料遭到回击，重伤送医，而黑猩猩自此被严加管束。

约翰尼与"太极"虎在自家花园玩耍。摄于 20 世纪 30 年代初，选自约翰尼家庭相册。

除了饲养宠物以外，约翰尼的母亲还热衷收集蝴蝶、飞蛾，它们虽不像热带品种那般五彩缤纷，但也足够夺人眼球。约翰尼的母亲没有用含氰化物的传统"杀虫瓶"使昆虫立即毙命，而是直接用针将活虫插着，置于标本展示柜里。"我特别记得'骷髅飞蛾'，当它们感到不安时就吱吱地叫。这些可怜虫被钉上板后，会叫上一两天，但这似乎没有打扰到我的母亲"。在约翰尼看来，他的母亲是令人敬畏的。

在这座中国南方的岛屿上，约翰尼一家过着优越的生活，却也必须应对一些麻烦事，例如台风、蛇鼠。一天，约翰尼的奶妈冲入房子，失声尖叫。原来，一条大蛇正在吃屋外养在笼子里的鸽子，而另一条蛇已饱餐过一顿，正准备从铁丝网上的小洞溜之大吉，但由于大腹便便，进退两难。约翰尼的母亲抓住了这条被困的蛇，用手从尾向头倒推腹鳞。这个招数使得蛇动弹不得，浑身僵硬。佣人们对此大为惊奇。约翰尼的母亲因此又获得了一个类似"女巫"的名号。

因为对丹麦血统感到自豪，约翰尼的母亲决定饲养大丹犬，这是原产于丹麦的著名犬种。她一度饲养着11只大丹犬和8只其他品种的狗。当地人满心疑惑地围观，不知"宠物"为何物，而一些村民从中看出了"商机"，争相将稀奇的动物养在自家的房前屋后，期待约翰尼的母亲惠顾。

言归正传。这只不期而至的虎崽"太极"就这样进入了这家人的生活。为了将它带上岛，约翰尼的母亲还支付了一笔交接费用。尽管与英国领事夫人共同担负养虎开支，但她必须承担抚养的全部工作。

"太极"刚来时，仅仅5磅（约合2.3千克），头尾长19英寸（约合0.48米），在被用奶瓶喂养几个月后，成长得很茁壮。"太极"十分顽皮，最喜欢的恶作剧是躲在椅子或门后，突然跳出来猛扑，练习捕猎本领。这些举动最初把这家人逗得直乐。在他们眼中，"太极"和小狗无异。但当"太极"长到成犬般大小时，它的"恶作剧"便使人不寒而栗。"长大后，'太极'会跳出来扑倒你，把你压在身下，并张开嘴，对着你的喉咙。这些都是游戏，和它的所有举动一样友善。它甚至有可能变得温驯"，约翰尼说道。

终于，约翰尼的母亲认为"太极"越来越危险。她无法将它放归野外，又不信任上海动物园。在英国领事夫人的共同施压下，当时航行在中国南方的英国皇家海军"肯特"号船长被说服，在返回查塔姆海军船厂时，捎带上这只老虎，送去了一个可信赖的动物园。

"太极"虎在1936年相当风光地抵达英国，成了媒体的

"太极"虎与"肯特"号上负责照顾它的船员。摄于1936年，英国国立皇家海军博物馆收藏。

宠儿。一份报纸上写道："每晚，老虎'蒂姆'都在后甲板和船员们玩耍"，"他是大伙的最爱"。"蒂姆"可能是船员们给它起的新名字。另一份报纸还刊登了"太极"在甲板上的照片。从照片看，它正在对负责照顾它的船员"动粗"。虽然得到了明星般的待遇，但实际上，"太极"在几个月的远洋漂泊中没少受苦。最终，它被送进了伦敦动物园。

1937年，日本侵华战争全面爆发，许多外国人被迫离开中国。约翰尼的父母先是乘卡车穿过越南，再坐一艘香港来的拥

"太极"虎在"肯特"号上。摄于1936年。
这一照片被制成了明信片，笔者收藏。

挤不堪的船去往英国。此前，约翰尼的母亲仍然试图说服有关
当局允许她带上仅剩的一只大丹犬。

　　终于，在二战前夕，这家人抵达了英国。约翰尼的母亲冲
进动物园来看"太极"。虽然被人群簇拥，"太极"还是认出了她。
它四处跳跃嗥叫，"很明显，它奋不顾身地想要靠近。动物园
的管理员同意我的母亲进入笼子触摸它，我不知道他们如何免
于因此受罚"，约翰尼回忆道，"母亲和'太极'相拥在一起，

福海关税务司公馆。约摄于1908年，贝尔法斯特女王大学图书馆收藏。

在日军轰炸中被毁的福海关磅房。摄于1940年7月23日，笔者收藏。

难分彼此。有人告诉我，在离别后，'太极'咆哮了很久"。

约翰尼被送进英国的一所寄宿学校继续学业。对他来说，这是个完全陌生的国度。"在英国，最震惊的是夜晚如此安静。在中国，所有动物都在夜晚外出活动，比白天还吵闹。"

因为二战爆发，约翰尼和家人再也没能回到中国。当时的中国正笼罩在战争的硝烟之中，他们生活过的三都澳也未能幸免。从 1938 年起，日本发动了多次袭击，将三都澳上的街道几乎夷为废墟，并将整个港口封锁。在绝望中，约翰尼和一个姐姐不得不放弃中国国籍。

对于这个家庭而言，变故接踵而至——约翰尼的父亲突然去世。约翰尼的母亲从未在英国生活过，自此不得不带着三个孩子艰难度日。值得庆幸的是，约翰尼学医后成为一名病理学家。约翰尼的母亲在切尔滕纳姆市一幢简朴的房子里安住下来。多年来，没有比狗更奇特的动物陪伴她。

约翰尼和家人也再没见过"太极"。当约翰尼的母亲走出动物园时，能听到的只有"太极"撕心裂肺的吼叫。"这叫声太叫人伤心"，约翰尼说，他的母亲因为这次分别肝肠寸断，以至于再也没去过。若干年后，"太极"在伦敦动物园孤独离世。

半个多世纪的烟云倏忽而过。在 2011 年，也就是这个故事初次见报时，约翰尼已是八十八岁高龄，和妻子居住在英国罗瑟勒姆一间普通的红砖房里，他们没有养任何宠物。

约翰尼或许从不知道，在遥远的中国，他曾经的家——福海关税务司公馆，在日本的多次轰炸中幸存了下来，至今屹立。但有一件事，他应当有所耳闻：华南虎，这一中国特有的虎种已在野外灭绝。客死他乡的"太极"成了它所属族群悲剧命运的缩影。

盎斯家族在烟台

魏春洋

提到近代烟台商业，就不能避开盎斯洋行。盎斯洋行是近代烟台最大的洋行之一，1886年由德国人盎斯在朝阳街设立。其鼎盛时期，不仅控制了烟台的花生出口业务，也垄断了烟台的西医、西药及医疗器械的进口业务，烟台的第一架X光机就是由它进口到法国天主教施医院（现烟台山医院）的。当然，此文谈的不是盎斯洋行，而是盎斯洋行创始人盎斯及其家族的故事。

醉心于柞蚕纺织业的奥托·盎斯

盎斯洋行的创始人是奥托·盎斯（Otto Ferdinand Fritz Anz），1840年出生于德国西普鲁士的马林韦尔德（Marienwerder，二战之后割让给波兰），父亲海因里希·盎斯（Heinrich Franz Anton Anz）是西普鲁士马林韦尔德区的政府专员，1848年当选为法兰克福国民议会代表。起初，奥托·盎斯在汉堡学习商业。上学期间，奥托·盎斯发明了柞蚕纺织技术。德国克雷菲尔德一家纺织厂对此非常感兴趣，委托奥托·盎斯进行试验。奥托·盎斯知道中国有丰富的柞蚕资源，就前往中国。在中国，奥托·盖斯考察了中国的造纸、印刷、茶叶、丝绸等行业，发现中国存在巨大的商机。于是决定在中国重要的养蚕省份山东，成立一家自己的纺织工厂。

回德国复命之后，这个追寻"中国梦"的德国人奥托·盖斯就偕全家前往中国开埠城市——烟台。奥托·盖斯加入了烟台缫丝局（Chefoo Filanda），担任技术员。烟台缫丝局是德国宝兴洋行（Crasemann & Hagen）1877年在烟台设立的一家工厂。这是山东省第一家机器缫丝厂，也是全国第一家专缫柞丝的近代机器工厂。该厂的设备均从外国进口，使用法国"开奈尔式"蒸汽动力缫丝机。机器缫丝质量高，但成本很高，所以在与土丝的竞争中处于下风，企业渐渐陷入困境。1882年，烟台缫丝

图1　奥托·盖斯和烟台缫丝局的中国工人。右边前面的西方人是奥托·盖斯。

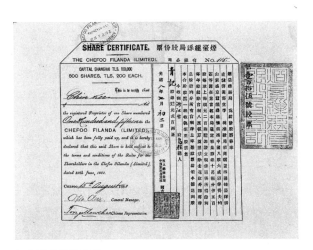

烟台缫丝局股份票。

局改为中德合办，并招股改组为股份有限公司，大部分股东是中国人。由奥托·盎斯担任总理（经理），怡和洋行买办唐茂枝担任中国董事。但经营很不成功。1886年，烟台缫丝局被转让给当时的东海关监督盛宣怀。盎斯以自己所占有的股份获得了三万银两补偿。盎斯利用这笔巨资于1886年创办了一家进出口公司——盎斯洋行，后来盎斯洋行发展成为烟台对外贸易的巨擘。盎斯洋行一直经营到二战结束，奥托·盎斯的小儿子奥斯卡·盎斯（Oscar H. Anz）后来担任盎斯洋行经理。奥斯卡生于1877年，在德国杜塞尔多夫和伯格多夫接受教育后，1893年来到烟台。其后，除担任过盎斯洋行的经理，1903年还担任比利时驻烟名誉领事。

1902年，德国在青岛沧口（Tsangkou）成立了一家中德合资的德华缫丝工业公司（国棉九厂现址），用新法缫制野蚕丝

（柞丝），雇用了 1200 名熟练工人。雄心未泯的奥托·盎斯在缫丝工业公司获得了一个重要的职位。但是，沧口的德华缫丝工业公司后因经营不善，于 1909 年倒闭。在此之前的 1905 年，六十五岁的奥托·盎斯与妻子玛利亚·盎斯返回德国，颐养天年。

热心于地理测绘的沃尔特·盎斯

奥托·盎斯有两个儿子，大儿子沃尔特·盎斯（Walter Anz）生于 1875 年。幼年时，沃尔特·盎斯随父来到烟台。其时，在山东已有很多德国的传教士。奥托·盎斯请了德国传教士教授大儿子沃尔特·盎斯德语功课，还在烟台聘请了一位中国老

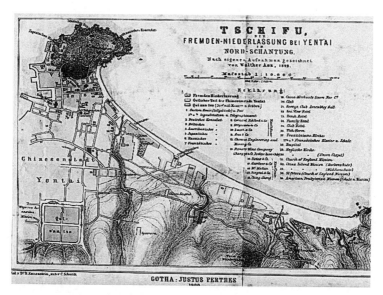

沃尔特·盎斯绘制的烟台地图。

沃尔特·盎斯绘制的烟台风景——从烟台海滨望芝罘岛。

沃尔特·盎斯 1908 年绘制的沧口周围风景。

师教授儿子汉语、书法以及一些儒家课程。

为了继续接受教育，沃尔特·盎斯不久回到德国，在杜塞尔多夫艺术学院（Dusseldorf Art Academy）完成大学学业，其后又在哥达服了一年兵役。1898 年，沃尔特·盎斯回到烟台，在盎斯洋行为其父工作。这个时候，奥托·盎斯仍旧没有放弃建立自己纺织工厂的宏愿。他发现烟台内地出产野蚕茧，而且价格合适，就派遣沃尔特·盎斯到乡下收购。于是，无论严寒酷暑，人们经常会看到一个高个子西方青年，在烟台乡间小路上行色匆匆，晚上他就睡在乡下小旅馆的炕上。对于这位金发碧眼的西方人，乡下农民无比好奇，经常有人用手指轻轻地戳开窗纸，偷偷地观察这个老外。幸亏沃尔特·盎斯有着极高的语言天赋，汉语流利。一个无人陪伴、游走乡下的西方人，与当地的乡下人相处得很好。

在儿童时代，沃尔特·盎斯就听说过德国著名地质、地貌学家斐迪南·冯·李希霍芬（Ferdinand von Richthofen）。李希霍芬曾经八次来华进行地理考察，他绘制的中国地图、写的中

沃尔特·盎斯绘制的青岛到沧口的火车。

沃尔特·盎斯在青岛的图书证。

1907年，沃尔特·盏斯和妻子奥蒂。

国游记深深地吸引了沃尔特·盏斯。受李希霍芬的影响，沃尔特·盏斯醉心于制图与地形学。在德国学习期间，他特意购买了一架专业测绘仪器——经纬仪。他发现，尽管李希霍芬绘制的中国地图很翔实，但仍有许多不完整和不准确的地方。沃尔特·盏斯接管了父亲的工作后，有机会进行自己喜爱的测绘工作。他经常到烟台各地进行测绘，有时几个星期都在野外工作。这一段时期，沃尔特·盏斯绘制了很多详尽的烟台地形图。

　　1902年，沃尔特·盏斯和新婚妻子也追随父亲奥托·盏斯来到青岛，在德华缫丝工业公司工作。在此期间，他仍然热心于测绘工作。其间，他绘制了详尽的山东省地形图，并且用汉字做了注释说明。与此同时，他还教授在缫丝公司里面工作的

1911 年，沃尔特·盍斯全家人在烟台。

中国少年德语，也教授他们学习中国书法、文学和地理。

1909 年，沧口的德华缫丝工业公司因为经营不善而倒闭。对沃尔特·盍斯来说，这就一下子断绝了经济来源。幸好，此时烟台盍斯洋行的老板是沃尔特的弟弟奥斯卡，他答应给沃尔特提供一个洋行职位。于是，沃尔特·盍斯及其全家又回到了烟台。在洋行工作期间，沃尔特·盍斯曾被任命为德国驻烟台领事馆的副技术顾问，当时是 1910 年。

1911 年，对中国人来说注定是不平静的一年。其时中国国内局势已是异常混乱，辛亥革命如火如荼，就连黄海一隅的烟台也被革命浪潮所波及。面对日益复杂的形势，沃尔特·盍斯不愿再待在混乱的中国，决定另谋出路。于是他向德国政府部门求职。不久，德国农业部为他提供了矿山和地质总局下属地

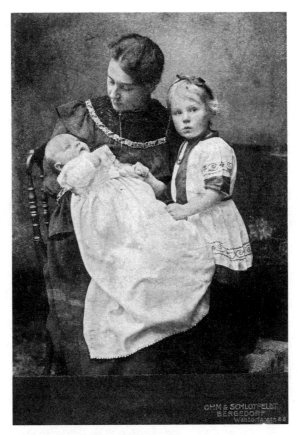

沃尔特·盎斯的妻子奥蒂和女儿

理部门制图员的职位，工作地点在南美洲阿根廷首都布宜诺斯艾利斯。于是，1912 年 1 月，沃尔特·盎斯将其妻子和孩子留在烟台，独自乘船前往南美洲。从此他再也没有回到中国。据其孙女回忆，沃尔特·盎斯家里摆满了大量从中国带走的家具，他极为喜欢中国，甚至把自己都认作一个中国人。

一位调干生的影像记忆

陈 杰

1949 年 6 月，不满十四岁的毛微昭参加了革命工作，成为一名农村干部。1955 年，他以调干生的身份考进了复旦大学新闻学系，成为新闻学系第一届五年制本科学生。

入学后，在全国著名学者和政治家陈望道校长、著名新闻教育家王中教授的指导下，毛微昭投入紧张的学习生活当中。到 1957 年夏，反右派斗争骤然而至，教学秩序受到了干扰。紧接着，1958 年"大跃进"运动开始。是年秋，毛微昭和全年级同学下放到上海宝山县罗店镇跃进人民公社劳动锻炼，与农民同吃同住同劳动。1959 年春，到上海第五钢铁厂劳动锻炼。毛微昭至今保留着他下放劳动时拍摄的照片，真实地记录了那一段生活，也可作为共和国一段历史的见证。

罗店劳动

1958 年中秋节这天，毛微昭和全年级同学一百余人离开了无限依恋的复旦课堂，到了宝山县罗店镇的跃进人民公社。

"大跃进"的风早已吹进了宝山县西北部的罗店镇，最吸

图1 毛微昭（右）和六妹在复旦大学。摄于 1957 年 10 月 4 日。

引人注意的是墙上的宣传画，还配了诗："稀奇真稀奇，茄子当马骑。骑到哪里去？北京去报喜。"毛微昭带着迷茫的心情来到这片新的土地。既然上级说大学生需要脱胎换骨式的改造，他便真心实意地投入繁重的体力劳动中去，在田间地头翻地、收割、挑担施肥，他挥洒着汗水，希望汗水能冲刷掉心灵的污秽，换来一个全新的自己。

当时正是"人有多大胆，地有多大产"的年代，各地高产"卫星"频放。河南、湖北不少地方都已放飞了亩产万斤的"卫星"，

图2 收割水稻。右一为毛微昭,后白衣者为当地农民张碧英、陈秀珍、赵慧娟。此照片及后文所载在罗店劳动的照片大多为郑北渭老师拍摄。

罗店岂能落后?那就搞卫星试验田,搞深耕密植。深耕,不是由五六寸加深到八九寸,而是如挖战壕,一条覆盖一条;密植,也不是一亩地加播种子三两五两的,而是把三倍五倍的精选种子往地里抛;底肥更不用说,想上多少就上多少。

罗店地处平原,土地广阔。相对于试验田,更多的是大田。没有牛耕,由人用铁锹翻地。每天都有翻不完的地,白天、晚上连着干。白天干了一整天,睡到半夜,下地的哨声又响起来,大地还是漆黑一片,田头已是人声鼎沸。中饭也送到田头,大家席地而坐,就地解决。有时候,人立在地里,扶着锹柄,就睡着了。连续十多天高强度的体力劳动,真可谓是"脱胎换骨"了!

劳动间隙,安排张关鸿、董曾琳等同学给农民读报,还让当地的妇女队长唱歌来提劲，这一切都被带队的郑北渭老师拍摄了下来。郑老师曾留学美国，当时已是小有名气的摄影艺术家，他拍摄的在罗店劳动的照片后来还登在了《中国妇女》杂志上。

劳作之余

繁重的田间劳作之余，还有各种各样的活动。

一是参观试验田。经过深耕密植后，试验田上初出的麦芽儿，密密麻麻，一片碧绿，组织者眉开眼笑，参观者啧啧称道，似乎卫星上天，已成铁板钉钉的事了。过了半个月，毛微昭和几个同学又去欣赏试验田。麦苗长得更加密密麻麻了，只是碧

图3 田间交谈。毛微昭（左）手中拿着的是铁耙，当时犁地靠畜力，也靠人力。右边为当地农民朱振华，平时学生称其为三阿伯。地边的庄稼是正在生长的棉花。

图4 毛微昭（中间束腰穿白衣者）和当地农民在试验田里挖深壕，搞深耕密植。前穿白衣者为金德俊，是当时上海市劳模，植棉能手。

绿已变成半青半黄，麦苗在相互挤压下一半已经枯黄了，眼看是损失惨重了。正唏嘘间，忽见妇女队长在一边悄悄落泪，他们走过去陪她一起流泪。

二是办油印小报。试验田虽然失败了，但各种宣传工作还得紧锣密鼓地进行。有一次公社要出油印小报，让大学生们去刻印。毛微昭也领受了任务，负责改稿和刻印。公社办公室编出的稿件十分粗糙，他们一边刻印一边修改，有时刻好、印好已是深夜。除了编印小报，大学生们还在墙上画各种各样的宣传画，宣传"大跃进"的大好形势。

图5 学生们参与堆草垛。

　　三是认干娘。离开罗店前，由组织上统筹部署，每个大学生分配一位农民老大娘认作干娘，包括和毛微昭一个小组的郑北渭老师和丁淦林老师，也都认了一位贫下中农做干娘。毛微昭的干娘是生产队长李叶芬的婆婆，一位慈祥的农村老太太。认了干娘后，和农民的感情也似乎一下子拉近了，他们彼此都以家人称呼。毛微昭叫李叶芬阿姐，对方回称弟弟。这是一种真挚的感情。1961年，毛微昭从青海柴达木退职回浙江老家时，曾专程去罗店看望乡亲们，他们都很热情，还张罗着要为他找对象。还有，后来分配到北京工作的一位女同学当时生孩子，也是到罗店她干

图6　田头读报。前排中黑衣背对镜头者为毛微昭，中间读
报者为毛微昭同班同学张关鸿，时任复旦大学学生会宣传部长。

娘家生的，坐月子期间得到了干娘一家的精心照顾。

到了冬天，农活少了。就在此时，消息传来，"钢铁元帅"
要升帐，学生们将被转移去新上马的上海第五钢铁厂劳动。离
别那天，大家依依不舍，聚在一起拍照留念。泪雨共沾巾，观
者亦嘘唏！

在上钢五厂

1959年1月5日，复旦大学新闻系1955级乙班全体同学，
离开宝山县罗店的跃进人民公社，到位于吴淞口的上海第五钢
铁厂一边劳动，一边办报。当时，复旦大学党委书记杨西光和

图7 田头唱歌。图中唱歌的是当地妇女生产队长。前排穿着白衬衫的是毛微昭，他耷拉着头，似乎已经累得直不起腰了。

图8 田头吃饭。"大跃进"时期办公共食堂，中饭全部送到田头，中午也不休息。

图9 毛微昭（右）和同学徐成滋（左）、王福源（中）一起改稿子、编小报。

图10 当年罗店的妇女们。左一为生产队长李叶芬，是毛微昭干娘的儿媳。左二为妇女副队长，右一为张碧云。当年罗店妇女的服饰有点特别，穿在最外面的是一件下襟分开的毛衣。背后房子墙壁上画着"大跃进"的宣传画。

从中央党校下放到上钢五厂担任党委副书记的孟凡是新四军时的老战友，私交甚好。他们见面后，谈到复旦新闻学系要开门办学，上钢五厂也需要加强宣传工作，想办一张报纸。于是，复旦新闻学系就安排了1955级乙班去做这件事。

带队去上钢五厂的老师有郑北渭、丁淦林两位。上钢五厂的厂报名为《合金钢》，之所以叫《合金钢》，可能有两个含义：上钢五厂是炼合金钢的厂；上钢五厂的人也要像合金钢一样顶用。这个厂是1958年夏天上马的，到这年年底，厂区只有厂房、一栋简易的两层办公楼和芦席棚顶的饭堂。学生们都住在蕴藻浜的国棉八厂的两间大教室里。两位老师跟男生住在一起。

毛微昭和同学们被分配到炼钢、轧钢、铸造、机修等车间

图 11 和社员们合影。后排左三戴帽者为毛微昭，左四为带队老师丁淦林。照片背景是解放战争时期留下的碉堡。

跟班劳动，并了解所在车间情况，为《合金钢》写稿。写好稿子后，再由轮值的学生编辑，交给厂报专职编辑，每周出一期，每期八开一张，铅印。

复旦的学生在上钢五厂期间，得到了上钢五厂党委副书记孟凡的多方照顾，孟凡对大学生们非常关心和爱护。他称乙班这个小集体是"兄弟姐妹小组"，他自任组长。孟凡那时还不到四十岁，上钢五厂是全国闻名的大厂，一位大厂的党委副书记、抗日战争初期参加革命的老干部，自称是"学生们的老大哥"，经常同他们在一起，不谈阶级斗争，只谈"我们都是来自五湖四海，为了一个共同的革命目标，走到一起来了"，都是革命队伍里的同志，是兄弟姐妹，使得大学生们非常感动。有一次毛微昭感冒发烧，丁淦林老师知道后找到孟凡，厂里就派了一辆吉普车把毛微昭送到江湾医院看急诊。在 20 世纪 50

图 12　毛微昭在上钢五厂转炉车间旁。

图 13　毛微昭（后排左一站立者）和同学与制砖车间干部合影。

年代，能坐吉普车是非常难得的事情，让毛微昭终生难忘。毛
微昭后来还专门写文章纪念这位可敬的长者。

　　1959 年 4 月 7 日，毛微昭和同学们离开了上钢五厂，回到
了复旦。在上钢五厂劳动办报的时间虽然不长，但他们感到收
获不小。大学五年的生活里，这是一段难得的温馨岁月。

　　回到复旦后，他们开始到新闻单位实习，后回校继续学习，
直到 1960 年夏天毕业。

　　复旦五年的生活中，曾经有大半年的时间，毛微昭和同学
们一起离开了校园，到农村、工厂劳动锻炼，并亲身经历了"大
跃进"运动的兴起和高潮，对他来说，这是一段难忘而又特殊
的经历。现在六十年过去了，这一切还恍如昨日。

大理忆旧

小 非

很小的时候，我就喜欢上了大理，因为电影《五朵金花》告诉了我苍山雪、洱海月、三月街、蝴蝶泉……年龄渐长，又知道了大理曾是南诏古国的国都所在。那种遥远和神秘，令人向往。没想到十二岁那年，终于有了一番大理的亲历。如今，几十年过去了，那些难以忘怀的往事依然清晰。

一、行路难

1968 年 10 月，五十四军从四川重庆移师滇西重镇大理。那时，著名的成昆铁路尚未贯通，高速公路更是闻所未闻。从内地到边陲，路途似乎十分遥远。而军列又是闷罐车厢，没有铺位，两侧摆满了稻草垫子，中间仅留了一条狭窄的通道，角落里是用雨布遮围的"厕所"，条件十分简陋。不过，我们这些孩子却非常兴奋，因为许多家庭躺在一个大车厢里，很是热闹。

我们自重庆九龙坡火车站出发，越过白沙沱大桥，经江津地区进入贵州，沿途穿遵义、贵阳、安顺。这一段，虽说山高坡陡，

1964 年，五十四军部分领导在重庆军部圆亭子前留影。前排右二为副军长韦统泰。

火车"气喘吁吁"，但总算相对顺利。进入云南后，则险象环生。

经过连日的颠簸，从曲靖西行时，大家都很疲倦了。半夜里，本来轰隆隆行进的列车咣当一声不知怎么突然停在了隧道里，迷迷糊糊之中，我被这一晃惊了一下，接着又闷头睡了过去。但没过多久，有人咳嗽了，很快像是传染了一样，四处响起了此起彼伏的咳嗽声。我们几个挤在一堆的男孩儿，本来没什么大事，一听周边的动静，也故意大声吭、吭起来。

这时不知谁惊恐地喊了一声"煤气"，大家顿时生出了一些恐惧。昏黄的灯光下，车厢里似乎弥漫着淡蓝色的烟雾。

随车的战士打开紧锁的车门，我们扒着门边伸出一颗颗小脑袋，看到车头方向一片火光，心里不免有些恐慌，然而谁也不愿第一个说出害怕。就在大家的忍耐几近极限时，列车咣当一声又启动了，出了隧道，南国暗夜里略带清香的新鲜空气慢慢飘进了车厢，大人孩子顿时欢呼雀跃起来。

黎明，列车终于在缓慢爬行中来到了铁路的尽头——云南广通。走出车厢，人们披着高原的曙色，谈论起夜里历险的情景，仍然心有余悸。

广通是昆明西部的一个小镇，为滇缅公路的重要节点。早饭后，在兵站院子里，家属们按照司政后序列登上了临时征用的客车，很快沿滇缅公路向大理进发了。

1968年12月，五十四军首长到下关一三五师检查工作时在师部留影。前排左三为军长韦统泰、左四为军政委蓝亦农。

20世纪60年代末，大理汽车运输公司车队在滇缅公路上休息。

　　滇缅公路1938年贯通，是当时云南省政府主席龙云1937年在南京最高国防会议上提议修筑的。滇缅公路以昆明为起点，经楚雄、大理、保山、潞西至畹町，云南境内接近1000公里。出境后，它与缅甸的公路相接，是抗战时期西南地区最重要的交通动脉，也是日军占领缅甸前援华物资的主要输送线。1949年后虽然进行过重修，但由于地质条件的恶劣和维修物资的匮乏，路况一直不好。

　　时令已是初冬，高原上依然阳光灿烂，暖洋洋的，没有四川盆地的潮湿阴冷。天蓝极了，离我们很近，似乎伸手可及。远山近坡，芳草松林的气息沁人心脾。汽车顺着山路盘旋，路面很窄，转弯极多，探窗望去，悬崖峭壁让人头皮一阵阵发麻。转了半天，好像并没走多远，始终在山上环绕。

　　我们从小生活在四川，领教过蜀道之难，可滇缅公路之艰

20 世纪 60 年代末，大理南城门。（吴吉安供图）

险，丝毫不亚于它。临近中午，总算到了楚雄兵站，匆匆吃了
点饭，往水壶里补充了些开水，就继续赶路了。

也许是滇西高原离太阳近了 2000 米，午后竟然热了起来。
车队在干燥的公路上行进，卷起了滚滚尘土，雾一般顺着前车
的辊辘钻进了后车的门窗缝隙，车厢里弥漫着呛人的泥土味。
人们不停地喝水，仿佛只有这样，才能压住心中不断涌出的烦
躁。红色的尘土附着在人们满是汗水的脸上，犹如涂了一层浓

1994年底，作者重访大理时在南城门留影。左为原成都军区后勤部滇西仓库政委李敬祥。

重的油彩，有点像戏曲里的关公，众人对视，不禁哑然失笑。

危险与麻烦的事情还是发生了，前车转弯会车时轮胎压在了悬崖边上，一半着地，一半悬空。我们这辆车的驾驶员赶忙一个急刹车，大家被晃了个前仰后跌。然而最糟糕的是那只没有扣牢盖子的保温桶也躺下了，水几乎全洒了。

重新上路后，没过多久，干渴就开始困扰大家。那时候，一家一般只有一个军用水壶，喝光后必须从保温桶里续水。如今保温桶里的水洒了，水源一断，谁也无可奈何。

望着四处的崇山峻岭，真是有点绝望的感觉。小一点的孩子开始哭闹，水壶里仅剩的那点水留给了他们，大人们则用红军爬雪山、过草地的英勇故事激励我们这些稍大些的孩子，这种方式还挺管用，我们还真就把自己当成了红军，咬紧牙关忍

受干渴，不吵不闹。其实，几个小时不喝水完全在生理可以承
受的范围之内，时间再长，说什么都不会管用的。

傍晚，阳光开始收缩它的威严，接近终点的希望支撑着人
们的信心。薄暮时分，我们终于远远地看见了大理。

二、城楼与三塔

我们抵达大理古城时，太阳已经完全落山，暮霭中首先映
入眼帘的是一座高高耸立的城楼，它是古城的南大门，名为"承
恩楼"，修建于公元1382年，也就是明洪武十五年。由于年代

20世纪60年代末，大理北城门，墙上的《毛主席语录》依稀可见。（李志华供图）

20 世纪 60 年代末，三塔寺。（董越摄）

久远，感觉有些破旧，唯有城门上方郭沫若先生 1959 年手书的
"大理"二字，似乎还算新迹。

　　进入城中不久，又看见了与其遥遥相对的另一座城楼，它
是古城的北大门，名为"安远楼"。南北城楼之间略偏西南方向，
还有一座钟鼓楼，本名"五华楼"，是南诏王的国宾馆，明初
战乱被毁后重修。

　　这三座城楼，飞檐拱梁，青砖灰瓦，遥相呼应，透出了一
种雄伟和古朴，也让少年的我仿佛进入了历史的深处。

　　五十四军进驻大理时，"文革"已进行了两年多，大规模
的"破四旧"基本结束，但拆除城楼之声仍很强烈。新上任不

1970 年初，十一军军长董占林在大理军部大院里小憩。

久的昆明军区政委谭甫仁巡视到此，也主张拆了。陪同谭政委视察时，董占林副军长在首长面前进言力保，城楼才得以留存下来。这位只读过四年私塾的儒将是京郊房山人，或许是印象中的北京城楼让他难以忘怀，大理的城楼虽远在西南边陲，却唤起了他旧时的记忆。

董伯伯后来告诉我，军长韦统泰事后对他说："老董，咱们刚来，与谭政委也不熟，你这个人胆子大，敢讲话！"

董伯伯说，他的劝解委婉巧妙，是用"废物利用"的理由说服了谭政委。于是做了几幅迎"九大"的巨型宣传画，将三座城楼上半部分正反两面全部遮了起来，由军方严守，百姓不得登临。"九大"召开后，又换成了庆"九大"的内容，终于使拆除城楼之声慢慢消失了。

其实，古城原先还有东西两座城楼，1958年修水库时被拆除了。而钟鼓楼最终没有逃脱拆除的命运，1975年古城大道要裁弯取直，钟鼓楼恰好矗立在弯道上。彼时董副军长早已升任恢复组建的十一军军长继续留驻大理，但因九一三事件受到牵连正在接受审查，已没有任何话语权。

20世纪70年代初，十一军军部大门口。右为十一军后勤部政委王凤阁夫人李世翼。

　　1982年2月，国务院公布大理古城为全国首批二十四个历史文化名城之一，南北城楼也按照整旧如旧的原则进行了修葺，恢复镶嵌了"文献名邦"四个字。不过，如果当初不是董将军力排众议，历史就会在这里拐一个弯。1994年末，我有幸重访大理，终于登上了古城楼，想起这些亲历的往事，不禁心生陈子昂那样的感慨，"念天地之悠悠，独怆然而涕下"。

20世纪70年代初，十一军军部大门前的红太阳广场。右为军后勤部政委王凤阁夫人李世翼。

20世纪70年代初，十一军军部院内的滇西解放纪念碑。左为军后勤部政委王凤阁夫人李世翼。

后来，董占林担任兰州军区副司令员，分管作训。2012年初春，在北京总政西直门干休所他的家中，年过九旬的董伯伯笑着告诉我，1985年，兰州军区四十七军到麻栗坡轮战，他到老山前线勘察完地形后，拐了个弯来到滇西，最后一次登临了大理城楼，他心情激动地对随行人员说，这座城楼能够留下来，我是出过力的。

大理作为滇西重镇，历来驻有重兵。远的不说，民国初期就驻有滇军的一个旅。1949年二野太岳兵团十四军进驻，1968

1974 年，后排左二为十一军后勤部政委王凤阁，左三为大理县武装部政委兼大理县革委会主任刘成仁；中排左二为大理县委办公室主任张舟，左三为王凤阁夫人李世翼。

年五十四军调防到此，1969 年底恢复组建十一军，军部都在古城。

　　古城方圆不到 4 平方公里，而军部大院足足占了城区的六分之一，军直机关和直属队都在这个院里，唯有军高炮营在古城之外苍山北麓的崇圣寺，那里是南诏时期最有名的建筑之一，由于寺中有三座古塔，人们大都习惯称之为"三塔寺"。

　　1944 年滇西反攻前，国民革命军第二十集团军总司令霍揆彰将军曾率部在三塔寺驻扎，他们最终从这里进发，从日寇手中收复了腾冲。

　　也许是高炮营的驻守，三塔寺得以在"文革"期间完好地保存下来，但也差点发生了一件不同寻常的大事。

高炮营营长是位东北汉子，1948年塔山阻击战前入伍，一脸络腮胡子，人称大胡子营长，文化水平不高，作战勇敢。高炮营彼时刚从越南海防轮战归来，战功卓著，受到了胡志明主席的嘉奖，情绪非常高昂。他们进行高射机枪射击预习时，总以三塔中千寻塔顶上的金属圆球为目标。

一日夕阳将沉之际，落日的光芒将塔顶的圆球映照得熠熠生辉，金光灿灿。大胡子营长突发奇想，准备用高射机枪把它打下来，看看它究竟是纯金的还是鎏金的。纯金的就上交，鎏金的就卖了给连队添置些锣鼓家什。

当他得意地将这个想法汇报给下连检查作训的董副军长时，受到了严厉的训斥。大胡子营长委屈得不得了，他不理解，为什么要把这些陈旧破烂的玩意儿当成好东西？

如今，大理的旅游景点中，三塔可以说是最具特色的，让人流连忘返。三塔倒映碧水，轻风吹拂竹海，真是神仙境地。我曾数次重返大理，三塔是必去之处。每次到此地我都会想起这个故事，我也把它当作笑话讲给了大胡子营长的儿子，他说不记得他爹说过这件事了。是呀！历史往往就这样被湮没了。

三、古道与浣渠

古人喜欢逐水而居，洱海恰是迷人的地方。云南高原湖泊众多，五百里滇池闻名遐迩，洱海屈居第二。以"洱"为名，是说它"形若人耳"；将"湖"称为"海"，源自西南习俗。

洱海水面有三岛，沿岸有四洲、五湖、九曲，风光非常秀美，面积在250平方公里左右，容量可以达到25亿立方米以上，经

1974年，大理县蹚石路改造前，云南省有关领导到大理视察。前排右一为大理县委书记赵枝源，右三为大理州委书记刘树生，右四为省革委交通组负责人杨绍夫，左一为县委办公室主任张舟。

流面积接近3000平方公里，入湖的河道沟渠差不多有200条。洱海从西洱河流进漾濞江，然后又汇入澜沧江，最终注入了太平洋。从这个意义上说，"海"的称谓也不虚妄。

围绕着这片美丽的水面，历史上散布着六大"白蛮""乌蛮"部落，部落的酋长称为"诏"，因而有六诏之谓。"乌蛮"蒙舍诏地处南部，也称"南诏"。战国时期开始，中原地区就派兵进入过云南。唐太宗时，南诏因牵制"吐蕃"有功，在唐王朝的支持下强大了起来。

唐玄宗时，南诏皮逻阁被封为云南王，他兼并了另外五诏，成立了统一洱海地区的南诏国，中心就在大理古城。古城的东边是洱海，西边是苍山，那里是苍洱之间的一片平坝。

云贵高原名不虚传，苍山连绵48千米，最高峰海拔高达4122米，但"比高"只有2100多米。也就是说，大理古城是修建在一个高出海平面近2000米的地方。其最初的建设就是从古城的大道开始的。

这条古道，顺着苍山洱海的山脉海势，从西南向东北纵贯，穿城之后又回转西北连接三塔寺，整条道路全部用10厘米见方的棱石铺就。这种道路，标准的叫法为"蹬石路"，欧洲保存得最好，国内已不多见，云南大概是保存得最多的地方，古城则规模最大。

不过，白族人却喜欢叫它"苞谷路"，意为高低不平，如

20世纪60年代末的洱海岸边的渔船。（董越摄）

同玉米粒附着在棒子上一样，非常形象。

大理是茶马古道的重要节点，旧时马帮不断，骡马整日在“苞谷路”上行走，蹄钉把道路凸起的地方磨得十分圆滑，方形棱石慢慢就泛出了光亮，道路上如同铺了一片青黑色的鹅卵石，非常有特色。

我就曾在相当长的一段时间里，以为“苞谷路”就是条鹅卵石铺就的道路，心里奇怪，这么多的鹅卵石究竟是从哪里来的？不过，那时我们刚从都市搬到边陲，山城重庆的柏油马路令人记忆犹新，看着大理凹凸不平的“蹚石路”，心里十分不屑，哪里品味得出这里面的历史沧桑！

“苞谷路”东侧，有一条贯穿南北的浣渠，宽一米左右，深三尺有余；西侧的每条小街，一条条支渠通过暗渠穿越“苞谷路”，与南北向的主渠相连，将苍山流下的溪水源源不断地引入城内；东侧的每条小街，则通过一条条支渠，将主渠的溪水引入街巷，最终流向了洱海。

苍山有十九座山峰，终年积雪，两峰之间的山谷，形成了十八条溪流，雪水和山泉相融，甘洌清凉，顺着山谷经年不息地流向东方，其中桃溪、中溪、绿玉溪穿越了古城，淙淙的流水声萦绕耳畔，四时不断。

旧时的古城，饮水靠井，淘米洗菜人们则喜欢来到浣渠，推开街门，就是溪水，每隔几十米，浣渠都留有一个开口，方便人们上下。

令人印象深刻的是，浣渠的开口处，镶嵌了图案各异的天然大理石，我经常蹲在那里，饶有兴致地仔细端详那一幅幅美丽的画面，感觉造物主的鬼斧神工，实在有些不可思议。

夜晚人少，我们经常光着身子跳进浣渠嬉闹，惹得当地人

1969年初冬，作者兄妹三人与母亲在大理喜洲洱海渔码头合影。左一为作者。

1969年初冬，与同伴华贾林在大理喜洲洱海岸边留影。左为作者。

很不高兴。其实，我们更喜欢跳入洱海游泳，不过家里管束较严，因为洱海为典型的地堑式湖盆，岸坡陡峭，入水就没顶，大人怕我们下去后再也上不来了。虽然他们防范很严，但我们总是偷偷摸摸地下水，白天很难过瘾，那就晚上到浣渠里折腾。

非常遗憾的是，如今人们已看不到古道了，浣渠也面目皆非。1975年，十一军想要整修三塔寺营门附近的道路，这个想法与地方不谋而合，县里抓住机会，立即派县委办公室主任张舟去了昆明。

张舟阿姨与我们曾是邻居，她笑着对我说，经过多次软磨硬泡，她终于从省里争取了二十多万资金，县里又筹措了一部分。有了这个基础，县委又安排张舟阿姨与部队联络。张舟阿

1970 年春，作者的小妹妹在大理着白族服装留影。时年五岁。

姨的爱人王庆喜曾任十一军政治部副主任，她与十一军后勤部政委王凤阁也很熟。三方的资金合在了一起，很快古城大街的"苞谷路"就被沥青覆盖了，大家都不喜欢它的坑坑洼洼。覆盖时为了拓宽道路，顺便又把浣渠填埋了，捎带着还拆除了钟鼓楼。

虽然彼时古城已有自来水，但一条浣渠穿城而过，仿佛一条内河，给古城增添了许多秀美，极具观赏价值，然而当时说填就填了。

20世纪90年代中期，人们后悔了，然而"木已成舟，悔之晚矣"！"苞谷路"已无法复原，工程太浩繁，成本也太大，只能退而求其次，在沥青路面上铺了一层花岗岩火烧板，不过，感觉完全不是那么回事了。主浣渠虽然恢复，但旁边没有"苞谷路"相伴，缺少了情趣。还有就是1998年重修了钟鼓楼，但昔日的沧桑与厚重永远找不回来了。

四、小吃与饵丝

大理的茶花闻名天下，尤其令人称奇的是，山茶树竟然可以长到五六米高。"苞谷路"上、浣渠两边，白族人家院子里的绿树红花伸出墙外，使得一条条小巷犹如一道道茶花走廊，花香弥漫全城。

最令我们这些"馋嘴巴"兴奋的是遍布花廊的白族风味小吃，虽然极其普通，却给我们带来了很大的乐趣。

最普遍的一种零食是酸腌菜泡萝卜，只要你有一分钱，婆婆就会从坛子里捞出一片渍好的萝卜，然后用酸腌菜叶子包裹起来，再抹上些许辣椒酱递给你，那种酸辣微甜的感觉可以浸透心肺。几十年过去了，我的口腔里似乎还残留着这种诱人的味道。

还有一种零食叫"麻子"，秸秆形似芝麻，籽粒比绿豆略小，剥去外面那层薄脆的壳，一股沁人心脾的酥香就会散发出来。买上五分钱的"麻子"，如果吃得精心一点，全家人可以嗑上两小时，据说有通肺润肠之功。后来听说这种东西可以提炼麻醉用品，控制就严了。

酸角也很有意思，这种灌木果实外形有点像蚕豆角，不过略微扁长些，味道偏酸，需要加糖腌制。云南虽然盛产甘蔗，但那时白糖也很紧俏，凭票供应，一般舍不得用，都是用糖精替代。

夏日的早晨，我们取出罐头瓶，放入腌好的酸角，灌上凉开水，再把瓶子放进竹篮用绳子吊送到井里，绳子的另一头则系在井旁大树的枝丫上。傍晚时分，取出酌饮，那种酸酸甜甜的味道十分爽口，比酸梅汤好多了，一口下肚，凉气就会从头顶窜到脚心。

不过，我们往往等不及，经常偷偷把篮子拉上来，抱着瓶子先喝上一半，然后再往瓶子里补充些井水。大人发现后，我们就装出一副委屈无辜的样子。

当然高档一些的食品就是"乳扇"了，这种食品类似奶酪，形状似扇，是一种凝结的牛奶皮，美味无比，也是白族妇女坐月子中的一种传统补品。吃时一般要在火上烤一下，有条件的撒上些白糖就更好了。在大理的岁月里，虽然我只吃过一次乳扇，但至今觉得口齿留香。

洱海里的螺蛳味道鲜美，由于数量多，许多人家甚至用来喂鸭子。刚到大理时，我们是不敢吃螺蛳的。那时候，南方各地正在大力宣传血吸虫防治，电影《枯木逢春》里，苦妹子那双忧郁的大眼睛，令观众对血吸虫病印象深刻。

在四川时，学校就经常组织我们这些小学生到沟渠和田埂边捡拾钉螺，砸碎后放在烈日下暴晒，说血吸虫就寄生在这里面，这种记忆让我对螺蛳充满了警惕。后来看到白族人吃得香喷喷的，我们禁不住诱惑，结果一尝而不可收，螺蛳成了家家每餐不可或缺的佳肴，反正五分钱就可以炒一盘。

桃花盛开的时候，洱海里的弓鱼"以嘴衔尾"，如同"弓"

一样跃出了水面，出没于溪流进入洱海的交汇处。这种鱼长不盈尺，四五两一条，鳞细刺少，肉质滑嫩，平日一般躲在洱海浅滩的鱼洞中，深藏不露，春天是人们钓它们上钩的最好时机。

那时候我们上学几乎流于形式，整日里就是游泳钓鱼。竹竿遍地都是，曲别针磨尖了就成了鱼钩，金贵的是鱼线。不过，五十四军几年前参加过中印边界自卫反击战，团以上干部每家分了一个缴获的印军降落伞，面料大都拆了做被里，尼龙绳则堆在了那里无用，我们就把尼龙绳拆解开来当了鱼线。

母亲那时在大理饮食服务公司当革委会主任，馆子里的大师傅教她，弓鱼佐以新鲜的蚕豆米煨炖，是最受欢迎的做法。二十多年以后，我再次来到大理时，到处询问，想要弄几条弓鱼回味一下。老乡告诉我，如今稀罕得很，他们已经十几年没有见过了。

饮食服务公司饭馆后边是一个很大的作坊，里面有一个巨大的水车，在苍山溪水的冲击下，不停地旋转。蒸熟后的稻米放入碓臼后，被水车舂成了饭泥，然后像压面条一样压切成了"饵丝"或揉成了"饵块"，这是白族人最有特色的主食。

饵丝与米线近似，只不过前者为米饭制作，后者为干米粉加工。如果用面条比喻，饵丝类似新鲜面条，米线则类似挂面。口感上饵丝有些黏糯，米线显得顺滑。

最著名的饵丝为巍山的扒肉饵丝，猪肘子烀到入口即化的程度，连汤带肉浇到烫热了的饵丝上，一碗下肚，舒服极了。不过，不到年节，是见不到猪肘子的。

饵块切片后与猪肉、蔬菜、木耳等炒食，也很有特色，有点类似宁波的水年糕，不过，白族人更喜欢将饵块用火烤软后，抹上辣椒酱边走边吃。

我们在大理的时候，正是物资极度匮乏的年代，那种条件下，吃的记忆始终令人难以忘怀。

五、民居与洋房

古城的民居一般坐西向东，这与地处山谷坝子有关。苍山位于古城西边，自南向北延展，洱海位于古城东部，亦呈南北走向。古城坐拥其间，房屋背倚苍山，面向洱海，符合古代风水学的要求。

白族人在盖房修屋上十分讲究，不论穷富，绝不马虎。大

1994年底，作者重访大理游览洱海时留影。右为原成都军区后勤部滇西仓库政委李敬祥。

1994年底，作者重访大理时在原五十四军军部礼堂、现三十一师俱乐部门前留影。

理一带有过这样的民谣，"大瓦房，空腔腔；茅草房，油香香"。前边说的是白族人，倾其所有也要建造漂亮舒适的住宅；后边说的是客籍人氏，只要吃得好，哪怕住茅草房也心甘情愿。完全是两种境界。

青砖灰瓦白墙是许多著名民居的标配，但白族民居让我惊讶的是白墙上一定绘有水墨丹青，几株小草，几只小鸟，笔墨不多，意趣横生，让人感到素雅清新。南方多雨，四川的房屋，到处都是苔藓和阴雨洇湿墙体后霉变的痕迹，而白族民居的外观却很洁净，这得益于云南的干燥气候。

另一个特点是房屋的内墙和院子里的照壁，到处镶嵌着天然大理石，上面的图案如同一幅幅美丽的国画。这种优势，大理得天独厚。那个时候，交通极其不便，开采下来的大理石难以外运，谁也没有料想到几十年后它们大都成了稀世珍品。

白族民居木材选用也比较讲究，如今珍贵的云木、红椿、楸木、云杉，当时随处可见，屋檐、房梁、廊柱到处雕刻了吉祥图案，门窗则雕琢成了格子形状，令人叹为观止。

最为典型的就是大理一中了，它本为云南提督杨玉科的府

20世纪60年代末，大理一中校门。

邸，1877年（光绪三年）落成不到两年时，提督大人就调任他职了。临行前，他捐出了这处宅子和田产办学，最初为西云书院，1902年开始创办新学。

这座一进四院的宅子，每一进都由两层的房屋环绕，中间是一个巨大的天井，足以容纳全校近千名师生。天井西侧是一个大理石砌成的戏台，后面为一大殿，是教师们办公的地方。

北侧有一小门，通往"湛园"，这是一个精巧别致的庭院，里面花团锦簇，古树参天。清冽的溪水从苍山下来后，顺着浣渠流进了城里，穿街绕巷，在庭院之中汇聚成一湾潭水，别有情趣。潭水中心是一处亭子，一条小径通达其间，约略可坐八九人的样子，院门一关，俨然世外桃源。据说校革委会的"秘密会议"经常在这里召开。

20世纪30年代中期，大理一中来了位女教师，她就是从法国留学归来的柳含眉。彼时，滇军旅长刘正富也驻节大理，他率部筑路，深孚众望，大理百姓在苍山青碧溪畔修建了一座圣麓公园以志纪念，柳老师就是在这里与刘旅长熟悉的。

他们相恋不久，抗战爆发，刘旅长升任新组建的第五十八军新十师师长，率部出滇，转战于湘鄂赣等地。话别之日，刘师长在湛园送给了柳老师一件湖蓝色的旗袍，据说为定情之物。后来，刘师长遇刺身亡，柳老师也终身未嫁，她就像苍山顶上的望夫云一样，经常凝视着东方的洱海。

"文革"初期，柳老师已年近六旬，造反派污蔑她是法国特务、国民党军官的姨太太。由于不堪凌辱，在一次批斗会上，柳老师一头撞向了戏台上的大理石廊柱……

这个哀婉凄恻的故事，我是听当时的物理老师张碧溪先生讲述的。这位一脸络腮胡子的年轻人，1965年刚刚从云南大学

曾在五十四军任职的部分领导与家属1995年在北京万寿路留影。前排右二为原兰州军区副司令董占林、右五为原昆明军区副政委蓝亦农、右六为原国防科委副主任韦统泰，后排右三为十一军后勤部原政委王凤阁，二排左一为作者。

物理系毕业。来到大理不久，就目睹了这幕惨剧。

重访大理时，我已是一位匆匆过客，徜徉在一中的院内，想寻觅一下旧时的足迹。当我问起柳老师时，人们都不知道了。是啊！斯人已逝，谁还记得起几十年前的一位普普通通的女性呢？

后来，古城已容纳不下更多的建筑。于是，当初外出经商发财或是做了官的人，就相中了紧靠洱海的喜洲镇。他们在这里重修祖宅，民国时期又形成了一个新的白族民居建筑群，只是它们比古城的建筑高大宽敞气派。1949年以后，房屋收归了军方，因此我们那时候就把这些院落转了个遍。

在这个建筑群落里，有一座中西合璧的花园洋房，是一位法国传教士的手笔。这位传教士不远万里跑到越南，不知怎么后来又相中了滇西，也许受到洱海的点化，他在建教堂时，顺便修了一座洋房，点缀在一片白族民居之中。

洋房的院子里，有一处花池，是用大理石中的上品"采花石"砌就的。时任军政治部文化处干事的卢德邻是位画家，他告诉我们这些孩子，这种石料富含水墨画卷的意趣，自然构图中有明显的横米点笔触，意境极似米芾的"荷塘雨霁"，是大理石中不可多得的瑰宝。

我们似懂非懂，但花池中心"双猫戏绣球"的天然大理石上，那两只小猫栩栩如生，呼之欲出。而洋房内那个时代极其少见的西式抽水马桶，透出的现代文明让少年的我更是惊讶不已。我不知马桶是哪里生产的，但有一点可以肯定，上面的字母不是英文，不过"1900"的字样让人感到了年代的久远。

传教士洋房里的女佣是位美丽的白族少女，后来成了传教士的妻子，20世纪20年代随夫去了法国。白族文化受汉族同化，但婚俗不似汉族刻板。传教士与白族少女有了一个女儿后，当地的白族人并没有大惊小怪，倒是在汉族人中引起了轩然大波。据说这个消息后来传到了龙云的耳中，这位彝族将军只是一笑了之。

岁月湮没了往事，只是那对可爱的小猫依旧。而当年嫁给传教士的少女，也许是白族最早漂洋过海的人了。

我怀念旧时的大理，那里有太多的故事。

激情燃烧的岁月

毛万青

　　喜欢这张照片（图1），因为它真实地记录了我当年的工作情况和环境。照片的背面写着"1986年5月，玉门油田鸭儿峡油矿，鸭594井"。弹指一挥间，那时距今已经三十几年了。

　　玉门油田开发于1939年，是中国第一个天然石油基地，至今已经走过了八十年的发展历程。诗人李季有诗曰："苏联有巴库，中国有玉门。凡有石油处，就有玉门人。"玉门，是石油工业的摇篮，铁人王进喜的故乡，一面中国石油工业的光辉旗帜。"有条件要上，没有条件创造条件也要上"，"石油工人一声吼，地球也要抖三抖"，在那个年代，铁人精神不知激励了多少人。20世纪60年代，父亲响应国家号召来玉门油田工作，我也出生在玉门油田，直到长大成人走向工作岗位也没有离开玉门油田。

　　1985年元月我参加工作，当年十八岁，和我一起被分配到玉门油田钻井处测井站的有四十五人，我们都是石油子弟，是标准的第二代石油人。"测井"这种工作就是用电缆连接各种井下仪器监测地层含油饱和度、油层孔隙度、地层压力等，为油田开发提供第一手资料，测井被誉为油田开发的"眼睛"。

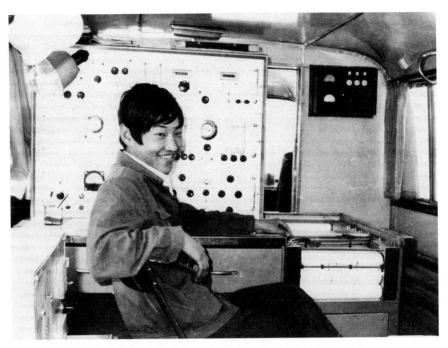

图1 1986年5月，在玉门油田鸭儿峡油矿594井工作时留下的瞬间。

油田测井工艺复杂，专业性极强，有勘探开发的裸眼测井、随钻监测地层气体的气测、开发油层的射孔、油田后期开发的生产测井等。

我和七名同学被分配到随钻监测地层气体的气测队干气测工，能有缘分在一个班的就我们三人：我、邓文龙和毛丽霞（见图3）。

在我的记忆中，鸭儿峡油矿594这口设计井深为4500米的井，完钻将近用了一年时间。听师傅们说，之前在甘肃张掖打过一口钻探井，4500米的井用了两年的时间才完井，也许是那时的钻井技术还不够先进吧！

图 1 中，我身后的仪器是当时上海仪器厂生产的 701F 色谱气测仪。701F 色谱气测仪是固定在由南京汽车厂生产的像交通车一样的嘎斯车上，上井工作时就把仪器车开到井场，直到钻井完毕，才能把仪器车开回基地。完井周期要根据地层的复杂程度和钻井工艺来决定，最少六七个月，甚至要更长的时间。车内不大的空间就是我们的工作场地。这种色谱仪器精度差，自动化程度不高。印象深刻的就是每次上井工作前，都需要在井架的顶部安装井深显示器的铜丝绳，站在四十多米高的井架顶部往下看，井架晃晃悠悠的，男的上去都要小心翼翼，更不要说是女工了（那时小队里女工普遍很多），小队里胆小的女工根本不敢上井架，都是我们几个男的来做这项工作。上班都是三班倒，保证仪器连续不断地工作。

录井时，从井底抽到地面的泥浆进入泥浆池，收集气体的脱气器就固定在泥浆池里。气体通过脱气器的管线进入仪器后，进行色谱分析，根据仪器峰值显示的高低来判断油气层位置。夏天还好，但到冬天，野外的气温常常在零下三十摄氏度左右，数九寒天，在车里上班就像在冰窟一样，寒冷异常，我们就用棉棚布把仪器车从上到下包裹起来。用这样的土法保暖，效果非常好，但连接仪器的气路管线裸露在外，经常因泥浆冻住而堵塞，只有疏通管线才能保证仪器的正常录井。我们只好不断地上泥浆池疏通气路管线，往往是从头到脚溅一身的泥浆，泥浆冻在工作服上就像一层铠甲。有时候钻井进尺快或是油气显示好，仪器立马崩溃，只好关机，再开仪器时还得重新校验，劳动强度非常大。

油田勘探工作很辛苦，常年在野外工作，几个月才能休一

图 2　我在一排绿铁皮野营房前留影。

次假，好在那时候年轻，没心没肺地长期不回家也没有牵挂，下了夜班也不知道累，和同事们漫山遍野地到处跑。几年的野外工作，我结交了许多钻井工朋友，他们大多耿直豪爽。这些照片，是一位爱好摄影的钻井工朋友在工作之余拍的，尤其图1，是在我不知不觉中抓拍的瞬间，极其自然，感谢朋友给我留下了宝贵的照片。另一张照片（图2）中的我很快乐，我的运气似乎也很好，身后的野营房刚刚开始装备野外钻井队，一色的绿铁皮野营房，整整齐齐驻扎在离井场几百米的比较平整的地方。一间野营房又分为两小间，一小间住两个人，共住四人。在此之前，野外工作住的都是帆布帐篷，一顶帐篷要住五六个人，夏天热得要死，冬天冻得要命，野营房的投用，让我们告别了野外工作使用帐篷的历史，极大地改善了前线职工的生活条件。

为了中国的石油事业，石油工人长期离家别子，极其艰苦，但那时的石油人从不说苦言累。现在想想，那就是石油人艰苦朴素、以苦为乐，渗透到骨子里的一种精神，这种精神是身处大城市的人们无法体会和理解的。这种"石油精神"代代传承，激励了几代石油人，至今仍在石油行业发挥着重要作用。

这是我们气测五小队的全体人员与地质班人员唯一的集体照（图3），后排左起依次为：邓文龙、我、刘玉杰、毛丽霞；前排左起为：王慧霞和宋慧荣。

地质班的王慧霞、宋慧荣和我们一起参加工作，虽然不在一个单位，但她们俩也负责这口井的地质录井工作。能在一起工作我们都很兴奋。

在钻井队完井以后，大家辛苦了几个月，抓紧时间整理好需上交的录井原始资料，调校好仪器，便商量着利用这点难得的空闲时间一起去游玩。我们都是十几、二十几岁的年轻人，虽然在一起上班，但三班倒的工作性质决定了大家全部聚齐的机会并不多，一听说要游玩大家都很兴奋。油田一般都处在戈壁荒漠，自然环境极为恶劣，玉门油田紧邻祁连山脉，海拔两千多米，戈壁滩上寸草不生，漫山遍野只有西部戈壁特有的一丛一丛零星散落、极为耐旱的骆驼刺。嘉峪关市离我们所处的玉门油田最近，六十多公里。于是，我们一致决定去嘉峪关市。

图3　1986年5月，在嘉峪关市百货大楼前合影。

班长刘玉杰还借了一台海鸥 120 双反相机，游玩过程中，在嘉峪关市中心最热闹的百货商场门前留下了这张珍贵的合影。

再说说照片中一起工作的同事。

邓文龙，如今在西部从事钻探工作，干的还是老本行，几十年如一日，能坚持下来让人敬佩。现在偶尔也能见面。

刘玉杰，我们气测五班的班长，家不在玉门油田，一个人来油田打拼非常不容易。让人欣慰的是，他和前排地质班的宋慧荣喜结连理，并在 1997 年油田改制中，落户深圳。我和他们失去联系许多年，但最近又打听到了他们的消息，祝愿他们在他乡平安快乐。

毛丽霞，我们气测队的才女，文章写得好，人也漂亮，1989 年考上了职工电大，离开了气测队。因为和我同姓，我对她的关注就多一点。2000 年去玉门油田出差，我从朋友那里打听到了她的电话，毛丽霞如今在玉门油田研究院工作，十几年了，彼此见面都很惊喜。她变化挺大，变得很温柔，女人味十足，让我很不习惯。记得当年在一个班时，她的性格很泼辣，我们俩经常吵架，抬杠。

王慧霞，1997 年油田改制中失去联系。2013 年，我们1985 年参加工作的人员组建了 QQ 群，我得以知道她在甘肃酒泉玉门油田基地工作，便建立起了联系。这都是后话了。

80 年代后期，开采了五十多年的玉门油田产量递减，寻找新的油气田成为日渐紧迫的事。1988 年，新疆吐哈盆地发现了油气田，我又参加了如火如荼的新疆吐哈石油会战。

新疆吐哈盆地是著名的火洲。夏天，新疆鄯善戈壁滩上的气温达到了六十摄氏度，那时没有空调，仪器车里就像蒸笼一样。车上只有一台电风扇，吹出的都是热风，我们上班时每人都准备一壶八磅的水瓶，但一会儿就喝光了，我真正理解了"汗流浃背"的含义。我们就是用701F气测仪，克服高温酷暑带来的许多不利因素，取得了新疆吐哈石油会战许多井次的原始资料。想起当年工作的往事，我至今引以为傲，因为，我参加了可以载入中国石油史册的"吐哈石油会战"。

90年代中后期，随着科学技术和钻井工艺的不断发展，三四千米的井完钻也就三至四个月，这种701F气测仪在90年代后期已经被淘汰，取而代之的已经是全自动数字化的拖橇综合录井仪。1996年，新疆吐哈油田基地建成，我和许多玉门油田调来参加新疆吐哈石油会战的职工整体搬迁至新疆哈密。

我在野外工作了六年，1992年因工作需要调到了后勤。几年的前线工作经历对我的影响是巨大的，每当工作中遇到困难时，我就想起了在前线工作时那种克服困难、勇往直前不怕吃苦的精神，它激励着我，使我面对困难没有任何的惧怕。原来和我在一个小队工作的同事，还有许多仍然奋战在油田一线，二十多年过去了，能坚持下来确实不容易，在此向他们表示由衷的敬意。

每次看到这些照片，仍然让我激动不已，仿佛又回到了那段激情燃烧的岁月，更加怀念那些年在一起工作的同事。挥不去的是记忆，留不住的是年华，回想起那艰苦奋斗的创业经历让人唏嘘不已。我作为石油工人的一员，为此而感到无比的骄傲和自豪，那种不怕苦、不怕累、团结友爱、以苦为乐的团队精神，至今仍然是我工作的动力。

新中国第一代芭蕾舞演员

徐立汉

全面抗战爆发后，就职于上海红十字会的父母，就为筹建战地医院和救治伤兵而忙碌。南京失守后，父母随军撤至汉口，1938 年我在汉口出生，父母为我取名徐立汉。年底汉口沦陷，父母又退至陕西，1941 年我妹在西安出生，取名徐西萍。本辑封三图为我家四口在陕西拍摄的照片，此时父亲三十四岁，母亲二十四岁。

抗战胜利后，我家迁回上海。1947 年妹妹开始上小学，战乱中长大的孩子懂事早。妹妹从小就爱阅读与写作，1953 年考入著名的华东师大附中，1954 年又被学校推荐报考北京舞蹈学校（现为北京舞蹈学院）芭蕾舞专业。该专业学制六年，在北京、上海、天津各招二十名女生，报考条件是在校的十二岁初中生。经过文化、体能、音乐等多轮考试后，妹妹进入面试，并被录取。1954 年 8 月，妹妹她们在舞校老师带领下坐火车进京，开始了严格的芭蕾舞培训，头三年都没回过家。1957 年初次回家时，已是身高腿长、动作灵巧的大姑娘了。1960 年妹妹通过毕业考试（图 1），分配到北京舞蹈学校实验芭蕾舞团当演员。

中央芭蕾舞团成立于 1959 年，其前身就是北京舞蹈学校

图 1 1960 年，徐西萍在北京舞蹈学校毕业考试中表演。

实验芭蕾舞团。在苏联专家指导下，1960 年开始排演经典芭蕾舞剧《天鹅湖》。1962 年赴缅甸演出，图 2 为妹妹办理出国护照的照片。中缅山水相连，胞波情谊源远流长，中缅、中印总理共同倡导的和平共处五项原则，越来越得到世界各国的认可。因此，我国芭蕾舞团首次出访就选缅甸。1962 年 3 月 21 日，妹妹给我写了一封信：

图2 1961 年，徐西萍在北京办理护照时拍摄的照片。

哥哥：

回到昆明好几天了，在国外整整生活两个月，似乎很长，但又好像很短促，能够参加祖国交给我的这样一个光荣任务，我感到很幸福。缅甸是中立国家，与我国友好，树立了和平共处五项原则的榜样，但两国政治制度不一样，友好也是有分寸的。这次我们去缅甸，演出《天鹅湖》得到欢迎和好评，为中缅友好作出了贡献。我国芭蕾舞团第一次走上国际舞台，经受了考验。我们演出成功的因素，

图 3 1962 年 2 月，徐西萍于中国驻缅甸大使馆前留影。

图4 1962年2月，徐西萍在缅甸仰光大金塔前留影。

　　图5 1962年2月，缅甸宣传部宇阵堆副秘书长一家四口
同中国芭蕾舞团演员合影。前排左一为徐西萍。

除了中缅友好的政治基础和我团确有一定的水平外，还得到缅方的协作和帮助，总理吴努、奈温先后接见我团，举行宴会，观看演出，给予很高评价。我们出国演出，对华侨也是爱国主义教育，国际威望向上的中国在世界上站起来了，居住国外的侨胞也挺起了腰杆，不再是"可怜的孤儿"，因而他们热烈赞扬我们演出成功，一再向我们了解祖国建设的成就。我们芭蕾舞团只有两年历史，已能完整演出世界著名经典舞剧，在各国也是少见的。这首先是我国政府对这门事业的关怀，创造了发展条件，聘请苏联专家、组建了规模庞大的剧团（剧团还有自己的管弦乐团与合唱团），但中国的芭蕾舞很年青，需要不断努力、学习、探索、民族化，攀登新高峰。在缅甸，我们都爱去大使馆，从大使到每位馆员都给我们留下良好的印象，到那儿就像回到家里一样，可以自由自在，随随便便地玩，感到格外的亲切和温暖。

我们月底回京，再见！

西萍

1962 年 3 月 21 日于昆明

妹妹现在定居北京，已是七十八岁高龄，但身体健康，不论行走入座，仍是腰板挺直，气质高雅。

童年里的乡村野草花

姚亦锋

乡村有成片的田园和野草，河塘有成片的芦苇丛，风吹雨打之中，摇曳起伏，好是苍茫优美！在大城市，我童年见到的绿化景观只有行道树和公园修剪整齐的草地，哪里有如此令人心旷心怡的风景？1970年初冬至1976年春，我在苏北度过了我的童年。那个年代与今日相比，那么有趣，恍如隔世曾梦。

一、离开南京

1969年，我还在省级机关幼儿园。记得好像是夏天，我跟随妈妈到达镇江丹阳农场，跟随省级机关干部下乡劳动。在农场见到已经劳动半年的爸爸，很久不见，他比过去黑瘦了，留着寸头——后来知道是由于经常有人揪他头发，出于自我保护而剪成这样。丹阳农场很是热闹，经常有毛泽东思想文艺宣传队前来演出节目。终于有一天，宣布了下放农村的家庭名单。我依稀记得，我们一家三人走上演出台，每人给佩戴上大红花，在革命乐曲和高呼声中，我们将要离开南京，光荣地奔赴苏北农村。离开南京之前，我和父母拍摄了这张照片（图1）。

图1　1969年底，父母与我合影。我们即将离开南京。

　　1970年初，我们全家把行李打包，装上一辆卡车，清晨就出发了。车子跨越南京长江大桥，向苏北驶去。

　　天气极其寒冷，后来才知道这一年的寒冬百年未遇。我记得看见洪泽湖上有人拖车在冰面行走，后来几十年再也没有见到过这种情景。

二、淮阴县老张集公社

　　中途经过盱眙马坝，我记忆里车子是在傍晚到达村子的，落户地是淮阴县老张集公社洪崖生产队。当时有很多乡亲和孩子来围观，都是面无表情的，有干部来接待安排。给我们家安排的住宅，是一间小茅草屋，泥土墙，木门，左右各一个三十厘米见方的小窗户。我好奇地走进屋内，里面很昏暗，黑沉沉的，一股泥土气息迎面而来。

许多年以后我才知道，在离开南京前的最后一个晚上妈妈的痛哭。我当然不知道，当时给我们的决定是要永远离开南京这座城市，搬迁到贫穷的苏北农村去的。当夜，我第一次见到昏暗的油灯，是邻居或干部给的，一个小瓶子顶端插一根灯芯，微弱的光亮飘忽不定。他们还在整理收拾房间，我就睡着了。几天后，我们迎来70年代的第一个春节。

过了约半个月，我开始上小学一年级。苏北农村的冬天，在我的童年记忆里，辽阔寒冷，北风呼啸，吹得路边电线杆呜呜作响，枯草干树枝也在寒风中摇曳，这是在城市里怎么也见不到的景象。我走进小学校，教室是茅草房，屋里也是黑洞洞的。许多农村同学来围观我，他们比我年龄大得多。小学一年级大多数同学是十二岁，后来，二年级竟然还有一个十八岁的同学，不过他没等上三年级就回家务农，不读书了。

第一课是"毛主席万岁"，第二课是"共产党万岁"。我的人生识字课就是这样开始的。每天早晨背诵毛主席的《为人民服务》，对于小学一年级的七岁孩子，理解内容就很难了，背诵的语句也有些长，而且拗口，不过经过数月天天学习，最后还是全文背下来了。后来我还成为全班背诵"语录"的领诵人。

当时上学只需交一元学费，但有同学仍交不起，老师多次在课堂上催要。老师让欠款学生站着，回答什么时候交钱的问题，这时全班同学只好都等着，听他们对话。有的后来交了，有的拖到学期最后，免交了。

教室里没有统一的课桌椅，各人带座椅，有的高，有的矮，有方的，有圆的。开学时家长扛过来，放假家长再扛回去。有

图2　1970年4月，我们刚刚下放农村，在淮阴县城照相馆拍的全家福。

的学生只有小板凳，书本放在腿上；还有的学生站着，没有桌凳。老师问："把你家饭桌带来。"答："没有饭桌。"问："怎么吃饭的？""端在手上的。"这是真的，确实有些家庭家里没有饭桌！

　　春天来了，上学的路沿途布满绿草，树也开花长出嫩绿叶，美好的、生机勃勃的田园风光出现了。夏季到了，天气炎热，绿荫树下是没完没了的知了叫唤声，夜晚是满田野的青蛙叫唤声，槐树花在大雨之后很是饱满滋润，我与邻居孩子在门前泥塘里戏水。秋天了，庄稼结出果实，记忆里是收山芋的时候，我与邻居孩子们在田里爬滚，模仿当时电影《奇袭》里的志愿军侦察兵，在草地上匍匐爬行。又是冬天，寒风凛冽，春节鞭炮虽然少，但是很热闹很有趣。有很多孩子来我家玩，因为我有鞭炮，有糖，这些孩子没有。此时他们已经不再围观我了，我已经变成地地道道"乡下人"了，与他们完全一样的面貌。冬天，邻居孩子带着我，去偷生产队田野里的山芋，猫着腰匍匐进入农田，悄悄挖出几个带着泥土的山芋。在田埂上掏个洞，将山芋放进去，再在上面钻个洞作为烟囱，捡一些草和树枝，点火烧烤。扒出来，粘着土就吃了，好香啊！后来我再也没有吃过那么香的山芋了，现在估计当时烧烤得应是半生半熟的。

社员的主食是山芋稀饭，还有山芋干稀饭。由于父母依然有城市口粮，所以我经常还能吃到大米干饭，这在当时农村是令人羡慕的富裕生活了。在城市里，我都是用小碗吃饭的，而在这里孩子都是用很粗糙的大碗吃饭，有的家庭用的碗竟然还有打了几个补丁的。饥饿是常常有的，所以在有得吃的时候，孩子都能够一顿吃三大碗山芋稀饭。

读二年级时，我认识的字多了，可以读整本书了，我读了小说《高玉宝》（图5），反反复复很多遍。鲜明的故事情节直到今天，仍然记忆犹新——"可恨地主黑心肠，半夜鸡叫，剥削欺压劳苦农民"。

我是班干部、三好学生，虽然是小孩子，但经常在全校大会上被表扬，在全校大会上发言。还记得我的发言，比如，"全世界还有三分之二的人民在受苦受难""要解放全人类""要解救台湾同胞"，等等。其他班干部每次发言也是如此的套话。

虽然许多年已经过去，但童年生活的记忆仍然鲜活而深刻地印刻在我脑海里。这些在大自然田园中度过的日子，是生活

图3 1971 年底，建好了砖瓦房，我们在房子周围植树时留影。这是生产队里最好的私人房屋，本地农民的房子都是茅草屋顶和土坯墙。

在城市里的孩子不可能拥有的。那个时候城市里不允许养狗，更别提宠物狗了；而在农村，邻家就有一只大黑狗，有时候汪汪叫，很凶的样子，我看见很是害怕但又很喜欢。几乎每家都养了猪、鸡、鸭，每家门前都有个草堆子。田野里有老鼠、野兔，大树上有鸟窝，有时候还有蛇、黄鼠狼，河里有青蛙，树上、地面还有各种各样的虫子，我经常会被叮咬。刚开始，我看到虫子会害怕，后来都敢抓敢捏了。我曾亲眼见识"狗逮耗子"的场面。初夏麦收之后的田里，有小孩牵着家狗，找到老鼠洞穴口，狗在洞口低吼威胁，吓得老鼠出逃至地面，一番追逐后，

图 4　一家四口在家门前合影。此时大人小孩都已经完全是农村人气质。

小孩和狗终于逮住了老鼠。

有一次，我傍晚到邻居家串门，大娘给我讲故事："狐狸精变成大小姐……"一边讲一边还说："现在这个不许讲了，看你喜欢听故事就讲这一次。"故事非常生动且有乡村特色，至今回忆起来仍感精彩，这就是数千年蕴藏在中国民间的文化遗产。村民们不识字，但是口口相传，代代相传，《三国演义》《西游记》《聊斋》等都是民间传承的故事，而后由人著书写成。很遗憾，现在乡村中青年一代虽然文化水平

图5 小说《高玉宝》是我最早阅读的图书，从头至尾反复阅读多遍，挺感动的，当时也没有其他文学书可以阅读。

已得到普遍提高，却再也讲不出如此津津有味的民间故事了。

我也曾经遇见村妇哭坟，头裹白布趴在一个土坟头前面，如泣如歌，整段的哭丧词反复哭唱，在辽阔的乡村田野中传得很远。回到城市后，再也没有见过如此情景。我也亲眼见过茅草房失火，在寒冷的冬天，北风呼啸，冲天烈焰有几十米高，惊心动魄，最后烧毁十几间住房，起因是孩子玩火。事后那个孩子的父亲对邻居说："这个孩子是神仙下凡，非同一般，竟能造成这么大事情。"

父母被剥夺了干部职位，离开大城市到农村生活，而且要像农民一样劳动，他们心里自然会有巨大的落差，但是孩子的童年是自然美妙的。后来知道，在农村，政治氛围比城市轻松

多了。由于广阔的田野，由于普遍文化程度低，由于没有天天政治学习读报纸，所以没有城市机关单位的严厉管制，没有天天指着说你们是历史上政治上的"有问题的人"，周围更多的人认为我们家是城市来的干部。

我很快就融入了农村生活，我的相貌气质和口音已完全是个乡下孩子的样子了。当有干部或者陌生人来到时，我也去愣愣地围观，就像当年我们全家到来时，村里孩子做的一样。遵照毛主席教导："到农村去，接受贫下中农的再教育……"我完全做到了。

1973 年初，我读完小学三年级，父亲被调到县城化肥厂当厂长，母亲被调到县城中学做教师。我们一家离开张集公社时，班主任高老师对我依依不舍，高老师说很喜欢我听课的神态，这是其他孩子没有的，并送给我笔记本以作纪念——"你是祖国的花朵，未来的国家栋梁之材……师生之情，惜别留恋"。至今，看到这行字，心头的思念依然涟漪阵阵。90 年代末，我去寻找过这位深情的老师，可惜多年前他已因车祸离世了。

三、王营中学大院

调进淮阴县城，生活改变了。有同学笑话我的乡村口音，但是很快我就改成县城口音了。小学四年级我在培红小学（现在县实验小学）就读，五年级时我就读于卫红小学，初一我在淮阴县王营中学就读。

这段时间，我在学校里依然是被表扬的模范，县城里办儿童画展，我竟然有十多幅画作入选。后来"小画家"的名声越来越大。每学期小学都有文艺演出，几乎都要我参加，比如"毛泽东思想宣传队""批林批孔小分队"等，挺热闹的。

那时候邻里关系非常融洽友好，隔壁讲话都能听见，不像现在还要保持个人的"隐私空间"。县城是没有儿童兴趣学习班的，但是我家住在中学大院，周围邻居都是中学老师，教各学科的都有。在小学五年级结束后的暑假，东隔壁邻居王大哥每天带我去河里游泳，我很快学会了，而且能够一天几次横渡盐河；西隔壁邻居是教美术的陈老师，教得很认真，我学得也很认真，一个暑假我的素描水平大为提高，运笔已很熟练。此外，我的象棋水平也大大提高。

当年的科教电影《台风》《对虾》《沼气》《农村安全用电》《马王堆解剖》等我都看了，还有《西哈努克访问青岛》《西哈努克访问南京》《西哈努克访问新疆》等，当然看得最多的是革命样板戏，里面的唱段我大多会唱。我记忆里没有对样板戏怀有反感厌倦情绪，每次都是很有兴趣地看这些电影，其中《红灯记》看了有十遍以上。我记得看过一个动画片《东海小哨兵》，台湾特务身着解放军服装，问公社女孩："小朋友，你们家那么多羊呀？"结果这就露馅了，他不知道我们正在奔向共产主义，这都是公社的羊，私人家里不可能有羊群的。还有朝鲜电影《战友》和越南电影《铜墙铁壁的永宁》等，都是讲与美国打仗的，炮火连天打得很是激烈惊心。当时，我与伙伴们没有认为，也不会相信这些电影是编的，是拍摄而成的，而不是真实的。

再后来，看了阿尔巴尼亚电影《宁死不屈》《第八个是铜像》，银幕上见到德军端着卡宾枪一字队形排开，很是威武严酷，又冷峻潇洒。这是我首次，也是当时唯一一次在银幕上见到德国军队的形象。那时，我们只知道仅有阿尔巴尼亚在与德国法西斯打仗而完全不知道有第二次世界大战，以及其他国家与德国法西斯的战争。多少年以后，我获得德国奖学金，作为访问学者在德国与外国朋友们谈起这些，他们很惊讶。

　　那时我极其喜欢读小说，聚精会神阅读着，心境紧跟着故事情节，有时候会长久地沉浸在故事情节里。我看过的小说有，讲赤脚医生故事的《红雨》，讲东北知识青年故事的《征途》，讲沿海反特故事的《海岛女民兵》（图7），讲山村阶级斗争故事的《三探红鱼洞》，等等。后来，小学五年级时还能经常看到内部"老文学"书，读到苏联的《钢铁是怎样炼成的》，小

图6　1975年底，外婆、母亲、妹妹、两个舅舅和我在县城王营中学大院内合影。此院当年绿化环境很好。

说里竟然写有保尔在黑夜里闻到冬妮亚的气息，感到她的皮肤细腻，感到青春美好，等等。我曾反复阅读这段文字，家里来人，我会慌乱地把书塞入被子里，怕被别人看见我竟然读这些。

有一次，我搞到一本残破不全、页面发黄的书，很吸引人，其中有爱情故事，也有残酷的战争场景，这本书与以往读到的革命故事不一样，可惜书后面被撕掉了，不知道故事的结果。很多年以后我才知

图7 《海岛女民兵》是我当时看过的小说之一。

道这本书是《苦菜花》，当在书店可以购买，图书馆能借阅到此书时，我再翻阅，完全没有了当年的神秘、有趣。

夏天的夜晚，大家在大院里乘凉，我们听大人们讲故事。夜深的时候，有年纪大的就会悄悄地讲一些"文革"前观看的电影情节，特别是恐怖故事、外国水手的奇特探险。印象最深刻的是福尔摩斯探案故事系列之《巴斯克维尔的猎犬》，沼泽地隐藏着小牛般体形的猎犬，两眼泛着光，低吼着随时准备撕裂目标。那么使人深刻地感到心惊肉跳，胆战心惊。在这样的夜晚，我常常仰望天空，体味宇宙浩渺，群星璀璨、银河、北斗、牛郎织女，让人产生无限遐想。以后回到城市里，整夜灯火通明，再也见不到如此的星空，也没有如此安宁的心境，到现在更是霓虹灯到处闪耀，更是看不见真正的夜空了。

图8 1976年全家回到南京，7月在白鹭洲公园合影。

四、农村人返回城里

1976年4月，我们回到南京城，一切又都改变了。当时天
安门事件刚刚结束，城市里明显充斥着紧张的政治气氛。这是
农村里从来没有过的。

南京有同学笑话我的苏北农村口音，不过很快，半年后，
我的口音又变回南京城市口音。当年，曾经的城里人变成了乡

巴佬，现在，农村人又变回城里人了。

许多年后我才知道，父母是因为"政治问题"而被下放苏北农村的。父亲曾是江苏省化工设计院院长，是"走资派"。他是 1947 年在中央大学读书期间加入中国共产党的，当时还是学运领导人，是名副其实的老干部、老革命；母亲北京大学历史系毕业，因其叔叔在台湾，是个国民党政府的大官，故有"敌特"嫌疑。

"文化大革命"期间，老干部经历了地位沉浮的落差，知识青年经历了城乡的落差，他们后来都有文学作品记录其苦难心境。但是我的年龄比他们小，作为政治风暴的旁观者，则是另外一番经历，现在的回忆更多是兴趣盎然，回味无穷。

1976 年 9 月发生了惊天动地的国家大事：毛主席去世了！9 月 18 日，十多岁的孩子排着队，戴着学校发的黑纱，走了很长很长的路，在市中心路上集合站立，人聚集得越来越多，等待了很久，追悼会才开始。整个下午人都在烈日暴晒下，我们聆听广播喇叭传来的北京会场的声音，鞠躬、鞠躬再鞠躬。当时，我们当然不会知道，中国的一个时代结束了，一个新的时代即将开启。

与摄影家吴印咸的一次接触

邹存荣

　　1984年初，我因病住进了北京小汤山疗养院。听同室病友说，院里住着一位专为毛主席照相的老头。经打听才知道是摄影家吴印咸。我喜爱摄影，所以对于吴老的事迹比较熟悉，很是仰慕。电影《风云儿女》《马路天使》使我知道了他的大名，后来中共在延安的影像资料也大多由他拍摄。伊文思赠给延安的摄影器材由他经手接收的故事，也是众所周知的。我窃喜能有此机会接近他，以表达对他的仰慕之情并一睹他的风采。由于在理疗室常常遇到，我便有意识地与他搭讪。原以为名人一定架子很大，难以接近，孰料这位老人却平易近人，时间长了，我们也就熟悉起来了。

　　年前，老伴儿从家乡黑龙江来京看我时，曾登八达岭长城，拍了张照片（图1），我想何不趁此机会求吴老签个名以作纪念。一天，我怀着忐忑的心情向他提了出来。令我欣喜的是，他不加思索地答应了并告知了他的住处：疗养院最西边几座二层小楼中的一座（那是高干疗养区）。两天后我去送照片，他开门客气地请我坐。但见桌子上摆着一台放大机，几个冲洗照片的磁盘和许多装底片的小纸口袋。显然，他在疗养中也不时

图 1

在工作。其时吴老该有八十多岁了，此情此景不禁令人起敬。坐定后他问我爱好摄影有多长时间了，以及用什么相机等等，我一一作答。起初，我还有些紧张，但吴老的和颜悦色使我的情绪很快放松下来。为了不过多打扰吴老休息，我很快就告辞了。大约有半个月，我在理疗室未见到吴老，我心里很是着急和纳闷。

有一天，我的住室有人敲门，开门见是一位六十岁左右模样的人。他自我介绍说是吴印咸的儿子，说这些天他父亲因有事回城里了，照片签名晚了些，叫我久等了。从交谈中得知他是徐州司法局的干部，离休后来京探视父亲，这几天在疗养院

图2

照顾父亲的起居。

　　不久我要出院了，向吴老提出合照一张相，他叫儿子在二楼楼梯上为我俩在院中汤池边拍了这张照片（图2），之后和吴老在院内的小道散步时，吴老用我的相机又为我拍了几张照片。其时吴老的《摄影构图120例》一书恰好出版，我进城在王府井新华书店购得，吴老也为我签了名。我回家后，把吴老

图 3

为我拍的照片洗好连同底片寄去，请他签名和评点并询问他近来的生活状况。他回信说，去青岛疗养一段时间后，又回到小汤山疗养院，仍住原来的房间，还说我印放的照片调子有些硬，待过些时候给我重新印放。没过多长时间，吴老就把印放并签名的照片寄来了（图3），并告诉我："显影液用的D-76，相纸是厦门2号。"为了不打扰他，此后我就再也没有与他联系。

时光匆匆地过去了三十多年。吴老寿高九十多岁也作古多年了，照片中的我老伴儿也离我而去多年了，而今我也进入了耄耋之年。每一次翻看这几张照片时，我都不禁感慨万端！

作为一个普通摄影爱好者，能有机会得到摄影大家的接见，而且他还为我拍照，并与我通信，真是此生有幸的事！每念及此，当年的情景仿佛如昨。

征　稿

《老照片》是一种陆续出版的丛书，每年出版六辑。专门刊发有意思的老照片和相关的文章，观照百多年来人类的生存与发展。

对稿件的要求：所提供的照片须是20年以前拍摄的（扫描、翻拍件也可），且有一定的清晰度，一幅或若干幅照片介绍某个事件、某个人物、某种风物或某种时尚。文章围绕照片撰写，体裁不拘，传记、散文、随笔、考据、说明均可。

编辑部对投寄来的照片，无论刊用与否，都精心保管并严格实行退稿，文字稿恕不退还，请自留底稿。稿件一经刊用，即致稿酬。

来稿请寄：山东省济南市英雄山路189号B座　山东画报出版社《老照片》编辑部

邮　编：250002

E-mail：laozhaopian1996@163.com

网　址：www.lzp1996.com

电　话：（0531）82098460（编辑部）（0531）82098460（邮购部）
　　　　（0531）82098479（市场部）（0531）82098455（市场部）

邮购办法：请汇书款至上述地址，并标明收款人"山东画报出版社有限责任公司"和注明所购书目。

邮发代号：24-177

《老照片》网站与微信公众号

官方网址：www.lzp1996.com

微信公众号：山东画报出版社老照片

马海德与艾黎在南滨农场

王超和

那是 1983 年 3 月，马海德、艾黎偕同时任全国人大常务委员会副委员长的黄华到三亚鹿回头休养。28 日那天，我听到黄老、马老和艾黎一行要到南滨油棕园参观，兴奋之余，毫不迟疑地背上 135 照相机赶往胜利队的薄壳油棕园。

马海德是第一个加入中国国籍的美国人。他 1936 年赴延安参加中国革命，新中国成立后担任卫生部顾问，是著名的麻风病专家。路易·艾黎是新西兰人，1927 年来到中国，此后为中国人民的解放和建设事业奋斗了整整六十年，我读过他的文学作品，收藏有他的诗集《艾黎诗选》。黄华早年是燕京大学的高材生，1936 年参加中国共产党，开始是陕北苏区红军总部翻译，与马海德共事多年。他当过朱德和叶剑英的秘书，解放后是著名的外交家，1971 年为首任中国驻联合国及安理会代表。三十六年前，我在海南三亚市南滨农场有幸见到这三位老人，心中一直都感到荣幸和快意。

南滨农场是在海南最南端的国营农场，1952 年建场开始就大面积种植了有战略意义油棕树，但是它的果实榨油率并不高。1975 年左右，从非洲引进了薄壳油棕树，结的果实壳薄、皮肉

91

厚、含油率高。在南滨农场大面积播种后，薄壳油棕声名鹊起，引人瞩目。这也成了海南南部的一道风景线，吸引了不少文人墨客。自然也引起了马老、艾老和黄老的关注。

上午10时，胜利队油棕园里春风习习，叠翠的棕树婆娑摇影。黄老、马老、艾老一边细听着农场副书记黄玉清的介绍，一边拍照记录油棕树的倩影风姿。艾老头戴一顶大草帽，穿深蓝色的西装短裤，白色外衣的三个外缝大袋大得惊人，衣袋里还插着一个眼镜夹子，看上去像个十足的"老北京"。他已经八十有七，仍然自如地在油棕园里走来走去，不时地拿起相机拍照，好似个年轻活泼的记者。

全国人大常委会副委员长黄华、卫生部顾问马海德和著名作家艾黎视察南滨油棕园。

艾黎在南滨

马海德在南滨

马老中等身材，穿一套深色衣服，脚踏我国北方人穿的布鞋，外衣敞开着，脖子上挂着两副眼镜，别有风趣。若不看其脸，恐怕不会知道他还是一位美国血统的中国人！那时马老已年过古稀，但他的眼睛闪着神气，脸上洋溢着微笑。而对新植的油棕，不时抚摸光亮的红棕色油棕果穗，还动手摘撷带刺的果穗，毫无疲倦之意。过一个小坎沟时，随行人员要扶他，可马老摆手谢绝，一个健步跨了过去，看得出来他的身体结实如年轻人。黄老当天穿了一件浅灰白色外套，显得十分精神，他很有兴致地在油棕树上摘了一颗油棕果粒，给马老和艾老观赏。

出了油棕园，回农场招待所，三老登楼眺望，周围的椰树、油棕和鱼塘的杨柳，以及不远处的工厂、人工湖相映成趣，南国风光，令人陶醉。他们感叹提笔，为南滨农场留下了美好的祝福。黄华题词为"祝南滨农场全体同志为祖国社会主义建设继续努力做出新的贡献"。马老题词用英文，大意是：祝南滨农场干部职工经过二十多年努力种植薄壳油棕成功！希望产量到 2000 年翻番。署名用了中文。艾老用英文写下了一首诗，虽然我看不懂，但我想那必是赞美南滨的篇章。

分别时，三老似乎都认出了我。在车子里，黄华副委员长伸出手来与我握手，马老还留下他的名片，并用熟练的普通话与我话别。事后两个月，马老给我回了信："寄来的照片和信已收到，有关照片已送黄华和艾黎同志，谢谢你！"

如今，三十六年过去了，而三位老者的形象，永远留在了我的心中。

和孔繁森在一起的日子

郭吉忠 口述　郭子汉 整理

　　我和孔繁森初识是在 1968 年 5 月，当时我从部队转业到聊城技校政工组没几天，就和穿一身旧黄军装的孔繁森碰了面。一叙才知道，我们同是 1961 年 7 月参军，同在济南军区后勤部门服役（我在龙洞仓库，他在军区九〇医院），又同时转到技校工作。未曾见面的战友现在成了朝夕相处的同事，由此而来的那种欣喜就可想而知了。繁森给人的第一印象就是热情、实在、活泼，故初次谈话非常投缘，他非要搬到我那单人宿舍同住，而我也乐意接受这个比我小一岁的好兄弟。

　　自此，我们成了知心朋友，两个单身汉住在一起，吃则合伙买饭菜票，玩则同出同进，形影不离。

　　男大当婚，女大当嫁。记得 1968 年 7 月 1 日，我陪繁森把王庆芝娶进家。那天上午，按照当地风俗，我作为新郎的陪人和繁森各骑一辆自行车到王庆芝的家。看热闹的人挤满了院子和屋子。我们二人被安排礼节性地吃糕点、喝酒。繁森天生乐观、幽默，偏在这个场合出"怪点子"寻我开心——他死拉硬拖，非要把我拉到正位上坐。当时蒙蔽了不知情的看客，他们都以为我是新郎。热闹一番后，我们带着羞羞答答的王庆芝

图1 1968年12月在聊城合影。前左孔繁森，前右郭吉忠，前中薛进军，后右李德成，后左杜宝森。

回到了五里墩（五里墩是繁森老家）。与繁森二十六年共同生活的经历证明：王庆芝是一位了不起的女性。她深明大义，甘于牺牲自我，含辛茹苦地为繁森承担起孝老养小的重担。像她这样的贤妻良母在哪里哪个时代都是数得着的。有人说，假如王庆芝在家闹得三天两头"后院起火"，那繁森很难做到三次赴藏而义无反顾，更不会以西藏为家而长熬十年的大好光阴。

孔繁森同志心地善良，感情丰富，待人真诚，同时还是一个天生的"社会活动家"，所以在聊城技校工作期间就留下了极好的口碑。那时我爱好篮球、乒乓球，衣服也脏得格外快，繁森常常逼着我脱下来帮我洗好。后来我家属带孩子来聊城小住时，孩子的衣服、尿布他也帮忙洗。教工和学生们习惯于将

图2 1983年在济南趵突泉公园合影。右孔繁森,中郭军,左郭吉忠。

泡满衣服的脸盆放在技校土井旁排成溜,繁森不顾自己的工资微薄,买来肥皂、洗衣粉,常常哼着小曲乐呵呵地替大家洗衣服。有些家庭比较贫困的学生,也时常得到他的资助。那时正值"文革"时期,两派严重对立,技校休学、停工,几近瘫痪。可两派群众都愿和他交朋友,倾吐肺腑之言。他也乐意为大家办事,为恢复教学和生产忙忙碌碌，他得到了对立的两派群众的共同拥护，才二十几岁的年纪，就被推荐为技校革委会副主任。那时，看到他热情似火，整日奔波不休的样子，我就给他半开玩笑："繁森，你是吃的老百姓饭，操总理的心，忧国忧民呢！"

　　1972年推荐上大学，我初步的志向是山东师范学院政治系，可是不久，我这个名额就被人顶替了。正直的繁森听说后很着急，凭着他在聊城人缘好，反反复复找有关单位反映我的委屈，最终要回一个名额，推荐我上了山东省水利学校机电专业。在一起时，我们无话不说，等我到泰安上学，我们就写信，他在

图3 1987年10月，孔繁森第二次援藏回来在齐河合影。后右孔繁森，后左郭吉忠；前右郭静，前中陈寿珍，前左郭锋。

信中鼓励我：你是带国家工资上学，多好的机会，要专心学习，钻研技术，将来好用……

1974年5月，我调回到齐河县公安局工作，繁森调到聊城地委，工作几经变动，职务一再升迁。然而我们的手足之情却更加醇厚，始终保持着密切联系。我的家尚在齐河刘桥小李庄时，只要繁森有机会就抽空来探望，有时繁森的爱人王庆芝也过来小住几天。一来二去，老家的人都和繁森混熟了，村干部为群众办事遇到难处，往往不通过我就直接到聊城去麻烦繁森。为此，村里人都夸繁森好，说他没官架子，热心肠。同时，也夸我交了个好朋友。

1988年10月，繁森受命二次援藏，成为全省三十多位援藏干部的领队。临行前，他来我家告别，并一起合影留念。随后，我和战友、同事们在济南送他上火车，依依不舍，但终要离别，因为繁森以国家和人民的利益为重，主动服从组织需要，他已把西藏当成了第二故乡。踏上火车后，繁森几乎控制不住自己的感情，眼圈红红的，为了不失态，他只好就座后把脸转向一边，遮遮掩掩地与我们挥手告别。

繁森有一颗菩萨心肠，作为拉萨市副市长，尽管政务缠身，但这并不影响他总为别人牵肠挂肚。他每次从西藏回来，都忘不了给我带治疗糖尿病的藏药。1989年秋，他从拉萨给我来信，让我给他寄点黑豆，用来为当地群众治病做偏方，我随即照办了。

繁森对人慷慨，对自己却十分吝啬，凡熟悉繁森的人都知道他对人大方。我们在聊城技校时，无论是同事、朋友家里有人生病，繁森都买上礼品去看望。遇到有的同事家庭困难，繁森就把自己的工资领出来接济人家。由于繁森人缘好，朋友也

图 4　1990 年在济南合影。中孔繁森，左郭吉忠，右李德成。

多，那时工资又少，他的工资往往未到月头就没有了，有时还从老家要钱打补。在西藏期间，繁森听说有几个齐河籍的老乡在那里当兵，便经常骑自行车到部队看望他们。过年过节时不是叫他们来家里吃水饺改善生活，就是送钱给他们，说："在西藏当兵生活艰苦，给你们点钱改善一下生活。"繁森自己和家庭却过着十分俭朴的生活，他上有年迈的老人，下有三个孩子，家又在农村，生活条件十分艰苦。我们在聊城期间，繁森一身旧军装洗得发白了还一直穿在身上，舍不得脱下。他吃饭从不讲究，有什么就吃什么。他十几次到我家，都在家里吃家常便饭。繁森不擅喝酒，有时很长时间来一次，我要领他到饭庄吃饭，他坚决不同意，就连 1994 年 8 月最后一次来我家，这位阿里地委书记吃的仍是我家属给他擀的一碗面条。同样，我住在他家里时，原来的几个战友、同事听说后找到我和繁森，邀他到饭店里聚一下，繁森也不依，就让妻子在家里炒几个菜。繁森在聊城当林业局局长期间，单位车子在齐河出了事故，繁森叫人找我处理快一点儿。事后我去聊城，林业局的同志为了感谢我，邀我去吃饭，繁森知道后，自己从家里带了两瓶酒、几个菜，陪我在司机小王家吃了一顿饭。繁森从一名普通干部，到后来官至地委宣传部副部长、县委副书记、地区林业局局长、行署副专员、拉萨市副市长，直到阿里地委书记，他家里的家具摆设都始终是老样子，我们同事聚会时说："繁森恐怕是全国最穷的一个地委书记了。"

　　1994 年 8 月，繁森离家赴藏的前三天，他带儿子孔杰前来看望我。或许出于冥冥之中的一种神秘的预感，我俩谈了很多也很深。繁森以前告诉过我，说他在西藏吃的苦我是想象不到的。我看着他已显衰老的面孔，忽从心底升起些悲凉，就关切地劝他说："你三次援藏，十年多了，趁老人家还健在，该回来让她享受天伦之乐了。"对这个话题，繁森含泪笑而不言。

三天之后，繁森义无反顾地乘飞机飞往西藏。殊不知，这次见面，竟成了我俩的永别。

1994年12月8日下午，我正在局里上班，这时，总机室值班员招呼我，说聊城打来长途电话。我一路小跑进了总机室，接起电话一搭话，却不是繁森。电话那头是聊城地委梁启峰同志，他的声音颤抖不停："孔繁森同志11月29日在赴新疆塔城市考察工作时遇车祸，不幸以身殉职……"听到这个不幸的消息，犹如五雷轰顶，我放声大哭起来，当时不知情的同志以为我发生了什么意外，纷纷赶来安慰我。

时隔几天，12月12日我收到了聊城地委行署联合发来的通知：聊城行署副专员、中共阿里地委书记孔繁森同志的骨灰安放仪式，定于1994年12月14日下午3时在聊城革命烈士陵园举行。作为繁森同志的生前好友，我带家人如期参加了骨灰安放仪式。"雨雪交加云低垂，繁森忠骨从藏归。三十余载知心友，舍下老兄把泪挥。"这是我流着眼泪在花圈挽联上写下的自撰诗句，它寄托着我不尽的哀思。

二十多年来，我十分留意各报刊及其他媒体对繁森的宣传报道。我还尽我所能，把报刊上有关繁森的文字搜集、保存起来。每每静心细读起这些文字，常使我泪流满面，陷入对往事的回忆，而心灵也在一次次回忆中得到净化。

繁森同志永远离我们远去了，只留下不朽的精神，我将永远怀念他。

远去的礼拜堂钟声

张鹏程　张鹏搏

　　之江大学最早的前身为"崇信义塾"，创办于 1845 年，由宁波迁往杭州后，改名为"育英义塾"。随着基督教的传播和发展，师生大量增加，1897 年正式将"育英义塾"提升为"育英书院"（为浙江省最早的一所现代教育书院）。其时，书院师生人数已近百名。学校倡导新教育，引入西学，提倡科学教育，教授的课程设英语，化学（分析化学、有机及无机化学），代数，数学（解析几何、微积分），天文学，生物，物理（数学物理学），文学（现代文学及古典文学、外国文学），政治经济学，圣经，体育，音乐等。杭州市内大塔儿巷的原校区已不能适应日益发展的需要，学校发展又被周围民居所限，无拓展的余地，校方深感必须另辟新的校址。

　　1906 年美国长老会华中差会成立董事会后，决定重新购地建校。经过选址委员会在杭州周边多日踏勘和选择，最终选定杭州南面钱塘江畔秦望山麓荒丘山地的头龙头、二龙头、三龙头为新校址。经清政府同意，以 5 墨元（1 墨元相当 50 美分，也相当于 1000 文铜钱）一亩的低廉价格，购得 400 余亩荒芜、荆棘纵横的丘陵山地。

新校址选定后，从 1907 年开始筹措建造新校区校舍及基础工程的资金，1908 年南北长老会正式合作成立工作委员会共同承担筹资建校的责任。由于在美国积极工作和募捐，获得不少的捐款及物资。1910 年建成了慎思堂（Severance Hall，也称总课堂）、甘卜堂（Gamble Hall，也称东斋）、惠德堂（Wheelerand and Dusenbury Hall，也称西斋）、帕斯顿楼（下红房子）、北太平洋楼（上红房子）、康沃斯楼（灰房子）、罗彻斯特楼、南长老会楼、运动场等校舍场地。从这些楼舍命名上可以看出，楼舍都是个人或家庭出资捐赠建造的。

1911 年初，学校正式迁入新校址后，取名为具有高等教育程度的"之江学堂"。1914 年，长老会差会和董事会根据教授

杭州中华学生义勇布道团为之江大学前身育英书院青年学生组织的基督教布道团，此为团员在慎思堂前留影。摄于 1911 年。

从六和塔俯瞰之江大学。甘博约摄于 1918 年。

之江大学的主楼慎思堂。甘博约摄于 1918 年。

的课程及教育阶段，一致通过决议将育英书院（之江学堂）改名为之江大学。之江大学是美国基督教南北长老会差会创办的高等学校。它尽管是一所以教授科学文化为主的大学，但是学校把传播基督教道义、培养基督教神职人员作为重要的目标之一。自建校以来，学校中维持着宗教生活，进行布道颂扬基督教福音，向师生布道是学校教育的重要一环，圣经为必修课。

新校区建成后，需要一个场所来传播福音和供新教徒接受洗礼，同时节日活动、团契活动等也都有这种需要。因此建立一座教堂，已势在必行。不久，美国新泽西州东奥兰治的都克（Nathaniel Tooker）一家人捐资，为之江大学建造一座礼拜

两座大楼中间的都克堂正在建设阶段，其后面为沿秦望山脊建造的传教士楼舍。由左向右依次为罗彻斯特楼（抗战中被日寇焚毁）、南长老会楼（抗战中被日寇焚毁）、帕斯顿楼（下红房子）、北太平洋楼（上红房子）、康沃斯楼（灰房子）。甘博约摄于1918年。

甘卜堂。甘博约摄于 1918 年。

堂——都克堂。都克堂于 1917 年 6 月 20 日进行奠基仪式。仪
式十分隆重，前往参加的有美国驻上海总领事孔宁海姆（E. C.
Cunningham）及长老会长老、牧师、各地基督教教会的代表及
全校师生及校友等共三百余人，由 P. K. Tsang 牧师安放基石。
1919 年 1 月 11 日教堂竣工，历时一年半。

都克堂分为两个部分：主堂和钟楼。钟楼里悬挂的大钟，
抗战中被日寇作为战略物资劫走。都克堂地处学校中心的西面，
周围是郁郁葱葱的树林，环境清幽。其外墙由石块砌成，显得
格外庄重和肃穆。多年以来，在都克堂外墙上爬满了一种叫"爬
山虎"的植物，它浓密的藤叶似乎给都克堂穿上了一层厚厚的
绿色大衣，显得古老而庄重。通过石阶梯进入都克堂前厅，厅
的两边有楼梯通向二楼，二楼呈阶梯状。堂内按剧场式布置，
上下两层，堂前为一戏台，戏台的左边是钢琴室，右边是管琴室。

礼拜堂内顶部挂有式样新颖的白色吊灯，所有窗户都镶嵌着五颜六色的彩色玻璃。堂内整齐摆放着一排排橡木做成的靠背长椅，这些木料都是从美国运来的。整个都克堂能容纳600—800人，自建立后便成为师生活动和聚会的重要场所，特别是圣诞节、复活节、受难日都有隆重庆典和纪念活动举行。都克堂由美国和中国牧师传布福音，星期天由专职牧师来布道讲授圣经。新中国成立后，担任浙江神学院院长的蔡文浩牧师也曾来都克堂布道。由于学校是基督教长老会创办的，所以要求学生接受基督教教义教育，星期天必须在都克堂做礼拜和参加基督教的节庆祈拜活动。30年代曾发生不信教的学生撕毁传教资料的"罢

都克堂1917年6月20日举行奠基仪式，1919年1月11日竣工。图中门窗尚未安装，木板建材堆放在都克堂四周，还可见都克堂右侧用稻草搭建的工棚。建成的都克堂是一座哥特式石结构的礼拜堂。摄于1918年7月。

新建不久的都克堂全貌。地面平整不久，堂前的青石板鹅卵石道路已铺就。都克堂后面是女教师和女生的宿舍"佩韦斋"（1926 年 Wilson 捐资建造），此时尚未修建。摄于 1920 年。

教"事件，是当时教会大学中极为轰动的一件大事。这促使学校从此不再要求不信教的学生参加基督教活动，允许学生有自由选择的权利。

1927 年 2 月，国民革命军突破军阀孙传芳部署的钱塘江防线，攻占杭州。之大师生满怀对北伐军的支持，自愿组织临时红十字会队，臂戴红十字标志的袖套，积极救护北伐军受伤官兵，并很快将都克堂腾出作为临时救治看护所，在外挂上红十字标志的旗帜，及时将伤员送到教堂中进行医治。师生清理血污纱布绷带，为伤员脱下染满血迹的军衣，给他们洗脸擦身，换衣换裤，洗涤脏衣裤，清洗大小便，不怕脏不怕累。还在教堂中设茶水桶和食物，端茶送饭十分踊跃和体贴。师生的革命热情，使北伐军的官兵非常感动。

自 1917 年建成后，隆重的毕业生学位授予仪式都在都克堂举行，直到 1950 年 6 月 25 日在此举行了最后一届简单的学位授予仪式。平时，学校师生的聚会、演讲、演出等也在都克堂里进行。都克堂在教会中有很高的声誉，因为它是杭州最早的教堂之一。1930 年和 1931 年，已皈依基督教的蒋介石夫妇两次来之大，都拜访过都克堂。孔祥熙、周象贤、竺可桢、司徒雷登等也数次到过都克堂。

1937 年抗战全面爆发，12 月日寇侵占杭州，由于之大是

建成后的都克堂的内部布置。堂顶部悬挂新颖的白色大吊灯，橡木做的靠背长椅，每排被分隔开来，台上设有大型铜质管风琴、钢琴、管乐器等，是典型的礼拜堂摆设，堂内庄重肃穆。摄于 1919 年。

　　都克堂前两条呈 V 字形的路。右边的道路通向美国传教士住的上下红房子、灰房子、南长老会楼、罗彻斯特楼以及图书馆，左边通往都克堂后面的"佩韦斋"女生宿舍。都克堂见证了浙江省最早的男女合校。摄于 1928 年前后。

美国基督教教会财产，挂有美国国旗和美国标志，得到美国传教士明思德、华葆仁、马尔齐等驻校保护。日寇虽然对之大垂涎三尺，对之大派有骑兵和宪兵，但不敢明目张胆地抢掠。太平洋战争爆发后，之大不幸完全沦落敌手，日寇对之大进行大肆抢劫，将护校的美国传教士逮捕关押后，递解押送回国。都克堂因此而遭殃，成了反抗志士的关押所，周围设置铁丝网。教堂橡木大门被拆

都克堂外墙上爬满了叶茂枝繁的藤本植物"爬山虎"，恰似都克堂穿上了一层厚厚的绿色外衣，更显古老庄重。后来日寇侵占时都克堂遭抢劫破坏，钟楼铜钟被劫。摄于1936年前后。

除用作军事用途，堂内的壁灯、吊灯、蜡烛台、镀金铜盆、银碟、铜质管琴乐器、钟楼大钟以及铜锁铜插销、电线铜丝全部被卸下掠走，一排排整齐的橡木靠背长椅也被悉数掳走，只要能搬走的能拆卸下来的，日寇都想法劫走。日寇和伪军汉奸多次前来洗劫，几乎所有的金属制品、水管、窗户上的金属都被拆走运回日本，用于侵略战争。此时的都克堂已变成一座破烂的空架子，损失惨重，一片狼藉。

　　1945年8月抗战胜利后，回到之江大学的师生，眼前看到的都克堂除了石头砌成的墙体外，没有门没有窗，堂内被破坏

殆尽，甚至连舞台的地板也被撬光。为了迎接胜利后的复校复课，学校利用捐赠的款项和物资对都克堂进行修复。经过工人夜以继日的赶工，数月后都克堂又恢复了过去的庄重风采，同时填平了都克堂前被日寇挖掘的战壕，拆除了周围的铁丝网。

今天，经历百余年的风风雨雨，都克堂依然屹立在杭州秦望山麓原之大的校址上。从 1917 年到 1949 年 5 月，都克堂见证了不同时代的历史，走过了不平凡的岁月。1936 年，之大在都克堂首次上演进步话剧《一片爱国心》，激发师生强烈的爱国感情。抗战时期，有数名学生参加空军加入驱逐机大队，直接与日寇作战，在抗战中全部殉国。1949 年新中国成立前夕，都克堂还成为进步学生演出话剧的场所，演出有《雷雨》《子夜》《黑夜》等，笔者当时虽是小学生，也被挑选去参加过演出。1949 年 5 月杭州解放后，都克堂成为放映电影的场地，放映的电影有二十余部，其中有《百万雄师下江南》《大桥》《夏伯阳》《保卫察里津》《女拖拉机手》《攻克柏林》等。

1952 年高等院校进行院系调整，杭州之江大学解体。其工学院、商学院、文学院系科分别并入上海同济大学、上海财经学院、浙江大学、浙江师范学院。原之大校址又历经浙江师院、省委党校、浙江大学三分部、浙大之江校区、浙大光华法学院诸多变迁。都克堂亦经过多次改修变更，改作他用。为了适应搞活动，都克堂屋顶被升高了两米多，举行会议、跳集体舞、做报告、充当电影录像厅，变成了俱乐部、活动中心、会议场所等，但是都克堂的外表和内部结构依然如旧。

都克堂这座古老的教堂已走过了百年的历史，经过了几个时代，从它身上可以深深地感受到时代的变迁。

战后十年的韩国社会

秦　风

　　1964 年，美籍牧师薛培德在韩国传教期间，拍摄了上千张照片，生动地反映了韩国百姓生活的艰苦，以及在困顿中力争上游的精神。对照今日韩国的进步与繁荣，令人感触良深。

　　1950 年爆发的朝鲜战争，历时三年，战火遍及整个半岛，城市乡村均未能幸免。大战过后，只剩下倒塌的房屋、残破的家园，以及重新站起来的期盼。此时韩国年均国民所得仅 67 美元，与非洲加纳同为全世界最贫穷的国家，无论政府运作、经济建设还是民生消费都需要仰赖国际援助。社会上贫穷景象四处可见，由于许多男子战死，大街上多是妇女和幼童，建筑残破，生活条件极其恶劣。

　　此时，一位小学四年级的学生李润福用日记描述了他每天的生活琐事。由于生活无着，母亲和父亲吵架后出走，李润福每天放学后，必须出去卖口香糖、喂山羊、擦皮鞋、拿着罐子要饭，以养活生病的父亲和三个年幼的弟妹。他在谋生的过程中常被欺负，包括被年纪大的孩子抢走口香糖，遭成年乞丐殴打，以及到处被驱赶。然而，年少的他并没有自暴自弃。李润福渴望母爱、渴望幸福，他没有怪罪离家的母亲，也没有记恨

韩国汉城（今首尔）贫民窟外围用铁丝网圈住。

韩国汉城（今首尔）市区破败的贫民窟

　　韩国汉城（今首尔）贫民窟里的一名年轻妈妈带着两个孩子。贫民窟没有围墙，用简陋的铁丝网围住，母亲们常在铁丝网上晾晒衣服。

　　韩国汉城（今首尔）贫民窟的两个女孩正在玩跳板，这是朝鲜民族传统游戏。女孩们虽然生活困苦，仍然以传统民俗为乐。

韩国汉城（今首尔）贫民窟里的居民

　　韩国汉城（今首尔）市区的一个角落。远端的洋楼在战火中被毁，仅剩残垣断壁。虽战争已结束多年，但战争的痕迹依然可见。

贫民窟里的妇女打井水浣衣。

贫民窟里儿童成群。不仅韩国，战后婴儿潮在很多国家都出现过。

贫民窟里打扮时髦的妇女，通常是节庆时她们才会如此穿着。

社会的不公，而是努力地改善环境，勇敢地活着。日记里那些朴实的文字流露着人性的善良："为了寻找失落的幸福，即使流泪，也要努力追寻；就算拿着乞食罐子的手在发抖，也要走下去，幸福一定在不远的地方。""天空不停地飘着雨丝，离

韩国汉城（今首尔）的基督教修士。韩国基督教信徒众多。

家的妈妈是否还想着我们呢？抬头望着雨水漏进屋里，饿肚子的我仍然需要坚强地活着。""全世界的爸爸们啊，请不要喝酒！喝酒容易吵架，吵架容易争执流血，知道别人怎么说吗？'那家伙爱喝酒，喝死了活该！'"

李润福的日记反映了韩国贫穷家庭儿童的真实世界，以及不怨不悔的励志精神，这在当时是具有普遍性的。在李润福的老师协助下，这本日记得以出版。没想到，书一面世立刻激起韩国社会强烈的共鸣，许多人被这个孩子善良的本性以及向上的精神深深地打动。这本书很快被翻译成日文，在日本同样造成轰动。随后中文版在中国台湾发行，一时洛阳纸贵，成为学校指定的课外教材，中文的译名为《秋霜寸草心》。

今天的韩国已是世界第十五大经济体，在造船、钢铁、汽车、信息科技等领域均位居世界前列，韩国的体育和流行文化在国

一位韩国老人摆地摊，贩卖传统农历册子。

新生的韩国幼儿，代表未来建设的希望。

一名汉城（今首尔）妇女高兴地抱着美国教会捐赠的衣物。

际上亦占有一席之地。这个国家的成就，早已突破有限的人口、资源和国土的困囿，韩国的影响力已充分被世界感受到。这些都不是偶然的，而是韩国社会长年奋斗的结果。那种强韧的生命力，在半个世纪前那些不甘悲苦命运、决心追求幸福的贫弱孩童身上，就早已存在了。

卖鱼的汉城（今首尔）妇女，背着孩子，捱过生活的艰辛。

1969 年的结婚照

是富农，再少的像我们家只有十多亩地的是中农，没几亩地的是贫农，然后把地主家的地分给贫雇农。

我丈夫在家排行老大，还有一个妹妹，一个小弟。他爸爸在旧社会是个老师，新中国成立后在邵阳水文站工作。他妈妈是个家庭妇女，个子矮小，名叫刘香桂。他刚生下来没多久，他父母就闹意见分开过了。他父亲在外面上班，常年也不回家，他奶奶也不管他们母子。他妈妈一个人带着他在农村里，很辛苦。生活条件不好，加上没人照顾，他从小身体就不太好，个子不高，比较瘦弱。直到他大约十岁的时候，他父母才经人说合重新过到一起，但夫妻间的感情始终不是太好。

他父亲因为工作关系，常年在邵阳周边地区的水文站上班，那时交通不便，很少回家。后来他母亲就带着他弟弟、妹妹过去投奔，作为家属和他父亲住在一起。那时他已经小学毕业了，一个人寄宿在邵阳县城里读书，没有和父母生活在一起。他很聪明，读书也很用功，后来考上了长春地质学院。在那个年代，能上大学的人很少。他是他们村里第一个大学生，很了不起。

我只读到高小。那时候刚从旧社会过来，女孩子一般都不让读书，只有个别人家能看得长远一点。我爸爸只看眼前，不看以后社会发展，解放前不准我两个姐姐读书，说姑娘是别人家的人，读书是好了别人，所以只送哥哥去读书。那时乡村办夜校，也不准我们姑娘晚上出去，但有些人家就让女儿去夜校学文化。过了几年，邵阳市工厂开始招女工了，有几个和姐姐一样大的女孩子被招到邵阳市去当了工人，这时候爸爸才醒悟，同意让我去读书。

我刚开始上一年级的时候，是在唐氏祠堂读的。那时只有乡镇才有学校，县里市里学校都离我们家有几十里路远，所以政府就把每个乡的祠堂当作校舍。我们家姓唐就去唐氏祠堂读书，那里离我们家有六里路。以前没修公路，每天走田边小路，还要从一座大山边上绕过去。那时候上课也很简单，没有作业，老师教我们唱歌跳舞，玩抓人的游戏，文化知识学得很少。

后来上三年级的时候，就分地区上学了。人多了，祠堂太小了，就把祠堂拆了建一所新学校，叫我们学生天天去挑那拆下来的旧砖旧瓦来修新学校。我们和五六年级的同学们像蚂蚁搬家一样，挑的挑、抬的抬，一个月没有上课。两年后学校才完全修好。第二年上六年级的时候，每天上午上课，下午就要去帮农场干活，扯荞麦，扯猪草，什么活我们都要干，没有正式上过一天课。夜晚有时还要去干活。

后来"大跃进"开始了，有好多学校停办了，一些在外省读大中专的都回家干活了。那时村里已分了生产队，安排大家在一起干活，在一个食堂吃饭。生产队里实行工分制，男人干一天十个工分；妇女能干的，一天有七个半工分；我们十三四岁的，一天只挣四个工分。吃饭男人们五两一餐，妇女们三两一餐，我们未成年的每餐二两，大家都吃不饱。我从此就一直在农村劳动了。

我认识他，是1968年春节时。那时他已经毕业工作好几年了，而我一直在农村劳动，中间因为积极肯干，还当过一段时间的妇女队长，什么苦活累活我都干过。后来我不想在农村干了，1967年过完年，我就去了我大姐家。我大姐比我大十多岁，姐夫是当兵的，后来退伍转业到铁路局工程部，分配在湖北丹江沿线上修铁路，姐姐结婚后也跟他一起去了湖北。我在姐姐那里跟她一样做小工，姐姐在姐夫单位缝纫组做工。那年火车站对面正在修铁路医院大楼，我白天在那儿干活，晚上不加班休息时就跟姐姐学做衣服。那个年代双职工很少，一般家属都没有工作，在单位上找些临时工做。当时我正好从我姐家回来，他也从单位回家探亲。

我们是经人介绍认识的，介绍人是我的一个远房姑父。他1965年大学毕业，分配在河南洛阳地质队工作。每年过年有12天探亲假回家看父母，同时找对象，不过好几年了都没成功。那个年代讲究阶级成分，他爷爷是地主，女方都不愿嫁给她，而且他还要求马上结婚，他快三十岁了，比较着急，所以找了几年都没找到。后来他跟我说，城里的女孩不喜欢地质工作人员，他也不想要城里女孩——太懒。

在认识他之前，我有过一次不成功的订婚经历，男方是我表哥，我亲二舅的儿子。按现在的说法，这算近亲，是不适合结婚的，但那时农村里没有人在意这些。

我这个表哥在河北省邯郸市工作，每年过年回家和他外公外婆一起过年。他外公外婆是我们村里人，老两口没有儿子，只有一个女儿，嫁给了我二舅。可怜的是我二舅和舅妈他俩在1945年被日本鬼子追杀，无路可走跳水塘自杀了。我这个表哥当时才六岁，一直由外公外婆抚养成人。后来我爸爸认两位老人当义父义母，帮他们家干活。从那时起我们家拿钱供他上学，我两个姐姐农闲时给他做鞋穿，在经济上支持他直到他大学毕业工作。他外公外婆年纪大了，心里一直想要我和他们外孙结婚，好以后照顾他们二老。这些都没跟我说过，但可能跟我爸妈提过。

1966年春节，我表哥回来，家里让我和他去邵阳市照相，把婚事定下来。他比我大六岁，一直在读书，我们没什么接触，也没说过话，也就是每年过年他来我们家拜年吃一餐饭，见个面而已。后来去照了相，一路上也没说话，彼此也没有什么感觉。春节过后，他回去上班了，给我写了几封信，没说任何感情方面的事，只说他在老家没有房子，外公外婆老了，那也不是他的家，他说变只鸟也要有个窝。我知道他心里不同意，他不想回湖南，又看我没文化，没工作。但又不敢不听外公外婆的话，害怕直接说出来我们一家人不高兴，说他没心没肺，没良心，想等我说不同意。我后来回信说，既然你不同意，那就各走各路吧，从此他再没写信，这次订婚就不了了之了。我当时也没和他外公外婆说这中间的缘由，后来他二老还怪我不想照顾他们，我是哑巴吃黄连——有苦难言。

介绍人带陈敏捷来的那天，我爸爸到离家比较远的煤矿去挑煤了，没在家。只有我和二姐在家，因为二姐夫生病去世了，

一岁半的大儿子。1974 年冬在
湖北襄樊大姐家住时拍摄。

刚满周岁的小儿子。1975 年冬
摄于邵阳县照相馆。

所以二姐回娘家住了两年，那段时间一直在家里。他当时一见
我就同意了，还留在我们家吃了中饭。

那个年代儿女的婚事都是父母做主，他说要马上结婚，我
们没同意，要等爸回来再说，他们就先回家了。第二天爸爸回
来了，介绍人又来了，叫我和二姐去他家看看。他家在元塘大队，
离我家大约五里地。去了后才知道，原来他妹妹跟我是同学，
上高小的时候在一个班，真是很巧，不过从来没听她说过有个
哥哥在吉林读大学。父亲同意了这门亲事，但也觉得马上结婚
有点太仓促了。后来他同意先不结婚，先和我去邵阳市照相把
婚事定下来。那个年代照相是个大事，照了相就算订婚了。

那天我俩去照相，他走在我前面五六米，我在后面跟着，怕走在一起让别人笑话，也没好意思说话，就这样一直走了二十多里路才到邵阳市。还好，都是公路。到了邵阳市人多了，他就停下来等我一起走，怕我走丢了。照完相，他带我去他爸爸单位见他爸爸。后来我们在一家饭店里每人吃了一碗面条就回家了，也没多说话，各回各的家。过了一天，他的假用完了，就回河南上班去了。我们互相写信，信都不长，说说各自的情况，叮嘱对方"保重身体，安心工作，不要挂念"等，都是些谁都能看的话。那个年代的年轻人不像现在的，一开口就是亲啊爱的。

那年农历腊月二十四他回的家，腊月二十八，即公历 1970 年 2 月 4 日，我们举行了结婚仪式，在他们家、我们家都办了好几桌喜酒。亲戚朋友都来了，祝福我们新婚快乐。晚上闹洞房很热闹，大家吃夜宵，闹到夜里一点多才散。

第二天上午回娘家，这是风俗，在娘家吃了中饭再回家才算婚事办完了。从此我就是陈家人了。又过了五天，他假期结束回河南了，而我就开始整天在陈家生产队干农活。这样过了几年两地分居的生活。

后来，他从河南调回到湖南，在邵阳附近的地质队上班，我就从农村出来，跟他一起，当了随队的家属。再后来，我们有了两个儿子，因为我没有工作，日子过得比较艰苦。而且那时他在野外探矿队，经常换地方，在一个地方住不了多久，又搬到另一个地方，拖家带口很不容易。后来等小孩上小学的时候，他就调回单位本部工作，不需要老在野外跑了，我们也基本稳定下来，在邵阳地区隆回县城住了下来。再后来，等两个儿子上初中的时候，我们又跟着单位搬进了城里，在娄底市定居了。

全家福。1988 年，大儿子在长沙上高一，寒假回来在娄底
照相馆拍摄。

一晃几十年过去了，两个儿子都成人了，他们都有自己的
小孩了，我们也都老了。两个儿子都很有出息，毕业后先后都
去了北京工作。我们老两口也跟着时不时到北京儿子家住住，
日子越来越好。"开始享儿子的福了"，邻居、亲戚们见了总

是羡慕地说。我们心里也很开心，觉得一辈子的辛苦没有白费，到老了，总算可以安享晚年了。

可是，这样的日子过了没几年，老伴的身体却一年不如一年了。他从小就缺少家庭的照顾，后来一个人在邵阳上学的时候又得过一场病，差点没命，身体一直比较差。两个儿子在长沙上高中那会儿，他每年都得住院一两次。到了北京以后，儿子带他去做了全面的检查，又查出肺有毛病，医院开了很多药。这些药副作用很大，他为了治病，陆陆续续吃了几年，但病也没见好转。2007年春天的时候，突发了一次脑梗，幸好送医及时，恢复得比较好。谁知道没过两个月，那年五一的时候，肺部肺大疱破裂导致气胸，呼吸困难，送至医院就已经人事不省了。后来在 ICU 病房住了一个月，最终还是没有抢救回来，永远地离开了我们。

老伴去世了，湖南的家也变成了伤心之地，我后来就没有回去，一直跟儿子住在北京。儿子媳妇平常工作都忙，我一个人虽说什么也不愁，享着清闲，总是觉得孤单，时时想起老伴，辛苦了一辈子，好日子才开始，你怎么就走了呢！留下我一个人整天没着没落的……前些年回去，在书桌抽屉的书本、纸张里翻出了这张相片，也不知道是什么时候从相册里掉出来的。看着相片里的两个年轻人，我眼泪怎么也止不住，耳边又回响起当时摄影师的招呼声："这位男同志，站近点，再近点，对，对……一看就是读书人，比人家大闺女还不好意思……我数一、二、三，笑！"

人生况味

一生蹉跎的舅舅

田卫平

舅舅曹立鹤，20世纪50年代南京大学农学院兽医专业毕业的研究生。在学校他是品学兼优的好学生，毕业后本该成为一名优秀的兽医，可造化弄人，他迎来的却是一生坎坷，岁月蹉跎。

舅舅是家中的笑话。1984年，他从湘潭来北京，约好我去接站，但我临时有事，换了妹妹和我妻子去接。她们进站有点晚，迎着出站的乘客一路寻找，一直找到他的车厢，但里面已空无一人，只好回到站台，只见一个瘦削的人蹲在地上。妻子从未见过舅舅，便问妹妹是不是，妹妹瞟了一眼说："那也太惨了吧！"话音刚落，妻子隐约听见那瘦削的人发出微弱的声音，似乎在叫我的名字，二人忙转到那人面前定睛看去，正是舅舅！他戴着褪了色的蓝便帽，身着洗得发白的蓝棉短大衣，低头对着一只破旧旅行袋喃喃自语。这年他应该只有五十几岁。是为他的母亲奔丧而来，也许是因为他太悲伤，而导致行为有些失常。

舅舅结婚晚，"文革"期间，年近不惑还是单身的他，开始对女性有了超常的兴趣和冲动，家人发现了"危险"的苗头，便赶快给他张罗对象。幸运的是，一谈就成了。舅妈是工人，

图1 1984年，舅舅和妈妈合影。当时姥姥去世，舅舅赴京奔丧。

比他大，结过两次婚，还带着分别属于两任丈夫的两个女儿，相貌也不好看。姥姥、姨妈不太满意，他却十分中意："工人好，思想觉悟高，是领导阶级。两个小孩有什么关系，都是国家的孩子！"姥姥、姨妈闻之无语。

舅妈工资不高，加上身体不好，常休病假，收入很低。在学校工作的舅舅成了家里的经济支柱。他个人生活极其节俭，近乎自虐。皮带断成一头一尾两截，中间用布条接起来继续用。内衣百孔千疮，外衣陈旧不堪。每次来京，妈妈都要为他添置新的衣物，从头到脚换装，下次再来时依然破破烂烂，于是再换装一次。有时，他对家人要求也颇苛刻。他一度认定豆腐是营养价值高、最物美价廉的食物，便要求家里天天顿顿吃豆腐，吃得一家人一片怨言。但是，家中生活依旧不太宽裕，舅妈时常给妈妈写信，寻求经济帮助。后来舅舅走了，舅妈还在，妈

图2 解放初，姥爷离开南京前家人合影。当时母亲在北京上大学，未能参与。

妈还会接到类似信件，于是依然接济。

20世纪80年代初，一封来自北京密云的寻亲信，揭开舅妈还有一个大女儿的秘密。原来在死去的两任丈夫之前，舅妈还有过一任丈夫，并育有一女。这第一任丈夫是南下部队的解放军战士，舅妈当时是市里工厂的青年女工，二人恋爱结婚，她跟丈夫回到老家——密云山村。湘女虽多情，但也实在难以适应北方山区的生活，最终抛下丈夫、女儿，独自南归。大女儿跟舅妈取得了联系，但舅妈对这个女儿却很冷漠，舅舅倒是异常热心，还主动给她寄钱，结果惹得舅妈跟他打架，为此他只好偷偷地寄钱。舅舅还曾让我陪他去密云山里看望过那个女儿，而舅妈却没有再回过那个小山村，大概那段经历让她太痛

图 3 1950 年，二十一岁的妈妈（右）、二十岁的舅舅（中）和十四岁姨妈（左）合影。此时舅舅在南京大学学兽医。

苦，以致不愿再去触碰吧！

俗话说：外甥像舅。我似乎有几分像舅，但照片里年轻的舅舅比我样子好看得多。国字脸，高鼻梁，双眼皮，大眼睛，皮肤白细，目光炯炯。舅舅从小就是乖孩子，从不调皮捣蛋，还有点胆小怕事。上中学时，一日天色很晚，仍不见他回家。这是从未有过的事情，家人担心出了意外，急忙四处寻找，总算把人找到。原来他弄丢了家里为他新买的自行车，怕遭责骂，吓得不敢回家。妈妈、姨妈觉得他完全是多虑，因为姥爷、姥姥很少说他。相比之下，妈妈和他成了两个极端，在江边游泳丢了家里给的大钻戒，若无其事，而姥爷、姥姥也没有一句责难。舅舅会读书，成绩好，大学目标一直是上医学院学医。结果解

图 4　1963 年，当兽医的舅舅。

放前夕报考大学时，他自作主张没有报考医学院，而是考了中
央大学（解放后调整更名为南京大学）农学院兽医专业，并被
录取，这让家人大吃一惊。他的解释是医学院取分太高，担心
考不上，而农学院容易考些，可家人始终认为以他的成绩报考
医学院绝无问题。最好的例证就是，姥爷最要好的朋友的儿子，

跟舅舅同学，成绩不如舅舅，却考上中央大学医学院，后来成了北京协和医院的名医，如今快九十了，听说还在出诊。

舅舅本科毕业后考取研究生，曾问他研究生时研究什么，答曰："牛胃。"读研期间舅舅病了，据说发病原因与姥爷和爱情有关。姥爷原是国民政府社会部工作人员，当时的社会部即今之民政部，负责社会福利救济。抗战时他在重庆一家国营赈济工厂当厂长。工厂专收难民，生产自救，因工作出色，抗战胜利时得到政府嘉奖。他原本已经留下迎来了解放，但随之而来的是新政权的不信任和失业，生存陷入困境，当时前往香港还是自由的，姥爷便离开南京去了香港，后找工作未果，又辗转台湾。父亲投奔了反动派的大本营，这给在新政权下生活且性格内向敏感的舅舅，带来了常人无法想象的压力。而此时他暗恋的女同学，与别人成了男女朋友。也许正是这政治和爱情的双重打击，让他脆弱的神经在极限处断裂——人疯了。

对于舅舅的病，姥爷却有另一种解释：老天报应。姥爷的祖父曹德庆，武举出身，淮军将领，平定内乱时立下赫赫军功，封记名提督，任狼山镇总兵，被尊称为"军门"。清朝总兵为绿营兵正，受提督统辖，掌管本镇军务，又称"总镇"。清初总兵无定品，乾隆年间始定品秩，为正二品，编制内的总兵只有八十三人，提督与总兵是汉人武官在清代能出任的最高职位。《清史稿》其传曰："（光绪）十年，法越衅起，移军防吴淞，增筑南石塘、狮子林炮台。曾国藩疏荐其设防要隘，不避艰险，授狼山镇总兵，留防如故。"即说他在中法战争时镇守吴淞炮台之事。家人曾言，他购入德国大炮，首创用水泥修筑工事，使之固若金汤，外敌始终不能进犯。军门还做过不少保境安民的好事，传曰："皖北饥，输巨金助赈，诏旌之。十六年，罢戍，

图5 20世纪60年代中期的家庭合影。后排右为舅舅，左为姨妈，中间为姨父；前排右一表妹力力，右二姥姥，右三表弟剑峰，右四表妹武子。

赴本官。时通海里下河纵横数百里，枭寇出没，民苦之。德庆尽法惩治，奸宄浸息。"家中自军门发达后，每代总会有人得上疯病，于是认为是军门带兵打仗杀人太多所致。

　　因为救治及时，病好后的舅舅顺利毕业，但又因家庭问题被分配到苏北乡下一家兽医站工作。工作后，舅舅有了工资，一人生活还较宽裕，但他不给当时没有任何经济来源的姥姥一分钱，理由是"她以前过惯了剥削生活，现在应该吃吃苦"。没过几年，乱子又起。一头经舅舅治疗的牛死了，而这时舅舅又疯了。姨妈受姥爷牵连，虽学习优秀，但大学毕业不能留在家乡南京，而是被分配至当时较落后的湖南湘潭。听到舅舅犯病的消息，姨妈忙从湘潭跑去看他。见舅舅蓬头垢面，睡在牲

参观毛主席旧居韶山留念1968

图6　1968年，舅舅和姥姥在韶山。

口棚里，姨妈担心哥哥死在那里，慌忙托关系找人，把他调到湘潭，住到自己家里，便于照料。后来，舅舅渐渐康复，先是在一家农业技校工作，后被调到一所中学，大概他的教学效果不好，学校派他做了食堂管理员，据说做得很不错，一做十几年，直到退休。

第一次见到舅舅，是 1976 年夏天。受唐山大地震的影响，我从工厂请了假，把爷爷、奶奶送到长沙亲戚家，就近去湘潭看望久未谋面的姥姥和从未见面的姨妈、舅舅等家人。舅舅那时是食堂管理员，似乎很忙，扶着自行车，只和我在姨妈家楼前院子里站着讲了几句话。那时的他身着白色圆领衫、浅色短裤，脚上一双咖啡色旧塑料凉鞋，黑黑瘦瘦，看上去仿佛精干，两只略凹的眼睛又大又亮，人有些羞涩拘谨。破旧自行车后架

图 7 20 世纪 80 年代初，笔者（后排中）在舅舅大女儿家。

图8　1986年，姥爷（右二）回大陆探亲，和舅舅（右
一）等合影。

上绑了一只水桶，说是为食堂采买时放东西用的，他从水桶里
拿出一包塑料袋装湿咸西瓜子，很真诚地送我，见我没要，又
放回桶里，带回家去。

　　我跟舅舅相处最长的一段日子，是去密云看舅妈的大女儿
的时候。80年代初，交通不便，我们一早上路，乘火车到密云
县城，换乘汽车，下汽车后又走了十几里山路，一路打听，居

然在冬日的夕阳下走进了那个小山村。舅妈的大女儿见到我们特别高兴，赶快去村里小卖部买肉和蒜苗等最贵的吃食，并借此向沿路遇到的村民大声宣布："我姑姑家的兄弟来啦！"她小圆脸，圆眼睛，皮肤白皙，快人快语，透出江南女子的印记，却说了一口密云土话。她已结婚生子，女儿在上中学，儿子也上小学了，丈夫看上去本分能干，两个人都很勤快，一家人和和睦睦，日子过得还算富足。我们在那住了两三天，每天早饭开始就是炒鸡蛋、二锅头……舅舅似乎十分享受大女儿一家对他的热情款待，脸上一直洋溢着幸福的笑容。

80 年代中期，姥爷回大陆探亲，舅舅来京团聚，一起住在妈妈学校的宿舍，他主动把去水房打水的任务承包了。水房一暖瓶水收几分钱，打水者把钱放在小木箱里，无人看管时，常有不自觉的人就自觉省了这几分钱，这其中就有舅舅。每次在路上，见他一脸窃喜，拎着两暖瓶水往家快走，就知道他又逃了水钱。姥爷在美国时，有亲戚讲美国兽医收入不菲，可让舅舅过来发展，满心欢喜，但回国后看到舅舅的样子，只剩下摇头叹气。

舅妈是个苦命人，第二任丈夫死于疾病，第三任丈夫死于工伤，颧骨高更应验了民间所说的克夫命，但舅舅一点不担心。两人虽是半路夫妻，但也算在一起过了二十几年。家里也有人说，舅舅命硬，但他还是走在了一直身体不好的舅妈前面。90年代他去世时，妈妈不敢告诉远在台湾的年近九旬的姥爷。姥爷有两个女儿、一个儿子，舅舅排在妈妈和姨妈中间。而舅舅一生没有亲生子女。

姥爷说，舅舅二胡拉得好，到台湾后，他从来不敢听二胡。可惜，我却从没听过舅舅的琴音。

我的回忆

李玉芳 口述　倪胜 整理

一

我叫李玉芳，小名巧云。我爷爷（其实是外公）陈少亭是黄冈人，厨师，跟着县太爷到处跑码头。我奶奶（其实是外婆）是山西人，佣人，从小没妈，大半辈子没有名字，（新中国成立后）我为她起名字叫吴贞亭。我就只有这一个奶奶，奶奶也就我一个外孙姑娘。

当初县太爷带着我爷爷到了山西一大户人家，主人看爷爷做菜蛮好，就问县太爷，爷爷有没有媳妇。县太爷说还没有，主人就把自己的丫头（奶奶）给了爷爷做媳妇。

爷爷跑码头，妈妈也跟着他们走，妈妈好像叫引弟。

奶奶生了两个孩子，一个是我妈妈，一个是儿子，不过他几个月就死了。爷爷看到我妈妈出生蛮喜欢。有一回，奶奶把我妈妈放到一边，自己睡在屋里面的竹床上，爷爷看到就一拳打过去，说哪个要你把伢（武汉话，孩子的意思）放到一边？爷爷脾气蛮拐（坏），所以奶奶一辈子恨爷爷。

我是在上海出生的，我父亲是个短命鬼，二十几就死了。

图 1 李玉芳的母亲

第二个弟弟小我两岁，他生下来的时候，亲生父亲就死了。妈妈带两个孩子生活没有着落，只好粘火柴盒子，因为爷爷养不活一大家子，她还是要劳动。

我出生时，饿得瘦得像骷髅，别个（别人）就说，这个孩子要是养不活就剁掉一只脚，要不然下一个生了还是会死。又有人说（找奶妈把我）送去喂奶，于是就让奶妈把我抱走了，说定了我妈妈一个月就看一回我，结果一个月以后我就被养胖了，又白又胖，别个说这个孩子大变样，是不是被奶妈换了个孩子？我妈妈说我认得我的伢，她耳朵后头有两个眼子（耳洞），妈妈（看了一下就）说没有换我的伢。

喂奶三块银元一个月，但妈妈没有钱，后来就改成了两块。再后来，还是穷得给不起，就改成一块多。不喂奶后，奶妈还经常来看我，躲在帐子后面看我，怕我认得要叫。后来她要给别的孩子喂奶，就不来了。这时我会吃饭了，我奶奶用指头抠一点米浆子，放我嘴里，我得以活了下来。

爷爷没有孙子，所以我从小就叫他爷爷不叫外公。有一回过年，爷爷在武汉关那里做厨师，妈妈带着我去武汉关拜年，一看到爷爷，妈妈就要我跪着，爷爷眼泪都出来了，扶我起来，要我不要跪。

到武汉后，妈妈改嫁给湖北黄陂县来汉口开染坊的李姓伯伯。伯伯往常（以前）是拉洋车的，后来接手开染坊。伯伯有手艺有收入，有饭吃。妈妈病了就对徒弟们说，跟你叔叔（指伯伯）找个（我）这样贤惠的，好待人。妈妈不认字，不过在染坊里妈妈学了几个字。那时我很瘦，人家就说这伢看得瘦了，长不好。伯伯就牵着我去茶馆，找人要了药粉末，给我喝了，我就好了，肯吃饭，长胖了。日本人快投降的时候，飞机丢炸弹，我到家一看，对门烧了，炸弹白汪汪的，眼看着丢下来（好多都落在长江里），人都叫，"呀，又丢下来了，丢下来了！"吓死人。大兴路是以后烧的。汉口一片火海，（黄陂乡下）湾里的哥哥被炸弹炸得头流血，到我家里养伤。

我们背着被褥，我牵着大人的衣服，跟着跑，那时我们家后面是五十中的粪坑，我们都跑到五十中操场上站着，躲炸弹。日本人投降以后，末了（后来）就修了民族路小学，在纱坊巷。

民族路和福建街路口，现在卖生煎包子的楼上以前开茶馆，伯伯经常去打牌。日本人看你走路走不好就要抓你，想抓就抓，当时身份证叫 Pass，没有就一巴掌打过去，嘴巴被打出血，还不敢反抗。日本人还当街撒尿。有一回不晓得为什么把伯伯的徒弟抓去了，我姆妈（武汉话：妈妈）怀着蛮大的肚子，到长堤街铜人像（六渡桥有一个孙中山铜像，百姓就叫其附近地方为铜人像）那里的日本宪兵营，边说边哭，日本人把大刀放在柜台上，不时拿起来刮得咔咔响，威胁要杀死徒弟。我姆妈一下子跪下，我冇（没有）跪，站在边上，她哭着说："这是我侄儿，要放了他。"后来还是放了。

我家隔壁银行是日本人住着的，吃喝玩乐，家属也住在里面。日本婆子背着她的孩子出来玩，我小时候又胖又白，日本

图2 李玉芳与弟弟和国、和敏的合影。

婆子看到觉得我好玩，高兴不过，还给我糖吃。日本人在农村里野蛮些，在大城市还好。

抗战的时候，我们在黄陂乡下住了两个月，乡里嫂子们不晓得多喜欢我，看到就喊我："来来来，姑娘，说两句汉话。"汉话就是汉口话，她们喜欢听汉话。农村里一到节日就做好吃的，糍粑什么的，吃猪油。我在乡里搓毛线，把线搓成线团，搓好了的线团，可以拿着在凳子上弹，像球一样，我就弹着玩。后来，有人来说，日本人投降了，我们就都回武汉了。

日本人投降那年，他们在街上走，快快的。上面要中国人不准欺负日本人，要人道主义，但还是有人朝他们吐痰，警察就制止，但也不是很厉害地制止。

家里的穿衣柜是日本人投降那年买的。那个时候六合里是妓院，妓院关张的时候，我就用八块现洋将其买了回来，里面还有没用完的搽脸抹头发的香香（指雪花膏一类的化妆品）。当时还是蛮便宜的。

东风布店抬了一大堆鞭炮，好像是庆祝蒋介石生日，那时生活太平了一阵子。后来就兑换银元，就是银元换金圆券，刚上市的时候金圆券蛮值钱。

我读书做作业不及格，四十几名学生的班里总是考最后几名。家里后来送我去私塾读书，给老师送礼，读"人之初，性本善"。读到四年级，伯伯就说姑娘伢不要读那么多，就不让我去了，但是我很渴望读书，而且我妈妈也希望我多读点书。然后我就在家里玩，蹦呀跳的。邻居哥哥上初中，上课回来就跟我说，学校老师问，李玉芳为什么没来？我就说，我不去了，伯伯叫我在家里玩。其实我想读书。

有一回小伯伯（邻居家孩子，妈妈应该叫她大姐，我们小辈都叫她小伯伯，妈妈此处是按我们孩子的口气称呼——整理者注）和我一起去武汉关找爷爷，爷爷下了一碗素面，非常好吃，面里不放佐料。爷爷做菜不放佐料，尤其不放味精（那时候叫味之素，日本货）。他老是说，那个东西败味，菜要原汁原味的好。小伯伯这辈子一直说爷爷做的素面好吃。我奶奶跟爷爷打杂，恨爷爷。

伯伯请了两个徒弟和两个师傅，师傅是临时的，可请可不请。我妈妈死了以后生意就好了，生活过得蛮舒服了，那时我只觉得有个人依靠就行了。伯伯病了就要我去挂号，我还蛮肯（武汉话：愿意）到处走，去大智路九千年药店买药，只想把他的病治好。伯伯久劳成疾，人蛮厚道，但和海的爸爸（伯伯的弟弟）比较凶，觉得染坊是他哥哥的生意。奶奶就不喜欢和海的爸爸。抗战八年，他们住在乡下，爹爹（和海的爷爷）叫妈妈把衣服拿到塘里去洗，我妈妈是城里长大的，不做这些活，奶奶看了就蛮恨。

妈妈为李家生了个儿子，名字叫李和国。

妈妈是带了我和弟弟改嫁到伯伯家的，弟弟名字叫业务，日本人在的时候，弟弟长疮病死了。那时很多人都长疮，现在想来，大概是日本的细菌战（导致的）。妈妈在药店门口叫我去挂号接医生给伯伯看病，虽然我不是伯伯亲生的，但他对我蛮好。妈妈死前，托付伯伯，还要给我找一个后娘，要待我好一点。妈妈是送到乡下埋的，因为她养了儿子，如果你没有传宗接代，乡里人就不理你，死后不会让你埋到乡下去。

我八九岁的时候妈妈死的，往常说是下痨，现在说是妇科病，没有钱治。素华妈妈也是痨病，吐血死的，那时候吐血是最吓人的，没办法治。

二

爷爷是病死的，1950年吧，伯伯生意也不蛮好了，爷爷住在这里是靠伯伯养着的。伯伯经常把黄陂乡下的亲戚、当时住在我家附近的素华爸爸（福生）喊来写字，写对联。他经常来，湾子里的人也经常来，伯伯是农村出来的，对湾子里的人蛮好。我家就像大车店，来的人就在这里落脚，来了就吃饭。

素华的奶奶会点手艺，会吊麻（搓麻绳），可以赚点小钱。素华的妈妈蛮漂亮，像个有钱人家的小姐，我姆妈做人蛮厚道，素华的妈结婚是从我们家走的，穿了蛮漂亮的婚纱，红色的西洋式婚纱，头顶扎成花一样，她身材也好。素华的爸爸原来是开染坊的，后来生意做不下去了就顶给了伯伯。因为他认得字，就经常喊他来帮我们开大票。他家就住在沙坊巷口子上，他不做家（武汉话：不能好好持家），染坊不做了就贩大烟，天天怕警察来捉，有一回警察来了，我看到他在二楼窗子上拼命把钞票往楼下扔。素华的妈妈提个篮子在四官殿替人打补丁赚点钱，有人就蛮下流，调戏她，伯伯就喊她在我家门口补（家在民族路，四官殿在河边，相距大约一站公交车程）。生活好了点，她就摆香烟摊子。素华的妈妈信基督教，那时家里孩子生病就请别人烧纸，她信基督教，不好意思烧。

后来伯伯给我结（娶）了个后娘，农村里风言风语（说她跟过别的男人），叔叔（伯伯的弟弟）听到了握起拳头就打后娘，没打着，把墙打穿了。她的娘住在集上，晚上她就回集上睡觉。伯伯也一起在集上，她半夜里出去就跳了塘，淹死了。伯伯到处找没找到，就回来跟我说，姑娘家要聪明点，后娘跑了，她回来拿东西不要给她。后来才知道她已经跳了塘。

你们舅舅的妈妈（我的第二个后娘）与伯伯1949年结婚，生了你舅舅（李和敏），她人很老实。伯伯不让她当家，她往常一直在为别人孩子喂奶，她和伯伯是在茶馆里认识的，结了婚她蛮做家（武汉话：勤快持家），养了个伢（你们的舅舅）

就蛮舒服，（把孩子）看得蛮重。

　　她和前夫生的儿子在茶馆里当学徒，用油炸饼子卖，小伢（她儿子）嘴巴长，师傅看不过就打，打狠了就成了痨病，没有钱看病，慢慢地就死了。她还生了个姑娘，在她与伯伯快结婚的时候也病了，没有钱看病，也是死了。

　　因为读了点书认得字，我就在染坊里负责给别人送的衣服打个条子。我十七八岁时，伯伯死了，是1952年还是1953年，我记不清了，只记得李和国还在。伯伯一死，生意就慢慢萧条了，但房租工钱还要把（武汉话：给）。伯伯死的时候，喊湾子里的人来抬，把竹床翻过来抬着，一路抬回去，五六个人换着抬。徒弟伢年纪轻，在路上就抬翻了，只好把尸体捡起来继续抬。他们都说，莫要说出去，巧云姐会骂的。我们坐一个小时火车回黄陂。

　　伯伯死后，我接手做染坊。冬天下大雪，缸里结了蛮厚的冰，我每天两三点钟就起床，把冰砸碎，冰块捞起来丢掉，用柴点起火来，染，泡一天一夜，在染缸下面放谷壳和两块炭，烧，保温，不能让缸里结冰。用竹篙子挑，把布叠起来，用棍子戳，拉起来抖，收拢来就打。请不起人，自己学着做。同行老师傅都来帮忙，帮我调颜色，要对路，颜色才能染上去。买的土靛，一买几百斤，用手，边薅边洗。太辛苦了，我一个姑娘伢，才十几岁。邻居孤婆看了就说，"伢呢，你一个姑娘家手这么嫩，哪是做这个事的呢！"但是冇得办法。染好了再拿出去晾着。门口几条篙子，挑，打，拨开，晾着。染完布以后染缸里剩下的靛脚子，传统说能治病，里面有石灰，纯碱，性凉的，很多人就买了去敷腮腺炎等炎症，消肿，轻轻敷一点就好。

　　我的手都裂了，现在得了风湿也是这个原因。

我们家天井前面楼的主人姓谢，叫谢世南（音），是资本家。他家的姑娘在武汉大学读书，喜欢我，我叫她姐姐，有次带我坐木船过江到武汉大学玩，我很喜欢大学。她姐姐嫁了个男人是老革命，后来她姐姐死了，她就嫁给了姐夫。20世纪60年代，谢到北京出差去找过她，她给了一张戏票，嘱咐说要是迟到就千万莫进去了。结果那天大家都坐好了，要开场时，中央领导一群人走了进来，有朱德、周恩来等人。

　　你舅舅长到四岁，伯伯就死了，你舅舅的妈妈在伯伯死了两三年后就疯了，生活没有着落。外边游行，她就挎着一个包袱跟着游行，我把她拉回来，她就把头放在水里淹，后来还灌自己桐油，吐血。她家里的嫂子、家家（武汉话：外婆）来找她，说要回乡下才好治病。

　　接回乡下舅娘家，家里也穷，养不活，接回去好几次，病也治不好。而且她晚上会跑出去，舅娘到处找，后来找到了，她在池塘边一个人自言自语：我要回去，我听到我的姑娘和我的儿子在哭。

　　后来就把她接回武汉。回来后，病稍微好一点。铁盆子底子上的锈染在我衣服上洗不下来，她就骂邻居："我的姑娘这造业（武汉话：可怜），做件衣服不晓得几难，你们还把东西搞到衣服上，害人。"她不听别个的话，只听我的。之前的后娘蛮拐，她就蛮好。

　　有一次，她跑出去一天一晚上，戒指都丢了。邻居明秋的爸爸和妈妈就来劝我："姑娘啊，莫着急，看到你瘦了，不要紧，（她）死了再说，我们可以支持你一点。"

　　我怕她发疯伤了弟弟，就带着弟弟在五楼睡，让她在一楼睡。有天晚上邻居就叫我，快来啊，你屋里的疯子吐血了。我赶紧跑下来，她正躺在竹床上，地板上一摊新鲜的血迹，我要动手收拾，她一下子揪（武汉话：迅速地起身）起来，说："莫过来，莫过来，要传染的。"然后很麻利地拿了扫帚，用炭灰裹住血迹，扫到簸箕里。

死的那天，她说要吃罐头，我买不起，当时罐头要一两块钱，我就骗她，说现在晚了，店子都关了门，买不到罐头，去买瓶汽水喝好不好？她说好。我就去买了一瓶，她用舌头顶着瓶口喝，喝了没两口，头一歪就死了。其他人都没哭，我哭了，感觉蛮伤心，无能为力。

她把五岁的弟弟留给了我，而我也没有生活能力。黄陂乡下的人来说，要把弟弟送给"路子"叔叔（这个叔叔比较有能力，有路子，都叫他"路子"）做儿子，我就不愿意，只知道哭，摸着弟弟的后脑勺，眼泪不停地流。有个远方亲戚叫小桂，到现在还住在黄石，当时也跟我说，莫把六荷给别人，我们可以帮你把他养大。后来，我确实慢慢地把他拉扯大了。

三

舅舅是六月生的，我就给他起个小名叫做六荷——六月的荷花。那时带着你们的舅舅过，他那么小，每次他起床，我要邻居二婆帮他穿衣服，但他非要姐姐，也就是我穿，而我要做事，哪有空？他蛮听话，二爹（二婆的老公）蛮护着他，我家后头一个女的蛮拐，常常打舅舅，二爹就说她，做么事要打他？你们爸爸（指丈夫）不管，我只好一个人带着他去论理，我说她这么大人做么事要打小伢呢？

每天，舅舅负责抹桌子，抹好了再上学。奶奶做饭，怕我吃少了，心疼我。她先是在外边帮别人做饭，过了两年我没有人做饭就把她弄回来，让她为我做饭。奶奶是小脚，站不得，就跪在板凳上炒菜洗碗，两个膝盖都起了茧。记得日本人在的时候，流行沙林病（此病的名称讲述者在不同年份有好几种说法，应该是文化程度低，一直没搞清楚。经整理者查询，当时日本军队并未使用沙林毒气，但使用过其他毒气），大家都躺倒了，奶奶一个人做了一大锅粥，做好了就喊我们起来吃。

灾荒年（指三年困难时期）的时候，奶奶在隔壁迎春餐饮店买了两根油条回来。我跟舅舅说，莫馋，这是奶奶吃的。奶奶跟我说："我哪吃得了，点心点心只点个心哟！"

奶奶很心疼我，觉得我是养家的，每次吃饭都让我先吃，多吃。三年困难，没有东西吃，居委会照顾老人，发了两个饼子（很小，长方形的，黄色，面粉做的），我跟舅舅说，这个是照顾老人的，要让奶奶吃一个，剩下的一个我们分。他蛮听话，答应了。奶奶不肯吃，非要让着我，推来推去半天。我说我们有，本来就分了你一个，不能两个都吃了。奶奶这才算了。我分给舅舅一半，他托着包装纸坐到门外吃，等我出来，就看到他吃完了在舔纸上的碎末。我觉得这样很没教养，很生气，给了他一巴掌，他眼泪在眼眶里直转。我就把我的半个饼子给了他，他不肯要，推了半天。

他们最怕我生病，每次我感冒他们都吓得要死，怕以后没有人管他们了，尤其奶奶很怕。有次我感冒了，住在楼上，舅舅问了医生怎么吃药，半夜爬起来上楼敲门，告诉我该吃药了。

解放后，民众乐园开放，我就背着奶奶去看（因为奶奶是小脚，走不动），楼上楼下每个厅的表演都去看，小姥姥（她是黄陂祁家湾的老乡，在汉口跟我们做邻居）跟着我们一起去，

图3 李玉芳的丈夫。结婚时在云南剿匪，后转为工程兵。是省级劳模、一等功臣。

逢人就帮我宣传："这是她的孙姑娘啊，晓得几孝顺！"

1957年武汉长江大桥修好以后，大家都去玩。奶奶跟我说："你莫去看呢，都说大桥在晃，吓死人。莫去呢，桥有个么看头哟！"我不管她，那天背着她一直走，上了大桥，她蛮高兴："这哪是大桥呢，是马路呢。"我把她背到桥上玩，然后在桥上叫了个三轮车，几个人一起坐车下桥，在桥底下照了相。奶奶高兴死了。

奶奶是1962年去世的。之前我结婚时，就想带她和舅舅出去玩下的。她知道我要结婚了，就问，么办？我说，把你送到孤老院，六荷送孤儿院。其实我是掰（武汉话：骗）她的，做么得得呢（武汉话：怎么会呢）！

邻居都蛮同情我，我家里没人（当时丈夫在云南当兵，结婚后一直在昆明工作，很少回武汉），舅舅和我相依为命。老家伙（指丈夫）回来探亲，舅舅玩木头枪，老家伙就打，要他跪着，舅舅说："姐姐，脚跪麻了。"我就拉他起来。他读书蛮勤奋，蛮肯学。家里没灯，他搬个板凳到街上路灯下写作业。那时没钱，穿衣服蛮困难。舅舅衣服脏得发光。

那时候生活都很艰难，后来渐渐条件好了，我们自己也养了孩子，卫生也做得好点了。

奶奶去世的时候攒了几百块，是她为别人洗衣服赚的，全

图4 在武汉长江大桥前的合影

给我了。大哭一场，把奶奶送出去后，我就怀了倪惠。居委会把我的染坊拆了后，就把我介绍到中南木器社工作，我蛮高兴的。

我在中南木器社工作时，单位拆房子，有一些不要的木头，我要下来，拿回去当柴烧。我一个人搬不了，叫舅舅来一起抬，当时他才十二岁。木头就放在马路上，等我在单位里打好招呼出来，舅舅和木头都不见了，邻居说："你弟弟一个人扛回去了。"

图 5 李玉芳的会计结业证书

我赶紧追，他已经到屋了。

那时候，我们从居委会领草来编草帽，我和舅舅编得很漂亮，还被居委会拿去展览。舅舅蛮肯赚钱，吃饭的时候也把草挂在脖子上。那时，都用拖板车运货，上坡很吃力，我们就去帮忙拉，用一根绳子，头上带个钩子，他们会把点钱，我就因此赚点小钱。同事都在外面望着，一看到有板车，就上去问，要不要帮忙。如果答应了，他们就跑回来喊："玉芳，快点，去拉。"我抓着绳子就跑出去，用钩子钩住板车，用力拉。

有一次，板车前面有一个老头子挡在前面慢慢走，我们几个人都在用力拉车，不住地喊："同志，同志，让一下！"他半天不理，最后回头来一句："哪个是你们的同志啊！"我们全都哈哈大笑，原来他不肯当我们的同志。

整理者按：妈妈对一个人不怎么提，那就是她弟弟，我们的大舅——李和国。她说，20世纪50年代和国经常在外打牌后，回家偷东西，还把妈妈的耳环等都偷出去卖。妈妈很恨他。后来不知道犯了什么案子，他被抓走，关在沙洋农场（湖北荆门地区）。大约在1979年，李和国突然回来了。过去的家，虽然由木板房变成了楼房，但地址没变。他很

图6　李玉芳的小学毕业证书

客气，看到我们三个孩子好像很高兴，很想跟我们套近乎。妈妈不理他，也不允许我们小孩子跟他说话，爸爸陪他聊了一会儿。据说他也去黄石找了小舅舅（和敏，当时在黄石下陆钢铁厂工作）。过了一个月吧，沙洋农场来了一封信，说他在农场一棵树上上吊自杀了，问妈妈是否要去农场处理。妈妈和爸爸商量，写了很长的一封信，主要叙述了他回武汉的一些情况，最后请农场处理后事。这封信当时我全文读过，记得妈妈的字写得很规矩很漂亮。

袁宜厂与"胖太太"

金 靖

图1这位英俊儒雅的男士是我的姥爷袁宜厂（音 ān，同"庵"多用于人名），听母亲讲，姥爷生前曾是京城小有名气的漫画家。许是遗传了姥爷的基因，我从小就喜欢涂涂画画，几个表兄妹也都有些绘画的天赋。可惜姥爷英年早逝，我不仅没有见过他，更没有机会得到姥爷的指点。而且由于历史原因，家中除了少数几张照片，几乎没有留下姥爷的任何作品及其他遗物。这些年，我们陆续通过各种途径，查证到一些信息，搜集到姥爷当年的一些画作。今年是姥爷离世五十周年，谨以此文纪念。

我姥爷本名袁宝铭，1912 年大年初一出生在原北京市宣武区的一个印刷工人家庭。他是家中独子，下面还有两个妹妹。姥爷七岁时，他的父亲袁熙麟就病逝了，母亲无力养育三个子女，只能将他托付给叔叔袁玉麟。在那时，姥爷便已经萌生出绘画的兴趣，虽然家境贫寒，但哪怕是一根树枝、一粒石子，都能成为他的"画笔"，眼中看到的一切都是他画的对象，蹲在地上一画就是半天。

1926 年，因生活所迫，年仅十四岁的姥爷进入印刷局当学徒。始建于清光绪三十四年（1908）的印刷局，前身为度支部

图1 姥爷袁宣厂

印刷局，1912 年改称财政部印刷局，是我国第一家采用雕刻钢版凹印工艺印制纸币的官办印钞企业，也就是我们俗称的"印钞厂"。在这里，他向师傅刘玉山学习币钞原样设计，更增强了对绘画的兴趣。他所有的空闲都用来蹲报摊儿、泡图书馆和练习绘画，为以后的漫画创作奠定了基础。

30 年代初，姥爷开始利用业余时间创作漫画，并试着向报社投稿。几经挫折，画作终于发表，他欣喜若狂，投入更多精力进行创作。据说他从构思、起草到完成作品往往一气呵成，经常是通宵作画，第二天一早将作品送到报社后，再急匆匆赶去印刷局上班。妙龄女子"花瓶儿"、胖太太、瘦先生、黑小子等人物形象在他的画笔下一个个诞生。他的连续漫画《花瓶儿》《胖太太》等，先后在《时言报》《小实报》《三六九画报》以及《近代杂志》《全家刊》月刊上发表。这些漫画小品以夸张的手法、生动的情节、幽默的笔触展现市井小民的喜怒哀乐，揭露旧时的愚昧丑陋。时至今日，若是和老北京人提起袁宜厂的"胖太太"，不少人仍会记忆犹新，连声称道。当时报界对他的评价是："北京市名漫画家袁宜厂君，所绘胖太太漫画，遐迩闻名，线条生动，为华北不可多得之杰才。"（《三六九画报》1942 年 16 卷第 3 期）

　　由于报刊上的连载漫画大受好评，1934 年至 1935 年间，《时言报》编辑部连续出版三集《胖太太》漫画单行本，主编周友

图 2　姥爷的父亲袁熙麟

图 3　姥爷的叔叔袁玉麟

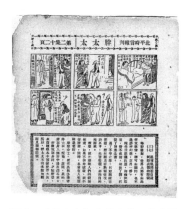

图4 《胖太太》单行本第三集封面　　图5 《胖太太》单行本第二集内页

莲在第二集序言中介绍，"《胖太太》首集出版后，竟风行社会，受尽多数阅者的欢迎"，并评价《胖太太》系列漫画"有无限趣味，也包括了许多挽俗讽世的意义，或俗或雅，亦庄亦谐，这又是作者以'艺术'劝世的一番苦心"。周友莲先生称姥爷为"艺术的前锋"，而姥爷也表述了自己对于漫画艺术的看法："民间艺术，亟待发扬，所以，我们也秉着一点提倡的精神，努力去干，中间，再以滑稽的材料点缀于其间，以为增加阅者的兴趣，一方面也可使阅者，因兴趣而深识了艺术……"他对于绘画的热爱，则写在了《我与胖太太》这篇小文中，"我爱画，犹如我的生命一样，宝贵、珍惜，爱画的美，爱画的妙"。

　　除了创作漫画，姥爷还喜欢画扇面，他并没有沿袭在扇面上绘制国画山水花鸟的传统，而是把自己创作的漫画人物放了上去。1936年，他曾与丰子恺、席与承共同绘制扇面"夫妻双簧"。1942年7月9日至13日，他在北平中央公园（今中山公园）成功举办了"袁宜厂扇画展"，展出他绘制的团扇百余柄、镜心数十幅。《三六九画报》报道了这次展览，并给予"立意新奇，为独出心裁之作，在扇展中尚属别开生面者"的评价。1944年和1945年，他又在中央公园分别举办了"袁宜厂个人画展"和第二次漫画扇面展。

姥爷平日注意观察生活中的点滴事物，关注社会时政，为漫画创作积累素材，同时，与同行们也多有交流沟通，切磋技艺。1937年春夏之交，姥爷受孙之俊（中国现代漫画和连环画的先驱者之一）的邀请，与张振仕、梁津、席与承、穆家麒、刘凌沧、陆鸿年等画家为由沪赴平的叶浅予、梁白波、陆志庠接风洗尘。在聚会上，大家对日寇进犯华北和冀察政务委员会卖国求荣的行为十分愤慨，决意联合爱国的漫画家共同举办漫

图6　1945年，姥爷（右四）在中央公园举办漫画扇面展。

图7 姥爷（前排右三）与乒乓球队友们合影。

画联展宣传抗日。7月3日，北平历史上第一次漫画展览会在中央公园正式开展，因画作的主题多与抗战有关，又被称为"爱国漫画展览会"。展览在社会上引起热烈反响，主办者决定卖画筹款，将展览续租延展至7月7日，据说闭幕当日，观众"迟迟不肯离去"。之后不久，北平沦陷。穆家麒先生在《画缘琴梦录》中回忆此事时，提到1939年，北平漫画界为纪念这一展览，重聚在中央公园，还拍了一张合影，刊于1939年7月《新民报》半月刊上。而在1941年7月的《全家福》月刊上，又有7月25日至27日北平中央公园举办漫画展览大会的消息，可见，姥爷与漫画界同仁们，一直在以个人力量支持抗战。据母亲讲，

图8 1953年，姥爷（前排左一）偕子女与同事在上海人民公园游玩时合影。

图9 姥爷（后排右）与幻灯制片厂的同事们合影。

图 10　1968 年，姥爷与小外甥。这是他生前留下的最后一张照片。

他还创作过反映中国百姓在日寇"三光政策"下惨遭凌辱杀害的连环画册。

　　新中国成立之初，姥爷抱着热爱祖国、拥护共产党的豪情创作了一部新的漫画《黑暗到光明》，这也是他一生中最后一个"胖太太"作品。1950 年，姥爷调到北京幻灯制片厂工作。50 年代中期，因工作需要，举家迁至上海数年，此时的姥爷是幻灯厂的质检员、区业余乒乓球队员。"文革"期间，姥爷受到迫害，于 1969 年 2 月 10 日不幸去世，终年五十七岁。

怀念父亲

陆瑞仁

父亲陆期槐，生于 1915 年 2 月 22 日，卒于 1990 年 1 月 27 日，名长春，笔名声雷，江西丰城陆家巷人。"运际昌期瑞有因，兹培华桂日成新"——这是一个大家族，共五房，我们这支是最小辈第五房。先祖父母最疼爱小儿子，所以第五房房子造得最好。按"期"字辈，有男丁十三人，父亲排于十二，聚居在一个大宅院内，共四进，前三进住人，四进为各家单独的厨房，后面有三个花园，前花园为晒衣物和玩耍之处，中和后花园种有桃、李、柚、枣、桑等树。世代书香之家，家训极严。父亲从小刻苦读书，在祖父的指导下，每天要临《兰亭序》一幅，十五岁拜江仪善为师，并结识同窗杨向时、曾文辉，刻苦勤学，从四书五经，聆孔孟圣训，明修躬大道，悟穷通之至理，达存养之功用。书房定名"养气斋"，并以"白日莫闲过，青春不再来"为座右铭。

1937 年，父亲与一批丰城本地诗词爱好者发起成立龙山诗社。主要发起者有任传藻（瑾存）、杨雪斋（向时）、李馨（奎声）、江仪善、陆期槐（长春）、陆仲吕（树勋）等数十人，以诗词并千余字的骈体文，广搜典故，词藻华丽，流风遗韵，刊刻油印散布。每月一次拟定题目，彼此唱和；每季相约到龙头山聚会一次，游览风景，题诗作文相互观摩。如八人联句"风云际会日月光华"八字，每人以字为准，父亲抽得"光"字，赋诗如下：

> 风洒兰林酿泰和，云呈五色影婆娑。
> 际调风管回光气，会劈龟山有斧柯。
> 日丽乾坤生意满，月明桃李咏怀多。
> 光芒射斗知龙在，华夏衣冠万国罗。

生母甘荣棣，本县（丰城）下阳岗人。外祖父在本埠开了一家布匹店，店号曰"甘益泰"。外祖母出身本县张巷邹望任家，叫任福秀，生育有二女，大女即家母，小女甘秀棣。1938年由父亲的老师江仪善介绍与父亲成亲。1939年姐利贞出生，1941年12月本人出生。1943年母亲生完大弟后，由于用药不当而去世。当时正值抗战，父亲随同县政府人员迁入山区，家中只剩下奶妈（父亲的奶妈）和外祖母、姨母秀棣，于是我们被外祖母带到她的家中住了近一年之久，当时我只有三岁，姐五岁，至今脑海中对此尚有隐隐的记忆。

继母葛凤英，1918年正月初四生，本县富家千金，二十六岁由县长介绍、主婚与父亲结婚，婚庆胜况，据说很盛大。此时父亲任银行主事，按规定职员和家属可享受本行福利共同进餐，母亲却从不参与，父亲极少在家吃饭，只有年节才回家共餐。从我知事的六岁起，每年农历腊月二十四一过，都要打扫前厅、书房，在书房内挂上孔子像位，前厅挂上"八大山人"中堂一幅、花鸟四条幅及史可法的对联，元宵过后即取下收藏。这样年复一年，但1949年后就再也没有挂过。年底也是父亲最忙的时候，如绸布店、南北货店、食品店等的牌匾和对联一般都出于父亲之手，父亲都要带我去，我的任务：一、磨墨，按书法要求不准用墨汁，这就比较费工夫；二、在他写对联时要站他前面，每写一个字都要把纸向前拉一拉。完成后，店老板会给红包，当时都是给现洋，这是一笔可观的收入。

图1 前排左起：有农、晓逢、蔡小英、有璋、母亲、父亲、有红、有娉、有瑾。后排右起：舒胜妹（三弟媳）、刘醉霞（妻）、作者、胡正忠（姐夫）、西成（二弟）、瑞成（四弟）、麟洲（三弟）、利贞（姐）、甘义兰（二弟媳）。摄于1988年。

图 2 作者夫妇的结婚照。摄于 20 世纪 70 年代。这张照片是婚后拍的，花了五元钱，相当于当时三天的工资。

1950 年初的一天傍晚，杨雪斋、曾文辉来家与父亲见面。三人在书房会谈，支开了我。几十年后我问起那次谈话的内容，父亲说：杨对父亲说，军管人员要他交代手枪和其他人员的去向，杨回答说他在省、县都是从事文字工作，是个文人，枪从不会玩，会帮助政府。因此感到情况不妙，讨论三人一起去香港转台湾，一切由杨安排。父亲考虑到家庭负担很重，我母亲（继母）独立生活能力差，还有四个子女，就未同行。这次谈话就成了他们的永别。经过一晚的考虑，他两人去上海转香港。父亲决定去南昌另谋职业。第二天银行员工来家找父亲，母亲回答外出了。到南昌后，凭父亲的关系和在银行十多年的业务

图3 杨雪斋赠给父亲的照片。
1981年3月杨雪斋六十五岁时拍摄。

水平，能双手打算盘，很快找到了会计工作，稳定后我们全家
就在南昌定居下来。

1957年底，查出父亲是国民党党员，父亲解释："我没写
申请书，那时银行工作人员都要参加，不要任何手续，集体入党，
入了党自己都不知道。"他是手工业联社主办会计，工资每月
五十四元。另外他每周有两个晚上给会计补习班上课，报酬是
十二元。这在当时是相对较高的收入，所以全家生活还算可以。
拖了半年，单位还是熬不过上级下了文。父亲作为伪职人员、
国民党党员，被判三年劳改，押送至郊区农场。由此，家中失
去了经济支柱。

姐姐当时十六岁，只好做保姆帮人家带两个小孩，一个三岁，
一个一岁，包吃住，每月三元。我在上初中一年级，上二年级

报到时，找班主任如实谈了家中情况，班主任黄制沉思片刻说：这样吧，学不要退，写个报告给我，代你申请甲等助学金，一切费用全免。这是我碰到的最好的事。

母亲带着三个弟弟回老家丰城老宅，有自己的房子可居住，不用租房，我和姐姐的户口留在南昌。这时正是 1960 年，定量的粮食不够食用，便以米添加野菜，一天吃两餐粥度日。母亲只好摆摊做点小生意，贴补家计。天无绝人之路，有些父亲的老熟人，其中有"龙山诗社"的周谋球，住在河对岸曲江街上，见到母亲就不动声色给了二十元和二十斤粮票，并对母亲说："长春嫂，慢慢来，我会经常来看你们。"1961 年底，父亲刑满回到老家，没有工作，他只好重操旧业，拿起纸笔墨砚在临街摆张小桌，干起了代写书信这一行。不相识的人，写一封信收一角钱，而有些老熟人或有交情的故友，则一封信一元、两元或粮票、一包香烟，就这样熬到"文革"。父亲又被押送到农村监督劳改。当时县印刷厂看中我们这栋老宅院，同街道办事处一起强行让我们限期迁出，只留下七伯父一家，由街道另行安排。这栋老宅院的门、窗等件件是文物，字画、家具亦是无价之物。先祖是清嘉庆年的进士，前厅中有皇帝钦赐的"进士甲第"匾。

我们家被下放在距县城九十多里、三县交界的山区——艾湖公社廖桥左家湾沙窝村。沙窝村距左家湾有七八里远，全村都姓吴。之前这里是我们陆家巷五房的庄园，整村都种陆家的田，当时交通不便，远距县城相对安全，一有战事发生，老小都要避难于此，像北伐战争期间，祖母就在此避难时去世，抗战时祖父也在此去世，这里还有我们家族的祖墓地。我们家二伯叫春荣，比父亲年长约二十岁，从小就没刻苦勤学，一无学问，二无手艺，祖父叫他处理庄园之事，他的一生都在左家湾度过，

173

图4 晚年的父母。摄于 20 世纪 80 年代。

只是过年才回县城，一生未婚。他去管理倒很简单，从不收租，交完公粮，其余归自己所有，只要自己有吃用就够，几十年已成定例，父辈也不问此事。村民是讲良心的，在南昌定居时，我们同父亲去扫墓，村上七十岁以上的老人都认识父亲，很尊敬地称他为"长春老板"。

在农村居住十二年后，1980 年我们家才回丰城，然后到南昌定居。此后是父亲晚年比较安定的十年，做了几个单位的会计工作，有的工作由单位专人来接送单据，免他来回。他也自知时日不多，日夜回忆平生旧作，将平生所作五十一首诗用毛笔誊写辑成稿，其中七律十六首、七绝十三首、五律九首、五排一首、四言六首、五古五首，古风一首，书法有中堂、斗方、条幅、扇面不等。父亲又为每个儿子的前门、厅堂书写了藏头诗，为我书写的是"瑞日兰芝光甲地，仁风棠棣振家声"。1990年元月初，春节临近，父亲要回老家。当时正在落实房屋政策，我们选的房子建在县郊空地上，约一百平方米，按家中分配的原则，四兄弟每人一间，父母都没住的地方，中间是饭厅，后面是厨房。总造价三千元不到。临行前，父亲谈起抗战胜利后，丰城街上的旅馆住了一位算命卜卦的测字先生，父亲按最高价出了两个大洋请其算命。坐定、看相、看手、问年庚后，这位先生留下字句，如下：

> 乙庚逢龙化真，财旺堪以显亲。不是乡区小贵，可以出仕扬名。木火相照之格，知君非常聪明。才识堪以出众，举止亦复超群。手段颇辣，广结高人。妻宜命硬，方免其刑。子多不立，结果两丁。现行丑墓，安分守贫。丙运三奇会局，五载有利有名。子运多薄福，乙程志愿申亥冲要注意。甲地养精神，戊真恐难行。——春秋笔推算。

以上推算大多不准确，如我三岁即丧母，"妻宜命硬"显然不符。但亦有准确之处，如"子多不立"，我只初中学历，二弟西成只读了一年中学，其他二人为小学毕业，都是普通百姓。因1990年我们四兄弟的状况都很好，没有病和其他事，我便问父亲"结果两丁"的意思，父亲的解释是，可能走的时候现场只有二人送终，"戊运难行"七十五岁止。1990年1月21日我送父亲上车回家，但他半道去探望叔叔，因叔叔家没有排气扇，致使他咳嗽不止，引起支气管炎旧病复发。弟弟不懂，送中医院以致误诊，等我们到时父亲已经停止呼吸，当时现场只有二弟三弟两人送终，这大概就是"结果两丁"的谶语了。

一生奉献北京园林古建的父亲

赵　淳

　　父亲热爱大自然、热爱生活、热爱他生活了一辈子的北京这个古老的都城，父亲也把他一生的心血奉献给了这座美丽的城市，奉献给了祖国的古典园林事业！1949年，年仅二十五岁的父亲就被年轻的共和国聘为北京市政府都市规划顾问了。无论在最初的铁路局林场任主任，还是在北京市规划局任工程师，以及后来在园林科学研究所任教授级高工，父亲像一头老黄牛几十年如一日默默地耕耘，勤奋地工作。父亲的足迹踏遍了北京的每一条胡同，每一处四合院，每一处古建、园林，包括京郊的千山万壑、名碑塔庙。父亲真是个活地图，对这一切他都是如数家珍，了如指掌。

　　"文革"后期，历尽劫难的父亲不及身体康复，又把他的全部心血倾注在保护圆明园的工作上。那时的圆明园围墙倒塌，残存的古砖名石多被周边农民拉回家盖房垒圈，这是国之瑰宝经历的又一劫难。面对如此惨状，数九寒冬，父亲靠在名园的断柱上老泪纵横。他马不停蹄联系知名专家学者奔走呼号，历尽艰辛，终于建起围墙，名园得到了初步保护。那时家里桌上、床上堆满父亲收集来圆明园的有关资料，墙上挂满圆明园的地

图1 1978年冬天，父亲与同事在圆明园考察。左起第二人是父亲。

图、照片。多少严冬，父亲骑着自行车为圆明园保护穿梭在北京的大街小巷；多少酷暑，父亲为圆明园的合理利用在斗室里泼墨挥毫。他的论述得到知名专家学者的好评和响应，如历史博物馆馆长史树青、古建专家罗哲文、北大知名教授侯仁之、红学家周汝昌、古文物鉴赏家张伯驹，等等。父亲的文章经常登载在《圆明园》《北京园林》等众多专业杂志上。他后来被聘为圆明园顾问、恭王府顾问、夏威夷大学客座教授等，蜚声海外。热爱古典园林艺术的中外友人或登门造访，或书信往来不断，父亲的晚年是繁忙的，也是充实的，他无愧人生！

多年后，卧病的父亲已不能言语，但当有人在他耳边提起让他魂牵梦萦的圆明园、恭王府时，他干涸的眼睛里还会放出异彩。五塔寺的负责人吴女士含泪告诉前来参观的人们：当我们看到保存完好的古建筑时，我们不能忘记赵光华先生，多亏他们那一辈人的呕心沥血，才让现在的人们有幸看到了宝贵的文化遗产！

父亲天资聪慧，一生涉猎很广。他没时间研究中华奇石，但他给奇石杂志写的文章，让奇石家们都佩服得不得了，说：赵工的文章简直太内行了。他不是研究《红楼梦》的，但他写的关于论述《红楼梦》的文章居然得到红学权威周汝昌的好评。父亲还擅长诗词歌赋，他的诗句对仗工整，字句优美，情真意切，令人看后难忘。记得当年北京市评选燕京十六景，父亲在长城饭店即兴为每个景配诗一首，陈毅元帅的儿子陈昊苏兴高采烈，大声称好，并即席朗诵，一时传为美谈。

父亲一生心中充满大爱，对孩子不分儿女媳婿、内孙外孙，一律付以慈情，疼爱有加。对朋友、同事，总是助人为乐，不求回报，厚道诚信。他虽才华横溢，但为人处世总是低调，不

图2 1979年春天，父亲在恭王府向同事讲解王府园林史。左起第一人是父亲。

图3 1985年秋，台湾著名古典园林学者到北京拜会父亲。

抢功不夺利。

父亲啊，您的一生命运多舛，但您像一支火炬，燃烧了自己，照亮了我们的人生。我们怎能忘记小的时候，妈妈在远郊的大学里教书，经常不在身边，是您给我们洗头洗澡剪指甲、讲故事，陪我们看电影、逛公园、泛舟北海，是您为我们撑起一片蓝天，给了我们一个健康、快乐的童年！

父亲已故去十年，如今整理父亲的书稿，深感字字珠玑，有如鲜活的生命，跃然纸上！父亲在世时，大家均行色匆匆，淹没在无尽的工作和生活里，隔断了多少语言的交流！如今一键键打印着父亲的诗句，对父亲有了重新的认知，原来在他吃苦耐劳的品格以外，父亲的胸中还装满了诗情画意，浪漫而美好。人生的坎坷并没有熄灭父亲追求真善美的火焰。生命可以消失，文字却永远活着。

我的父亲吕公威

吕蔚东

　　岁月如流水，逝者如斯。转眼间，父亲吕公威已经离开我们近三十年了。三十个春秋，父亲的音容笑貌时常在我眼前浮现，他对我们的教诲也时常在我耳边响起。父亲做事认真是出了名的，他常对我们说，不管多么平凡的工作，都要认真做好；无论贫与富，待人做事都要真诚守信。我受父亲影响最大，在精神上、心灵上也是受惠得益最多的。年轻时，我对这一点感觉并不强烈，但随着时光的流逝，人生阅历的积淀，我的这种感受愈发分明，愈加深刻。

　　吕公威，原名吕贤斌，字慕岩，祖籍河南开封，1916 年10 月出生于军旅世家。其父吕烈培系清政府最后一批选送日本学习军事的公派留学生，日本陆军士官学校九期步科，在日学习期间参加同盟会。民国成立后在很长一段时间内，他在东北讲武堂、保定军官学校及黄埔军校担任战术教官、军委会中将参议等职。吕公威从小聪明好学，曾跟著名军事家杨杰将军学习过书法。吕公威青少年时期，总是随祖父的工作变动而变更求学的学校，先后在北京第十四中学、文治中学读过书，1932年进汉口博学院（后改为博学中学）就读。吕公威自幼学习勤奋，博览群书，思想敏锐，喜好文学写作，在校期间曾主编《博学年刊》，并成为《大公报》的特约撰稿人，展示了他在写作、编辑方面的突出才干。1937年，吕公威进武昌华中大学中文系学习。寒假期间经陈仁炳、李公朴介绍，与华大同学去山西民族革命大学学习。1938年，他进西北联大学习法律，在这期间，接触到了抗日战争中的许多实际问题，对他以后进入社会，面对现实，有很好的启迪作用。1939年，其父吕烈培将他引荐给军法总监陆军上将何成浚。经何介绍，吕公威被派在四川特种工程处公粮处任科员兼仓库主任。1941年，何成浚又把他介绍给第八战区司令长官朱绍良将军、赵锡光将军。他到兰州，先

左一为吕公威（原名吕贤斌），左二为三弟吕贤武，左三为大姐吕贤举，左四为二弟吕刚（原名吕贤文）。

吕公威三弟吕贤武，黄埔十七期，参加远征军于1942年在中缅边界牺牲，时年二十一岁。

后担任西北军官训练团政治教官，国民党第八战区司令长官部少将参议，国民党第八战区政治部（赵锡光任政治部主任）少将设计委员等职。这期间他经何成浚、秦德纯（军令部次长、陆军上将）介绍加入国民党为特别党员，这段时期与赵锡光将军关系密切，为以后去新疆和和平解放新疆打下了基础。1945年5月，吕公威去重庆中央训练团三十一期学习。中央训练团学习结束，回到兰州不久日本宣布无条件投降。这时第八战区撤销，他又回到重庆。在此期间，赵锡光将军也在重庆，二人关系又有进一步发展。赵锡光将军在国民党军队中，以正直开明、爱兵如子而著称。后赵锡光奉张治中将军之命去新疆，将家室全部委托于吕公威。1946年底，吕公威受河南省政府主席刘茂恩之邀，回到开封，担任河南省政府参议、吏治视察委员。

1947年底，吕公威受张治中将军及赵锡光将军电邀，再赴兰州。在兰州他与张治中将军、陶峙岳将军、赵锡光将军会晤。吕公威以国民政府外交部代表及张治中将军和赵锡光将军代表的名义，到与新疆毗邻的坎巨堤王国进行友好访问。赵锡光将军安排他带领翻译、向导、警卫人员及全部美式装备到达坎巨堤王国，与坎王贾麻里汗会谈王国归附祖国案。坎王把经过他的臣民、随从亲吻过的皮靴送给吕公威，这是当地的习俗，亦是一种很高的礼遇，也表达了对祖国的向往和友好。后吕公威被任命为南疆警备司令部少将高参，实际负责主持《大西北报》和《帕米尔半月刊》及外事工作，在军中得一绰号"无敌牌智囊"。在此期间，他与中共地下党员李尚智二人交往密切，他将李介绍给赵锡光将军，并和赵锡光将军多次密谈策划部队起义。他还将自己的结义兄弟、新疆警备司令部的少将军法处长兼军事法庭审判长刘锡宠介绍给李尚智，共同参与策划起义事宜。在李离开喀什后，他们之间还曾用密码进行联系。新疆起义前，吕公威受赵锡光之命，联络英、苏领事馆。将苏领事馆送的《列宁文选》《党史》等书刊，暗中与赵锡光将军共同阅读。随着解放军战略性大反攻的胜利，国民政府的南迁，国民党岌岌可危，该是抉择的时候了。在这生死攸关的关头，陶峙岳自然想起了与他思想合

吕公威的六弟吕林（原名吕贤学），四川大学毕业，1950年参加中国人民志愿军，1953年转业到水电部工作至退休。

吕公威夫人柴林

拍的赵锡光。新疆虽号称驻有十万国军，但由于地域广袤，边防线长，部队实际主要集中在迪化和南疆喀什附近。赵锡光所辖整编四十二师，下辖五个旅，兵力占了一半，要举大义，没有赵锡光将军的参与，起义是不可能成功的。此前两人的想法虽然默合，但从未交流，陶峙岳发一密电邀赵锡光赴焉耆密谈，共商大计。新疆警备司令部副总司令兼南疆警备司令整编四十二师师长赵锡光中将看完陶峙岳的密电，带领少将高参吕公威直奔焉耆。经过焉耆密谈，确定北疆由陶峙岳将军负责，南疆由赵锡光将军全权负责，定下了起义的大计。在高级将领座谈会上，吕公威阐述时事，发表绝不可能爆发第三次世界大战的预言，告诫大家不要寄希望于苏美大战、由美国出面来拯救国民党失败的命运。要求全体将领必须听命于陶峙岳、赵锡光将军的指挥，走向光明。会后，吕公威还整理出会议纪要，用专电报告给张治中将军，并出任和平解放新疆国民党的全权谈判代表和欢迎解放军进疆筹备会副主任。

1949 年 9 月，吕公威随陶峙岳、赵锡光等高级将领一起率部在新疆起义。吕公威在起义部队宣讲《新民主主义论》，并在当时的《民声报》发表《人类的新纪元》文章，以庆祝十月革命节。11 月底赵锡光将军的夫人蔡琳和吕公威到喀什城郊

20世纪50年代末，吕公威夫妇在喀什军区大院合影留念。

的浩罕庄代表赵锡光将军和四十二军迎接解放军第二军先头部队。起义后，吕公威积极要求到联络部农场改造。驻疆部队掀起了大生产运动，第二军军部从军首长到战士，人人肩挑两只筐子到大街拾粪。当时国民党起义军官有一千二百多人在联络部学习，吕公威积极带头拾粪。他带人来到印巴领事馆，不顾他人的劝阻，下到八米深的粪池淘粪。他一连淘了几个小时的粪，等人们将他拖上来时，他浑身上下都是粪便。吕公威的举

吕公威于开封干休所家中。

动感动了很多学员，使得积肥劳动得以顺利进行。吕公威参加中国人民解放军并被编入第二军，被安排从事部队文化教育工作期间，学员多为老红军、老八路。1954年新疆军区给他记一等功。1955年转业到南疆党校任校务委员兼教员，1958年调农场劳动锻炼，吃苦耐劳，按时完成和超额完成任务，喀什拉玛团结农场党委给他记二等功，全年评功又被评为一等功。1959年调喀什二中任教员，他的学生在怀念他的文章中对他这样评价：言传身教，育人有方，甘为人梯，令人难忘！

"文化大革命"期间，吕公威受到不公正待遇，但他从未改变自己的信念。1975年新疆维吾尔自治区成立二十周年之际，他应新疆军约稿撰写了对台湾广播稿《向光明的前途进军》并对台湾广播。1977年，吕公威和夫人柴林（其父柴若愚系老同盟会员，曾参加著名的滦河起义。为了革命事业，他将家中积蓄无私地资助给革命志士。解放后任兰州市第一届人大代表）及儿女回到故乡开封，享受地专级待遇。离休后多次在香港《大公报》、中国新闻社所属刊物发表文章。1980 年，任民革河南省委常委、顾问，民革中央第六次代表大会特邀代表，开封市政协常委，开封市第四、五届人大代表，开封民革副主委等。

吕公威出身于军旅世家，亦武亦文，性直爽，广交友，喜读书，善书法，生活简朴，花甲之年仍保持军人作风，他渊博的知识和博大的爱心感染着每一个与他相识的人。1992 年吕公威身患癌症，病重住院期间留下遗言，嘱托家人丧事从简，不开追悼会、不搞遗体告别、不收花圈、不收挽幛，将遗体捐献给祖国的医学事业。1992 年 5 月 8 日，吕公威病逝于开封陆军一五五医院，享年七十六岁。

"自下而上"的历史

冯克力

大约二十世纪六十年代，以英国的艾瑞克·霍布斯鲍姆与拉菲尔·塞缪尔为代表的一些史学家力倡"自下而上的历史学"，把历史研究的重点转移到日常生活和民众的经历上来，试图从个人与时代的交织中呈现历史。这一颇具开创性的研究路径，不仅深刻影响

国内订阅：全国各地邮局

邮发代号：24-177

地　址：山东省济南市英雄山路 189 号 B 座（250002）

E-mail：laozhaopian1996@163.com

网　址：www.lzp1996.com

责任编辑／赵祥斌

装帧设计／王　芳

扫码听书

《老照片》微商城

微信公众号

《老照片》网站

ISBN 978-7-5474-3286-0

定价：20.00 元

OLD PHOTOS

老照片

定格历史 收藏记忆

主编 冯克力

山东画报出版社

图书在版编目（CIP）数据

老照片.第128辑／冯克力主编. —济南：山东画报出版社，2019.12
ISBN 978-7-5474-3328-7

Ⅰ.①老… Ⅱ.①冯… Ⅲ.①世界史—史料②中国历史—现代史—史料 Ⅳ.①K106 ②K260.6

中国版本图书馆CIP数据核字（2019）第291601号

老照片.第128辑
冯克力主编

责任编辑 赵祥斌
装帧设计 王　芳

出 版 人 李文波
主管单位 山东出版传媒股份有限公司
出版发行 山东画报出版社
　　　　　社　　址　济南市市中区英雄山路189号B座　邮编 250002
　　　　　电　　话　总编室（0531）82098472
　　　　　　　　　　市场部（0531）82098479　82098476（传真）
　　　　　网　　址　http：//www.hbcbs.com.cn
　　　　　电子信箱　hbcb@sdpress.com.cn
印　　刷 山东临沂新华印刷物流集团有限责任公司
规　　格 140毫米×203毫米　1/32
　　　　　6印张　145幅照片　120千字
版　　次 2019年12月第1版
印　　次 2019年12月第1次印刷
书　　号 ISBN 978-7-5474-3328-7
定　　价 20.00元

义兼师友

——马衡与王国维的友谊

马庆芳　杨衡善

王国维（1877—1927，字静安，晚号观堂，浙江海宁人）与马衡（1881—1955，字叔平，别号无咎，浙江鄞县人）是两位民国时期著名文史学者。二人相识交往近三十年，虽然早年都支持维新改良，但辛亥革命后在赞成帝制还是共和上产生了分歧。因为研究学问、解析金石历史奥秘、追求学术真理是他们共同的人生志趣，政治上的分歧并未影响两位学者的友谊。最近出版的现存两人的八十七封往来书信，记录了面对不断出现的考古新发现和新课题，他们的艰辛探索和惺惺相惜之情，留下了极具学术价值和人文情怀的温馨记忆。

1916 年，王国维由日本回国，与马衡都居住在上海，此后两人往来密切。也是从这一年开始，王国维的治学方向从中西学兼治转向专治国学，两人的学术领域完全重合。现存两人往来书信的时间在 1919 年至 1927 年之间，此时王国维已学贯中西、跨越古今，达到人生的学术高峰，在哲学、文学、美学、文字学、历史学、考古学等诸多领域均取得突出成就，成为中国颇具世界影响力的人文学者。而比王小四岁的马衡此时还只是潜在的大师。马衡 1920 年受聘成为北京大学史学系讲师，讲授新开设

图1　王国维像　　　　　　　图2　马衡像

的金石学；1922 年担任北大考古研究室主任，不久升为教授兼任北大研究所国学门导师和考古学会主席，在当时中国考古学界已有相当影响。1927 年王国维去世后，清华大学接受陈寅恪的建议，聘请马衡担任清华国学研究院特别讲师，以接替王国维的教学工作。此后马衡于 1933 年辞去北大教职，担任故宫博物院院长多年，成为我国近代考古学先驱和博物馆事业的重要奠基者。1955 年去世前，他将毕生收藏的文物图书资料近两万件（卷）全部捐献给故宫博物院。2005 年，当时的文化部副部长兼故宫博物院院长郑欣淼著文《厥功甚伟　其德永馨》纪念马衡先生："古人云：'太上有立德，其次有立功，其次有立言。'此乃人生之'三不朽'。人生在世求之其一已属不易，而马衡先生在德行、功业、著书立说三个方面都有所'立'，都令我们永远感念。"

在现存的王国维书信中，很大一部分是家信，其他信件大部分是写给罗振玉的，但写给马衡的数量也不少于四十通。这显示了两人关系密切，友情颇深。两人往来信札的主要内容是学术讨论，与现代学者的学术交流极为相近。讨论的多是金石学和考古学问题，涉及青铜器、虎符、度量衡、石铎、古文字等方面。此外，北京大学是中国最早建立的国立大学，学术资源丰富，此时又位处首都，经常协助政府文教部门承担一些国家文化教育管理和研究工作，例如国史编纂、文物的保存研究与管理、国家历史档案的收存与研究、清室财产的善后、涉外

图3 王国维、马衡与北大同人在中央公园合影。自左至右分别为：佚名、张凤举、沈士远、周作人、王国维、马衡、马裕藻、沈兼士、沈尹默、陈大齐、佚名。拍摄时间约为1924年。

3

文物的管制，并参与国际学术交流。马衡是这些活动的积极参与者，他获得的学术信息也是二人书信中交流讨论的内容。马衡在每封信落款处姓名前均署以"后学"，尊王国维为师长，向他请教问题，请他审订《金石学讲义》书稿。两人在往来通信和见面中切磋讨论，交流心得和见解，互赠学术资料与著作。王国维毫无保留地指导马衡，回答问题。马衡的见解和工作成果也对王国维产生了颇多启发。马衡在王国维逝世后回忆："忆自（民国）十二年秋，先生于是时来北京，乃相与摩挲、审辨，有所发明则彼此奔走相告，四年以来未尝或辍，而今已矣，无复质疑问难之人矣。读此遗编，倍增怅惘。"这段文字生动描述了两位学者的学术交流及失去请益对象的沉痛。

1921 年，马衡牵头在北大集资，帮助王国维在中华书局出版《唐写本切韵残卷》。《切韵》是隋朝陆法言的重要音韵学著作。王国维根据法国学者伯希和在敦煌发现的唐写本辑、录、写后影印出版，为学术研究做出了贡献。唐"写本至劣，别体讹字甚多"（罗振玉信），经整理抄写后才更具学术价值。王国维在 1922 年 2 月 13 日写给马衡的信中说："《切韵》得兄纠资印行，得流传数百本以代钞胥，沪上诸公亦均分得一册，甚感雅意也。"

蔡元培先生 1916 年出任北京大学校长，支持新文化运动，提倡学术研究，主张"思想自由，兼容并包"，吸收容纳不同观点的学者担任教职。他十分重视王国维的学术贡献，四次委托与王友好的马衡出面，聘请王国维参加北大学术研究工作。1917 年和 1918 年马衡两次代表北大邀请王国维出任北大文科教授，王国维均婉言谢绝。1920 年底，马衡又发信聘请王国维为北大通信研究教授。王国维 1921 年 2 月 6 日回信以"惟近体

图 4 梅兰芳与国内外友人在私宅合影。右三马衡、右五法驻华参赞、右六蒋梦麟、左五梅兰芳。拍摄时间约 1923 年。

稍屏，而沪事又复烦颐"为由辞谢，但答应"俟南方诸家书略整顿后再北上，略酬诸君雅意耳"，态度已有松动。马衡 1922 年 3 月 12 日和 14 日连发二函，恳请王国维就北大教职。12 日信中写道："大学讲席先生坚不欲就，而同人盼望之私仍未能已。拟俟研究所成立后先聘为通信研究之教授，不知能得先生同意否？又同人近组织一中华史学会……拟邀先生入会，谨寄呈草章一份。如蒙俯允，曷胜欢迎！"14 日信又表达了盼望王国维就职的深情："昨呈一书，计蒙鉴及。大学同人望先生之来若大旱之望云雨，及频年敦请，未蒙俯允。同人深以为憾。"由于罗振玉此时已应邀出任北大研究所国学门导师，加上北大多次诚意邀请和马衡的情谊，王国维终于答应了北大聘约。马衡四请王国维的故事传为北大优良办学方针的佳话。此时北大

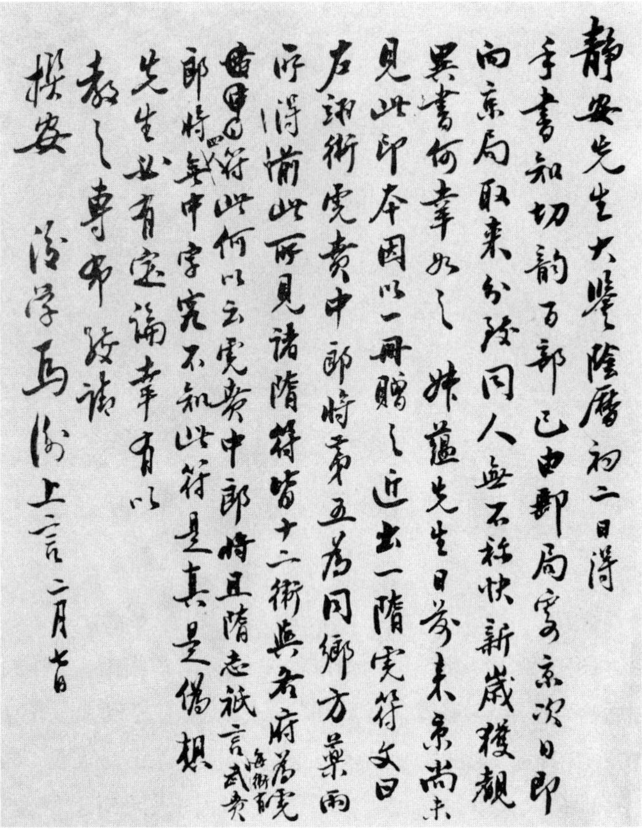

图5 马衡1922年2月7日（农历壬戌年正月十一日）致王国维信

静安先生大鉴：

　　阴历初二日得手书，知《切韵》百部已由邮局寄京，次日即向京局取来分致同人，无不称快。新岁获睹异书，何幸如之！叔蕴（罗振玉字）先生日前来京，尚未见此印本，因以一册赠之。近出一隋虎符，文曰"左翊卫虎贲中郎将第五"，为同乡方药雨所得。前此所见诸隋符，皆十二卫与各府为虎符，此何以云"虎贲中郎将"？且《隋志》只言"每卫有武贲郎将四人"，无"中"字。究不知此符是真是伪，想先生必有定论。幸有以教之。专布，敬请撰安！

　　　　　　　　　　　　　　　　后学马衡上言　二月七日

6

人文荟萃，成为全国学术研究重镇，新文化和新思想发展传播中心。陈独秀称赞北大说："这样容纳异己的雅量，尊重学术自由思想的卓见，在习于专制，好同恶异的东方人中实所罕有。"

王国维与马衡是浙东同乡，都接受传统私塾启蒙教育，打下深厚的国学基础。他们都聪敏早慧，十余岁便考中秀才。在内忧外患西学东渐的时代剧变之际，二人都放弃了科举仕宦之路，接受新思想和新知识，在不长的新式学校教育后，靠自学成才。他们都淡泊名利，醉心学术，对国内发现的大量文物饶有兴趣，选择学术研究作为终生事业。他们都热爱中国传统文化，认为中华优秀文化具有普世价值，同时对西方文化和国外学者都抱开放心态，乐于学习他们的长处，王国维曾断言："异日发明光大我国学术者，必在兼通世界学术之人。"他们对人文精神和科学精神的追求，反映出爱国情怀和进步倾向。二人都有中国传统士人气质和情趣，皆能诗善书。王国维现存诗词共一百一十三首，大多为词作。他的诗词多有哲学思辨及人生感慨。其咏史诗以简洁词语概括宏大历史，见解不俗，小词亦多佳作，表现了他融通中西的深厚学术功底。马衡现存诗七十八首，这些古体诗是在强敌入侵、山河破碎、文物西迁、颠沛流离的抗日战争中写就的，充满感事伤时、忧国忧民的家国情怀。马衡诗的风格韵味颇近杜甫诗，他那时的处境也和杜甫相似。他有几首诗专集杜诗而成，可见他对杜诗的喜爱。两位大师皆擅长书法。王国维书法气清质朴，法度谨严，不乏晋韵唐风，颇具大家风范。这与他的学习、品德和性格都有关系。其作品以楷书和行楷为主，中小楷字居多，传世作品多是手稿和信札。马衡善书精篆刻，曾担任西泠印社社长多年。他和沈尹默共同主持北大书法研究会，发表过书法专著论文，对我国

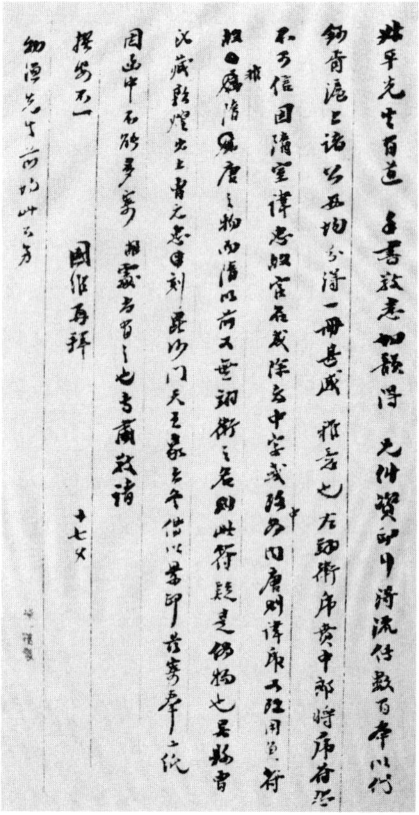
叔平先生有道 手书敬悉 切韵得兄纠资印行得流传数百本以代钞胥 沪上诸公均分得一册甚感 雅意也 左翊卫虎贲中郎将虎符恐不可信 因隋室讳忠 故官名或除去中字或改中为内 唐则讳虎 改用鱼符 故非隋唐之物 而隋以前又无翊卫之名 则此符疑是伪物也 吴县曹氏藏敦煌出土曹元忠刻毗沙门天王象 去冬借以景印 兹寄奉二纸 因函中不能多寄 敝处尚有之也 专肃敬请
撰安不一
国维再拜
十七夕

图6 王国维1922年2月13日（农历正月十七日）致马衡信

叔平先生有道：手书敬悉。《切韵》得兄纠资印行，得流传数百本以代钞胥，沪上诸公亦均分得一册，甚感雅意也。“左翊卫虎贲中郎将虎符”恐不可信，因隋室讳“忠”，故官名或除去“中”字，或改“中”为“内”；唐则讳“虎”，又改用鱼符，故非隋唐之物；而隋以前又无“翊卫”之名，则此符疑是伪物也。吴县曹氏藏敦煌出土《曹元忠刻毗沙门天王象（像）》，去冬借以景（影）印，兹寄奉二纸，因函中不能多寄，敝处尚有之也。专肃，敬请撰安不一！

国维再拜　十七夕

书法艺术的普及和提高有所贡献。基于金石学的深厚功底，马衡篆、隶、行、草皆运笔自如，尤以篆书见长，章法平匀，线条流美灵动。其作品最多的也是信函和手稿。马衡性格外向，待人热诚，幽默健谈，朋友众多。

马衡始终奉王国维为师，而王国维性格虽然内向，但对于好友，还是能深交的。正如马衡所言：“他平生的交游很少而且沉默寡言……所以有许多人都以为他是个孤僻冷酷的人。但

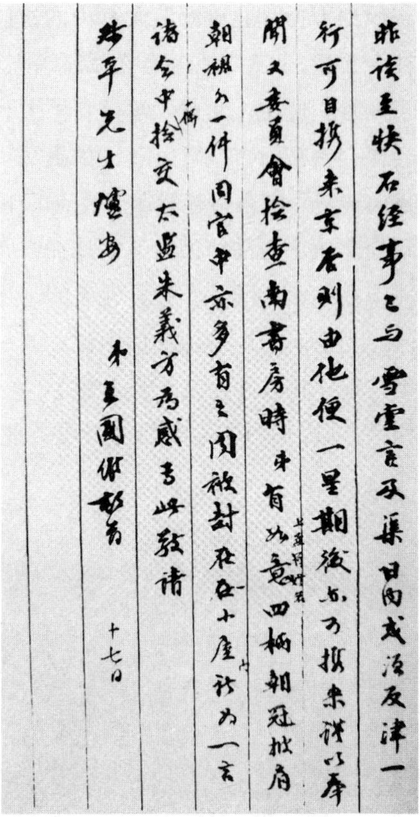
昨談至快石經事已與雪堂言及渠日內或須反津一
行可自携來京否則由他便一星期後亦可携來謹以奉
聞又委員會檢查南書房時弟有如意四柄(上並有姓名)朝冠披肩
朝裙各一件同宮中亦多有之同被封在一小屋內祈為一言
諸會中(一併)檢交太監朱義方為感專此敬請
叔平先生爐安
弟王國維頓首
十七日

图 7 王国维 1924 年 11 月 13 日（农历十月十七日）致马衡信

昨谈至快！石经事已与雪堂（罗振玉号）言及，渠日内或须反（返）津，一行可自携来京，否则由他便，一星期后亦可携来，谨以奉闻。又委员会捡（检）查南书房时，弟有如意四柄（上并有姓名），朝冠、披肩、朝裙各一件，同宫中亦多有之，同被封在一小屋内，祈为一言诸会中，一并捡交太监朱义方为感。专此，敬请叔平先生炉安！

弟王国维顿首　十七日

是其实不然，他对于熟人很爱谈天，不但是谈学问，尤其是爱谈国内外的时事。他对于质疑问难的人，是知无不言，言无不尽……真不失真正学者的态度。”当然，友谊最重要的基础是两人都有高尚的道德自律和人格操守，为人忠厚正直，都是正人君子，因而能互相信任，欣赏，宽容，“和而不同”也只有君子才能做到。

1924 年两人的友谊经受了两次严峻考验。1924 年溥仪之叔载洵拟拆除北京海淀大宫山的玄同宝塔，因涉及古物，引发社会关注。北大考古学会在派顾颉刚、李宗侗、容庚等人调查后，于8月9日在《北京大学日刊》上刊发"研究所国学门考古学会保存大宫山古迹宣言"，指出文物古迹的重要性，并将矛头指向清室。宣言引起持保皇观点的王国维不满，他于8月11日致信沈兼士与马衡，为清室辩护，并愤而辞去北大教职，撤回原拟在北大《国学季刊》发表的论文。虽然王国维情绪激动，但还是留有余地。他在信中说："二兄素明事理，于此'宣言书'竟任其通过发表，殆偶失之不检，故敢以意见陈诸左右。"两个月后，冯玉祥发动北京政变。北京政府11月5日通过《修

图8 清室善后委员会点查组在故宫养心殿前留影。右三为马衡。

正优待清室条件》，永远废除皇帝专号，将故宫开放备充国立图书馆、博物馆之用。当日即资遣太监宫女出宫，送溥仪移居什刹海醇王府。在这两次事件中，王国维的政治观点及所处立场都与马衡对立，但王国维与罗振玉不同，他不参与溥仪的复辟活动。大宫山事发生后，马衡有意挽留王国维而未果。北京政变后，小朝廷解体，王国维宫内“南书房行走”职务终止。而马衡则随即参加清室善后委员会，该会的任务是“会同清室近支人员，协同清理公产、私产，昭示大公。所有接收各公产，暂责成该委员会妥慎保管，俟全部结束，即将宫禁一律开放，备充国立图书馆、博物馆等项之用，借彰文化而垂久远”。马衡和他的二兄马裕藻教授都是该委员会的干事，二十八名干事中有北大教授多人。显然马衡以后工作的故宫博物院，正是清室善后委员会后继产生的。两次事件并未影响他俩的友谊，事后两人往来书信并未减少，从此时到王国维去世的两年半间，现存的往来书信仍有

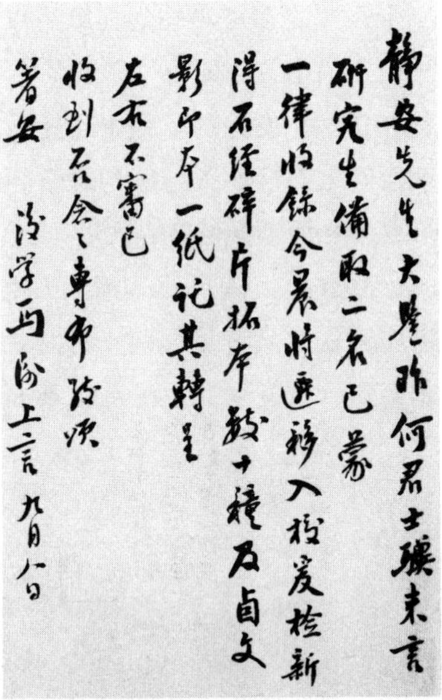
静安先生大鉴：昨何君士骥来言，研究生备取二名，已蒙一律收录，今晨将迁移入校。爰检新得石经碎片拓本数十种，及卣文影印本一纸，托其转呈左右，不审已收到否？念念。专布，敬颂著安！后学马衡上言 九月八日

图9 马衡1925年9月8日（农历七月廿一日）致王国维信

静安先生大鉴：昨何君士骥来言，研究生备取二名，已蒙一律收录，今晨将迁移入校。爰检新得石经碎片拓本数十种，及卣文影印本一纸，托其转呈左右，不审已收到否？念念。专布，敬颂著安！

后学马衡上言　九月八日

三十一封之多。小朝廷瓦解后仅一周，王国维11月13日致信马衡，信中首句即为"昨谈至快"，可见二人12日见面交谈还是非常愉快友好的。信中还托马衡代为寻找留在宫内南书房的朝服和如意。两人继续切磋学问，交流资料，问病问安，表现了君子和而不同的宽容大度。

1926年，王国维遭遇到人生的多事之秋。先是8月长子王潜明因伤寒病英年早逝，痛失爱子后，亲家罗振玉又不与王国维商议，带三女儿（王潜明妻子）回家，且不接受王潜明的抚

图10 1912年，南洋公学师生返校合影。前排居中者为福开森，第二排右五为马衡。福开森是美籍汉学家、教育家和文物收藏家，他曾担任南洋公学监院（院长），马衡是他赏识的学生。1934年，福开森将一千余件贵重文物捐赠金陵大学，他和马衡、王国维等学者关系密切友好。

恤金。两人因家事产生矛盾。罗振玉性格强势，竟因此在 11 月发函与多年好友兼姻亲绝交。接连的打击使王国维心情极为不快，但他和马衡的友谊及学术交流并未受影响。12 月 1 日王国维致马衡信中谈到长子的伤寒病："亡儿之病，中西二医并有贻误，亦不能专咎西医，即病者自身亦检法错乱。总之，运数如此，无可说也。"信中还谈到马衡的伤寒病："前日何君士骥（何士骥是马推荐给王的清华国学研究院研究生）来，具悉大驾在沪曾患伤寒，此次还京尚未复原。此病之后，调理甚为重要，仍请节劳为荷。"信中最后写道："弟上星期六曾至历史学会演讲一次，晤福开森，始知兄已北归，但时晚未及奉访。此次北归后只此一次进城也。有讲稿数篇，另寄呈教。他日入城，再行奉访。兄体新愈，不可远涉也。"这般亲切的交流和细致的关怀，表明了两人的深厚友情。

1926 年 7 月 1 日，广州国民政府发布北伐宣言，出兵北伐，征讨吴佩孚、孙传芳、张作霖等北方军阀。工农学生革命运动高涨，国内外各种新旧势力交错复杂，剧烈冲突。1927 年 4 月张作霖派兵包围北京苏联大使馆，捕杀李大钊等共产党人；蒋介石在上海公然背叛革命。在斗争空前激烈的情况下，社会失序并出现一些过激行为。4 月 11 日，长沙农工商学各界团体召开农民协会公审大会，以"封建余孽，豪绅领袖"等罪名，判处前清进士、著名学者叶德辉死刑。此外，谣传湖北著名学者王葆心被北伐军枪毙；国民党上海特别市党部竟在通缉"著名学阀"的呈文中将辛亥元老、国学大师章太炎列为其首，一时人心惶惶。梁启超在其 3 月 21 日家书中写道："今日下午消息很紧，恐怕北京的变化意外迅速，朋友多劝我早为避地之计（上海那边如黄炎培及东南大学稳健教授都要逃难）……"王国维和王葆心是好友，在听闻叶德辉、王葆心的消息后，心情很坏。6 月 1 日，清华国学研究院举行学期结束例行的叙别会，师生共进午餐。在跟山西学生卫聚贤同桌吃饭时，王曾经询及何处可以避难，卫建议他去山西，可到太原兴贤大学任教。当天何士骥从城里赶来参加聚会，并转达北大马衡和沈兼士教授之意：请王先生进城，住在他们家，北大同人会保护他，还建议王先生最好先把辫子剪掉。研究生们纷纷劝王先生进城。王国维只是平静地回答：我自有办法。梁启超在聚会结束时起立致辞说："吾院苟继续努力，必成国学重镇无疑。"致辞后又说："党军已到郑州，我要赶到天津去，以后我们几时见面就很难说了。"当天的《世界晚报》刊登了《戏拟党军到北京后被捕人物》，

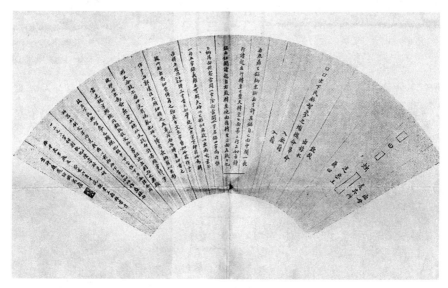

图 11　王国维赠马衡手书折扇

图12　清华大学海宁王静安先生纪念碑正面及碑铭

文中预测国民党会抓捕王先生。第二天王国维在颐和园投湖自沉。6月3日，马衡出席清华大学王国维入殓送殡仪式，参加者有清华大学曹云祥校长、梅贻琦教务长、吴宓、梁启超、梁漱溟以及燕京大学容庚等教授和国学院研究生。当月马衡应聘任清华国学研究院特别讲师，接替王国维的教学工作。7月马衡在日本刊物《文字同盟》第四期"王国维专号"发表了致该刊回函："前得惠书，征求静安先生遗文及表彰静安先生之著。弟愧不能成文，不足以表彰其道德文章于万一。"仅向该刊推荐了王的遗著，以表达对亡友的敬仰。该刊登载了其兄马裕藻挽王国维联：志洁清廉，求仁得仁。王国维投湖自沉后，罗振玉竟伪造遗折把王打扮成殉清遗老形象。梁启超、陈寅恪等人撰文为王辩诬。11 月马衡也在《国学月报》上发表《我所知道的王静安先生》，否认王国维是为清室"殉节"，说王"既有长子之丧，又遭挚友之绝，愤世嫉俗而有今日之自杀"。并引证王的著作和与王的谈话说明，"所以我说他的辫子是形式的，而精神上却没有辫子"，以为好友辩白。梁启超在其 6 月 13 日家书中写道："静安先生自杀的动机，如他遗嘱上所说：'五十之年，只欠一死，遭此世变，义无再辱。'他平日对于时局的悲观，本极深刻。最近的刺激，则由两湖学者叶德辉、王葆心之被枪毙。……静公深痛之，故效屈子沉渊，一瞑不复视。"

两年后的 1929 年，清华国学院师生建立"海宁王静安先生纪念碑"，纪念这位开风气之先，兼容中学西学，无分新学旧学，在文史哲多种学科承前启后，贡献卓越，得到国内学界一致悦服，国际东方学学者普遍尊敬的杰出学者。此碑由陈寅恪撰文，林志钧书丹，马衡篆额，梁思成拟式。四位都是大师级学者。碑文高度评价王国维读书治学追求真理的成就，强调了他的独立之精神和自由之思想。这是经过辛亥民族与民主革命洗礼和五四运动"科学与民主"启蒙后中国知识分子的心声，他们已经认识到自由已成为世界多数民族的核心价值观。

（本文作者马庆芳和杨衡善分别是马衡先生的侄孙和侄外孙）

胡适亲历的一次"盛举"

陈探月

　　胡适先生 1915 年刚到哥伦比亚大学攻读博士不久，赶上了 10 月 23 日在纽约市举行的纽约州争取妇女参政权的游行。他在《胡适留学日记》里记录了这一"盛举"："十月二十三日纽约城及附近各地之女子选举会，因纽约省选举期近（十一月二日），女子参政一问题将于是日由全省公民投票公决，故举行'女子参政大游街'。'游街'者，英文'parade'，以其似吾国之游街也，故以是译之。"

　　胡适说，"游街之目的大率有二，（一）以宣示宗旨，（一）以鼓动观听，一言以蔽之，曰，示众而已，所谓登广告是也。是日之女子参政大游街为千古未有之大盛举。与游者男妇四万余人。余与张奚若立第五街观之，至三小时之久，犹未过尽云。是日游街之最足动人者盖有数事。（一）秩序之整肃。数万人之大队非同小可，而乃能井然有条如此，勿谓此中无人也。（二）心理之庄严。与游之人，固属少年男女居多（西人四十以下皆为少年），而中年以上之妇女亦不少，头发全白者亦有之。望之令人肃然起敬。（三）女教习之多。中有一队全属纽约及附近之妇女教员，其数亦不知有几千（美国中学以下教员多由女子充之）。此等妇女对于国家社会负何等责任，服何等劳役，而犹忍剥夺其公民之权耶？（四）游行者之坚忍耐苦。是日大风寒，其女子之持大帜者皆寸步与大风相撑持，终无一人半途散去，其精神可敬也"。

胡适在谈到邻近新泽西州（纽吉色省 New Jersey）女子选举本月失败时说，"纽吉色省乃美总统威尔逊氏之本省。威氏于前月宣言赞成本省妇女参政问题。选举期届，复亲回乡投票。其内阁中人之属于此省者亦皆宣言赞成此案。然此案卒未能通过。以一国元首之赞助，而不能使其乡人附从之，此亦可见西

图 1　1915 年 10 月 23 日，在纽约第五大道上争取妇女参政权的游行。胡适和张奚若是成千上万男士围观者中的两位。照片来自美国国会图书馆。

图 2　游行中妇女用担架抬着投票箱。照片来自美国国会图书馆。

方人士独立思想之高，不轻易为位高爵尊者所怂动也"。

　　胡适还描述了杜威先生帮助游说的情景："一夜，余在室中读书，忽闻窗下筋声。临窗视之，乃一汽车，中有妇女多人，盖皆为女子参政之活动者也。中有女子执筋吹之，其声悲壮动人。途人渐集车下。筋歇，中一女子宣言，大学藏书楼前有街心演说会，招众人往赴之。吾遂往观之。有男女数人相继演说，亦都不恶。余忽见人丛中有杜威先生（Professor John Dewey），为哥伦比亚大学哲学教长，而此邦哲学界第一人也。余初以为先生或偶经此间耳，及演说毕，车门辟，

图3 参加游行的威尔逊总统的侄女玛格丽特（Margaret Vale）。图片来自美国国会图书馆。

先生乃登车，与诸女子参政会中人并驾而去，然后乃知先生盖助之为进行活动（campaigning）者也。嗟夫，二十世纪之学者，不当如是耶！"

胡适在11月2日公投当天的日记中写道，反对者胜利，

图4 1915 年 8 月，新泽西州妇女在 Long Branch 赌场贴宣
传画。图片来自美国国会图书馆。

但是赞成者有五十万人之多，"则虽败犹足以豪也"。

美国 1920 年通过宪法第十九条修正案，其中规定："美
国公民的投票权不得因性别因素而被联邦或任何一州拒绝或限
制。"美国全国的妇女最终得到选举权。

黄侃赠友的题字照片

胡舜庆

前几年在南京王伯沆周法高纪念馆，王伯沆先生之女王縣先生出示了一帧珍藏已逾百年的泛黄照片。照片中身着长袍马褂的持杖老人端坐椅上，虽在垂暮之年，但目光炯炯，慈祥中透着忧思。照片背面有黄侃墨笔题记："此先君子（按：指其父黄云鹄）丙申（1896）三月在武昌江汉书院中所照相，时年七十八。其后二年，岁在戊戌（1898），八月十九日卒，距今忽一世矣。孤露之生，萍浮南北，独此像板常在箧中。伯沆先生，先子门人也，今年始晤于上元（南京之古称）。先生感念旧恩，常垂匡诲，敢印一幅奉贻，俾先生如睹先子颜色。戊辰（1928）八月廿二日，孤侃泣记。"

黄侃（1886—1935），字季刚，号运甓，湖北蕲春人，黄云鹄幼子，章炳麟弟子，历任南北多所大学教授。黄侃精研音韵训诂，为一代国学大师，著有《尔雅音训》《音略》《文心雕龙札记》等。照片主人公黄云鹄（1819—1898），字缃芸、翔云，咸丰三年（1853）进士，官至四川永宁泸州分巡道。他为官清正廉明，主张王子犯法与庶民同罪。人誉为"黄青天"。

黄云鹄常将俸禄捐赠慈善事业，在四川雅安领衔捐修雅材

黄云鹄光绪二十二年（1896）三月摄于武昌江汉书院。

书院、青衣桥、金凤寺等。在得罪权贵辞官后，他虽贵为二品大员，却家无余财，仅数十箱书籍。他一生修身积德，勤苦治学，以学行著称，历任湖北两湖、江汉、经心三书院山长（院长）。1891年回乡第二年，他以七十三岁高龄受聘远赴江宁（今南京）尊经、钟山书院。著有《实其文斋诗钞》等。

照片题记中"孤露"，指幼年丧父或父母双亡而失庇护，

王伯沆 1937 年摄于家中

黄侃十三岁丧父，失去了父亲的荫庇，所以自称"孤露之生""萍浮南北"，黄侃感慨人生如寄，萍踪无定。题记中提及其父及伯沆，均另起一行，以示对其父的尊崇，对伯沆的爱重。题记虽寥寥三行，但坦露心曲以抒情寄慨。

黄侃 1928 年离开沈阳东北大学，赴南京应中央大学之聘，自此与南京结下不解之缘，前后在宁生活了八年。此照的主人公王伯沆（1871—1944），名瀣，别署伯谦，晚号冬饮，中央

阮大铖《咏怀堂诗集》王伯沆题跋

大学教授，早年就读尊经书院、钟山书院，每试常名列案首。教师在其课艺（作业）上批语："说理深通，造语名贵，是有经籍气者。"黄云鹄"召之温勉，为述学问之要"（钱塈新《冬饮先生行述》）。可见黄云鹄对其之器重，并授以学问之道。《黄侃日记》中亦有记载："王伯沆言次念我先君，云：甲午、

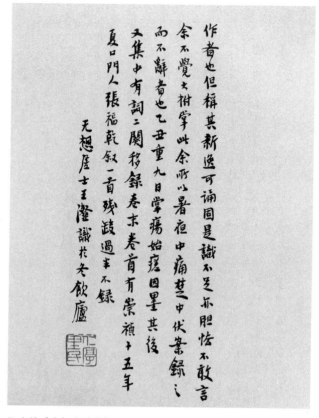

阮大铖《咏怀堂诗集》王伯沆题跋

乙未间，应尊经书院试。因执贽进见，其时先人（按：黄父云鹄）曳朱履，扶杖行篱落间。与之语云：'子文虽取，却非定佳。然天才可成，宜用力读书以自立。'"王伯沆专心教学与治学，终成国学大师。王驾吾、陈寅恪、陈训慈、唐圭璋、常任侠、郦承铨、卢冀野、潘重规等皆出其门下。著有《王东饮先生遗稿》，

《冬饮丛书》一、二辑和《王伯沆批校〈红楼梦〉》等。

王伯沆后来知道,这位博学刚直的同事黄侃是恩师云鹄之子,倾盖之间颇感相见恨晚,相处中感情分外深厚,成为生死不渝的挚友。《黄侃日记》有记:"以先人照像赠王伯沆世兄,从其请也。题记像后,不禁悲感。"可见黄侃也是感情丰富的学者、诗人。

黄侃性格狂狷,治学严谨勤奋。他教学治学,以"发扬民气",以"继绝学、明旧章、存国故、植邦本、固种性"为己任,毕生致力于研究中华传统文化。他还说过:"士以志气为先,不以学问为先。读书人当以四海为量,以千载为心。"

30年代中央大学文学院名家云集,有王伯沆、胡小石、黄侃、汪东、吴梅、汪辟疆等名教授。黄侃与教师、学生相处关系非常融洽,他与王伯沆相交莫逆,互敬互重,常互赠书籍,诗文唱和,结伴出游,访古探幽。

黄侃病逝后,王伯沆忍泪含悲撰联悼念亡友,联曰:"情深文跌宕,气迈酒波澜,白眼看天,世有斯人容不得;生感雀张罗,死拼蝇入吊,青人归远,我来思旧黯相呼。"

黄侃题字照片不仅使王伯沆可常睹恩师慈颜,而且背面题字也饱含友情的抚慰。故伯沆什袭珍藏,虽历经抗战、"文革"劫难竟奇迹般保存下来。这帧照片见证了两代人的深厚情谊,也是研究民国学术史的珍贵实物资料。这帧珍贵照片已在去年,连同王綵先生多年在海外古玩店购买的胡小石行书、吴梅楷书扇(背面是吴湖帆青绿山水)等文物悉数捐赠给王伯沆曾任教的中央大学(今南京大学文学院),化私为公,文物得其所哉。

1935年：黄河董庄决口抢险相册

王一飞

　　黄河既是孕育中华民族的母亲河，历史上也是危机四伏、灾祸频仍的一条险河。"据史料记载，自周定王五年（公元前602）至1938年的二千五百四十年间，黄河下游共决溢一千五百九十次，大的改道二十六次，平均三年两决口，百年一改道"（侯全亮主编：《民国黄河史》，黄河水利出版社2009年版）。山东淄博云志艺术馆所藏《民国黄河董庄决口抢险相册》，记录的便是1935年7月发生于山东鄄城的一次黄河决口。相册中照片逾三百张，附以简洁的图片说明（为保留图册原貌，其图说皆原文采用），以时间为序，详细地记录了民国二十四年伏汛期间，发生在山东鄄城董庄附近的黄河决口灾情及堵口抢险工程的全过程，是反映近代黄河治理的珍贵影像史料。

　　1935年的董庄决口，是南京国民政府时期一次严重的黄河水灾，据载："民国二十四年七月十日晚，山东鄄城董庄民埝因漏洞溃决，旋官堤亦决，淹鲁苏两省二十七县，受灾面积一万两千二百一十五平方公里，受灾人口三百四十一万余，其中死亡三千七百五十人，财产损失一亿九千五百万元。"（侯全亮主编：《民国黄河史》）足见此次决口灾情之重。

东平县运赴东阿之灾民，摄于 1935 年 9 月 1 日。

委邵鸿基以"修堤不坚，糜款误工"为由提起弹劾。虽经中央公务惩戒委员会审议后，孔祥榕并未受任何惩戒，还升任黄河水利委员会副委员长，但一时舆论难平。

在严重的灾情与舆论压力之下，从中央到地方的各级政府及相关机构都对董庄决口抢险极为重视。尤其是堵口工程被移交由黄河水利委员会负责后，已成为代理委员长的孔祥榕赴董庄亲自督办。在董庄堵口合龙后，孔祥榕亲拟碑文并书丹，在黄河大堤上立"董庄决口合龙碑"。如今石碑仍立于鄄城苏泗庄引黄闸旁，后人评其碑文"有撰文者自我标榜之嫌"。这本《民国黄河董庄决口抢险相册》的制作或也有此目的，但摄影的特点是相对真实而客观，因此这本相册中的珍贵历史影像，仍为我们提供了一个了解民国黄河水灾及董庄决口抢险工程的绝佳契机。

一、董庄决口灾情记录

1935 年的黄河董庄决口自 7 月 10 日李升屯的民埝溃决，至 11 日临濮集的官堤又决。短短一日间，在董庄到临濮集间约三公里长的黄河大堤上便出现了六处决口。曾参与堵口工程的郝子善在《一九三五年黄河决口济宁灾情的回顾》一文中回忆道："一九三五年（民国二十四年）七月十日，黄河水位陡涨，下午突然狂风呼啸，大雨滂沱，鄄城县李升屯、南赵庄一带之民埝先行溃决，接着水势汹涌，向前泛滥。当晚八时许，鄄城董口到临濮集之间的官堤又告溃决。继之在董口以西决口两处，被定为第一、二口门，分别宽度为二十三丈、二十七丈八。董口与临濮集之间溃决的官堤为第三口门，宽三十余丈。复于第三口门以西临濮集东北又决口两处，即第四、五口门，分别为

山东李生屯民埝决口四处，此为一部分情形。摄于 1935 年 7 月 11 日。

第五口门西堤头。摄于 1935 年 7 月 15 日。

大溜顶冲临濮集。摄于 1935 年 7 月 15 日。

东平湖内斑鸠店被水淹没之状。摄于 1935 年 8 月 31 日。

宽三十余丈、四十丈不等。次日（十一日）水位溢涨，临濮集北官堤又决一口是为第六口门，其宽五十余丈，冠于前五口门以上。"《民国黄河董庄决口抢险相册》中关于此次灾情的照片自决口次日始，几乎是事件发生后第一时间的影像记录。

11日之后，黄河水势有增无减，董庄各口门险情也随之愈甚，"至八月九日，第五、六口门已被冲坍塌，合二而一，宽约六七里之距，夺大溜水势七成以上。黄水出此口门后，大部向东南流，漫菏泽、郓城、巨野、嘉祥、济宁、金乡、鱼台等县，沿洙水河、赵王河注入南阳、昭阳、微山各湖，再由运河入江苏省"（黄炎：《黄河董庄决口视察记》，《工程周刊》5卷5期，1936年）。

在如此凶猛的洪流之下，鲁西南地区成一片泽国，房屋冲毁无数。北平华洋义赈会总稽核季履义与工程师张季春在《山东黄河水灾救济报告书》中说："乘船视察水灾，仅获达到嘉祥、巨野两县之县城，所过各处村落几于全被水淹，无可落足之处，立于夹板用千里镜遥望之，四面环水，毫无涯际，水面间有黑团露出，乃系村中未尽沉没之房顶也。"

二、灾民救济

第34页图初看时，似是农庄环翠，水泛轻舟，流露出一种闲适的画意。但读毕图片说明，慨然感伤。其实无论灾情轻重，首当其冲者是灾民。三百四十一万余灾民安置工作，是当时山东省政府的一项重要且工作量巨大的赈灾事务。工赈与外迁收容是主要的两种安置方式。

工赈，即以工代赈。这种方式既可就近安置灾民，稳定民心，又能有效地解决救灾河工的劳动力问题，是历代黄河治理的重要方式。在董庄堵口工程中，亦有大批灾民以工赈的形式参与到抢险工作中。在彼时以手工工具为主的施工条件下，黄河堵口与其说是靠政府施救，不如说是靠灾民自救。大量的灾民加入堵口施工中，用自己的双手重建家园，展现出他们对未来生活的坚定信念。

此外，在决口发生后，山东省政府也积极组织灾民外迁收容。政府调集船只，将灾民运往地势较高的地区，并通过济宁往山东省内铁路沿线的各县市安置灾民。据《山东黄河水灾救济报告书》统计："鲁省政府之临时办法系移灾民于灾区以北地势较高诸县，约二十二万人，其余因乏船只，逐渐运往济宁，再乘火车转运往沿铁路各县，各日平均二千人，截至八月十八日止，运出之灾民计十八万。"

另有统计称，至9月27日，由济宁运出的灾民计装

水乡中人烟稀少，此为留恋家乡不忍去者之一。摄于 1935 年 8 月 25 日。

坝上工人。摄于 1936 年 3 月 20 日。

一百四十七列车，合二十四万三千五百四十四人，由各灾县直接运出的灾民则有三万零五百八十九人。另外还有约十五万灾民自行迁逃出外谋生。灾民收容的费用由山东黄河水灾救济委员会支领，至次年春季，灾民方开始遣归还乡。

三、董庄堵口之经过

董庄决口发生以后，时任山东省政府主席韩复榘于 1935 年 8 月 18 日在董庄召集会议，协商堵口方案。黄河水利委员会副委员长孔祥榕提出："主于江苏坝附近择地筑堤挑溜，冲刷对岸新滩，于姜庄民堰外挑挖引河，延筑江苏坝及李升屯残堰为堵口，东西坝基进展堵合。"此方案经会议通过后，由山东省政府组织的董庄堵口工程处依照办理。11月，山东省政府以事繁不及兼顾为由，向国民政府申请将堵口工程交由黄河水利委员会主持推进。此时孔祥榕已升任黄河水利委员会代委员长，堵口工程由其全权负责。

根据孔祥榕的方案及实地勘测，董庄堵口工程被分为巩固李升屯埝头、培修江苏坝及圈堤、加固圈堤各坝、建筑新堤、接长挑水坝、挑挖引河、进占及合龙七部分。董庄堵口工程整体进展顺利，至山东省政府移交时，培修江苏坝及圈堤已完成过半。至1936年3月27日，董庄堵口工程成功合龙。这一系列施工过程也正是《民国黄河董庄决口抢险相册》记录的重点，

新运河内之难民船。摄于1935年9月1日。

其中不仅记录了堵口的全过程，还记录了决口合龙后的月堤修建、大堤培修等善后工程。

《民国黄河董庄决口抢险相册》中照片的拍摄与编辑可谓严谨有序，自决口之初的灾情调查，灾民安置，至堵口抢险的工程经过，及合龙后的善后工程，完整而清晰。其中像东西坝进占及口门合龙等重点工程节点，还有多视角的详细记录。而画面本身在保证信息传达清晰的同时保持构图的形式感。可惜的是，目前还无法确定这本相册的作者是谁，针对这一点的进一步研究可能会为我们的解读带来更多的维度。

四、董庄堵口与治黄理念之争

民国时期，随着一批到国外学习先进水利技术的留学生归国和外国水利专家来华，近现代治河技术开始在中国应用。受此影响，国内水利界也出现了新旧理念之争，并派生出"专家治水"与"官僚治水"两大派系。1935年的黄河董庄决口事件便是二者的一次重要交锋。

提出董庄堵口计划的孔祥榕，是孔子七十五代孙，毕业于京师译学馆，长期从事水利工作，在董庄堵口之前，孔祥榕曾在永定河河务局任上主持过永定河堵口工程，在黄河水灾救济委员会任上主持黄河长垣冯楼堵口及贯台堵口工程。他也是"官僚治水"的代表人物，一贯主张保守的"堵口"策略。"堵口"既能标榜政绩，又能向社会表现政府爱民救国的形象，即所谓"近效最著、言论最盛"。而且自清代以来，堵口成为黄河治理的主要措施，几乎逢决必堵。在黄河下游地区甚至形成了普遍存在的堵口风俗——民众会在堵口前举行祭礼，以求得到"大

董工办公处大门。摄于 1936 年 1 月 16 日。

东坝里头后之进占埽基。摄于 1936 年 1 月 9 日。

西坝进占。摄于 1936 年 1 月 11 日。

自第四挑水坝坝头远望西坝进占。摄于 1936 年 1 月 11 日。

王""将军"的保佑。而堵口成功之后，往往还要建祠立碑，歌功颂德。（尹北直：《民国防汛减灾工程决策的非技术因素探析》，《中国农史》2010年第2期）

两度赴德留学的李仪祉是我国现代水利建设的先驱，"专家派"的代表人物。他在《黄河之根本治法商榷》与《黄河治本的探讨》等文中，一改我国几千年来只着眼于黄河下游的治水理念，主张治理黄河要上中下游并重，被认为将我国治理黄河的理论和方略向前推进了一大步。关于董庄决口抢险，李仪祉根据现场巡察情况及民国十四年濮阳决口的成功处置经验，提出了开埝掘堤、导流入本的"因势利导"方案。但山东方面以舍小救大、民意难遏为由，并未执行。此前李仪祉因孔祥榕

第二引河放水。摄于1936年3月20日。

口门外水塘中窟（堀）出淤泥。摄于 1936 年 3 月 29 日。

合龙时之一刹那间。摄于 1936 年 3 月 27 日。

合龙占已沉入水中。摄于1936年4月5日。

月堤开工。摄于1936年4月1日。

灾民演戏酬神。摄于 1935 年 8 月 29 日。

升任黄河水利委员会副委员长，便已萌生退意。待堵口计划确定便更加心灰意冷，最终辞去黄河水利委员会委员长一职。

如今看来，就当时的情况而言，"堵口派"的策略确实比李仪祉的"因势利导"方案更符合政府和民众的诉求。李仪祉的辞职也并非只是意味着"专家派"逐渐式微，如其在《本年董庄决口救济水患之失机》中所言："黄河之利害关系如是之巨，而不能使其脱离地方性，则势必省与省相逆，县与县相逆，如是尚能言治河乎？"——以统一河政为目标的黄河水利委员会并未改善各地分治黄河的困境。

（图片由云志艺术馆提供）

1938 年：宿县的城墙

秦 风

在许许多多我买过或看过的侵华日军相册中，大阪日军军医小野正男的七大本相册及其一千多张底片，是迄今最具文献价值的。一般认为，日本军官相册的文献价值主要是作为侵华证据，尤其是屠杀中国人的现场照片。但由于日军有严格的审查制度，这类照片很少流出，十分稀见。小野正男也拍过这一类的照片，不过他还有另外一类照片，在日军相册中更为少见，也就是他还记录了民国时期的中国城乡景观。

1937 年，小野正男随日军上海派遣军参加了淞沪会战，随后沿着长江两岸经过江南城镇，最后进入南京。1938 年，小野正男随着日军的铁蹄北上徐州，旋又经过河南信阳，在该年底进入武汉。简单说，小野正男拍摄的城镇连起来就是日军第一年作战的路线。由于他不是第一线的救护兵，所以并不参加前线的工作，而是在位置稍后的野战医院工作。每一次战役后的休整时间，小野正男都抽空到处拍照。作为外国人，他似乎对所看到的一切都感到好奇，镜头不仅对准中国百姓，也对准古老建筑和自然风光。最让我惊讶的是，他拍了很多城墙的照片，而且不仅是城墙本身，还包括护城河以及在城墙上所看到的山野、树林等风景。他如果不是惊叹于眼中所见，我不认为他会刻意留下这些城墙和与城墙相辉映的风景。

民国时代，无论中外摄影家，拍摄的古城建筑主要是庙宇、宫殿、使馆、车站等，如果拍城墙则主要是拍城门，他们很少把城墙作为生活环境的一部分来拍摄。小野正男所留下的这些影像，把我们带回了各地城墙尚完好保存的民国时代，在这些

城墙绝大多数都遭拆除的当下，引发了人们许多的遐想与思考。

2009 年，我通过日本朋友的介绍，买进了四本小野正男的相册，其中有一百多张镇江的照片，后来转让给了镇江民间单位。来年，我意外地在中国书店的拍卖会上看见了小野正男的七本原始相册和一千多张的底片，同时还有一本完整的摄影日记。我这才发现，去年我所买的，只是小野正男的小样片，并

不是他正式洗印的照片。于是，经过一番"激战"后，终于抢拍下了我认为文献价值最高的日军相册和相关底片。

2015 年，镇江的一个民间单位将小样片中的宿州照片交给了宿县政府，当地的文史人员看了大吃一惊，视为至宝。他们不仅看到了日军轰炸宿县的场景，也看到了民国时代宿县的城市景观，而这些建筑今天都已完全消失了。宿县政协文史部门用这批照片举办了展览，出版了专著。而我后来得到的此宗正式冲洗的照片和底片，正期待着更广泛的用途。

1945—1947：吴绍同镜头里的上海

孙国辉

中国台湾资深摄影家、九十五岁的吴绍同老先生于 2019 年 4 月 11 日晨 7 时许因病辞世，我们二十多年的摄影交往就此戛然而止。关于吴绍同先生的摄影生涯，我在《拍鹤老人吴绍同》（见《老照片》第一二五辑）里已有所述，此不赘言。

老人生前给我发过来几组他年轻时，也就是 1945 年至 1947 年在上海拍的照片（其中一组"选美"的照片，已刊在《老照片》第一二六辑，这里刊出的是其他几组）。

自幼喜爱摄影的吴绍同，最初不隶属任何新闻单位，用他的话说只是一个"个体户"，但他想方设法拍到了不少有意思的照片。拍这部分照片时，他已是上海《益世报》（由教会所办）的摄影记者，得以合理合法地到各种场合拍照。两年多，他拍了若干题材的照片一百六十六卷（约四千张），为抗战胜利后的上海留下了一份宝贵的影像记录。1947 年，吴先生应聘到台湾从事摄影工作，上海的摄影活动遂告结束。

在此，我将吴先生分几次寄来的作品，分类介绍如下（以拍摄年份为序）：

图1

一、航模比赛

　　航模一直是爱好者们不懈钻研的项目。图1中一架似乎装有发动机的航模，正要从用硬纸板拼成的跑道上起飞，一台照相机正对着做准备动作的外国人士，四周围满了观者，一位执勤人员在维持秩序。图2中有人正用一根橡胶筋弹射一架极轻极薄的木质飞机模型。看环境，这次比赛活动好像是在上海郊外的田野中举行的。

图2

二、蒋介石在上海

1945年抗战胜利后，蒋介石到上海三民主义青年团三分部参加抗战胜利庆祝会。

会场按照当时通行的格局布置，国民党党旗、青天白日满地红旗、孙中山像皆按规矩悬挂。从蒋介石在要员和侍卫的陪护下进入会场开始，到侃侃训话，以及亲自向女青年颁发锦旗（图3）等过程，尽摄于底片上。

三、航拍上海

1946年，吴先生有幸参加了一场活动。那便是当时的中华航空公司为答谢记者，特别安排飞机载几家媒体的摄影记者在

图 3

上海上空翱翔数圈，让大家尽情拍摄。吴老把这组照片（图 4）
发过来后，让我找一找岁数大的上海人询问一下，看能不能指
认照片上的建筑是哪里，现在有何变化。吴老说："我现在因
眼疾看不到了，记得当时似乎看到有跑马场，还有另一架飞机
从我们飞机的下方飞过……"本人身居塞外，赴沪次数有限，
认识的上海人也不多，更无法辨识出是什么地方，今昔对比更
无所措手足，希望读者诸君慧眼辨识一下七十三年前的上海建
筑及地形风貌。

四、欢迎孔、张、潘校董莅校致训

　　校董是合作学校或私立学校的主要出资者（资金投资或学
术投资）。校董一般组成学校董事会，可以决定学校的各项重

图4

大事务。

　　三位有名的校董来校，同学们踊跃来参加欢迎仪式。

　　关于这一题材，吴先生传来七张照片：学生们举着标语板，上写"欢迎孔张潘校董莅校致训——中国新专全体同学致敬"；

孔祥熙演讲；张继演讲；潘公展演讲；孔祥熙、张继、潘公展
三人合影；孔、张、潘与学校校长等（图5）合影；孔、张、
潘与学校师生合影等。

　　在传来的照片后，吴先生还附了一段说明，原文如下：

　　　　回忆一下三位七十年前的风云人物　吴绍同　摄影
　　　　找到一份七十多年前的资料，那是关于我的母校"上
海中国新闻专科学校"的三位校董来校演讲的事。
　　　　第一位　张继，董事长，他是中华民国著名政治家，
也是中国国民党的元老。
　　　　第二位　孔祥熙，中华民国财政专家，曾任南京国民

图5

政府行政院长兼财政部长，长期主理国民政府财政。

第三位　潘公展，新闻、文化界元老，著名学者。

对于三位有名的人物来校，同学们十分踊跃来参加聆训。

五、接收日本赔偿中国军舰

吴老在这组照片的说明里这样写道：

民国三十六年五月接收日本赔偿军舰升旗典礼　吴绍同　摄影

民国三十四年九月，日本战败投降之后，条件内有赔偿我国军舰若干艘。已在一年内分批驶抵上海，当时我与上海各报记者按消息时间在吴淞口等待，但空等一天不见踪影，未能拍到。今仅得后办的赔偿舰升旗典礼，如今看来虽已是明日黄花，但睹影思之，有令人不胜今昔之感……

这组照片中，有海军江南造船厂大门上悬挂的写着"接收日本赔偿军舰升旗典礼"的横幅的影像、有海军官兵队列和在军舰主桅上冉冉升起的青天白日满地红旗的影像（图6），还有参加仪式的中国海军军官、西方人（看帽徽应为美国海军军官）和戴日本军帽的日本人的合影（图7），等等。这都证明日本赔偿中国军舰是确实存在的。

二战后，中国虽未获得战争赔款，但象征性地获得了一点物资赔偿。

当时，盟军总部决定将日本三军装备就地摧毁，日本海

图 6

军残留的大型作战舰，如航空母舰、战列舰、巡洋舰等或被解体拆毁，或被拖往军事演习区域做靶舰，潜艇则一律凿沉或解体。剩下的驱逐舰、巡防舰及运输舰共一百四十二艘，盟军总部决议，作为象征性的赔偿，由中、美、英、苏四强均分。

1947 年 6 月 28 日，四强均分日舰典礼在东京第一大厦（盟军总部）礼堂公开举办。四国先拟定抽签顺位，中国抽得第二，再抽取均分舰种，中国抽得驱逐舰七艘、护航舰四艘、巡防舰十三艘、扫雷艇七艘及各型运输舰三艘，合计三十四艘，总吨位三万五千余吨。

六、旧上海的著名建筑

吴先生写道：

从拍摄照片（图 8）的 1946 年 10 月到现在的 2018 年，经过了七十多年的岁月，已经从原来旧的上海市，在经济、

图 7

文化上……有了很大很大的进步，也是现在所称的有了翻天覆地的变化。

在这张照片的背景中，可以看到一些当时的建筑，经与在上海的老友们研究，能够记忆到一些原建筑的名称，现在想来已是遥远的回忆了。

在照片的中央是当时上海的著名建筑——"国际大饭店"，高二十四层，是当时上海市也是远东地区最高的建筑。在国际饭店的右方有座高楼是当时上海有名的四大公司之一"大新公司"，现在改名为"上海第一百货大楼"；在右后方的远处有一圆顶高楼，那就是四大公司中的"永安公司"及"先施公司"。我当时拍这张照片的立足点是当时跑马厅草地中的某一点。解放后原来空间广大的跑马厅被改名为人民广场，其空间分隔为许多的建筑方块，例如，上海市政府、音乐厅、图书馆、博物馆，等等。现在，我已找不到我原来摄影的立足点在何处了。

展示这一张1946年所拍的上海古旧景物照片，用意是想和现状做一比较，以发现与现状有多少不同，说繁荣到底繁荣到什么地步。所以依我一个旧照片的原摄者来说，内心有一个很大愿望：能在原摄影点拍到一张现状的照片。但是，当年我是一个二十郎当岁的青年，时光飞逝七十多年过去，目前我已是九十多岁的老头了，虽然身体还算健好，但已有了视障，看来这一愿望已经无法实现，要找到原摄影的地点也几乎是天方夜谭了。想要实现还要依靠我的好友及摄影大军中热心的同好们相助，更要借助目前进步的摄影工具及技术，克服诸多困难来完成。完成一张与旧照片同地标同位置的现状照片，应该可以看到原来空荡

图8

荡的空间中增加了多少繁荣——七十年中所增加的繁荣。
希望读到这封信的同好们，也转告你的摄影好友，能共同
帮助我完成这个心愿，在不久的将来看到这两张相隔七十
年的照片，满足我这个老上海老友的心愿，谢谢！

九十四岁老头　吴绍同

接着吴先生写道：

　　"先施公司"及"大新公司"等四大公司，与现在的
上海风貌相比，只能评价为"空荡荡"。

七、于右任到"中国新专"演讲

　　"美髯公"于右任是中国近现代著名政治家、教育家、书
法家。早年为同盟会成员，他不仅长期在国民政府担任要职，
亦为复旦大学、上海大学、国立西北农林专科学校等著名高校
的创办人，更是被誉为"当代草圣"的书法家。

　　这是民国三十五年（1946）秋，时任国民政府监察院院长
的于右任以校董身份到吴绍同就过学的中国新闻专科学校做学
术演讲时，吴绍同拍摄的照片（图9）。

八、"古董菊展"

　　关于这次菊展的照片，吴老这样附言：

　　"古董菊展"民国三十五年十一月八日于上海市　吴
绍同　摄影

　　这是七十三年前的上海市工务局主办的菊花展览会，
所以我把它称为"古董菊展"。其与目前台北市士林每年
的菊展不同，所以特别提出来向现在的读者介绍一下，让
大家做一个比较，想必一定会有所感触，因为这中间有了

图 9

图 10

图 11

七十多年的时光空间，有了很多的历史变迁，可惜我没有把当年上海市的菊展拍得很完整，这是遗憾。

笔者曾问过吴先生，台北士林指的是"台北士林官邸"吗？答曰：是。蒋介石和宋美龄1950年5月迁入士林官邸，直至1975年4月蒋介石去世。这期间，据说因宋美龄喜欢菊花，每年都要在这里的广场举办菊展。

吴先生拍摄的1945年由上海工务局主办的菊花展览会（图10），照片没说明地址，看来是片宽敞的场地，大门口扎起的"菊展"临时牌坊也小有气势，用菊花拼成的"菊展"和花坛也算得上有规模，但单盆的菊花看起来不过平平（图11），这也许和我们现在看到的琪花瑶草、姹紫嫣红般的菊花远难相比。

九、吴国桢检阅义务警察大队

民国三十五年（1946）十月十日，上海市市长吴国桢在跑马厅检阅市警察局义务警察大队。

这组照片，吴先生拍摄有以下画面：跑马厅大门外警员在临时搭建的竹牌坊前站岗，牌坊上悬写有"上海市警察局义务警察总队"及"双十节检阅典礼"横幅；上海市市长吴国桢在警界长官陪同下检阅警队（图12）；警队通过检阅台；还有吴国桢台上讲话的场面及特写。吴先生在随附的说明中说："图的右后方是上海市西藏路上著名的基督教的教堂'幕而堂'，现已改为'沐恩堂'，尚存在着。"

吴国桢（1903—1984），字峙之，湖北人，清华大学毕业后赴美留学，获经济学硕士、政治学博士学位。1926年进入政界，

图12

得蒋介石垂青,逐次擢升。曾任汉口市市长、重庆市市长、外交部政务次长、国民党中宣部部长及上海市市长（1946年2月—1949年3月）。去台后历任"台湾省主席""行政院政务委员"。1949年元旦,中国共产党公布了包含四十三名"战犯"的"战犯名单",吴国桢位列第十七名。1953年,吴与蒋介石反目而"请假赴美",从事教育和著述。旋被蒋介石明令撤销"政务委员"并开除出中国国民党。1984年,正当他翘首盼望回到阔别三十余年的祖国大陆怀抱时,突然病逝于美国。

吴老先生曾告诉我,将从他在民国三十四至三十六年拍的那一百六十六卷胶片中选出一大部分传给我。没想到转瞬间先生与我阴阳暌隔,再看到他所拍照片的想法已成云烟。每思先生,心情陡添恻然。

别离事，人生常有

顾　颖

寒风吹水，白雨横秋。二姑过世，享年八十九岁。风嘹月唳，并付一丘土。

至此，图1中的五位长辈都已挥手离去。照片中间是爷爷，照片左侧是大姑和大姑父，照片右侧是二姑和二姑父。

听爸说，那年爷爷去看刚刚结婚不久的大姑和二姑，奶奶在家照看其他几个孩子，爷爷跟大姑二姑在沈阳老相馆照了这张合影。照片里的长辈们都泛着陈年油画般的沉潜韵致，每个人都眼光明亮，神采飞扬，整洁清贵。尽管他们那时都各自经历了政局板荡，虽坎坷，虽困顿，却也遍野寒香，不失书香子弟的清贵之气。

这些长辈们的笑语、往事，一个个在我的记忆里慢慢变老、相继逝去。岁月宽厚，让他们苍老得亲切、优雅而体面。

寒风吹水，白雨横秋。

衣香鬓影里拆掉的记忆如青苔斑斑的老照片。

儿时，每到正月初二初三我们都到大姑二姑家过年，孩子一堆，好吃的一堆，我和妹妹的年龄与她们的孙辈儿相仿，两个姑姑对我俩格外喜爱。我上小学时，二姑带着外孙跟我和妹妹坐好远的公交去逛街的情形，现在想来像是穿越。儿时晕车的我，站在挤满乘客的无轨公交后排，拽着二姑的衣袖一句句问："到了没？到了没？还有几站？"这样的焦急语气跟二姑一遍遍"还有两站，快了"的回答，像无限循环的小数，在我的记忆里来回重播。最后到了终点，一共坐了二十多站，那"还有两站"的安慰，终于奏了效，我竟然挺着到了站也没吐出来。

二十多年后，在我跟我的儿子壮壮看了四五十遍的《怪物史莱克》系列电影中，我找到了难得的相似一幕。那头贫嘴的驴子坐在驶往菲欧娜公主娘家的车里，想着那个"远得要命王国"，驴子一路不停地不耐烦地问史莱克"到了没？到了没？到了没？"史莱克一遍遍地回答"还没！还没！还没！"那情形跟当年我在公交车里跟二姑的一次次问答一样聒噪，至今犹能清晰感受到我那时胃里翻江倒海的痛苦滋味和期盼终点的急切情绪，生动鲜活得要命。那二十多站的行驶和停靠，像是我坐了有二十多年那么久远漫长。

高中住校，两个姑姑经常吩咐表哥表姐给我送好吃的。高二的一个周末，二姑陪着我逛北站地下商场时，路遇她的老同事，老人看着我跟二姑，对二姑说我家优良的遗传基因如何体现在明亮灵动的眼睛上时，我侧身看着二姑微雪的秀发带着简捷的波浪，精致的五官添了些细腻的皱纹反而更显灵秀。在二姑水波云动的眼睛里，我看到了她作为二小姐独有的高傲。那是骨子里沉淀的气息，虽年老亦不能抹掉。

近些年，爸不时去陪独处的二姑住一阵。最美的小姐变成了最美的老妪，二姑灵活的头脑有时把爸气得不得了，但到底手足情深，老姐弟之间血脉牵着数十年，仍旧各自惦念。

三年前跟二姑一起吃饭时，菜丰、酒美、话多。席间，二姑气色清莹，谈兴甚浓，有声有色地讲起爷爷奶奶待子女如何

图1

慈祥善良，讲奶奶昔年如何家藏甚富、如何聪明美丽，讲我们
顾家的女孩子哪一代都要葆有十足的大小姐风骨，讲她上学时
梳着板凳头在日本人管理的学校里小心翼翼地求学。说了许多
人生花开花谢的无常，听她思维敏捷地回忆和评论，谁也不相
信那是一位八十多岁老太太的知性沧桑。

　　每一次与或远或近的亲人之间沟通、说笑，当时情景都有
序地挂在记忆里，一件件，一条条。当其人离去时，这些山河
岁月，随之一股脑儿地串在一起砸在眼前，似乎并未湮逝。

　　去年七月时，二姑还和我们谈笑风生，问壮壮的中考，谈
她两个开大飞机的孙子。这个我们顾家的二小姐，这个旧派才

图 2

女到老依然不改清高凛冽的个性，连绵的笑意很宽，一脸的细纹，一脸的字。

十一期间刚给二姑做了蛋糕、面包等一大堆好吃的，老人家每样都吃得开心，还惦记着我之前的月经不调有没有好。

当时，我竟不知道，八九十岁的老人会像一盏密室中的烛光：看起来很淡定，其实随时会跳跃、会熄灭。

半个月后，这个一辈子不屑取媚世人的二小姐竟然被突如其来的病魔压倒了。我现煮的一大罐子热奶茶她竟不能喝下一口，国庆节时的对话竟成了最后一次沟通。

无论人有多么刚强自信，病魔都不给机会让你在弥留之际存一息说出只字的力量，面目尽失，直至湮灭殆尽。前几小时还拽着我的手试图醒来的二姑，到医院时已深度昏迷了。医生说不会醒了，问表哥表姐，最后需不需要插管抢救。儿女们实在不忍心看着老人痛苦不堪地离去，坚决地回答不抢救。只愿安静地陪伴再也苏醒不过来的老人默默地一点点熄灭。

风嘹月唉，并付一丘土。

生于气节中美丽，死在纯洁里永生。

我只能在文字里点染那些旧事，这些萧条的伤逝之思，散乱、絮叨，只希望通过回忆和文字能慢一些淡忘这个老人鲜活的一生。

去人自远，言犹在耳。

正如大伯父去世时我说过的，人永远不知道，谁哪次不经意地跟你说了再见之后，就真的不会再见了。每一个平淡的日子都值得尊重，每一个还在身边的人都需要珍惜。认真告别，用力重逢！

别离事，人生常有。这些世间的伤逝之痛或许就如同二姑八十九年前在老宅院里的出生，来不及哭出声，天就亮了。

素秋的风吹来，随风而逝的暮鸦，无语凝噎的喉头，不舍昼夜的时光，夜空即将盈满的月……

愿身边人长似，月圆时节。

（注：图2是学生时代的二姑。我家影集里只能找到这两张二姑的老照片，其他照片还放在二姑的家中，大姑的其他照片也都在其儿女家中保存，一直没有机会给她们扫描存档。）

我奶奶

叶广隶

一、"奶奶,我想你!"

清明节,我想我奶奶了,想得毫无征兆,泪流满面。我奶奶若是活着的话,今年该有八十五岁了,可她六十七岁就没了,留给了我十八年的思念。

我跟我奶奶长到十六岁,我离家住校的那一年,我奶奶就得病了,半年后,她就走了。我奶奶走得安详,老头在家做饭,儿子夜夜陪床,儿媳给洗头擦澡,大闺女、小闺女都回来了,孙女们在膝前围绕,独缺我。

我抱着这个遗憾,走过了一年又一年。我如奶奶的愿考上了大学,我如奶奶的愿回到她的家乡——山东定居,我如奶奶的愿找了个会做饭的男人,我如奶奶的愿生了个大胖儿子,我如奶奶的愿不靠男人经济事业独立自主。

可是我没有如我的愿,我奶奶没有成为祖奶奶,我没有陪着我奶奶再回趟胶东掖县(今莱州市)老家,我在济南的家我奶奶没有来过,我的大胖儿子我奶奶没有见过……我享了我奶奶十六年的福,我奶奶没有享我一天的福,我不如愿。

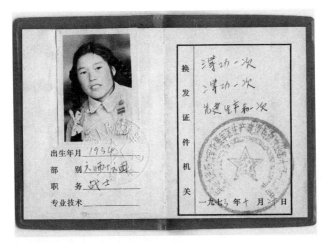

奶奶的复员证

二、胶东大嫚支边记

　　我奶奶是个胶东大嫚，1952年踏上了西去的列车，顶着"支边女兵"的光荣称号，怀揣着支援边疆建设的巾帼梦，来到了一望无垠的戈壁滩。她和同车的女兵们完成的第一个任务是支援边疆男军官们的婚姻建设。

　　我奶奶是小个儿美人，除了有她年轻时泛黄的黑白照片为证，还有我爸爸、我大姑、我小姑的黑白照片为证，其实这些还都不足为证，最大的证据在我爷爷的眼里。我爷爷作为所在兵团资历较老的、三十岁的男军官，有选妻的优先权。一群齐耳短发的女兵，穿着老棉衣站成一排，大眼小眼白脸黑脸胖瘦高矮都被老棉衣掩盖了。我奶奶能被我爷爷慧眼发现，我猜可能是她个子小站前排，还有她脸白眼大透着水灵。我爷爷作为广东人，一米八的大个子少见，骑马戎装照搁现在来看，也是

75

爷爷在十七师十六团任生产股参谋时的骑马照。摄于1953年。

极帅的。作为工作突出的老连长，他一定不好意思挑太久，免
得被人嚼舌头。奶奶的个小和水灵，牵住了我爷爷的那一眼，
也就是那一眼才有了我们家后来的故事。我的这些臆想不是空
穴来风，小时候家里来了奶奶的老姐妹，我偷听过一耳朵："老
嫂子，你当年也是一枝花，不然老连长也不会一眼就相中你。"

爷爷在第六军十七师五十一团一营二连
任排长时的戎装照。摄于 1949 年 6 月。

听得我奶奶咯咯笑。

我奶奶抠门，是个财迷。一张纸片也舍不得丢，一粒米也
要捡起来吃了。我爸扔了她一个柜子，气得她差点儿和我爸断
绝母子关系，连骂带唠叨，时长半年。我奶奶只打过我一次，
那天放学我没回家，不知怎么就走到了别人家的西瓜地，看着
西瓜花好看，欢天喜地采回来一大把："奶奶，看我手里拿的
什么？""跪下！我看你欠收拾了！"正当我"丈二和尚——
摸不着头脑"时，奶奶的扫帚条劈头盖脸噼里啪啦就下来了，
疼得我哇哇大哭！我奶奶边打边念念有词："你知不知道你浪

奶奶复员后的照片，此时已身孕我爸
爸。摄于1957年。

费了多少西瓜？地里的人多心疼你知不知道？从小让你背'锄
禾日当午，粒粒皆辛苦'，你全忘了？我今天狠狠地打一顿，
看你以后还长不长记性……"年少的我，记吃不记打，并没有
长多少记性，浪费始终是我的生活常态。现在的我，有了孩子，
跟他重新背诵"锄禾日当午"，我才体味到奶奶骨子里的那份
惜物之情，那份对"粒粒皆辛苦"的维护。

我奶奶不仅爱惜东西，还爱存钱。这一点，我妹妹很得我
奶奶真传，三岁就开始跟我奶奶学着拿纸糊钱包，五岁就把钱
藏得满屋子找不着，上大学前所有的学费用的都是自己的存款，
即使辞了"村官"赋闲在家，照样靠自己的手艺赚钱、存钱，
装修的工作室可以做家居杂志封面照片。

开源节流两件事，我奶奶一辈子从不放松。她把节流做到了极致，以至于我们家里人以及和我家相熟的长辈们，提起我奶奶，一定是那句："你奶奶，一辈子舍不得吃舍不得穿！"我奶奶善于开源，即使存折上的退休金分文不取，也耽误不了她给我们做好柴米油盐的大后方工作。

我奶奶没啥文化，所有的文化都是从扫盲班和后备女干部培训班学来的，我三年级之后她没再教我写过字，倒是每月让我帮她写家信。小时候我的作文常被语文老师夸"有真情实感"，现在想来，少不了她口述的功劳。就是因为没文化，所以我奶奶没成为女干部，可她年年还是劳模，处处争先。这口气一直没咽下，她立志要让我们都成为有文化的人。当我们都有了文化之后，我才觉得我奶奶的算账本事和经济头脑，是一绝，至

爷爷（前排右一）、奶奶（前排右二）和奶奶的山东籍女战友们。摄于爷爷奶奶刚结婚的 1955 年秋。

今我也比不过。我的乘法口诀是她教的，我的百以内加减乘除是她教的，我第一次做买卖也是她逼着去的。

三、退休后"塔莎奶奶"的田园生活

我奶奶家有个半亩地大小的院子，每到暑假，瓜果飘香，应季蔬菜应有尽有，品相上乘，全团最优。一个夏天的卖菜收入成了我奶奶的小金库。从第一茬韭菜菠菜，我奶奶就开始隔三差五蹬着她那蓝色的小三轮，拉几兜兜菜，上面压着秤杆和秤砣，有时后面还会跟着三个小土妞，小的坐在三轮上，大的两个跟着跑，一溜烟地来到菜市场。铺开袋子，卖菜！小时候喜欢卖菜，因为卖了菜就可以去商店买巧克力，上中学后，就不喜欢了，怕碰见同学。可是我奶奶可不管这些，暑假卖菜就像是我们必上的补习班，我所有的经商头脑，就是那几个夏天练就的，当然"厚脸皮"也是。后来我当了记者，走南闯北，遇人无数，跟谁都能笑嘻嘻地聊上几句，我想这大概是托我奶奶的福。

我奶奶虽然财迷，但是和我爷爷各自经济独立。我奶奶拿着自己的存折，抠抠巴巴买米买面，我爷爷掌着自己的工资，大手大脚买大件。我奶奶退休后，工龄长，退休金不少，舍不得花。那年，我奶奶突然想回老家，看看自己的妈，但存折上的退休金一分舍不得取，孙辈尚小，儿女有心无力，她决定自己打工赚钱回老家。一个秋收，六十岁的奶奶打了三份工，掰玉米、摘棉花、卖红花。那个冬天，我奶奶兜里鼓鼓地回到了老家。现在，我也常常会有远行的冲动，无奈家用补贴、孩子奶粉钱、房贷油钱一项都逃不掉，我就这么放下了出门的打算，

奶奶怀抱一岁的我爸爸。1958年摄于新疆农六师蔡家湖照相馆。

在我三十岁的年纪。可是我六十岁的奶奶没放下，当年她远行三千公里，怕是比我今日出趟国门还难吧？劳动致富，靠自己的双手挣钱，然后揣着鼓鼓的腰包出门旅行，这是我奶奶版本的"劳动最光荣"。

"浪费粮食要挨打""劳动最光荣"，我奶奶言传身教了我十六年，我自己又花了十六年独自领悟之后，才知道"老财迷"

留给我的传家宝是这两样。

我奶奶最爱养鸡。夏天的中午，如果不午睡，我会听见她在林子里跟她的宝贝鸡说话，每一只都有名字，花冠子、小黑、大黄花……当时觉得很好笑，现在才明白，原来当时我身边就住着一个"塔莎奶奶"。我奶奶养过一只大鹅，为了让鹅游泳，她专门在林子里挖了一个水池，她说大鹅是功臣，帮她保护小鸡。我童年记忆里就有了这样的画面：一只昂首挺胸的大白鹅，屁股一扭一扭，身体一摇一摆地走在前面，像个大将军，后面一群小花鸡跟着它，在林子里乱窜，每天傍晚，"大将军"会领着这群小花鸡按点回家，我奶奶清点数量，一个都不少！

我还见过老母鸡孵小鸡，等啊等啊等，终于看到了湿漉漉的小鸡破壳出来，我抓起来就往地上放，吧嗒一下，小鸡摔倒在地，我提起来一瞧，大叫着："奶奶，快来啊！这个小鸡只有两只脚，老母鸡孵了个怪鸡。"奶奶瞪我一眼："女孩子家，大惊小怪什么！你看看老母鸡几只脚！"长大后，我喜欢路边每一株植物，会跟小区里的小野猫们聊天喂食儿，我想这都是我奶奶教给我的。

中考那天，我起了个大早，在林边背英语，不知是我太投入，还是大公鸡有意捣乱，背着背着，突然觉得头上重重的，大公鸡不知啥时候飞到我的头上，开始打鸣，"妈呀，救命啊！奶——奶——快来啊！"我奶奶一个箭步从院子里冲出来，看谁惊着要考试的大孙女？一棒子把大公鸡敲得鸡毛乱飞。

考完试回家，奶奶问："考得咋样？""题全会！""今晚，我们吃鸡！"

那是我奶奶给我炖的最后一只鸡，那次考试是我这辈子最成功的一次考试。从那以后，我没再考过第一名。奶奶去世后，我也不再吃鸡，啥鸡能比得上我奶奶炖鸡的滋味儿？

四、我爸的娘亲、我妈的"恶婆婆"、我们的"塔莎奶奶"

我奶奶是个老封建，家里所有人都说她重男轻女的思想严重，后来我想，我妹最应该感谢我奶奶，如果没有她抱孙子心切，就没有我妹了。我两个姑姑感受最深，我爸不回家我奶奶就不开饭，这个习惯直到我记事还有。估计我妈在这方面也没留下多少愉快的记忆。

我直到结婚生子，开始"婆媳战争"，才彻底理解了我奶奶的重男轻女。哪个婆婆不爱儿？我想明白了我奶奶和我妈的婆媳故事，才放下了那颗和婆婆针锋相对的心。我爱我儿子，眼里容不下别人的爱，我想我以后也会当婆婆，也会挑剔我儿子的女人，因为我也认为我养大的儿子，他最好！

我爸在我奶奶去世后，喝酒喝得愈发厉害了，亲戚朋友都劝，家里人都怨，我也没少恨。有一天，我看到了一句话"世界上最疼我的那个人，她走了"，我不知怎的，就想起了我爸，然后泪如雨下。

我奶奶就是那个最疼我爸的人啊！我奶奶走了，我爸心里有说不出来的痛啊！我想起了我妈说我爸喝多了酒，偷偷去我奶奶的坟上哭了好几回，那一瞬，我理解了我爸——

人们常常理解男人因为失恋而酗酒，也常常理解男人因为事业失意而借酒浇愁，可是谁又会理解一个中年男人因为失去母亲而醉酒呢？他再也听不到她那份事无巨细的唠叨，他再也感受不到她那份只等你回来吃饭的重要，再也没有女人这样打心眼里欣赏他，维护他，谁又理解得了？

爸爸（左）、姑姑（右）的小衣服都是奶奶自己做的，现在看来依旧洋气！

每个男人坚强的背后都是恋母的温柔。

我拿起电话，哭着跟我妈讲："以后再也不要怨我爸喝酒，我们都要对他好，我们加起来也比不过我奶奶对他的好！"

我奶奶盼了一辈子的孙子，没得着，可是对我们这仨孙女，一点儿也不含糊。六十岁的老太太，暑假一个人带仨孩子出游，老大五年级，老二四年级，老小幼儿园，逛完博格达水库，夜宿老战友家。一大早起程，赶公交，去乌鲁木齐逛完红山公园逛水上乐园。

直到我儿子三岁，我们夫妻二人带他去游乐园一天，累得半死回来，我想起了我奶奶——

一大把年纪带三个小孩儿，借宿别人家，那得多深的交情才可以啊？

一大把年纪带仨小孩儿，爬山下水玩一天，那得多大的精

1963年，回广州探亲合影。爷爷三十八岁，奶奶二十九岁，爸爸六岁，姑姑五岁。

力才可以啊？

　　一大把年纪带仨小孩儿，攒钱出游不怕意外，那得多深的爱意才可以啊？

　　不是所有的奶奶都可以的。

　　如果没有我奶奶，我想我们姐妹仨的童年会少了百分之八十的颜色，奶奶家是我们的童年天堂。每个寒暑假，每个周末，奶奶教我们缝被子、糊纸钱包，奶奶教我们下跳棋、打麻将，奶奶教我们剁鸡食、包包子……我们仨对田园生活的全部理解，都来自我们的"塔莎奶奶"。

　　每次我们仨去奶奶家，会做一个游戏，离奶奶家还有五十米，我就开始大喊着："奶奶——"表妹接着喊："姥姥——"一声高过一声——

"奶——奶——""姥——姥——"

"奶——""姥——"

直到喊破嗓子变了调，变成了"奶——""酪——"

我们三个人哈哈大笑直不起腰，奶奶已经站在门口笑眯眯地等着我们了——

如今，这一声喊出来，再也笑不出灿烂，扯断了泪珠子，止不住地流！

五、我奶奶——她走了

我奶奶的墓碑上刻着：

施淑珍

生于阴历甲戌年（1934）十一月廿一日，卒于丁丑年（1997）冬至。

祖籍山东省莱州市莱西镇莱西村。

大儿：叶东明；儿媳：康昭凤；孙女：叶广隶、叶广璐。

次女：叶惠敏；女婿：马树茂；外孙女：马晔。

小女：陈红玲；女婿：马长福；外孙：马子昂。

敬上

墓碑上没有刻着的，都刻进了我们的生活。

我爸爸的生活情趣，我大姑的执着坚强，我小姑的聪明伶俐，我妹的爱存钱善手工，我的做女人当自强，都是从我奶奶那复制而来。

现在，我奶奶留在这世上的，除了子孙满堂，还有勤劳自强。

我的婆婆

刘晓岚

　　婆婆今年正月初十去世了，享年九十七岁。婆婆从未出去工作过，是一名家庭主妇，一辈子在家相夫教子，和中国的绝大多数女性一样，平淡无奇，默默无闻；她的去世，如尘埃一样，在社会上不会激起任何涟漪。人们往往习惯抬头仰望那些伟人和俊杰，小人物的命运却没有谁去关注，可就是这无数小人物构成了多彩的世界。婆婆是如此的平凡和渺小，历史的风雨可以改变她命运的方向，却不能吞噬她，击垮她。婆婆近百年的人生轨迹，契合了中国社会的动荡和变革，小人物在社会大变革中，大多是无能为力的，只能被动地顺从。在随波逐流的方式下生活，要想保持自己的个性和独立的人格又是那样的艰难，而婆婆就是这样一位有着自己个性和独立人格的家庭主妇。

　　婆婆1922年元月出生于安徽凤阳县农村一个大户人家。姊妹九人，婆婆排行第五，上有哥姐，下有弟妹，可谓六亲俱全之人。按旧时的说法，此为大福大贵之相，可婆婆的一生与此相去甚远。

　　婆婆的父母思想开明，接受新知识。婆婆六岁时即入家塾开蒙启智，与兄长和邻里的孩子一起读书习字。因天资聪慧，

图1

博闻强记，无论是读书还是习字都领悟极快，深得教书先生的喜爱。先生常在婆婆的父母面前夸奖赞誉，引起年长两岁的兄长不服，他常常和婆婆比试背书和习字，可每次都不及婆婆出色。这在老家成了趣事和笑谈，多年后人们还津津乐道。

　　婆婆年岁稍长，即入学堂求新知。婆婆本该在求学的道上一直走下去，不承想1938年初的大年里，为躲避日本人的入侵，举家踏上了漫漫的逃难之旅。民间称之为"跑日本反"，也就是现在所说的沦为了战争难民，就此流离失所。婆婆从此辍学，但在长达五年的逃难过程中，只要时间允许，婆婆每到一地必去拜谒庙宇古刹、游览古迹，以印证书中所学之真伪。说来有趣，婆婆愣是把这"跑反""逃难"修行成了"文化苦旅"。婆婆记忆力超强，和我聊天时，常向我讲起"跑反"时的所见所闻，这对于我来说是前所未闻的历史和故事。那时我就觉得这是民国史的一部分，要记载下来，可当我拥有智能手机可以录音采访时，婆婆却因为第二次脑梗，已经永远地失忆，再也不能向我娓娓道来那些过去的事情了，这也成了我无尽的遗憾。

图2

在"跑反"的路上，一家人目睹日本鬼子的暴行，无不义愤填膺。为报效国家，兄长和亲人先后参加了国民革命军，走上了抗日的战场。世事难料，谁曾想到1949年后，一家人竟然分属两个不同的阵营，即使是不谙政治的家庭主妇，也难逃政治运动的波及，这给婆婆带来了无尽的悲伤，以致在"文革"时，婆婆要把所有与旧中国有牵连的物件付之一炬，以做彻底的割裂。直到现在，想找一张婆婆民国时的照片都已无从寻觅，婆婆民国时的容貌成了我永远的想象。

婆婆1942年返回家乡，同年即与我公公履行事先的婚约

图3

而完婚。婚后公公重返校园，继续学业。婆婆也曾想重返学校，然种种原因终不得愿。从此生活定格在家庭主妇一职，其一生都在相夫教子。

图 4

1952 年公公赴京就职，婆婆遂率全家迁居京城，直至"文革"爆发。在京，婆婆亦没有外出工作，所以历次政治运动只是偶有波及，加之没有了颠簸和流离之苦，这是婆婆生活较为安定的一段时间。在京城时，每到周日婆婆尽早把家务安排好，以便带上孩子去公园游玩，这正发挥了婆婆博闻强记和国学功底深厚的优长，在不知导游为何物的年代，婆婆向孩子讲解古迹背后的历史和故事，绘声绘色，其乐融融。偶尔还要从牙缝里挤点钱出来，拍照留念。图 1 是 1959 年 2 月婆婆在哈尔滨工业大学上学的外甥女放寒假路过京城时，婆婆带着两个女儿与其游玩时的合影，这是现存婆婆最早的照片了。图 2 是难得带齐全部子女一起游览人工湖时的合影，摄于 1959 年夏。当婆婆的姐姐在 1960 年病逝后，婆婆又不辞劳苦把姐姐留下的三个幼小的孩子接到了身边抚育了几年，图 3 是带着八个孩子的合影。在婆婆的严格

图 5

教育下，至今八个孩子都学有所成，本本分分、安安稳稳地生活着。

天有不测风云，至"文革"时，婆婆因兄长 1949 年赴台，受到牵连，被遣回原籍劳动改造。公公也因同样的原因被下放至皖北的煤矿，三个大点的子女则被下放边疆插队。自此一家人天各一方，聚少离多。

婆婆在回老家劳动期间，由于有"跑日本反"在生死边缘挣扎的锻炼和磨难，对当时的艰难自能泰然处之，克服了常人难以想象的困难，以坚强的毅力支撑着自己走过了那苦难的岁月。逆境中婆婆从不自暴自弃，反倒活出了自己的精彩。婆婆把房前屋后拾掇得整整齐齐，种上了瓜果蔬菜，又养了鸡，还自制了鱼竿，农闲时河边垂钓不仅成了爱好，也成了改善生活的手段。每想到此时，我眼前就会浮现出"孤舟蓑笠翁，独钓寒江雪"的画面。每到过年和家人团聚时，婆婆总要带上自种的花生、腌制的鱼干和晒干的红枣，给家里最小的两个孩子改善伙食。在一切都凭票供应，物资匮乏的年代，这可算是佳肴了。

图6

婆婆年轻时读过的书，她自己可能都以为成了过眼云烟，不复回忆，其实它们仍是潜在的，在气质里，在谈吐上，在胸襟里，更显露在生活态度中。图4是婆婆回家团聚时，和最小的两个孩子的合影。

直到粉碎"四人帮"，国家拨乱反正，婆婆的问题才得以平反，一家人终于永远地在一起了，可谓苦尽甘来。晚年的婆婆生活安定而富足，这时她的照片又多了起来。图5是1979年摄于公公办公楼前的，图6是1981年送孙子回北京时拍摄的多次曝光照片。婆婆此时除了为子女操持家务看护小孩外，读书、看报和锻炼身体是样样不落下。我在和先生恋爱时，就发现婆婆生活极有规律，每天早上天刚刚亮时，就外出锻炼身体。20世纪80年代初，锻炼器材还十分稀少，我看婆婆那么喜欢锻炼，就利用出差的机会给婆婆买了把青铜剑。本想让婆婆活动活动筋骨随便玩玩的，没承想婆婆悟性极高，竟然学会了数套太极剑套路和紫云剑法，玩出了专业水准，在当地成了有名的"武林高手"，先后跟婆婆学剑的人不下四五十位，可谓发挥余热老有所为（图7是1986年婆婆锻炼后，手握青铜剑时与我的合影）。婆婆是个严格自律的人，早上锻炼，下午读书，晚上看电视，生活作息极有规律，自我和先生恋爱到婆婆腿摔断的三十余年间，几乎天天如此。

婆婆自幼有很好的国学功底，读书学习是婆婆的不渝追求，先生单位的借书证成了婆婆的专用。婆婆十年前住院时，和一位大学历史系教授同病房，竟然和教授探讨历史细节的真伪，婆婆能把所看的书融会贯通，发现历史的细节在不同作者的书中的论述差异，这让大学教授目瞪口呆，没想到一个八九十岁的家庭主妇居然质疑起了学者专家。以至于让大学教授多次发

图 7

出感慨，说婆婆要是做研究，一定能成为一流的学者。可世事弄人，婆婆从没离开过家庭走入过社会，这也自然地避开了许多政治运动的惊涛骇浪——婆婆思想独立，个性强烈，加之复杂的家庭背景，在家何尝不是最好的归宿呢！

　　婆婆热爱生活，思想开明，接受新生事物能力强。每当我穿件新衣裳时，无论是样式还是做工，婆婆总要仔细地查看和评论一番，和我述说她年轻时的穿着和那时的潮流，仿佛回到了从前。特别是当电视剧中出现了穿越，民国人穿着现代服装时，婆婆总能一眼就看出，在和婆婆的交流中我也更理解了衣着的品位和时尚流行的差别。婆婆热爱旅游，居然在近八十岁的年纪学会了使用单反，带着公公一起游览了许多名胜古迹。在那导航还没诞生的年代，婆婆硬是翻地图、查列车时刻表，

自己做功课规划线路，居然玩得风生水起。图8是婆婆外出游玩在威海的留影。

行文至此，蓦然间发现婆婆的晚年生活，其实是给我们现在的退休生活建立了最好的模板，为我们晚辈活出了榜样，此刻我多么想像婆婆一样优雅地老去。从另外的意义来说，逆境中的婆婆并没有虚度年华。在我们一代人身上明显地看到她精神品格的烙印：坚韧、顽强、耐苦、自强不息，对于挫折的不以为意，对于非常环境超常的耐受力。——每当我想起婆婆的思想和意志，心智和信念，与她大半生所生活其中的环境反差如此之大而内心从未改变，便令我惊讶不已。多少生命如荒野

图8

图 9

流星，至少婆婆，我们曾见证她绽放的美丽。

　　十年前婆婆第一次脑梗时，摔断了腿，自此活动就少了，五年前第二次脑梗，则记忆几乎全失。图 9 是婆婆第二次脑梗后的留影。去年第三次脑梗后则彻底瘫痪。婆婆在晚年时就对自己的后事有所安排———一切从简。婆婆的最后时刻，我们拒绝过度抢救，没把婆婆送到重症监护室去。婆婆是在我们子女的注视下安然离世的，就像她平时安详地睡去一样，有尊严地去了天国，去那里找寻我的公公去了。

老妈从军记

仰红野

　　老妈叫陈玉琴，今年八十五，耳不聋，眼不花。忆起往事，最骄傲的是，她曾经"扛过枪，跨过江"。

　　当年老妈参军，颇费了一番周折。外婆家在江南水乡的无锡梅村，外公去世早，外婆靠种田和养蚕维持生活，拉扯四个女孩艰难度日。老妈排行老大，是家里的主要依靠，田里的活，家里的活，样样都干，养成了吃苦耐劳的习惯。外婆省吃俭用供她念书，舍不得她离开家。1949 年 4 月无锡解放，青年们踊跃参军。老妈十六岁，也报名参军，无奈外婆不让去，只好继续上学，考上江阴农校。1950 年 12 月，老妈又一次报名参军。这次，是全班同学一起报的名，在当地引起轰动，名单还登在《苏南日报》上。舅公在报纸上看到了老妈的名字，赶快告诉了外婆。外婆急忙跑到学校，领老妈回家。老妈这一次态度很坚决，她让校长给她买好了车票。第二天，老妈天蒙蒙亮就跑出家门，先到乡公所，让他们做外婆的工作，然后回到学校。当外婆闻讯追到学校时，老妈已经随部队参军走了。她知道外婆一个人持家不容易，部队南下到福建泉州时，她把换下的棉衣棉裤和积攒下来的十块钱，全部寄给了外婆。回想参军的历程，老妈

图 1 1952 年 8 月，老爸和老妈在泉州合影。

说，她是一个孝顺女，又是家中老大，是外婆的依靠，她一走，家中就像失去了顶梁柱。如果当时心一软，肯定走不成了。

到了部队，老妈表现突出，第一年就立了一次四等功，受到一次一等进步奖励，还被评为"模范青年团员"。在部队里，老妈认识了老爸。两人在共同的工作中，逐渐了解，互相倾慕，1952 年确立了恋爱关系。对于结婚，老妈有自己的条件：一要当兵满三年，二要入党，三要提为干部，才考虑婚姻。那年月，要成为党员、干部，是要冲锋在先，牺牲在前的。老妈没提彩礼定金，没有物质要求。这就是那个年代，一个解放军女兵的婚姻观。老爸是有着十多年党龄的老兵，非常理解老妈积极上进的愿望。这三条，成了两人心中默契相守的"约法三章"。

1952 年 9 月，爸妈所在的二十三军七十三师紧急北上，踏上了抗美援朝的征程。到了安东（今丹东），召开誓师动员大会，

图2　1952年，志愿军战士与朝鲜房东小姑娘合影。左二为老妈。

图3　二十三军六十九师战友于朝鲜安阳里驻地。左一为老妈。

图4 在朝鲜老妈顶着严寒砍木柴，扛木头。

老妈这才知道，部队要入朝参战，即将跨过鸭绿江，开始艰难的千里行军。

进入朝鲜新义州，再也见不到平静祥和，像进入了地狱一般，一路上遍布硝烟和尸体。农田空无一人，残破的农舍只剩下老人小孩，不见青壮年。美军飞机倚仗空中优势，大肆轰炸志愿军后方交通线，实行"绞杀战术"，对公路、车辆、部队不停地俯冲轰炸扫射。行军时，耳边天天响着刺耳的敌机俯冲的呼啸声和炸弹爆炸声。敌人扔下燃烧弹、子母弹，还有定时炸弹，道路布满大大小小的弹坑。听到防空枪响，要赶快卧倒隐蔽，还要当心地上没爆炸的子母弹。在轰炸中，许多战友牺牲了。白天无法行军，改为黄昏后出发，一直走到天蒙蒙亮，才宿营休息吃饭。老妈背着几十斤重的背包、干粮袋、铁锹、镐头、水壶，每天要走六七十里路，有时走八十多里，紧跟队伍，一步不落。同在行军队伍中，爸妈见不到面，只是在心里互相惦念。就这样顶着敌机轰炸，行军上千里，半个多月后到达朝鲜东海岸安阳里。

这期间，五次战役已经结束。部队除了作战，还担负东海岸的防御任务，防备美军偷袭登陆。老妈所在的师部驻地，是

图5　老妈（后排左一）与文工团战友在一起。

图7 劫后余生的战友程黎（右）、刘波（中）与老妈合影。

一条松林密布的山沟，两面高耸的山峰形成天然屏障。部队马上开始施工，挖防空洞，挖坑道，砍伐木头，托土坯，盖房子。土坯房里，一铺大炕，老妈和五六个女兵就住在这里。老妈要强，事事走在前面，不甘落后。砍伐木头，与男兵一起踏雪进山，一次能扛两根树干出山。严冬来临，储备取暖木柴，上级要求每人砍伐五百斤，老妈一天就完成了。与首批入朝的部队相比，后勤供应有了很大改善，虽然吃不上新鲜蔬菜，但有黄花菜一类的干菜，有时还能吃到肉罐头、鸡蛋罐头、鱼罐头。背粮食要走几里山路，老妈和男同志一样，每次都一横一竖背上两袋。老爸偶尔见上老妈一面，总担心她身体吃不消，除了鼓励她，也让她量力而行。

妈妈是文化教员，在作战施工之余，教战士学文化，唱歌

图 8　1953 年 12 月，朝鲜前线，老妈胸戴三等功军功章、抗美援朝纪念章、和平纪念章留影。

跳舞，活跃文化生活，鼓舞士气。不会的歌曲舞蹈，就上文工队学，现学现教，很受战士们欢迎。即使是战争环境下，部队仍然很重视开展体育活动。老妈在上学时就会打篮球，到朝鲜后，作为军代表队，参加了九兵团篮球赛，又代表兵团参加了志愿军的篮球比赛。

　　战场敌情复杂，常有特务出没。尽管小心翼翼做了防空伪装，师部的驻地还是暴露了。4 月的一天，毫无征兆，师部突然遭遇美军飞机偷袭。四五架敌机冲进山沟低空轮番扫射，几乎擦着树梢狂轰滥炸。山沟里顿时烈焰四起。老妈和一个战友跑进防空洞，互相交代后事，相约活着的人把话带到对方家里。眼见驻地一片火海，来不及进防空洞的战友出现重大伤亡。正在山坡上排练节目的文工队员，被炸弹命中，大部分伤亡；工兵连里很多和老妈朝夕相处的战友牺牲了；朝鲜联络官也负了重伤；秘书科被燃烧弹引燃，文件被烧毁，一个小战士在大火中丧生。老妈不顾敌机仍在轰炸扫射，勇敢地冲出防空洞，参加抢救，搬运伤员，包扎伤员，抢救文件。老爸因为到军部开会，躲过一劫。听说驻地被炸，着实为老妈捏了一把汗。匆匆赶回来，见到老妈，悬着的心才放下来。当晚，师部就转移到临津江铁原郡横浦洞驻地。

老妈在空袭中不怕牺牲，抢救伤员，在工作中吃苦耐劳，经受了考验，立了三等功，在战地入了党，成为排级干部。立

图9 老爸老妈在朝鲜。摄于 1953 年。

图10 我妈和襁褓中的我。

功喜报寄到了家乡，乡里敲锣打鼓把喜报送到外婆家，外婆高兴得不得了。和立功喜报一起邮回去的，还有老妈胸前佩戴着三等功军功章、抗美援朝纪念章、和平纪念章的照片。

1953 年 8 月，半岛终于迎来了停战的宁静。1954 年，爸妈的结婚报告批了下来。他们的婚礼超简单，悄无声息，没有任何仪式，买了一条床单、二斤糖，请同志们吃块喜糖完事。老爸的办公室隔出半间，挂张门帘，两人的背包搬到一起，就算新房了。

几个月后，老妈怀了我，独自回到驻山东邹县（今邹城）的二十三军后方留守处待产。当时部队医院驻在曲阜的孔庙。我出生前，老妈自己雇了一辆独轮车，从邹县赶到曲阜孔庙的部队医院。1955 年 2 月，我在孔庙里出生了。

1955年部队精简，大部分女兵复转到地方工作。老妈惦记着家乡的外婆和妹妹，选择了复员回乡。她一手抱着我，一手提着一只箱子，回到了无锡梅村。从她回国待产，到去医院生孩子，坐月子，再到离开部队回乡，都是一个人。老爸的岗位在朝鲜，不能请假陪她。

老妈从参军到复员，也就是四年的时间。这四年与几十年相比，是多么短暂，可是每当提起那段时光，她总是那么兴奋，那么骄傲。从军的经历，赋予老妈一辈子不变的军人气质和秉性。无论工作还是生活，她坚韧不拔，迎难而上，好像从来没有过不去的坎。

老爸的工作调动频繁，由野战军到黑龙江省军区，在各个军分区多次调动。老妈搬家不及，索性不再搬，带着外婆和我们，与老爸多年分居两地，边工作边照料一大家子人。直到老爸离休，才算过上团聚的日子，但从未听过他们抱怨。在老妈眼中，这种聚少离多，也是过日子，要比战争年代强多了。她与老爸，既是伴侣，又是战友。他们的军旅生涯，战地爱情，如同战地黄花，伴随着老爸老妈走过了几十年，馥香到老。结婚三十年的时候，老爸写给老妈一首诗，浓浓的亲情，几十年的相互思念，跃然纸上：

泉州相识两情牵，三十春秋岁月寒。
处世洁身缘本分，循规蹈矩本承传。
赴朝参战同生死，浩劫潮头共苦甜。
今日桑榆晚景好，老来犹赏并头莲。

冲天雄鹰

——缅怀抗日烈士杨一楚

杨 光

是我们的祖国，孕育了他伟大的人格；

是我们的祖国，铸就了他圣洁的灵魂；

是我们的祖国，赠给了他的勇敢；

是我们的祖国，赐予了他的光荣！

——杨宜春 1940 年追忆哥哥杨一楚

　　杨一楚，1914 年 3 月 8 日出生在湖南省岳阳县柏祥镇杨文贵的一个书香家庭，1934 年从岳云中学高 13 班考入中央航校第六期。他是志航大队（以高志航大队长名字命名的第四大队）的一员猛将，曾击落日本敌机两架，1940 年 3 月 26 日殉国于成都。他是岳阳历史上第一位抗战航空烈士。

　　近年来，我们虽然从多方面断断续续地收集到了他的一些信息，但从未见过他留下的只言片语，因此，我们也就无法踏寻他思想的踪迹和还原他二十六年的人生辙迹。今年七七事变八十二周年纪念日前夕，美国八个"常春藤"院校之一的达特茅斯学院生物医学数据科学系高级统计分析员李忠泽先生发现了一批有关杨一楚烈士的珍贵史料，他历经曲折联系到我，并热情地向我提供了刊登在 1936 年出版的《空军》及《青年空军》1940 年第 2 卷第 1 期的相关史料。我迫不及待地读完了杨一楚的十一篇日记遗作和两篇译文（可见杨一楚具有较高的英文水平）及六篇亲人、好友、战友们（妹妹杨宜春，好友万凤生女士，战友王名泰、郭耀南、湘琛、三三）的追忆文章。这些尘封了八十年左右的史料澄清了某些一直误传的有关他的故事。见字如见人，一位聪明、勇猛、伟岸、强健、阳光、真诚的空中勇士、模范军人又出现在我们的眼前。

孩儿立志出乡关，日寇不扫誓不还

从杨宜春 1940 年写的《忆六哥——一楚》文中可以得知，杨一楚的性情是有点特别的。当他很小的时候，在家庭中即背着"小王爷"的诨名，即便年高的祖母对他也是失掉了约束力的。在游戏中，他常使得玩伴们哭笑不得，也使得旁观者们啼笑皆非。但他有一种魔力，使得一些玩侣，虽很怕他，又莫名其妙地感觉到不能离开他，一面恨他，又一面爱他，故无形中他又被他们称为"大王爷"。

读小学时，不知为什么学校令其退学，回家后妈妈严厉地责备他，不让他进屋，但他并不哭，也不向妈妈哀求，自己写了封悔过书诚恳地交给了校长。果然，两天后他又回到学校读书了，这让教职员工们刮目相看，从此更加倍地关爱他。身为湖南大法官的爸爸杨仲谦，看到他那么小就能想办法挽回败局，便下定了送他长久读书的决心。

他爱好诗词，酷爱各种体育运动，但他更喜欢在哲学与文学的海洋里泅游。1933 年他考入了以数理和体育闻名的长沙岳

1939 年春，杨一楚（右）和龚业悌同学（战友）摄于成都太平寺机场（龚业悌，1914 年出生于湖南省湘潭县一个书香家庭，1996 年 12 月 29 日在沈阳逝世。他曾担任国民党空军第四大队二十四中队副队长，单独击落日寇敌机三架，身负重伤三次。曾参加两航起义，生前将部分《抗战航空日记》捐献给中国人民革命军事博物馆）。

云中学高 13 班，当时岳云中学仅招此一个高中班，校舍在长沙市原北门外沙湖桥蒋家垅。全班共有学生六十三人，全为男生（1934 年这个班杨一楚、苏本诚和郭耀南三名同学考入中央航校，成为抗战飞行员）。岳云中学棒球队曾代表湖南省参加全国的比赛，取得了优异的成绩。田开镳在《建国前长沙的棒球运动》中称杨一楚是"棒球捕手名将"。

1934年秋天，"航空救国"的高潮席卷全国，抗日的烈火点燃了每位中华儿女的热血。也就是在这国家危难之际，他突然跑回了故乡——他要报考中央航校，但报考必须征求家长的同意。而这，惊破了他父亲对他的期望之梦。毕业于北洋法政学堂（后并入南开大学）的父亲在心底里为儿子设计的前程是：在大学里念文科，从政，子孙满堂——走儒家"修身、齐家、治国、平天下"的千年之轨。因此，虽然父亲一向很开明，但他投笔从戎的举动还是让父亲感到了幻灭。他这样劝慰父亲："爸爸，您不要想到我仅仅是您私有的儿子，您要想到我也是国家的国民。"就这么轻轻的一句话，却掷地有声，荡气回肠，一个身处国难的书香家庭，谁都清楚这个决策的重量与担当！

九一八事变后，热血青年们如痴如狂地把身心投向了军旅，1934年全国有三万多人报考中央航校，初录取四百余名，后经过严苛的淘汰训练，最终只留下一百一十人当飞行员。杨一楚与湖南籍好友王名泰、郭耀南、苏本诚如愿以偿地成了中国空军的一批"雄鹰"！年轻的中国空军中很多飞行员只能驾驶着破旧的二手飞机，与强劲、精良的日寇飞机较量，但他们人人心怀以身报国的信念，个个拥有誓死捍卫民族尊严的意志。他们那种"但使龙城飞将在，不教胡马度阴山"的昂扬斗志，充盈在祖国的处处天空；他们那种"我自横刀向天笑，去留肝胆两昆仑"的英雄气概，捍卫着祖国的寸寸疆域；他们那种"只解沙场为国死，何须马革裹尸还"的铮铮誓言，铸就了祖国的空中长城！

冲天一怒图雪耻，亮剑原不为封侯

杨一楚在他的日记中写道："1939 年 5 月 3 日下午（指午后——编者注）十二点四十分左右，志航大队接到将有大批敌机进犯重庆的情报。"当时，他正在林悦雄家聊天，听到警报，他们一跃而起，跑回宿舍拿了风镜与手套就跑上了飞机。一点零五分点火起飞，他跟在郑少愚队长的三号机后面，侧边是战友龚业悌的二号机。他们在重庆上空爬升约三十分钟后，升至五千五百米高空处发现了敌机。当时我方飞机中仅有队长机配有无线电，各机之间无法互相联络，所以，队长只能通过摇动翅膀来指挥他们作战。

他一看，敌机黑压压的一片，以四十五架阵容的大编队超低空飞行，正在轰炸我们的机场航道。此时，他和战友们迎头俯冲下去，因为速度太快瞄准很困难，差不多只有十几秒的工夫，就有三架敌机从他的瞄准镜里逃跑了，他赶快开火，可是，发光弹却打在敌机的后面，他马上向右上方旋转脱离现场，虽然第一次进攻时没击落敌机，但他没有放弃。此时，他看见一架敌机正在冒着浓烟，就快要着火坠地了。

中日双方飞机展开了一场混战。发动机原本低沉的运转声音，在油门推满的情况下，变成了高频的吼声；原本就扣人心弦的机枪声，配上飞机在中弹后爆炸的声音，更让人们听了血脉偾张！当时我方的 E-15、E-16 飞机虽然比较灵活，但是在与敌机空中搏斗时，根本占不到任何上风，敌机轻轻松松地就能以高速摆脱我们的追击，然后反过头来将我方的飞机咬死。因此，我方飞机只有不断地通过急转弯来躲避日机的攻击，但

1938年3月9日，杨一楚（右一）和龚业悌（右二）参加武汉保卫战时与龚业悌弟弟（左二）、妹妹（左一）在汉口中山公园合影。

是这种急转弯动作需要有高超的驾驶技术，否则会导致飞机不断降低高度，甚至撞击山头而造成更大的牺牲。

　　眼前闪烁着敌机枪口一明一灭的火光，耳边呼啸着敌机射出的子弹，杨一楚捕捉机会在敌机的正后方猛烈地攻击，马上又旋转移动到右侧后方，并加足马力追赶敌机，他追过了长寿，追过了涪陵。这时只剩下两架飞机一直紧追敌机不放，后来才知道另外一架是战友龚业悌驾驶的。此时，敌机的左后方又出现了一个中队，杨一楚想专门攻击这个中队，这时已到了成都东北的上空。在激烈紧张的战况中，他已然忘记自己已经连续攻击了三次，直到敌第二小队的一架飞机冒起了滚滚的黑烟，并很快坠落后，他才意识到自己的飞机已温度过高，瞄准镜完全黑了，润滑油的温度超过125，压力减至2以下，分布器压力到了红线里面，声音非常难听，排气管冒着黑烟，油门开到最大也没有用……

他见无法再追下去，只得关了油门，调转方向沿江飞回来。飘了六七分钟，看见了涪陵县城，同时看见县城东有一片很大的沙滩。这时他估算还要几十分钟才能到达广阳坝机场，同时仪器无法恢复正常，这样再飞下去，发动机肯定要烧毁，后果将是机毁人亡。思考之中已过了涪陵，但他还是利用飞行高度折回于沙滩上空，想迫降下来休息一下。如果人机都没有受伤的话再起飞至重庆，但一定要等温度降低方可以再飞起来。他一面盘旋下来，一面选择地方，朝着坡度小而平整广阔的河道一边落下来，很幸运，只是沙滩上的鹅卵石将尾撑碰断了。他将飞机检查了一遍，发现机头上润滑油喷掉了很多，机身上中了几颗子弹，但未击中要害部位。

他找到当地的老百姓，问此地有无电话，老百姓告诉他河对岸是军用机场，其防空监视哨里就有电话。他坐划子过河，打电话到涪陵县政府，请求代他发电报至广阳坝机场和打电话报告情报队，并请其再报告至防空司令部。

第二天早晨，他没有等来司令部的汽划子，待到午后只好

1938年4月18日，参加武汉保卫战作战间隙杨一楚（后排左三）与战友们在长江岸边合影。

乘滑竿进了县城。他的英勇事迹在涪陵县一时广为流传，该县各界人士的热烈欢迎却让他深感惭愧。次日早晨各界爱国人士正在欢送他归队时，空中又一次响起了防空警报。这声声警报，划过了长空，刺破了苍穹，如吹角连营，又触发了他捍卫民族尊严的"发动机"！他顾不上休息，归队后又冲上蓝天，与战友一起投入与日军的战斗中！

大耻未雪身先死，长使后人泪满襟

王名泰在他的《含泪话英雄》文中写道："1940年3月

115

26日的早上，成都郊外的上空，薄薄地笼罩着一层灰白色的雾，带着寒意的阴风，一阵阵地在宇宙中东侵西袭着。像这样一个可怕的境遇，谁都觉得战栗而畏惧，一个练习作战和试飞的双重任务，也就在这个悲凄的时候，忽然地加在杨一楚的身上。他毫不犹豫地在这个悲凉的时候，把这艰难的任务勇敢地扛上肩头了。起飞、升空，接着就是两个筋斗，就在飞机剧烈上升之际，飞机翅膀骤然破裂了，他随着这破裂了翅膀的飞机，似流星划过天际一般，惨烈地陨落在天府之国的原野上。"十分钟后，战友们赶到现场，看到那躺卧在机场外破碎的飞机和惨不忍睹的一楚，每个人的心都碎了……

这架一楚试飞的飞机，大约是七年前生产的，性能老化，机身破旧，理论上已经不能使用。可是，当时中国财力十分困乏且工业十分落后，中国空军就不能不采取这种冒险的方法来训练。一楚为了祖国的前途、民族的尊严、军人的操守，光荣地牺牲了。国家蒙难，民族存亡之际，先烈们以他们的忠义，用一个个鲜活的生命音符，谱写了中国空军在极其困难中拼力奋斗的抗战史诗！

杨一楚的堂兄杨克伍，亦于1943年5月1日在空战中殉国于贵阳。成百上千名的中华空中勇士们，他们把每一次冲天而起，都当作了诀别，他们每一次与日寇飞机搏斗，就从来没有想过要活着归来。"他们在国家危亡关头，用拼一己之死而求得国家的复兴！"（万凤生女士《悼一楚复苏先生的一封信》）

杨一楚，你的热血没有白流，你的英名已被永远地镌刻在"南京抗日航空烈士纪念碑"上，你的事迹也被陈列在抗战纪念馆，永励后人不忘国耻，自强不息！

蒙古亲王那彦图和那王府

张继琳

  武昌起义爆发后，中华民国临时大总统孙中山为国家统一、民族和睦，曾于 1912 年 1 月 28 日亲自致电那彦图等蒙古王公："……请速举代表来宁，参议政要，不胜厚望。"（见《中华民国史档案资料汇编》第 2 辑，江苏人民出版社 1981 年版，第 15—16 页）

  那彦图，何许人也？那彦图亲王的姻亲，著名清史、蒙古史专家金启孮教授曾撰文称那彦图亲王乃清朝重臣、民国政要；赞那彦图亲王秉性忠贞，大节侃侃。

  那彦图，祖籍外蒙古赛因诺颜部，世袭蒙古亲王。在蒙古王公中，那彦图亲王当时在清廷中地位是最高的，曾任清御前大臣、崇文门监督（海关）等显职；清末新政时，任资政院钦选议员。

  有文章说，那彦图是蒙古王公中走在时代潮流前面的代表性人物。

  他提倡教育，倡办了北京殖边学堂，在老家赛因诺颜部创办了蒙古的第一所小学（1996 年该小学成立一百周年时，笔者夫妇曾受邀参加庆祝活动。笔者的先夫恭博林钦是那彦图亲王的嫡长子祺克慎的幼子）。那彦图亲王还参与创办蒙古实业公司。

在武昌起义爆发后，那彦图亲王先是反对清帝逊位，他在御前会议上，慨然起而反对清帝逊位，和他的岳丈奕劻争论。不过，清朝灭亡后，那彦图亲王顺应历史潮流，从反对清帝逊位、反对共和转变到拥护共和。眼见外蒙古问题恶化，受到正义和现实的感召，那彦图等首倡成立了蒙古王公联合会。1912 年，他筹办了"西北协进会"。

在北洋政府时期，那彦图亲王任过大总统府副都翊卫使、乌里雅苏台将军等职，且是历次国会议员及 1917 年临时参议院副议长，还被推为拥护袁世凯的进步党的理事。

南京国民政府时期，那彦图亲王曾被聘为行政院高级顾问。

日本侵华时期，就德王（内蒙古王公，全称德穆楚克栋鲁普亲王，曾建立日本傀儡政权"蒙疆联合自治政府"）的投日行为，那彦图亲王对家人说，"德王这人糊涂，小日本不会为蒙古人做事的。我就是不信小日本，我就是要和汉族人称兄道弟"。他对自己的一个孙子与华北汉奸头目王克敏的侄女结婚，一直耿耿于怀。受那彦图亲王的影响，其嫡长子祺克慎对日本人邀他在日伪政权任职，坚辞不就。

那彦图亲王于日本侵华时期在北平王佐胡同那王府去世。那王去世后，由其嫡长子祺克慎用变卖其留下的瓷器、绸缎、家具什物的钱为父亲办理了丧事，安葬在安定门外的家族墓地。

前已提及，笔者的先夫恭博林钦是那彦图亲王嫡长子祺克慎的儿子。那彦图亲王去世时，恭博林钦还很小，他懵懵懂懂地记得：跪着祭拜祖父时，没专门给他安排跪垫，他想着这是他慈爱的祖父，他硬是挤在他母亲的跪垫上祭拜了祖父。

毕桂芳的儿女及孙辈

　　他当然记得祖父在世时，有一次他母亲带着他去祖父居住的四合院拜望祖父时的一幕。当时，祖父正在吃一品锅。恭博看见一品锅里有鸽蛋，但不知其名叫鸽蛋，他很想吃，又叫不出名字，就直嚷"我要吃丸药、我要吃丸药（因鸽蛋就像他吃过的丸药）"。他母亲急得制止他，"不要嚷、不要嚷！"他祖父——那彦图亲王见状，连声说，"给他吃、给他吃"，一旁的侍者就夹了几个鸽蛋给他。然后祖父摸了摸他的小脑袋，对他母亲说"这孩子好带"（他母亲在他出生之前，生育过两个孩子，都夭折了）。所以，他一直记得他有一个慈爱的祖父。

恭博的祖父摸恭博的小脑袋时，那彦图亲王一家确实居住在前面所提的王佐胡同那王府。其实，真正的那王府不是在王佐胡同，而是在宝钞胡同。

据北京古籍出版社 1982 年出版的《京师坊巷志稿》（第167—168 页），超勇亲王府在宝钞胡同。超勇亲王府是成吉思汗二十一世孙策棱亲王的王府（雍正十年即 1732 年，策棱亲王因保卫边疆战功赫赫，被赐号超勇）。那彦图亲王是策棱亲王的七世孙，到了那王这一代，王府就被称为那王府了。

那彦图亲王的大儿子祺诚武（侧福晋所生）财欲难填，到处借债，这个纨绔子弟又偏讨那王的喜爱，最后那王只得以府抵债，带着全家搬出宝钞胡同的那王府。后来在王佐胡同一号（就是假那王府所在地）租住。

宝钞胡同的那王府共占地三十八亩。从前，府四周建有群墙，院内殿堂亭阁高耸，全府共有房屋三百二十余间；房与房、院与院都由抄手游廊连接在一起，气势宏伟。府内有树林、花园、假山等，还有家庙等。

那彦图居住的院落内中有主房五间，室内的家具，都是金丝楠木，按照室内的形式分别制造的。他的会客厅摆着红木镶螺钿的家具，陈列着古铜彝器、文玩书画等物。其长子祺诚武会客的地方，全是用进口的沙发、钢琴和西式家具布置的，洋气十足。

按照中华民国《蒙古待遇条例》，那彦图亲王的几个儿子被晋封王公头衔，祺克慎因是嫡长子，于 1918 年晋封贝勒郡王衔，品级最高。

1921 年，祺克慎与晚清大学士崇礼的女儿结婚，女方的陪

毕秋澄与祺克慎前妻儿女、崇礼的外孙恭格林钦、祺彤敏

嫁很丰厚。崇礼之女婚后生下一子恭格林钦、一女祺彤敏，不
久便去世。祺克慎续娶毕桂芳的女公子毕秋澄，女方的陪嫁也
很丰厚，但比不上崇礼之女的陪嫁。（那亲王带着全家在王佐
胡同一号租住时，不同于那亲王的其他几个儿子，祺克慎一家
住的院落是祺克慎自己付的租金。）

毕桂芳是安徽人（说其是河北大兴人有误），毕桂芳先后
任过驻边大臣、黑龙江省督军、驻外领事、议员等，且与李鸿

章家族联姻。1914年，毕桂芳被任命为中俄蒙议约事件全权专使，参加恰克图会议，签署《中俄蒙协约》，奠定了他在中国外交史上的地位。一些报章等说毕桂芳怕老婆，他的外孙恭博林钦对我说，外婆去世时，他还小，但记忆中外婆是很慈爱的。

毕秋澄婚后育有一子一女，不料均夭折。毕秋澄三十八岁生恭博林钦。恭博林钦20世纪60年代在北京医学院毕业，分配到重庆医学院附属儿科医院。

征　稿

《老照片》是一种陆续出版的丛书，每年出版六辑。专门刊发有意思的老照片和相关的文章，观察百多年来人类的生存与发展。

对稿件的要求：所提供的照片须是20年以前拍摄的（扫描、翻拍件也可），且有一定的清晰度，一幅或若干幅照片介绍某个事件、某个人物、某种风物或某种时尚。文章围绕照片撰写，体裁不拘，传记、散文、随笔、考据、说明均可。

编辑部对投寄来的照片，无论刊用与否，都精心保管并严格实行退稿，文字稿恕不退还，请自留底稿。稿件一经刊用，即致稿酬。

来稿请寄：山东省济南市英雄山路189号B座　山东画报出版社《老照片》编辑部

邮　编：250002

E-mail：laozhaopian1996@163.com

网　址：www.lzp1996.com

电　话：（0531）82098460（编辑部）（0531）82098460（邮购部）
　　　　（0531）82098479（市场部）（0531）82098455（市场部）

邮购办法：请汇书款至上述地址，并标明收款人"山东画报出版社有限责任公司"和注明所购书目。

邮发代号：24-177

《老照片》网站与微信公众号

官方网址：www.lzp1996.com

微信公众号：山东画报出版社老照片

朱枫的家国情怀

朱　霞

今年正值新中国成立七十周年，也是朱枫在台湾英勇就义六十九周年之际。

朱枫是我的三婶，此时此刻，我翻阅家庭影集时，目光停留在一张照片上，那是摄于1939年5月中旬，朱枫在浙江云和与家人的合影。这张照片引发了我的无限思念，我不禁回忆起朱枫高尚的家国情怀。

温馨团聚　送女从军

浙江云和是朱枫最欢乐和最难忘的地方。淞沪会战烽烟突起，我家从上海逃难至武汉，再到湖南常德转至浙江云和安家。此时，为革命奔波多年的三婶中年得子，因哺育婴儿而在家获得短暂休息，并同离多聚少的儿女团聚，真是喜从心生！照片中朱枫灿烂的笑容反映了她此时欢畅的心情。然而这种温馨欢畅的团聚，仅此一次。

朱枫对家人对儿女温柔关爱。她的大女儿沈珍是个聋哑人，为使女儿长大后有一技之长，能够独立生活，朱枫教授她习字作画、刺绣、缝纫等技艺。女儿也很聪慧，继承了母亲优秀的才华和品德，深得家人的喜爱。令人惋惜的是，因时局恶化，在我家从云和逃难转至广西桂林时，大女儿染病身亡。云和竟成了朱枫与大女儿最后的相聚之地。

朱枫深爱子女，心系国家的前途命运，在孩子的教育上倾注了家国情怀。在她哺育儿子不满十个月时，就将儿子交托我姑姑抚养，回到浙江金华从事革命工作。此时，她会同中共派遣的两位同志帮助台湾爱国志士李友邦筹建"台湾义勇队"。建队之初，经济困难，她不仅慷慨解囊，捐款八百元资助，而且毅然决然将二女儿朱晓枫送进台义队少年团，锻炼成长。台湾义勇队的生存环境极其艰苦，我姑姑的两个男孩子在进队后相继染病身亡，而朱晓枫则坚强地经受住了考验，于1946年从台湾回到上海，三个月后又被送往苏北解放区，成长为有所成就的军医。

我是我们家这些孩子中的幸运儿。母亲早年去世，弟弟则在逃难途中夭折，我成为父辈三兄弟中老大的独苗，备受大人们的爱护。在叔叔婶婶们的教育下成长，在新中国成立前参加了工作。

革命伴侣　患难与共

朱枫和爱人朱晓光（我三叔）是革命战友，他们被新知书店派往新四军驻地安徽屯溪云岭，建立随军书店。书店最多时有十多位工作人员，后来只留下朱枫夫妻二人。朱枫是大家闺秀，受过良好教育，才华横溢，意志坚强而能干，里外都是一把好手。她不仅照管门市，还经常外出送书，甚至携书通过敌

朱枫和家人的合影。中间抱着儿子朱明的是朱枫，她右边的女孩是沈珍，前排的女孩是朱晓枫；后排最右边站立的女孩是我，右二是祖母，右三是姑姑；前排的两个小男孩是姑姑的两个儿子。

人封锁线送往江北。有一天，陈毅路过随军书店，驻足询问是谁写的书籍宣传介绍文字，得知是正在店里打算盘的朱枫写的时，称赞说："这字写得蛮有功底啰！"

1941年1月，发生了震惊中外的皖南事变。在新四军奉命北移前，朱枫按"老弱病残"人员提前撤离，爱人朱晓光则留下来，并在事变中不幸被捕。这让朱枫心急如焚，万分关切爱人的下落和生死。她探听到爱人被囚于上饶集中营，在得到组织的批准和协助后，勇敢机智地三进集中营探监。她带去的药品，不仅挽救了病危的丈夫，而且为他后来成功越狱提供了帮助。

朱晓光与狱友蔡谟成功越狱后，辗转回到浙江云和家中，朱枫受组织委派前来接济救援。她陪同丈夫躲藏在山上疗养伤病，既要开荒种些蔬菜，还要经常下山回家，背些米面油盐到山中。生活虽然艰苦，但患难夫妻相逢，心里也是甜蜜的。

在云和山区避难，养病数月后，敌人闻风追捕，患难夫妻不得不辗转数省到达陪都重庆。三叔向八路军驻重庆办事处汇报皖南事变和上饶集中营实情后，周恩来指示待车送往延安。但等待多日仍无法前行，又闻追捕之声，只好按组织安排又一次长途跋涉转回敌占区上海。在敌人不停追捕的险恶环境中，朱枫坚毅、勇敢、机智，艰难地陪伴爱人转移成功，重新投入到革命事业中。对此次大转移，三叔感慨地说："三十功名尘与土，八千里路云和月，我和朱枫生死与共，形影不离。"

大义凛然　勇闯虎穴

在浙江云和的日子里，朱枫享受到了最温馨的家庭生活，自此之后，再难有家庭团聚，与丈夫更是劳燕分飞。朱晓光从上海转山东，经大连到达哈尔滨。解放战争中又随四野入关南下，参加沈阳、天津、北平接管工作后抵达上海，建立上海新华书店和国际书店。朱枫则一直留在上海从事中共地下的财贸及情报工作，后转赴香港。

解放战争节节胜利，新中国将要成立之时，组织批准朱枫交接工作，准备回内地。久别后将要与家人重逢的喜悦心情，使她在近两个月内写了十余封信告知丈夫，并关切地说："听说你染上了肺病，虽然我不是医生，但我终以为我来之后，对你可能有一些帮助，至少在精神上能给你安慰。"情意绵绵，归心切切。正当她已交代完工作，准备回到内地时，组织上临时又调她潜入台湾，完成一项重要使命。此时的她既憧憬归家的欢聚，又深感任务重大，逃亡台湾孤岛的敌人"困兽犹斗"，会更疯狂，此行必定危险重重。朱枫的思想也产生过激烈斗争，还将这种矛盾心情向领导吐露过，但最终接受了上级交给她的任务。她立即将带在身边的小儿子委托同事带回内地，并写信告知丈夫："将出外经商，有几个月逗留，个人的事情暂勿放在心上，更重要的事应先去做。"

潜入台湾后，朱枫以其机智果敢的行动，与台湾地区中共地下党的主要负责人和潜伏在国民党内的1号情报员吴石将军取得联系，并安全地将具有重大价值的情报送回。任务完成，正待返回大陆时，台湾地下党主要负责人被捕叛变。一个地区的主要负责人叛变是致命的，他不仅出卖了潜伏在敌营中的重要情报人员，而且摧毁了整个地区的地下党组织。然而，一个外表看似柔弱的女子，内心却是坚强的。严刑拷打不低头，甜言蜜语不弯腰。在新中国成立后的1950年6月10日，朱枫与吴石将军共赴刑场，英勇就义。

兄弟情深

存 桂

　　我和弟弟存泗都是20世纪40年代出生的，我比他大一岁，今年都七十多了。

　　人说兄弟之间是手足之情，我俩还要更进一步：左右手之情。我是左撇子，算是左手，弟弟是右手。

　　论长相，我俩不很像。弟弟更像父亲，我更像母亲。弟弟大脑袋，大眼睛，人见人爱；我则有点"呆气"——看照片就知道。

　　论性格，我俩颇为不同。弟弟性格内向，不善言辞，脾气倔强，在襁褓中大哭时会眼睛通红，爷爷说："这孩子大了脾气不得了！"其实弟弟从不乱发脾气，只是不能忍受无端指责。此时他只需一句："我怎么啦？"对方百分百熄火。我爱说话，却被母亲管得服服帖帖，挨训时一声不吭，忍到风头过后，依然故我。

　　弟弟身强体壮，运动能力出色。他高中时足球、水球、射击，都是校队一员。毕业前空军"招飞"，他项项合格，唯左眼视力不达标（躺在床上看书所致），十分可惜。我是先天近视，跑不快、跳不高，踢球只能当后卫，只是凭着稀缺的左脚球，初三选入中学少年队，高中进了校队。游泳则只会一个姿势，游不快也游不远。

弟弟心灵手巧，会修电器、打家具、开摩托车、开汽车。这些我一概不灵，从小被母亲管得太严，总怕做不好挨呲儿，于是宁可不做。

但我念书成绩不错，小学中学总是班级前三名，初中毕业被保送进了天津耀华中学，高中毕业考上了北京大学。弟弟考试成绩没我好，但学得扎实，而且动手能力强，这在以后的工作生活中都充分显现出来了。

弟弟性格独立，从小敢于违反母亲的禁令到远处去玩。骑着父亲的自行车，天津市区和塘沽区，包括后来工作的南郊区小站周边的地方，没有哪个地方他没去过。我可没有如此胆量，我能做的，就是瞒着母亲在晚饭前想方设法把弟弟找回来。

尽管性格、习惯如此不同，但我俩总能"求同存异"，其中主要原因就是两人都十分珍惜这份兄弟之情，都能忽视甚至无视对方的缺点，只欣赏对方的长处，尤其是自己不具备的优点。所以我俩从小到大到老从没吵过嘴，相互间连一句"重话"都没有过，更没有动过对方一根手指头。弟弟脾气再倔，也从来不会对我瞪眼；我嘴皮子再能说，也从来不数落弟弟。弟弟小升初考试发榜时，遍搜榜上不见姓名，我用逆推分析法认定，榜上第二十三名"李孝泗"应系"张存泗"之误，然后勇闯教导处，结果还真是老师写错了。

上初中时，因母亲去吉林照顾父亲生活，我俩曾住校一年。吃学生食堂，每周一顿红烧鱼。弟弟爱吃鱼，可我因惧怕鱼刺而不敢吃，于是每逢吃鱼，两条鱼归弟弟，两份鱼汤则归我拌饭。我酷爱零食，经常去校门外买烤红薯解馋，弟弟从未指责我"挪用公款"。弟弟高考时，因家庭出身和有海外关系而不能被大

图 1　后排为表兄朱章源；中排左起为弟弟存泗，哥哥存桂；前排左起为表弟朱章潭和他的表姐。摄于 1946 年。

学录取。我不服，直接找到弟弟的班主任理论，虽然无果而终，但我觉得自己是哥，为弟弟该出头时就应出头。

　　弟弟去了天津南郊区小站当了名中学教师。尽管他工资很低，每月还是拿出五元（后来增加到十元）补充我念大学的生活费（当然大头是父母承担），这项资助持续了五年半。五元钱当时相当于我十二天的伙食费，而那时正值国家经济困难时期。

图 2　自左至右分别为母亲、存泗、存桂、父亲。摄于 1948 年。

　　喜爱音乐，是我们兄弟二人不多的共同爱好中的一项，这主要是得益于会弹吉他、唱男低音的表哥朱章源在少年时经常带着我俩去听音乐会，不断熏陶所致。我俩都是声音条件不错的男中音，且音感和音准都很好。我在北大上学期间当过校合唱队队长，还参加过大型歌舞《东方红》的演出。弟弟却没有这种幸运。1963 年经人推荐，他跟着天津音乐学院的一位声乐老师业余学习了一年声乐。谁知 1964 年入学考试时，尽管声音条件被多位教师和专家看好，却仍然冲不破因家庭出身和海外关系带来的"阶级路线"壁垒。所以，兄弟二人只能终生为业余音乐爱好者了。1965 年我大学毕业，同样因为家庭出身和社会关系而被分到唐山某技校任教。此前父亲在吉林极艰苦的条件下工作过七年，当时弟弟在远离市区的郊区中学教书也已五年。有榜样在前，我自是不能泄气，于是安下心来教书。

1966年"文革"开始，家庭受到影响。我在唐山不敢回家，是弟弟帮着父母收拾房间，添置过冬衣物。晚上还要看家。弟弟的工作地离家四十公里，全靠骑车往返。可他那辆凤头车（英国进口车）成了造反派的战利品。我得知后，就把刚买了四个月的"永久"自行车给了弟弟——他从天津乘火车来唐山取车，先骑一百二十公里回天津，再骑四十公里去小站。

1968年深秋，父亲与母亲、祖母一起被遣返山东农村原籍。工作没了，工资没了，城市户口没了，我们在天津的家也没了！这回我俩真成了难兄难弟。父母当时年过五旬，从没做过农活，幸好老家张氏族亲多方照顾，加上我俩每月定期汇去生活费，

图3 全家合影。摄于1951年。

图 4 哥哥十岁，弟弟九岁。摄于 1951 年。

终使老两口未受冻馁之苦。老家乡邮员对母亲说："这么孝顺
的儿子哪里去找？每月寄钱的日子从没差过！"

　　弟弟工资低，加之家里被抄，不仅过冬衣被没着落，就连
夏天想买件衬衣都没钱，只好给我写信求助。我读了信眼圈就
红了，立马凑足了钱跑到天津找弟弟，帮他暂时渡过了难关。

　　1969年弟弟和弟媳的婚事，是弟媳的父亲与我面谈后定下来的，当时父母远在山东老家，我算是男方家长代表。

　　1971年底我结婚了，弟媳一手抱着刚会走的小侄女一手提着大提包，长途车加火车，赶到唐山送来礼物。1972年我和同事去天津为学校实习工厂购买电焊条，中午到弟弟那里吃饭——后来才得知，是弟媳找别人借钱买猪肉、鸡蛋做的菜。

　　1976年唐山大地震，弟弟从收音机里得知震中在唐山，不知我一家的死活，于是和弟媳带着自行车搭乘别人到唐山寻亲的卡车赶赴唐山，流着眼泪、费尽九牛二虎之力才找到我们。

　　图5　三代同堂。后排左一朱小薇（存泗之妻）、左二存泗、左三存桂、左四朱雪丽（存桂之妻）。女孩是存泗之女张纬，男孩为存桂之子张纶。

然后兄弟俩每人骑一辆自行车，后面各自带着自己的媳妇，两妯娌轮流抱着我那五个月大的儿子，赶赴天津，再骑到南郊弟弟家，见到父母。

自1973年父亲落实政策与母亲回津以后（祖母在刚到老家两周后即去世），老两口一直由弟弟、弟媳侍奉，直到二老先后离世。这可是三十六年的时间啊！弟弟、弟媳从未表白过功劳，只有我知道此事有多难，所以一直心存感激。但我每次对弟弟、弟媳道辛苦时，他们总是轻描淡写地说"没什么"。

"文革"后，我们生活条件都好了，两人的孩子也都长大了。我每次回津，弟媳都会用最好吃的南方风味的菜招待我，如果吃螃蟹，弟弟或他的女儿会将蟹肉一点点剥出来放到我面前的盘子里——就差用勺喂了！

我俩小时候没有娇生惯养，父母从不偏心其中任何一个，所以我们无须争宠；长大后我俩都是尽早独立生活而不互相攀比；都能主动为家里分忧而不是相互推卸责任；各自的问题都是尽量自己想法解决；遇到好事都能想着对方而不是只想着独占；相互充分信任对方而不为风言风语的挑唆干扰所动。

当然，还有一点极其重要——各自的太太都是明事理的人。

音符的故事

王玉柱

　　图 1 中弹钢琴的女士叫幺晓霞，是我的老伴年轻时的样子，她 1944 年 10 月 13 日生于重庆沙坪坝土湾渝新纺织厂民主一村，因生于拂晓，故取名晓霞。她的母亲邓康明，生于 1922 年 2 月 18 日，四川省大足县人，其父是佃农，因无法忍受地主的盘剥，在她两岁时，父母带她迁至重庆磁器口。我老伴的父亲幺维盛，生于 1915 年 10 月 15 日，原是河北省丰南县胥各庄人。1929 年至 1934 年，她父亲先后在天津永义和银号、祥和毛纺厂、东亚毛纺厂学徒。1935 年，她父亲到天津义利贸易公司工作，后转到武汉制呢厂上班。1938 年汪精卫投敌，日本人轰炸武汉，制呢厂迁到了重庆磁器口。为了在社会上站住脚，不受人欺负，她父亲参加了当地的青帮、汉流等帮会组织，后来到国民党军政部第二毛纺厂担任中尉技佐，集体参加了国民党，任区分部候补委员。她父亲在渝新纺织厂站住脚后，便把老家的父亲和两个兄弟接到重庆。

　　她爷爷的到来，给他们家带来了厄运——1947 年重庆一贯道盛行，幺晓霞的爷爷认为找到了精神寄托，积极参加一贯道的活动，以致走火入魔，天天在神龛前跪拜烧香。因爷爷年龄

图1　幺晓霞在练琴房。

太大，就把幺晓霞的父亲委以办事员，又让全家集体加入了一贯道，这就让幺晓霞落下了三岁参加反动组织的罪名。

幺晓霞共有兄弟姐妹七人，大姐幺桂霞，大兄弟幺洪滨，二兄弟幺洪均，小兄弟幺洪俊，大妹妹幺琳丽，生于1954年的小妹叫幺丽霞。那时没有计划生育之说，生得多被称为"英雄母亲"，幺晓霞的母亲为此还戴过大红花。在磁器口读小学时，幺晓霞的成绩很好，读完二年级后，老师就叫她"跳级"，她父亲不同意，说还是把基础打牢些好，这样，她循序读到了小学毕业。1958年，幺晓霞就读于重庆市第八中学，初一、初二不太用功，喜欢在上课时偷看《苦菜花》《迎春花》《林海雪原》《聊斋志异》等书籍。另外，由于家中子女多，经济困难，

图2 幺晓霞及兄弟姐妹与母亲合影。

她母亲时常接些毛线活做，三角钱一个边子，六角钱一对袖子，幺晓霞不时把毛线活带到学校，上课时就偷偷地在课桌里打。读到初三时，她好像突然懂事了，不但学习努力，音乐天赋也显露出来。因为家庭经济条件差，家里没有收音机，但能经常听她父亲唱两句京剧："我好比笼中鸟有翅难展……"耳濡目染加上遗传基因，当时上映的《铁道游击队》《五朵金花》，幺晓霞看完很快就会唱其中的插曲。她不但教同学，还把会唱的歌对照歌谱，从中找到简单的规律，无师自通地学会了识谱。她初中的音乐老师姓董，嗓子好，平时上课很正规，考试还有旋律记谱题，每次考试幺晓霞都名列前茅。她还会作曲，先后写了《向秀丽》《大炼钢铁》《雪山啊雪山》等十几首歌曲，虽然是小儿科水平，但已能看出她音乐方面的天赋，不仅如此，她嗓子好，音质不错。

由于对音乐的爱好，幺晓霞初中毕业前萌发了考音乐学院的念头，董老师也支持她，利用课余时间对她进行发声、节奏、音准方面的训练。考试那天，一位姓李的老师带着报考的学生到重庆市市中区群众艺术馆考点参加考试。到了考场，李老师叫她们不要紧张，不要擅自行动，进考场时要跟她说一声。由于好奇，幺晓霞偷偷跑到二楼音乐考场，从门缝里看见一个同学正在考声乐。那个同学嗓子不好，唱歌不行，听音、打节奏也差。看见这种情况，幺晓霞顿时信心满满，她忘记了李老师说的话，自己就"破门而入"了。她考试的曲目是《蝴蝶泉边》，她临场发挥得很好，声音明亮，节奏、听音也考得不错。幺晓霞回家几天后没接到复试通知，心里着急，就去找董老师。董老师的女儿在四川音乐学院附初中学小提琴，她听了情况后说："现在都没有接到通知，肯定没有希望了。"幺晓霞不甘心，不相信自己考不上，董老师叫她到艺术馆问一下。第二天幺晓霞赶到艺术馆，一进门就看到墙上贴的各科复试名单上面有自己的名字。她马上找到考场，敲门进去，见老师正在收拾东西，她急忙说是来参加复试的。老师说，我们以为你不来了呢，我们已经订好了下午的火车票，快进来考试吧。

复试后幺晓霞很快就收到四川音乐学院附中的录取通知

书，她高兴极了。就在她沉浸在喜悦中时，忽然有天班主任告诉她，四川音乐学院来通知了，说今年的录取工作比较乱，原发的通知一律作废。听到这个消息幺晓霞非常沮丧，班主任安慰她说："你成绩好，干脆考普高吧。"幺晓霞说家里穷，兄弟姐妹七个，加上爷爷、叔叔等，共十几口人，只有爸爸一个人工作，经济困难得很，自己还是想考中专，这样可以免交学费。老师听了这话，就叫她抓紧复习。考试的头一天，班主任拿了许多准考证叫幺晓霞发给同学，她心里纳闷，老师为什么叫自己发呢？准考证发完后，竟然没有她的准考证，她立即问老师是怎么回事。老师说："学校接到电话通知，叫你到中央音乐学院附中就读。"这一下全班顿时炸开了锅，惊讶的，羡慕的，祝贺的，闹成一团。老师说，你可以不参加中考了。回去等正

图3　四川音乐学院同学在校门前合影。前排左五为幺晓霞。

图 4 在钢琴房门前与同学合影。后排左一为幺晓霞。

式通知。听见这话，幺晓霞一路飞跑回到家，把这个好消息告诉了父母。不久，幺晓霞又接到川音发来的电报通知："经研究，你仍然到川音就读。"幺晓霞有些失望，心想可能是当初填报志愿时，把自己的水平估计得太低，三个志愿都写的是四川音乐学院。但回头一想，还是挺高兴，因为总算考上了喜爱的专业。

报名的时间快到了，妈妈家务事多，没有时间管她，幺晓霞就自己收拾行李，打好被盖卷，然后妈妈把她送到小龙坎汽车站就回去了。在市中区下车时，有两个同学见幺晓霞个子小，以为她是初中班的，就帮她拿行李，后来一聊天，才知道是一个班的。四川音乐学院开学，第一项工作就是给这批新生分班定专业。甲班是附初中升上来的，幺晓霞她们是附高中乙班，丙班是为峨影乐团培训的乐队。幺晓霞以为自己是考唱歌进的音乐学院，进校后肯定学声乐，一问老师才知道，招生考的是音乐素质，不是专业，这样，幺晓霞就报考了作曲专业。考作曲专业的老师叫黄虎威。他先考幺晓霞的即兴作曲，所幸幺晓霞平时有些基础，就把平时写的曲子抄写了一首。她还对黄虎威老师说，自己在初中写过十几首曲子，黄虎威老师听了，夸赞她不简单。随后黄虎威老师又在钢琴上弹了大三和弦、小三和弦，叫幺晓霞分辨它们的明和暗。董老师没有给幺晓霞讲过和弦，她只能胡乱回答。后来幺晓霞被分配学作曲，同时学这一专业的还有张定聪、贺元君、李天宇三个女生，王随安、郑光荣两个男生。

1960年，国家正处于困难时期，学生都十五六岁，正是长身体的时候，常常感到吃不饱。在食堂吃饭，每桌用一个大脸盆盛饭。每次吃饭，用竹片把饭平均划分成八份，有的同学来得晚些，他的饭就会被"挖墙脚"；有时饭盆的米蒸得不平，一边高一边低，先来的同学就把高的一边叉走了，最后剩下的是那少得可怜的八分之一。幺晓霞的家庭经济困难，申请了丙等助学金，学校补助四元伙食费，自己交四元。家里一月给她寄十元，故此她的情况稍好些。张定聪家比幺晓霞家还穷，幺晓霞不时要接济她。张定聪申请的是乙等助学金，每月学校补助六元，自己交两元伙食费。因为家境贫寒，她们买不起新裙子，就把被盖面裁成连衣裙，虽然五颜六色的，自己却觉得挺好看。

虽然那时生活比较困难，但幺晓霞学钢琴的热情，比学习主科作曲还高。按照学校安排，作曲系的练琴时间每天只有八个小时。学生多，每个人分得的时间显然不够。为了多练琴，幺晓霞见缝插针，到处找琴练。遇见星期天，她起码用大半天时间练琴，老师布置的作业越多越难，幺晓霞就越高兴。她的钢琴老师叫张爱德，对她要求很严格。每次上课都说她这不对那不对，一度弄得幺晓霞怀疑自己不是学钢琴的料。尽管如此，她仍然坚持上课练琴。半学期过去，学校安排钢琴实习，这时幺晓霞发现高她一班的同学和她弹的是同样的曲目。半学期考查，由任课老师打分，张老师给她打的是五分。面对这种情况，幺晓霞大惑不解，就问张老师："您不是平时总说我弹琴有许

图5 1960年，幺晓霞（前排中）高中毕业前夕与同学合影。

多地方没对吗？怎么又给我打五分呢？"张老师对她说："我不说你的缺点，你怎么肯下苦功练？又怎么会进步哪？我的学生中，你和本科的温建龙是重点培养对象。"听了这番话，她才明白了张老师的一片苦心。

1961年幺晓霞读高二，国家仍处于困难时期。学校把附中迁到了新都县马家场。教室是马家场中学的宿舍，里面摆满了高低床，在讲台上摆了一台钢琴，这台钢琴只供钢琴专业的学生使用，其他专业的学生只能在他们练完后去摸一下琴。没有了练琴时间，幺晓霞她们的钢琴课停了下来。在马家场，学生的生活仍然很艰苦，只有到新都县城才能吃碗抄手（馄饨）。除了上课，她们还得种庄稼，有的男同学实在饥饿难耐，就偷地里的红薯吃。女生则趁赶场（赶集）买些红萝卜，切成滚刀用绳子挂起来，风干后准备放假带回家。虽然条件艰苦，课还仍然上，和声课她们学的是"斯波索滨"。这门课，一些同学觉得枯燥难学，但幺晓霞却十分认真，八小节的和声题她做了两三个小时，做到最后发觉有平行五度，无论如何都避免不了，没有办法，幺晓霞又从头做了一遍。由于马家场的条件太差，学生的学习受到很大影响。幺晓霞的同学任燕西的父亲任白戈是重庆市市长，他向省委反映了川音在马家场办学的情况。川音附中很快迁回了成都。

高三时，姚以让先生担任幺晓霞这个班作曲课的老师。姚老师原是教本科生的，因为1957年被划为右派，才来教附中的课。姚老师的作曲课讲得非常好，幺晓霞她们受益匪浅。教和声学的老师是杨子星，毕业于中央音乐学院，是瞿希贤的学生。知道了杨老师的来历，学生们对他肃然起敬。他上课一口椒盐普通话（川普），表达、视奏能力都不强，但人很随和，

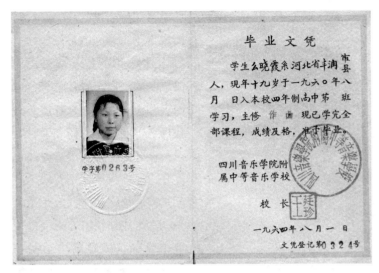

毕业文凭

学生幺晓霞系河北省丰润市县人，现年十九岁于一九六○年八月　日入本校四年制高中第　班学习，主修作曲现已学完全部课程，成绩及格，准于毕业。

四川音乐学院附属中等音乐学校

校长　王廷珍

一九六四年八月一日

文凭登记第0324号

甲字第0263号

图6　幺晓霞的毕业文凭

常跟学生开玩笑。有一天张定聪在课堂上和杨老师开玩笑过了头，他气得在桌子上猛拍一巴掌，还说要到教务处去反映，吓得张定聪不停地告饶。教视唱练耳的老师叫许光祥。他把学生分成甲乙两个班，幺晓霞分在了乙班。虽然许老师亲切和蔼，但许多同学还是怕上这门课。但幺晓霞喜欢，因为她有兴趣，又非常用功。每天早上起床铃一响，幺晓霞的第一件事就是到琴房练耳听音。经过不间断的学习，后来老师把和弦弹成跳音她都能识别。毕业考试，一位甲班分来的同学仅比她多一分。钢琴课还是张老师教。因为他生病，一度换成了顾馨老师。张老师病愈后回来上课，由于方法的不同，他说幺晓霞的手形有错误的地方。以后又换成了年龄较大的阮老师。授课老师的频繁变换，对学生技巧的提高是会有影响的，但幺晓霞的钢琴仍

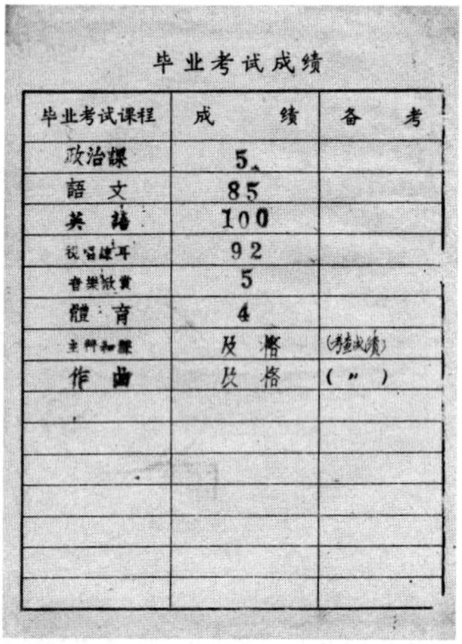

毕业考试成绩

毕业考试课程	成 绩	备 考
政治课	5	
语 文	85	
英 语	100	
视唱练耳	92	
音乐欣赏	5	
體 育	4	
主科和聲	及格	(替换成绩)
作 曲	及格	(″)

图7 幺晓霞毕业成绩

然学得很好。进入高三，幺晓霞取得了入学来的最好成绩。音乐课除和声是五减外，作曲、钢琴、视唱练耳全是五分。因为和声得五减，幺晓霞还去找杨老师问原因。杨老师对她说：再好的学生都没有得过正五分，最高成绩就是五减了。幺晓霞的语文和体育成绩是四分，这个成绩在川音附中是较为少见的。该院附中1962—1963学年度第二期对幺晓霞的专业评语是："主科学习踏实，进步较快。"操行评语是："要求进步，能认真参加劳动和各项政治活动，并注意从中受到教育。能关心时事，遵守学校纪律，近年来学习努力、踏实，成绩好。望今后能更多地关心集体，更诚恳地对待同学，并一贯如一地要求进步，争取全面发展。"幺晓霞成绩突出，本班的同学夸赞她，有的同学说她是"板鸭"（很用功的意思），甲班的有些同学也对她赞叹不已，夸她是天才，但她清楚自己绝不是什么天才，只是因为自己付出了很多的心血和汗水，才取得了这样的成绩。这份让幺晓霞引以为荣的成绩单她一直小心保存着。

1960级学生读高四时，学校突然宣布音乐要走"革命化、民族化、群众化"的道路，所以川音决定作曲系、钢琴系停办。"两耳不闻窗外事，一心只读圣贤书"的幺晓霞，对这样的变化大惑不解。许多学作曲、钢琴专业的同学纷纷转学其他专业，

图 8　1983 年，幺晓霞父母的合影。

张定聪改学二胡，郑光荣改学古琴，还有一部分学生转到离川音不远的商干校学会计，全班一片混乱。有一天幺晓霞上完主科回到宿舍，看见某同学哭着把主科笔记撕得粉碎，幺晓霞问她什么原因，她说："就是你在使坏，不然老师怎么会只留你一个人，动员我们到商干校。"幺晓霞知道她误解了，就对她说："这绝不是我出的主意，我一个普通的学生，有什么能力叫学校做出这样的决定？"对于改学专业这件事，杨老师之前给幺晓霞说过这样的话："你的成绩好，作曲系无论如何要保你。"面临这种情况，学生要想在川音继续学习，唯一的办法就是改学专业。民乐系的苏昭老师了解幺晓霞，亲自带她到民乐系选专业。二胡老师说幺晓霞的小指头短了，扬琴老师说她的手太跛了，古筝老师说她的手指甲太软了。见此情况，苏昭老师就劝她改学古琴。并说："你是学作曲的，还可以结合古琴搞点研究工作。"幺晓霞说不喜欢弹古琴，如果弹古琴还不如去弹棉花。苏昭老师见幺晓霞这种态度，说那你就准备附中毕业后参加工作吧。幺晓霞升本科的希望破灭了，她只得和几个没有转学民乐的同学抓紧学点实用的课程，以便适应以后的工作。

正在幺晓霞和一些同学在学习实用课程时，中国音乐学院到川音招生来了，他们招作曲和声乐。听到这个消息，幺晓霞和一些同学立即去报考。考完试后，张文治高兴地对幺晓霞说，他写的是小号独奏，感觉还可以。事不凑巧，幺晓霞那天发高烧，感觉不太好。她写的是命名为《小曲》的琵琶独奏，老师问她为什么取名《小曲》，幺晓霞说不出道理。几天后，杨老师对他们说：成都考区张文治第一名，幺晓霞第二名，张定聪第三名。但前三名都没有被录取，中国音乐学院要的是第四名陈应政，他出身于革命家庭。张文治出身贫农，又是附中升上来的，川音把他留下了。幺晓霞和张定聪家庭出身不好，哪个学校都不要她们。幺晓霞和张定聪及一些成绩好的同学被"请"出了校门。此时，雅安地区新成立了文工团，急需专业人才，派人到川音来联系。这样，幺晓霞、洪文莉、贾季明、郑胜国、吕祖俊就被分配到了雅安。

难忘的农村户口

李承言

　　1976 年夏，山西临汾师范学校想办个英语专业班，把我从雁北地区一所农村中学调了过去担任专业课教师兼班主任。因为我妻子是农村户口，按规定不能分配家属房。可是我老家在浙江，妻子虽是本地人，但是按照她家乡的风俗，女儿嫁出去是不能回娘家住的。当时又不可能租到房子，但总得有个住处，学校决定对我特殊照顾，把操场边一间八平方米的破旧房子分给我，"文革"期间，曾有支教的解放军在这间房子喂过马。我高兴极了，管它是马厩还是猪圈，住进去再说。就这还引起了许多家在农村的老师们的羡慕呢！

　　教学工作开展得很顺利，生活却处处碰到困难。在那个买什么都要凭"证"的年代，就连买块豆腐也要副食供应证，口粮也无法解决。妻子、女儿都是农村户口，农民在城市里即使有住房，也是很难生活的，因为不能安排工作。当时国务院规定，机关干部每年有千分之三的"农转非"指标，就是说，每年每一千名干部中有三家可以从农村户口转为城市户口。听到这个消息，我马上写了个申请，校长同意申请并签字"情况属实，同意转为城市户口"，并盖了学校公章。我高兴地把它交

149

图 1 1978 年 11 月 12 日，妻子和二女儿在临汾师范学校的家门口。

到地区革委会文教部，日日盼望传来好消息。一日，遇到文教部秘书，他是个十分正直的人，主动对我说："你别以为交了申请就有希望了，文教部下属卫生、教育、文化、体育四个系统，一千五六百人，一年是有五个农转非指标，但是地区医院里的院长、科主任和许多老医生的家属也都是农村户口。地区和文教部的领导平日里生病都是他们给医治的，你说，如果有一个指标，是先批给你还是批给他们？我那里就有一百多份申请，所以你不要抱什么希望，还是自己另想办法吧！"

自己能有什么办法呢？

1978 年 3 月，全国科学技术大会在北京人民大会堂召开。

大会闭幕式上播音员朗诵了中科院院长郭沫若的书面讲话《科学的春天》。从此，知识界掀起了学外语的热潮。一位老师启发我，现在英语吃香，你干脆到山区去教书，条件是让他们给你妻子安排正式工作，这样，孩子的户口也就随之解决了。在那个一切服从组织安排的年代，带着条件提调动，这是不可想象的。但也别无他法，我决定一试。果然，吕梁山深处的隰县中学欢迎我去。隰县教育局局长是个大学生，既懂教育又爱惜人才，当时他们急需一名英语教研组长。事后才知道，县教

图2　1978年11月12日，我和大女儿在临汾师范学校教学楼前。

图3 1978年11月12日，全家在临汾人民公园合影。

育局长接到我的联系信后，立即请示县委书记。书记说："安排正式工作没问题，每年我们都有就业指标。问题是你们一定要了解清楚这个人的情况是否属实。是否身体有病，能不能坚持工作；还是调皮捣蛋不好好工作，人家不要了甩包袱。"正好隰县中学的教导主任有个同学在临汾师范和我是同一个教研组，他回复说："人品没问题，业务知识也扎实，确实是户口问题。"这样，他们才放心了，立即给临汾师范发商调信。

没想到，新问题又来了，地区教育局局长不批，他说："英语班刚进校，你走了，那两位刚毕业分配来的老师我不放心。"我说："调动就像找对象，要双方同意才能成。在临汾，你不能解决我家属的户口问题，现在隰县要，你不让去。等到英语班毕业，人家已经找到了另外的人，就不要我了。"我跟他开玩笑说："临汾和隰县的教师都归你管，我从临汾到隰县，还是你手下的人，你没损失啊！"这位局长是从中山大学毕业的广东人，大概对南方人在北方工作的艰辛也深有体会，最终还是批准了："好吧，破例放过，下不为例。"果然，后来临师有多位教师也学我的做法，要去山区，都没有被批准。

1978年12月，我来到隰县中学。妻子终于有了正式工作，两个女儿也随之转为城市户口。为了报恩，我全身心地投入教学工作中，因材施教，分层辅导，优生争取拔尖，差生也很快得到进步，家长满意，学生高兴。苍天不负有心人，1981年，

图4 1978年11月11日，临汾师范学校英语班欢送笔者（第二排左六）荣调。

图5 1982年8月5日，我与大女儿在天安门广场。

图6 1983年在隰县中学的全家照，妻子和女儿都成了"城里人"。

我的学生张剑平在高考中英语单科成绩取得了全省第一名的好成绩。省报和省电台都做了报道，"深山飞出了金凤凰"。人们奔走相告，小县城沸腾了，这是史无前例的！平川地区的老师们都感到震惊。已经调到临汾师专担任副校长的县教育局原局长贾江，当天专程从临汾赶回隰县，一进我家就激动地说："李老师啊，今天你总算让我挺直腰杆子了。你不知道，我也不能告诉你，当年把你从临汾请来，我顶着多大的压力啊！你知道，那时中学的校长和许多老教师的家属都是农村户口，他们说：'我大学毕业就来山区，干了近二十年，家属还是农村户口。李承言刚来，为什么就这么照顾？'我只好说：'咱们现在最缺的就是外语教师，你不给人家一点好处，人家来山区干啥？'现在好了，我可以理直气壮地说，你们在山区干了二十年，连个地区第一都没有考过，人家刚来两年，就考了全省第一，说明我的眼光没有看错。"当时全国正在补调工资，临汾行署分管教育的副专员给县里打电话，让他们给我调一级工资。县政府还把我评为当年的县劳动模范。

那年秋季开学时，邻县几位要报考英语专业的高三学生慕名转到隰县中学。1982年我带的文科毕业班五十多人，考取大学的十三人，其中五人是英语系本科。往后几年，隰县英语学科在高考中的成绩始终名列地区前茅。

为了支持我的工作，在学校幼儿园当园长的妻子包揽了全部家务，照料我和两个女儿的衣食住行，没有一句怨言，她确实是一位贤妻良母。而我却无暇顾及女儿的学习，以致大女儿在本校上初一时英语成绩却不及格，成为全校老师的笑料。两个女儿都没能跨入大学的校门，是我这辈子都无法弥补的遗憾，实在对不起两个女儿。直到今天，她们也成为母亲，因工作繁

图8 1988 年 4 月 7 日，隰县中学外语组欢送笔者（前排右四）调出。笔者 1987 年 7 月调走，此为 1988 年 4 月搬家时补照。

忙无法辅导自己孩子的学习时，才真正理解了她们父亲当年的无奈。

由于我的学生考了全省第一，我在地区和全省的中学外语教育界都小有名气。1987 年 7 月，我被调到临汾市教育局搞英语教研工作，被评为中学高级教师，还被选为临汾地区中学外语教学研究会副理事长，帮助地区和省教研室做了不少工作。

今天，城乡统一的户口登记制度全面建立，各地取消了农业户口与非农业户口的性质区分，农村人可以在二三线城市自由落户。"城里人"和"乡下人"户口身份之别不复存在。想当年，"城市户口"是多少人羡慕和梦寐以求的目标啊！为了妻子和女儿的城市户口，我竟然在山区整整奋斗了八年半。真是难忘的农村户口！

四十年的同学情

——我和德国留学生库尔特·维思加

李全举

四十年前的一天，我和德国留学生库尔特·维思加在北京大学未名湖前合影留念（图1）。

那个时候中国只有几所高等学校有外国留学生。当时来中国留学的外国留学生的语言能力都比较差，并且对中国社会很不了解。为了让他们尽快熟悉中国，提高他们的语言能力，学校安排中国学生一对一地与外国留学生同住同学习。

1977年9月初，北京大学哲学系的领导通知我去留学生办公室报到，分配给我的任务是陪同外国留学生读书，简称"陪读"。几天之后，我搬进了留学生宿舍楼。当时，留学生宿舍楼在北京大学南大门的右侧，是两栋三层筒子式的小楼，靠近大门的小楼是女生宿舍楼。每位来学习的留学生都有一名中国学生陪同，两人住一间房。对我们中国学生来说，这里的条件是相当不错了。楼内设有门卫、洗浴间、食堂等公共设施。食堂是专门为外国留学生开的，费用很高，我们吃饭还要去学生灶打饭。在印象中，国家还为来中国的留学生每月补助一百二十元人民币。

库尔特出生在德国的一个工人家庭，在德国他学习的是经

图1　我和库尔特在北京大学未名湖前合影。

济学，是由德国一家企业推荐到中国学习的。他先在北京语言学校读了一年汉语，然后转到北京大学来读书。他离开北京大学后又在德国的大学继续读书，成为经济学博士。

　　库尔特高高的个子，棕色头发，大眼睛，留着络腮胡子，私下里我开玩笑称他为"马克思"。他为人谦虚和蔼，有礼貌，我们对他印象很好。他勤奋好学，记得每个星期天，他都要和来自德国的另外四个同学（其中玛加丽特是他的女朋友，后来，玛加丽特成为著名的心理学家，为中德心理学的交流和发展做了大量工作）一起集中学习马克思的《资本论》。在将近一年的共同生活中，我们结下了深厚的友谊。他年长我几岁，虽然他的汉语表达能力不够流利，但是从他的言谈举止中我可以感受到，他是一个值得我信赖和尊敬的外国朋友。朝夕相处，我们从相识到相知相助，逐渐有了点哥儿们的意思。现在回想起来，有几件事情至今难以忘怀。

1977年国庆节前夕，学校为招待在校的外国留学生举办了国庆晚宴，这是我有生以来第一次和外国人在一起吃西餐。就餐时，外国同学都拿起照相机（那时的中国学生很少有照相机）拍照留念。当一位留学生把镜头对准我时，我感到很不自然，在库尔特和一位来自冰岛的同学的注视下，拍了这样一张满脸尴尬的照片（图2）。

图2　我和外国留学生一起吃西餐。

图 3 我和库尔特、玛加丽特、李凤鸣在北海公园。

由于我经常与库尔特及其他几位德国留学生接触，便萌发了学习德语的念头。由于各种原因，直到分别前夕也没有学会几句德语。当然，学会了的几句永远也忘不了，每当我见到德国人时还能来几句：早上好——Guten Morgen！白天好——Guten Tag！

1977 年 10 月 1 日，我和玛加丽特的同屋李凤鸣同学陪同库尔特、玛加丽特、史德安、西加琳等几个德国留学生去颐和

图 4　我们和留学生在迎新晚会上合唱。

园游览（图 3）。我们来到昆明湖边准备乘船游览，但是等待坐船的人很多，人们排在很长的队伍中在等候。我想请他们以外国朋友的身份优先登船，但是他们婉言拒绝了。他们表示不愿意显示自己有什么特殊的地方，要和大家一样排队登船，这件事虽小，但是至今难忘。

1978 年元旦前夕，年级学生会组织了迎新联欢会。陪同外国留学生的我和燕国俊、刘胜康与外国留学生一起上台表演了小合唱，现场气氛热烈，生动有趣。这张照片是库尔特为我们留下的合影（图 4）。

摄影爱好成就了我一辈子的事业。记得在上学期间，我喜欢摆弄库尔特带来的一台单反照相机。单反照相机在当时很高级，普通人是用不上的。有一次，北京展览馆举办苏联绘画展览，我借了他的照相机去参观拍照。当时，展览馆没有规定禁止使用闪光灯拍照。我用闪光灯拍摄展览作品，用闪光灯拍摄有反光的物体，实际上都是错误的行为。现在看来，当时的摄影水平幼稚可笑，不过当我举起照相机拍照时，周围送来一片羡慕的目光，我心里美滋滋的。毕业前夕，我还用他的照相机为我很多同学拍了彩色照片留作纪念。如今每当我欣赏那些彩色照片的时候，感觉它是那么的珍贵，真的感谢库尔特的慷慨与友善！

　　1978 年 7 月 23 日，这一天是我和库尔特分别的日子。分别的前夕，我和库尔特互相赠送了小礼物。他知道我喜欢写毛

图 5　欢送库尔特回国，我们在留学生楼前合影留念。

笔字，特意送了我三支一套善琏湖笔厂出的毛笔。那天小雨下个不停，似乎想要留住归国的朋友（图5）。库尔特、史德安、科伟林、席加琳几个留学生就要回国了，我和同学把他们送到北京火车站，但是总觉得没有尽到同学的一片心意。当列车开动时，我和库尔特紧握着的双手还舍不得松开，直到列车在我们的眼前消失。我心中还在默默念着：再见吧，我亲爱的同学！再见吧，我亲爱的朋友！

之后，我和库尔特保持着书信来往。1983年他给我寄来一盘用中文录音的磁带和一把瑞士小军刀，他的声音让我感到特别亲切，这盘磁带我至今还保存着。1986年，我因公到上海出差，恰好库尔特也在上海办事。分别八年后，我们终于在上海又见面了。那天，我们沿着黄浦江边一边散步一边观景，晚上又在库尔特下榻的饭店聚餐。我们边吃边聊，真是兴奋无比！

1990年，我收到日本金泽大学的入学通知书。在我去日本留学前夕，我和库尔特通了电话。他得知我要去日本留学，非常高兴，向我表示祝贺并且开玩笑地跟我说，以后你用日语跟我交流。由于在日本留学期间生活学习很紧张，我的住所又多次变动，从此，我和库尔特失去了联系。

1998年北京大学100周年校庆，由于我远在外地，没有参加校庆活动。我的同学燕国俊和李凤鸣在参加校庆活动时，意外碰上了库尔特（图7）。匆忙之间，他们没有留下对方的联系地址。多年之后，我才从他们那里了解到，库尔特在这期间来过中国。

2009年的一天晚上，我在家里电脑上网。突然一个念头在我的脑海闪过，不知道库尔特现在哪里，在干什么，能不能找到他？我随即在互联网搜索，我翻着网页寻找着，突然一个熟

图6　我在石川近代文学馆前留影。

图7　库尔特和燕国俊、李凤鸣合影。摄于1998年。

悉的名字跳进了我的眼帘，库尔特·维思加，而且还有他的中国手机号码。我兴奋至极，当即拿起电话打了过去："你好，是库尔特吗？我是李全举。"电话那头的库尔特也十分吃惊，十九年后我们竟然联系上了。当我得知他在北京，表示有机会要去看他，可是他遗憾地告诉我说，他在中国的工作已经结束了，过几天就要回德国了。没想到在回国前我能找到他，事情就是这么巧合，只要差几天，我们可能这辈子就再也联系不上了。我们相互记下了各自的网址和邮箱，发送了各自家庭的生活照片。真高兴，在以后的日子里，我们便可以通过互联网保持永久的联系了。

2017年4月，我去欧洲四国旅游，临行前我和库尔特在互联网上进行了沟通。我把我的行程发给他，在我们用邮件联系的时候，他告诉我他还有微信。但是他不太会用，也不经常用。后来，我找到已在德国定居的同事吕瑞光，通过他的帮助，我和库尔特建立了微信联系，这样我们就可以天天用微信问候了。

4月中旬，按照旅游行程我到达德国法兰克福。这时库尔特已经早早赶到了法兰克福的罗马广场中央等候我们的到来。在我到了罗马广场时，远远地就认出了库尔特，我们互相喊着对方的名字，然后激动地拥抱在一起（图8）。我们互相打量着对方，近四十年了，这时的库尔特已经是将近七十岁的人了。他原来棕色的头发和胡子都已经变成白头发和白胡子了，而我也由满头的黑发变成了一个头发稀疏的花甲之人了。我开玩笑地跟他说，你现在就是一个库尔特老爷爷了！库尔特也风趣地说："我不要那么老，你不要叫我老爷爷。"

在法兰克福罗马广场，库尔特陪同我们参观了广场旁边的保尔大教堂，后来我们找到一家地道的德国餐厅，一边就餐一

图 8 我和库尔特在法兰克福。

边共叙友情。在进餐时，库尔特指着一盘菜边上的一小块酱料说，记得在北大上学时，吃西餐的时候你说这是什么，你还记得吗？我一时想不起来摇摇头说忘了，他哈哈大笑起来。随后我突然又想起来啦，我说，我当时说这像鸡屎，哈哈哈。我们不约而同地大笑起来。

2017 年 5 月，库尔特受中国有关部门的邀请，参加北京2017 第二届中国国际能源互联网博览会会议并做专题演讲。库尔特离开学校后，一直在能源领域工作，已经成为能源方面的

图9　四十年后，我们又欢聚一堂。

专家，多年来他代表德国能源企业为中国能源的发展提供了很多建议和方案。

　　这次国际会议结束后，我邀请他来我家里做客，同时我还邀请了在北大上学时陪同留学生的同学燕国俊和李凤鸣夫妇。这时库尔特的汉语已能讲得很流利，席间大家无所不谈，欢声笑语一片。两天后，我又邀请了在京的当年陪同外国留学生的中国同学解永全、王法兴、钱文华、尹秀云等和库尔特欢聚在聚德华天烤肉宛饭庄。四十年未见，大家见面后感慨万千，有说不完的话。

忆沂水县文艺宣传队

徐厚来

1970 年 10 月，我被沂水县革委组织组从崖庄公社革委会调到县革委政治部，奉命组建县专业文艺宣传队。我们在原县业余宣传队的基础上，选拔了一批年龄在十五岁至十八岁的男女演员，建成了沂水县专业文艺宣传队。

文艺宣传队刚刚建成就显示了她蓬勃的青春活力。队员们个个生龙活虎，有着极高的工作热情。他们几乎人人一专多能，每人会用几种乐器，登台会演唱，下台抓起乐器会伴奏。当时虽然只有二十几个人，却能完成几十个人才能完成的演出任务。

那时排练演出异常繁忙，每天要工作十几个小时，却从来没人计较。我们的宗旨是"坚持文艺'双百'方针，全心全意为广大工农兵群众服务"。我们根据本地特点，编排了丰富多彩的文艺节目。既有戏剧和舞蹈，又有独唱、清唱和表演唱等，很受观众欢迎。每年从正月初二开始，为县里几个大会演出二十多场。从二月初开始，演员们就拉着地排车、推着独轮车，一路步行为群众送戏上门，不管走到哪里，都受到当地领导和社员群众的热烈欢迎。

1971 年 12 月，我们到全县最偏远的山庄小崮头村演出。

1973年4月，宣传队员正在搭建流动舞台准备演出。

1973年5月，沂水县文艺宣传队队员在院东头公社搭建流动舞台准备演出。

这个村在海拔五百多米高的山上，山路崎岖，很少有人光顾。那天特别冷，山高风大。台下有近万名从四面八方赶来的群众观看演出，演员们身着单衣在台上演唱。特别是当《沙家浜》选段中扮演沙四龙的刘智存光着膀子、提着鱼蟹上场时，引起台下一阵轰动，许多观众被演员投入的演出状态感动了。村民纷纷把自家的松枝抱出来，围着舞台生起几堆大火给演员取暖。演员们也倍受鼓舞，演出得更加投入和认真了……演出结束了，台下的观众还没看够，坐着不肯走，一直热烈地鼓掌。见此情景，演员们争着重返舞台为观众演唱歌曲和样板戏选段，一直

1974年5月，沂水县文艺宣传队前往泉庄公社演出。

1974年6月，沂水县文艺宣传队在马站公社流动演出。

　　1975年6月，沂水县文艺宣传队队员在泉庄公社演出前，在小溪边洗衣服。

　　1975年6月，沂水县文艺宣传队和马站二中宣传队联合演出时，到场的学生和观众。

　　1975年6月，与马站二中联合演出时，演员高美振的女声独唱。

持续到深夜。我们站在山上，看到散去的观众打着的手电筒和举着的火把汇成了许多条灯火长龙，在弯弯曲曲的山间小道上时隐时现，心里感到无比满足。时值半夜，当我们返回驻地时，天已经大亮了。

1975年夏天，为了帮助群众收好小麦和进一步活跃农村文化生活，我们化整为零，分成五个小分队到各个村里去演出。演员在社员家里同吃同住，白天同社员一起劳动，利用休息时间在田间地头为群众演出。晚上组织男女青年教唱革命歌曲，学习舞蹈和表演唱。转眼一个多月的时间过去了，当地的干部群众怎么也舍不得我们走。许多群众流着眼泪欢送我们，我们也眼含热泪与当地群众依依惜别。

1975年6月，在马站公社演出《绣军鞋》剧照。

《一家人》剧照。剧中演员：宋乐青、杨青。1979 年 7 月
于济南演出时。

　　泉庄公社崮崖村是全县出了名的缺水村，当地群众从十几
里外的地方挑水吃，视水如油。在出发前听了公社领导的介绍
后，演员们都提前化好了妆，带妆出发。可是到了那里一看，
村里群众已经为我们准备了几大缸清水。原来，听说我们去演

1978 年 7 月，沂水县文艺宣传队前往道托公社流动演出。

出，村里组织群众天不亮就开始为我们挑水了。演出结束后，
演员们谁也不舍得用村里的水洗脸卸妆，又全部带妆返回驻地，
为崮崖村的群众节省了几大缸饮用水。

　　我们县文艺宣传队有着严明的纪律和优良的作风，不管走
到哪里都给那里的领导和群众留下了良好的印象。建队十几年
来，除了外出学习和在家短时间的排练外，大多数的时间是上
山下乡为群众送戏上门。我们走遍了全县的山山水水，为群众
演出了几千场戏。在那文化生活十分贫乏的年代里，这支文艺
战线上的轻骑兵，以真诚朴实的工作作风赢得了全县人民群众
的关心和爱戴。

一块巨石的往事

蔡力杰

几年前，我曾偶然在国家图书馆的网络资料里发现了一张民国老照片，由于其拍摄的是我的家乡——福建省东山县的风物，令我倍感亲切。一开始我仅将其视为普通游客照，但随着研究的深入却发现这张照片其实大有来头：它不仅见证了一个时代的变迁，也披露了一段鲜为人知的历史。

这张老照片现存于南京图书馆。据国家图书馆的资料显示，此照拍摄于 1933 年，照片上的三个人乃是时任东山县县长的刘太希及其同僚。右边的一位身材瘦削，梳油头，穿风衣；中间的一位体壮略矮，戴礼帽，也穿着风衣；唯左边的那位，身形伟岸，戴礼帽而穿长袍，臂悬文明棍，气质更与二位不同，他便是县长刘太希。

照片上潇洒时髦的三位男士固然让人浮想联翩，不过背景中那块巨大的磐石更耐人寻味。它的造型浑圆厚重，殊为奇特，尤为可贵的是其上石刻记录了朝代的兴衰更替和世事变迁。巨石左侧凿刻着遒劲有力的擘窠大字"铜山三忠臣"，一行小字"黄道周、陈瑸、陈士奇"，落款为"永历戊子秋广平路振飞题"，右侧也有历代文人留下的大片题刻。

1933年，东山风动石旧照。左为刘太希。

　　所谓的"铜山三忠臣"是指东山县（旧称铜山）历史上三位赫赫有名的忠臣：黄道周、陈瑸、陈士奇。作为东山乡贤，三人在晚明时代身居高位并皆因抗清而殉国，彪炳史册，将其三人的名姓镌刻于不朽的巨石之上，正是为纪念三人的卓越功勋和崇高气节。而题刻者路振飞也大有来头。路振飞是明代崇祯年间的御史，以直言敢谏闻名。崇祯帝煤山自缢后，路振飞效力于南明小朝廷，弘光年间唐王在福州称帝，封路振飞为太子太保、文渊阁大学士、吏部尚书，官至一品大员。到了永历元年，永明王又诏命路振飞到广东肇庆赴任，途中路振飞恰路过东山，于是留下了老照片上所见的这处题记。从某种程度上看，路振飞题写的"铜山三忠臣"不仅是对本朝忠臣的旌表，更是一种自勉。遗憾的是，就在路振飞写下"铜山三忠臣"后不久，他便死于中途。这简简单单的五个字，凝聚了一个时代的悲剧与忠烈，铭记了四位忠臣的追求与理想。

然而，更让人唏嘘的事情还在后面。20世纪60年代中期，由于"孝子忠臣"这类词语被视为封建糟粕，巨石上的"铜山三忠臣"题刻也未能幸免，惨遭铲除，改镌"铜山风动石"。而到了70年代，本地的打石工人财迷心窍竟想炸碎巨石，出售石料，幸而本地民众纷纷挺身阻止，才使得这方巨石幸免于难。

东山风动石现状

晚年的刘太希先生

事后，接受有识之士的建议，人们将毛泽东"风景这边独好"的诗句题刻在了石上，此方巨石始得彻底摆脱了危机。

　　如今"风动石"已成为东山县的一张旅游名片和标志性景点，不幸的是，来来往往的游客面对着如今"铜山风动石"的新题刻却再也无法将之与这块传奇的巨石背后所蕴藏的传奇与感动联系到一起了。而当年的县长刘太希显然比今人幸运得多，面对着这意味深长的"铜山三忠臣"题刻时，他一定颇有触动，更传奇的是刘太希的人生命运似乎也与这块磐石有着冥冥之中的联系。

刘太希 1898 年出生于江西省信丰县的一个官宦家庭，其父刘楠轩为官四十余载，廉洁奉公，享有清名。作为世代书香门第，刘太希自小饱读诗书。1919 年，刘太希被蔡元培破格录取进入北大预科就读，受到了国学大师黄侃的青睐，学业精进。从北大毕业后，刘太希返回江西任省第四中学校长，后改任星子县县长，1933 年他又上任福建省东山县县长。正是这年，刘太希和两位同僚留下了这张意气风发的合影。

从史料上看，刘太希在东山并无多少建树，但是他的人生转折却是在东山实现的：就在刘太希赴任这一年，他毅然辞职。七七事变后，面对民族危机，他以一腔爱国之情投入抗日活动。国民政府后授予刘太希少将参议衔，他除了料理日常军务外，在抗战期间题写了大量的诗词来激励抗日将士，拳拳报国心，分明可见。

与三忠臣的以身殉国不同，刘太希熬过了抗战并有着多彩多姿的后半生。抗战胜利后，刘太希辗转来到了香港，他有空便写诗作画，与张大千结下真挚的友谊。1952 年，刘太希离港受邀到新加坡南洋大学任中文系教授，主讲《诗经》和《史记》。50 年代后期，刘太希又到台湾定居，身兼辅仁大学、台师大、文化大学、东吴大学等台湾高校的中文系教授。开设了"《诗经》""《楚辞》""《左传》""《文心雕龙》""要籍解题"等课程。后半生的刘太希把自己的精力倾注在学术和教育事业上。1989 年，刘太希病逝于台北。

80年前的米脂一家人

杨廷华

一

我与这幅老照片（图1）的偶遇，缘自2018年国庆期间的一次自驾游。

"米脂的婆姨绥德的汉……"这首流传久远、脍炙人口的民谣，让我很多年前就知道了米脂。米脂地处陕北，是陕西省榆林市的一个县，地方不大却名声在外。2018年国庆期间，经不住诱惑的我自驾来到了米脂。

其实米脂除了秀外慧中的婆姨们，还是一个名人荟萃的地方，农民起义领袖李自成、抗日名将杜聿明、提出"精兵简政"的李鼎铭、著名摄影师杜修贤……当然还有传说中的美女貂蝉。可参观的地方有杨家沟马家庄园中共中央旧址，砖、木、石三种雕刻艺术都十分讲究的姜氏庄园等。

二

正是在姜氏庄园，我遇到了老庄主姜耀祖的曾孙姜纯亮。

姜纯亮生于 1949 年，与共和国同龄，2018 年七十虚岁，比我
大六岁，我称他姜大哥。我们俩有点儿一见如故的感觉，他带
我来到了一孔"游人止步"的窑洞，窑洞里挂着和摆着不少镶
在相框里的照片，有黑白的也有彩色的，大都是他家人的。我
问他还有没有更老的照片，他说有一张他外公家的全家福，因
为相片四周缺损了不少就没往外挂。面对这幅虽有缺损但仍然
珍贵的全家福，我一边小心翼翼地用照相机翻拍，一边用纸笔
逐一记下了照片中十五个人的身份和简单情况，这才有了今天
与大家分享的《80 年前的米脂一家人》。

    图 1   姜纯亮外公赵丹如大家庭的全家福。1938 年左右摄于米脂县东门
外宋家街。

图 2 姜纯亮的外婆高氏。拍摄时间
不详。

三

感谢姜纯亮大哥！尽管时间仓促，他仍然不厌其烦地为我
介绍了他所知道的照片中人的情况，为我们解读这幅老照片（图
1）提供了可贵的第一手资料。

这幅照片拍摄时间为 1938 年左右，拍摄地点是米脂县城
东门外的宋家街，照片中的人是既有土地又做买卖的赵丹如（第
二排戴礼帽者）大家庭的成员。

凭什么认定拍摄时间是 1938 年左右呢？姜纯亮说，后排
左五还在怀抱中的小孩是他姐姐姜秀萍，看样子有三岁左右，

他姐姐现住在西安市，2018 年八十三岁，这样推算就把拍摄时间认定为八十年前的 1938 年左右。姜秀萍也是到笔者采访时老照片上仍然健在的两个人之一，另一位健在者是姜纯亮的表姐赵谦萍（后排左三的小孩）。

四

一幅老照片，穿越八十年。让我们来依次认识照片中的人们——

前排的四个孩子高高低低，但每人都坐着一个小板凳。

左一是姜纯亮二外公的儿子赵锁成，生前在米脂县城开食堂，20 世纪 90 年代去世。

图 3　姜纯亮母亲赵淑荣中年时的照片。拍摄时间不详。　　图 4　姜纯亮母亲赵淑荣老年时的照片。拍摄时间不详。

图5 姜纯亮的二舅赵锁
明中年照片。拍摄时间不详。

图6 姜纯亮的二舅赵锁明老年照片。
拍摄时间不详。

左二穿花裤子留分头的是姜纯亮的姨姨赵淑莲，生前在长春电影制片厂从事电影剪辑工作，我们看过的很多老电影有的说不定就出自她之手。

左三是姜纯亮三外公的儿子赵润儿，生前在西安市工作。

左四是姜纯亮的三舅赵锁智，生前当过米脂县小学校长、县斌丞图书馆馆长。

认识了前排的四个小孩，我们再来认识第二排正襟危坐的几位老者。他们从左至右依次是，姜纯亮的三外婆（姓氏不详），二外婆常氏，外婆高氏，外公赵丹如（戴礼帽者）。

我把在地上站着的都算作第三排，从左至右依次来认识他们。

左一是姜纯亮的二舅赵锁明。他的经历最丰富，曾当过解放军，转业到地方后担任过延川县委书记和西安市委秘书长，享年九十五岁。

左二是姜纯亮的前二妗（姓氏不详）。

左三是照片中最小者，姜纯亮大舅的女儿——表姐赵谦萍，退休前在榆林市气象局工作，今年八十多岁了。

左四是姜纯亮的大妗申氏，米脂家庭妇女，20世纪80年代去世，享年七十多岁。

左五是姜纯亮的姐姐姜秀萍，现住在西安市。

左六是姜纯亮的母亲赵淑荣，米脂县印斗镇刘家峁村人，2003年去世，享年八十四岁。

左七是姜纯亮的大舅赵锁存，早年经商，后来成为米脂县

图7　2018年国庆期间，作者杨廷华（右）在姜氏庄园采访姜纯亮。

百货公司的职工（我分析有可能是在工商业社会主义改造过程中转换身份的），20世纪90年代去世，享年七十九岁。

五

1938年左右的中国，艰苦卓绝的抗日战争正在进行，劳苦大众还普遍生活在水深火热之中，我想，沟壑纵横的陕北米脂应该也好不到哪里去。

我们不知道当年赵丹如先生动意照这张全家福的缘由，但老照片却从一个侧面告诉了我们他家当时相对富足的生活状态，也让我们穿越时空，看到了八十年前的米脂一家人，当然，也包括八十年前的米脂婆姨们。

《老照片》与百姓"尊严"

冯克力

前些时候，应天津天泽书店之邀，与读者做了一次交流，话题为"可见的历史与可体悟的尊严"。大意是，二十多年来《老照片》在以照片还原历史真相的同时，也让沉浮其间的当事者及其后人体悟了生命的尊严。不惟如此，《老照片》还一直鼓励平民、个体结

国内订阅：全国各地邮局

邮发代号：24-177

地　　址：山东省济南市英雄山路 189 号 B 座（250002）

E-mail：laozhaopian1996@163.com

网　址：www.lzp1996.com

责任编辑／赵祥斌

装帧设计／王　芳

扫码听书

《老照片》微商城

微信公众号

《老照片》网站

ISBN 978-7-5474-3328-7

9 787547 433287 >

定价：20.00 元

OLD PHOTOS

老照片

定格历史 收藏记忆

主编 冯克力

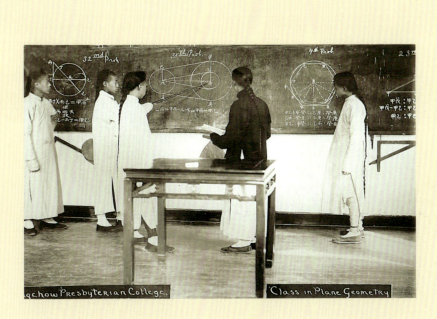

图书在版编目（CIP）数据

老照片.第129辑／冯克力主编. —济南：山东画报出版社，2020.2
ISBN 978-7-5474-3385-0

Ⅰ.①老… Ⅱ.①冯… Ⅲ.①世界史—史料②中国历史—现代史—史料 Ⅳ.①K106 ②K260.6

中国版本图书馆CIP数据核字（2020）第038519号

老照片.第129辑
冯克力主编

责任编辑　赵祥斌
装帧设计　王　芳

出 版 人　李文波
主管单位　山东出版传媒股份有限公司
出版发行　山东画报出版社
　　　　　　社　　址　济南市市中区英雄山路189号B座　邮编 250002
　　　　　　电　　话　总编室（0531）82098472
　　　　　　　　　　　市场部（0531）82098479　82098476（传真）
　　　　　　网　　址　http://www.hbcbs.com.cn
　　　　　　电子信箱　hbcb@sdpress.com.cn
印　　刷　山东临沂新华印刷物流集团有限责任公司
规　　格　140毫米×203毫米　1/32
　　　　　　6印张　142幅照片　120千字
版　　次　2020年2月第1版
印　　次　2020年2月第1次印刷
书　　号　ISBN 978-7-5474-3385-0
定　　价　20.00元

1909年：张伯林的四川老照片

蜀中客

近些年，一大批署名美国地质学家张伯林（Chamberlin）的1909年的老照片在网络中广泛流传，其中有关四川的照片很多，有一些已登载在记录四川历史的书籍中。这批老照片拍摄的地域和涉及的内容很广泛，记录了晚清时期广东、广西、四川、河南、直隶、山西、奉天和香港、上海、南京、北京、武汉等地的社会人文、城市乡村、地理风貌等。这些拍摄于一百多年前的几百幅老照片，以其图像清晰、内容丰富而深受网友的关注和喜爱。

遗憾的是，这些精彩的老照片虽然流传甚广，但上面除了标注有"拍摄者"张伯林和地点等简单信息之外，没有更详细的文字说明。由于对其缺乏深入的探讨与研究，人们无法了解这些老照片应有的价值和内涵。甚至，有些转帖者还想当然地把张伯林注解成旅游者，是来中国游山玩水的美国游客。

这批老照片拍摄的真实原因和背景是什么呢？张伯林一行到中国到底是来做什么的？保存这批老照片的美国伯洛伊特（Beloit）学院，不仅公布了这些照片的高清大图，还公布了罗林·张伯林（Rollin T. Chamberlin）沿途写的六册日记，日记提

1

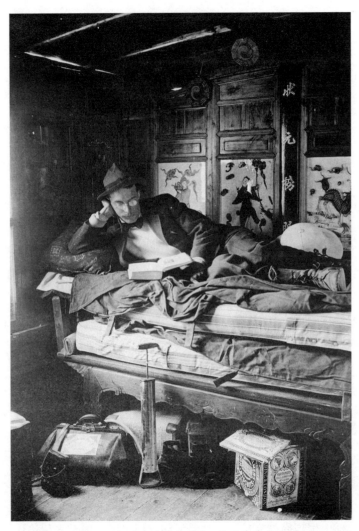

　　1909 年 3 月 16 日，房船内舱里罗林·张伯林正在床上看书。船舱内墙上有中国传统的福禄寿图案和对联。

考察团翻译王先生

供了中国之行的详细信息、行程和见解感受。从日记中我们可以断定，这批老照片的实际拍摄者是罗林·张伯林，他是时任美国芝加哥大学教授、著名的地质学家汤玛斯·张伯林（Thomas C. Chamberlin，1843—1928）唯一的儿子，也是芝加哥大学研究生毕业后留校任教的年轻地质学者。1866 年，罗林的父亲汤玛斯·张伯林毕业于伯洛伊特学院，之后出任威斯康星大学教授、芝加哥大学教授和美国地质学会总裁（主席）。罗林·张伯林为纪念父亲毕业于伯洛伊特学院，便把这批1909年考察中国之行拍摄的七百多张照片和自己的六册日记，以其父亲的名义交由伯洛伊特学院典藏。

罗林在日记中记录了他们在中国数月行程中每天的所见所闻，以及所拍摄照片的说明等。但是，对于他们到中国四川的背景和目的，他没有交代清楚。其实，他们这次1909年上半年的中国之行，得到了美国当时最大的实业家老约翰·洛克菲勒的支持。

1909年3月17日，考察团在夔州府（奉节老城）登岸游览。这是城中的一条大街，两旁是围观的居民。

1909 年 3 月 17 日，罗林从房船上拍摄的云阳张飞庙。在 4 月底返程途中，考察团登岸参观了这座著名的庙宇。

1900 年庚子事变，是世纪之交的一件大事。中国虽然遭受了空前的惨痛灾难，但中西关系因此发生了重大改变。一批有见识的西方人认识到，应该在中国普及现代知识和新式教育，推动中国向现代化发展和进步。因此，进入 20 世纪以后，在西方人中兴起了一股到中国兴办教育机构的热潮。这其中就包括美国洛克菲勒基金会。

约翰·戴维森·洛克菲勒（John Davison Rockefeller，1839—1937），美国实业家、慈善家。1870 年他创立标准石油，在全盛期垄断了全美 90% 的石油市场，成为美国历史上的第一位亿万富豪与全球首富。洛克菲勒在人生的后四十年致力于慈善事业，主要致力于教育和医药领域，两所美国顶尖大学芝加哥大学（1890年成立）与洛克菲勒大学（1901年成立）都是由他出资创办。洛克菲勒坚信他人生的目的是"尽力地赚钱，尽力地存钱，尽力地捐钱"。他虽以许多负面手段成为空前的巨富，但他终生烟酒不沾，私生活极为严谨，一生勤俭自持。他在晚年将大部分财产捐出资助慈善事业，开美国富豪行善之先河。20世纪初，洛克菲勒基金会在洛克菲勒的标准石油公司庞大财富的支撑下，计划在中国资助符合社会公益的大型的长期项目。洛克菲勒的好友兼顾问弗雷德里克·盖茨（Fredrick Gates）牧师建议他在中国建立一所综合大学。

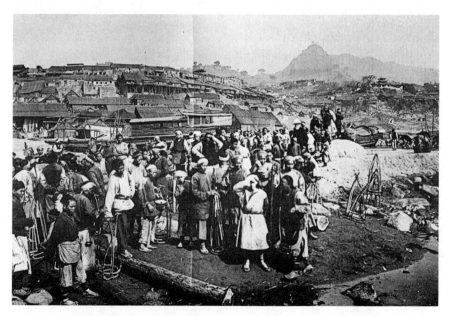

1909年3月19日，考察团抵达万县（今万州区）码头，码头上挤满了围观的人群和等待生意的挑夫。

1909年3月20日下午，考察团从万县出发，途经万县苎溪河，远处是著名的万州桥。

洛克菲勒接受了盖茨的建议。1908年，洛克菲勒成立了东方教育调查委员会，由芝加哥大学教授、神学家欧内斯特·德威特·伯顿（Ernest DeWitt Burton，1856—1925，又译为伯尔顿，芝加哥大学第三任校长）担任委员会的领导。伯顿教授在履行洛氏基金会的计划时，准备先到中国调查其教育、社会和宗教状况，协助在华的外国差会、使团在中国建立一所类似芝加哥大学规模的大学。

在此之前，伯顿先生曾接到了在中国西部城市成都的美国美以美会传教士约瑟夫·毕启（Joseph Beech，1867—1954）博士的邀请。毕启告知他，在成都的美、英、加的教会正在筹备

7

1909年3月21日，从分水到梁山县（今梁平区）的层层梯田。

1909年3月21日，途经梁山县东边的几座石牌坊。

1909 年 3 月 23 日，梁山县袁驿坝西部的溪流和石拱桥。

　　1909 年 3 月 24 日，大竹县西部的一个煤矿吸引了考察团的注意，当地的采煤完全靠人力。

1909 年 3 月 25 日，考察团的队伍正在经过渠县李渡河西部的一座石牌坊和河流上的石拱桥。

建立一所西方式的大学，希望伯顿先生能够亲临考察，对此提出意见和建议。因而，伯顿便把东方教育调查委员会考察的重点放在了华西的成都。

毕启，美国传教士、教育家，华西协合大学（现四川大学华西医学中心）的主要创建人。1899 年毕业于美国惠斯联大学，获神学博士学位，同年受基督教会差遣只身赴华。1903 年来到四川，先后创建了重庆求精中学和成都华美中学。1904 年创建成都华英中学，并任校长。1905 年参与筹建华西协合大学，1913 年任华西协合大学首任校长，1930 年辞去华大校长职务，任华大教务长。1946 年获民国政府授予外国人的特殊功绩荣誉奖红蓝镶绶四等彩玉勋章，后以七十九岁高龄返回美国。1954

年逝世，享年八十七岁。

正是在这种背景下，1909 年 1 月初，美国芝加哥大学东方教育调查委员会考察团一行从芝加哥启程，开始了近半年的中国之行。考察团总共由四人组成，欧内斯特·伯顿博士担任团长，成员包括著名的地质学家、时任芝加哥大学教授、年已六十六岁的汤玛斯·张伯林，担任日常联络、生活起居及摄影工作的是张伯林唯一的儿子罗林·张伯林和一位年轻的华裔翻译王先生（Y. T. Wang）。罗林·张伯林随身携带两部柯达照相机，一部为拍摄大底片（约 7 英寸 ×5 英寸）六张一卷的相机，一部是拍摄较小底片（约 4.5 英寸 ×3.5 英寸）十二张一卷的相机。从照片上看，拍摄照片的工作主要由罗林担任，王翻译有时也

1909 年 3 月 27 日，顺庆府（今南充市）附近的平原与嘉陵江。

参与拍摄。

伯洛伊特学院典藏的归属汤玛斯·张伯林教授名下的老照片共计七百二十六张，除去途经夏威夷、日本、俄国、瑞典、挪威等国家和地区时所拍摄的八十余张，在中国拍摄的照片计六百四十余张，其中在四川（包括重庆）拍摄的就有二百四十余张，反映成都城区街道、成都平原的照片数量尤为众多，内容最为丰富。

从这些照片分析，罗林·张伯林不仅是一位年轻的地质学学者，而且还是一位非常优秀的摄影师。这批照片的拍摄无论

1909 年 3 月 28 日，顺庆府嘉陵江北岸的白塔。

1909年3月30日，考察团一行行进在偪家附近的山路上。

是取材、构图，还是景物、人物的取舍，包括抓拍，都十分到位。罗林拍摄的照片都是行摄，一路拍摄所见的场景，但很少有场景杂乱无章的败笔。罗林还要在旅行途中及时把拍摄过的胶卷冲洗出来，没有过硬的摄影操作技术，是无法完成这项工作的。正是因为罗林照片拍摄得精彩、生动，才吸引了众多网友的围观和转载。

　　接下来，我按其中一些照片拍摄的时间顺序，来解读这些老照片拍摄的地点、内容，并阐释我的理解。

　　1909年1月4日，美国芝加哥大学东方教育调查委员会考察团从芝加哥启程，横穿美国大陆，于9日在旧金山登上到日

　　1909 年 3 月 30 日，途经道路旁边的一所学堂，罗林拍下学堂门外站立整齐的学童和老师。

　　1909 年 3 月 31 日，三台县观音桥（今观桥镇）旅店内房门口，考察团唯一的合影。左起依次为：伯顿教授、汤玛斯·张伯林教授、毕启博士、王翻译、罗林·张伯林。

本的邮轮，途径夏威夷做短暂停留后，于 1 月 20 日左右到达日本。考察团在日本几个城市逗留数天后再次登船，于 2 月初抵达上海。在上海，考察团见到了时任两江总督的端方，端方邀请考察团去南京考察。因此，伯顿一行在上海停留数日后即坐船抵达南京，与端方进行了深入的会谈。端方曾率团访问过欧美，对西方社会有所了解。端方对洛氏基金会的意图表示欢迎，并对此提出意见和建议，表示他会将考察团的情况上报北京。可惜罗林·张伯林仅仅在日记中简单记录了会谈情况，却没有拍下会谈的影像。之后，考察团返回上海，由上海乘坐轮船到

1909 年 4 月 1 日下午，考察团到达中江县大礁礅，停下住店过夜。全镇的居民几乎全部出来围观这些远道而来的住宿者。

香港、广州，沿西江到三水，最终到达广西梧州。考察团原路返回上海后，从吴淞口乘坐江轮溯长江西行，经停汉口数日后，于3月11日到达宜昌。

在湖北宜昌，考察团一行见到了从成都前来迎接的约瑟夫·毕启博士及其随员。毕启已经为伯顿一行安排好了前往四川的房船和行程，令考察团一行非常满意。1909年宜昌到四川还没有开通机械动力的江轮（1910年始开通），上溯入川只能乘坐每天行程仅数十里的木船。途经山高水急的三峡和一道道险滩，全靠船夫和纤夫一步步拖拉。3月12日考察团自宜昌启程，16日到达四川境内的巫山，19日抵达万县。在万县，考察团登

1909年4月2日，中江县兴隆场附近的村民正在露天熔铁铸造农具。这种土法熔铁铸造技术引起考察团的兴趣。

　　1909 年 4 月 4 日，位于成都陕西街基督教堂东侧的存仁医院（现在的四川省教育厅所在地）。存仁医院是 20 世纪初由一名叫甘来德（Harry L. Canright）的美国医生、传教士于 1894 年开始修建。建成的存仁医院为三层丁字形楼房，主楼中央有四面钟楼一座，高于主楼约六米，为成都第一座砖木结构西洋高层建筑钟楼。

岸，从陆路前往四川首府成都。

　　清末的四川交通条件极为恶劣。考察团之前所到地方都有水路或铁路相通，乘坐轮船、木船还比较舒适。从万县到成都的道路是历史悠久的官道，长约四百英里（约六百五十公里），是传统上从长江水路入川的最佳路线，一般行程多为十四五天，唯一的代步工具只是四人抬的轿子，每天行程仅七八十里，晚上便要住店睡觉。沿途客店多是极为简陋的小店，有些可以说是肮脏不堪。英国旅行家伊莎贝拉·伯德女士和日本教师山川

　　1909 年 4 月 5 日，正在华西坝打棒球的华西高级中学堂的学生，罗林也参与其中。

　　1909 年 4 月 6 日，为筹备前往灌县（今都江堰市）山区考察，罗林与王翻译到成都商业大街购置相关的物品。这是成都东大街的一段街景。

早水，都在各自的书中绘声绘色地对 19 世纪末 20 世纪初四川沿途旅店的破败肮脏做过描述。一百多年后的我们，或许难以想象那时的旅行，如今走高速公路不到一天时间的路程，那时却要走上十多天。

罗林在日记中并没有对沿途吃住条件进行叙述，作为地质学者，他更多关心和记录的是沿途的人文地理。他以一个西方年轻人充满新奇的眼光看待沿途的人文风景，拍摄的照片内容极为丰富，山川地理、道路村舍、人文风貌等，使得清末四川的风貌清晰地展现在一百多年后的我们面前。

3 月 20 日上午，毕启的随员雇用好前往成都的轿子和挑夫，下午考察团离开万县，途径万县（今万州区）分水（住店过夜）、

1909 年 4 月 6 日，成都的一条商业街，两旁是商号店铺的招牌，远处过街牌楼上写着"中法大药房"。

1909 年 4 月 7 日，成都平原的稻田和村舍竹林。

1909 年 4 月 7 日，路旁一群采花的女童看见罗林拍照后纷纷躲避。

1909年4月8日，考察团从灌县（今都江堰市）西门沿松茂古道西进。

　　1909年4月8日，罗林从灌县松茂古道拍摄的都江堰鱼嘴、金刚堤和安澜索桥。

1909 年 4 月 8 日，考察团走过安澜竹索桥。

梁山县（今梁平区）、梁山袁驿坝、大竹县、渠县李渡河、渠
县新市场、蓬安县跳蹬坝，27 日下午抵达顺庆府（今南充市）。
28 日，考察团在顺庆休整一天，参观了当地的学校、丝绸厂等，
罗林还专门渡过嘉陵江拍摄了南充那座著名的白塔。之后，考
察团继续西行。途径蓬溪县、遂宁县太和镇、三台县观音桥（今
观桥镇）、中江县大磉礅、金堂县姚家渡，最终于 4 月 3 日下
午抵达成都，经北门入城住进位于陕西街的美国美以美会基督
教福音堂。

　　从 4 月 4 日到 6 日在成都的三天时间里，考察团的日程紧
张而繁忙。他们先后拜访了四川负责文化教育的提学使方旭，
到总督衙门拜访时任四川总督的赵尔巽，对四川的教育现状交
换意见，介绍了洛克菲勒基金会的设想，听取总督的建议和意

见。总督赵尔巽刚刚接到北京的电报，考察团就到达成都，他对考察团的行事风格、办事效率表示了敬佩。考察团会见了在成都的欧美各界人士，与成都的美、英、加教会负责人毕启、陶维新、启尔德等人开了两次会，就即将建立的华西协合大学的设置、管理等一系列问题深入讨论，提出许多意见和建议。

1909年4月4日，考察团在成都南门外参观刚刚修建不久的自来水提水装置。位于成都南门外的南河上，照片中水车的背后可以看见南门城楼顶。成都自古城内水井水质不好，居民饮用水多是购买南河的河水。清末，成都有关衙门在南门外的南河修建起直径达十米的大水车，把南河水打上来，穿过城墙，引入城内的一个大蓄水池里，再通过引水管把池里的水引到各

1909年4月8日，路遇古道上的背夫。

1909 年 4 月 9 日，灌县西部大山深处的田地和人家。

　　1909 年 4 月 10 日下午，新场（今都江堰市聚源镇）戏楼前的数百名观众和演员都转身观看罗林拍照。

　　1909 年 4 月 11 日，在郫县（今郫都区）吃午饭时，罗林拍下了这张一个当地妇人坐在门外吸烟的照片。

　　1909 年 4 月 11 日，郫县当地一家人的后院。

条街上的蓄水井中。引水管用的是一节节粗大的竹子，用苎麻捆绑连接后再敷上水泥；蓄水井的周围及井底用木板做护壁，防止井水往外渗漏或井外的水浸入。当时，这项工程是成都当局引以为傲的典范。

他们还登上成都南门城墙，游览观赏城墙内外的风景，参观位于贡院内的四川高等学堂（四川大学前身），罗林对高等学堂的校舍、教学设备等给予很高的评价。罗林在日记中对成都的城市街道的整洁宽敞表示惊讶。成都的街道和城墙上的景

1909年4月11日，五位沿途护卫考察团的灌县士兵。根据1876年中英《烟台条约》规定，外国人在中国旅行，沿途各地衙门都要派出士兵负责护送，每到一县相互交接。灌县这几位士兵护送考察团到郫县后即将返回，罗林为他们拍下了这张照片。

　　1909 年 4 月 12 日，四川布政使宴请考察团即筹备华西协合大学的主要负责人午餐后在衙门花园里合影。根据罗林日记记载，合影前排左起依次为：负责工业的劝业道道台周孝怀，汤玛斯·张伯林教授，布政使（藩台）王仁文，伯顿教授，负责教育、文化的提学使方旭，加拿大传教士启尔德博士；后排左二英国传教士陶维新、左四罗林·张伯林、左六美国传教士毕启博士、右二王翻译，其余的是四川各衙门的官员和外国在成都的传教士。

1909 年 4 月 13 日，成都满城中的一条大街。根据罗林的描述，这条街道应该就是进入满城东门的喇嘛胡同（祠堂街），由此可以通往成都的西门。

1909 年 4 月 19 日，修建在岷江旁半山上的叙府（今宜宾市）寺庙（半边寺）。

1909年4月23日，重庆城的南岸，房船前一晚停靠在德国炮舰"沃特兰特"号附近过夜。

色都被罗林一一拍摄下来。

　　4月7日至11日，考察团经满城出西门前往灌县山区进行考察。一路上罗林使用两部照相机拍摄了众多的沿途风光和人文影像，他对于四川平原的美丽富庶、植被丰茂，人流、物流的繁忙发自内心地赞叹。

　　作为地质学家的张伯林父子，到四川的目的有一项就是考察被西方称为"中国西部的阿尔卑斯山"的灌县西部的龙门山。五天时间里，他们在灌县住宿一晚，住宿在灌县以西大山中的汶川县漩口镇两晚，沿松茂古道到达映秀湾以西数公里后才折返。他们用携带的测量海拔的仪器、经纬仪等对岷江的走势、沿途大山的地理构成等做了较为详细的记录，在日记中还绘制了简略的地形图和岷江走势图。

4月10日由漩口镇返回途中，他们参观了都江堰和二王庙，对都江堰的功能和李冰父子的功绩赞誉有加，认为二王庙展现出了中国建筑的奇妙和俊美。当晚，他们在灌县的新场（今都江堰市聚源镇）住宿，罗林拍下了几张非常有特色的照片。

4月12日中午，四川布政使（藩台）王仁文与负责教育的道台、负责工商业的道台，在布政使司衙门宴请考察团和筹备华西协合大学的主要负责人。午餐后，大家一起在衙门花园里合影，并一同参观花园里饲养金鱼的池塘和饲养的孔雀、鹿等。

4月13日是考察团在成都逗留的最后一天。上午考察团专程游览满城和汉城附近的街道，罗林拍下了几张极具特色的满城街道的照片，对我们如今了解满城有了直观的印象。在陕西街美以美基督教教堂旁的存仁医院的塔楼上，罗林还拍摄了两张成都天际线的照片，让我们如今能够清晰地观看到当年成都城区的美丽风貌。下午，华西协合大学筹备组与伯顿等再次聚会商讨华西协合大学建校的情况。之后，汤玛斯·张伯林应邀到四川高等学堂做了题为"亚洲地质状况"的学术报告。

考察团完成在四川的考察任务，于4月14日离开成都。由于春季成都锦江水流少，河道浅，事先预定乘坐的房船只能上行到彭山县（今彭山区）的江口镇停泊，考察团必须先走陆路经双流、新津，再到彭山江口镇。因而伯顿一行在毕启派出人员的陪同下，乘坐轿子走陆路一天，当晚留宿彭山县青龙场，第二天中午过后在江口镇登上返程的房船。

考察团的房船顺岷江而下。途径嘉定府（今乐山）、叙府进入长江，再经泸州到重庆。在重庆短暂停留后，继续乘船沿长江航行，经涪州（今涪陵）、万县、夔州、巫山县，于4月29日离开四川。伯顿一行从3月中旬到4月底在四川的行程共计一个半月。

5月1日，芝加哥大学东方教育调查委员会考察团到宜昌换乘轮船前往汉口。在汉口停留数天后分为两路，伯顿先生由英国商人立德陪同继续沿长江而下，到湖南、南京、上海，再到北京。张伯林父子和王翻译则乘坐火车沿卢汉铁路北上，先到河南省河南府（今洛阳），再到卫辉（今新乡），之后在石家庄转车到山西太原，从太原到北京。在北京期间，他们还到了居庸关、怀来、宣化，最后返回北京与伯顿先生会合。考察团再乘坐火车经山海关到奉天府（今沈阳），最后坐火车沿中东铁路入俄国，经西伯利亚铁路到莫斯科。最后坐轮船经瑞典、挪威返回美国。

芝加哥大学东方教育委员会1909年上半年这次中国之行的考察作用到底有多大不得而知，但之后的成效是显而易见的。该委员会之后又两次派出考察团赴中国考察，1913年洛克菲勒基金会决定成立"中华医学基金会"，并于1915年在北京收购协和医学堂，开始筹建合乎美国一流标准的北京协和医学院。1917年9月建立北京协和医学院，开办医预科，附属医院为北京协和医院。1921年一座中西合璧宫廷式建筑落成。到1947年医学院移交中国，洛氏基金会共投入资金4465.2万美元，是该基金会在海外最大的项目。如今，北京协和医院依然是我国实力最强、医疗水平最高的医院。

美国著名的《国家地理杂志》1911年12月刊登了罗林·张伯林撰写的文章《人口稠密的美丽四川》，并配有二十幅他拍摄的成都城区、成都平原、都江堰的照片和绘制的地图。这是该杂志最早介绍中国四川的重要文章之一。

之江大学与现代教育

张鹏程　张鹏搏

1859 年，美国基督教北长老会进入杭州；同年，英国圣公会也来到杭州；1860 年和 1866 年，美国南长老会和浸礼会分别进入杭州。与此同时，教会创办的大学、中学、小学和医院也在杭州兴起，极大地促进了中西文化交流。当时，在旧教育制度下，"四书""五经""八股文"等固守人们的脑筋，整个社会处于极端落后的状态，人民生活极端贫困。随着帝国主义列强对中国的侵略不断加深，民族危机日益深重，先进的中国人不断寻找国家的出路，特别是维新变法后有识之士提出："变法之本在育人才，人才之兴在办学校""今欲强中国，存中学，则不能不讲西学"。"西学"也就是新学。

随着基督教传教士开办一系列"西学"学校，在课堂中教授物理、化学、数学、生物、地理、天文、体育等在西方已较为成熟的学科，中国学生开始接触到现代教育。基督教长老会除在杭州育英义塾基础上创办育英书院（之江大学前身），1897 年又协助杭州知府林启创办求是书院（浙江大学前身），并聘请传教士王令赓（E. L. Mattox）博士为总教习，负责全面教学。王令赓在求是书院亲自教授物理、化学、数学、微积分、生物、英语等课程并建立理化实验室。教会在创建高等教育学校的同时，也创建中学、小学，如蕙兰中学、弘道女中、之江小学、冯氏小学、蕙兰小学、正则小学、新民小学，等等，通常教会中学都会兼建小学部。教会十分重视现代科技文化的传播，各教会学校按照西方教育模式，经多年的发展建立起正规的教育体制，并在专业化和正规化的基础上，形成了从小学到大学的完整教育体系，对杭州现代教育起着积极推进作用。以世界著名古建筑园林艺术大师陈从周为例，他从教会小学到教会大学受到了教会学校完整的系统教育，他从新民小学毕业后升入蕙兰中学（杭州二中前身），再由蕙兰中学升入之江大学，

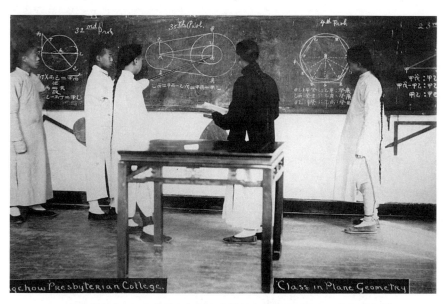

育英书院（之江大学前身）师生在黑板上演算平面几何。师生头上虽还拖着长长的辫子，但已接受现代科技文化知识教育。摄于 1897—1900 年。

angchow Presbyterian College.   Class in Analytical Chemistry.

传教士兼教师在化学实验室教授化学实验课，并指导学生做试验，育英书院学生正在查看化学反应。这是杭州最早的化学实验课。摄于 1897—1900 年。

而之江大学本身就兼办附中与附小。至 1951 年，杭州有基督教大学一所，中等学校七所，小学十一所。长期以来，基督教会开办现代教育，教会矢志不渝地在平民中办善事、宣扬"爱人如爱己"，创办医院，如广济医院（浙江第二医院前身）、仁爱医院（红十字会医院前身）、保俶塔下的麻风肺病疗养院等，特别是抗战中在敌伪区首先开办救助站收容所和慈善机构救济难胞与伤兵等，逐渐获得了人们的认可。

教会大学毕业生的就业情况，真实地反映出教会大学虽有宗教背景，但毕业生从事神职与其他专职教会工作者并不多，绝大多数毕业生服务于工商、教育、外交、外贸、医疗、法务、军务等社会各层面，或从事较高层次的科技文化的研究和教学。杭州各层次的教会学校培养的毕业生，也大都走向为社会服务这条道路。以之江大学1924年毕业生从业情况为例：10%为神职教牧人员；15%从商；35%从事教育事业；40%担任工程师、医生、报刊编辑、高层次的科研人员。包括之江大学在内的教会学校教育中有一大特点，就是大多数课程采用全英文教

育英书院教师讲授与天文学课有关的平面几何学和立体几何学，帮助学生建立立体概念，以利于掌握天体运动规律。教会学校十分重视理论与实践的结合，重视动手能力。摄于1897—1900年。

学，使学生牢固掌握英文，可以迅速与外国先进文化科技接轨，如商学院国际贸易系、外国文学系等系科。这是现今许多著名高校所做不到的，也是重点高校至今所追求的目标。

　　现代教育的重要目的就是通过教育使学生掌握现代科技知识，并通过实践加以实现和不断提高科学水平。之江大学理工科毕业生大都投身国家工程建设，特别在抗战中为西南军工企业和国际援华通道滇缅国际公路的建设作出了不可磨灭的贡献。许多之大毕业生，在新中国成立后赴东北参加建设，并成

　　育英书院是杭州最早教授气象学知识的学校。图为学生参观耸立着风向标塔的气象台，以巩固气象学所学的知识。摄于 1897—1900 年。

育英书院传教士将当时西方先进的理化设备引入书院的理化实验室内，其仪器及化学实验器具都已非常齐全，与现代理化实验室已无多大区别。摄于 1897—1900 年。

为钢铁、化工、铁路、工程建设领域的技术骨干。

在教会开办的学校里，西方的现代教育方法和先进科技知识逐渐移植到了中国的教育中。学校特别注重理工科和科学实验。从之江大学和浙江大学的校史里，我们可以清楚看到传教士王令赓担任求是书院总教习时是如何制订课程、建立实验室的。而且，他还亲自担任代数、微积分、解析几何、物理、有机化学、无机化学及分析化学、天文学、生物学、英文等课程的老师。他们认为科学是培养逻辑思维最好的手段和方法之一，可以提高脑力思维的能动性和创造性。为了提高科技文化教育的水平，学校不断从美国引入现代科技文化教育的教材、教具与信息资料。之江大学先后引入了发电机、马达、电报、显微镜、经纬仪、金属切削机床、天文望远镜、平板测绘仪、照相术和设置动植物和岩石标本室与物理、化学实验室等。可以说，之江大学是杭州新式高等教育的先驱，也可以说教会大学最直接的贡献就是把现代教育模式移植到中国，使中国高等教育迅速融入现代高等教育的范畴。之江大学培养了众多的人才，如《共产党宣言》首译者陈望道，就毕业于之江大学国文系。此外，晶体物理学家陆学善、"中国雷达之父"束星北、历史学家吴晗等曾就读于之江大学，文学家郁达夫毕业于之江大学中学部（附中），著名的《莎士比亚戏剧全集》首译者朱生豪、曾任上海市副市长的金仲华毕业于之江大学。其他社会精英，如乔石及其夫人郁文、陈从周、朱生豪、李培恩、林汉达、陆维钊、琦君、裘法祖、蒋礼鸿、徐次达、袁鹰、沈克非等，也都是从之江大学毕业的。

由传教士先后兴办的登州文会馆、博习书院、宫项书院、中西书院、育英书院、格致书院、潞河书院、山东书院、圣约翰书院等，逐渐转变或创办为教会大学，到20世纪上半叶已成为中国高等教育中举足轻重的力量，是推动中国教育和社会现代化的重要力量。以杭州的之江大学为例，根据社会需要，经多年发展与创新，学校逐渐建立了完整的现代教育体系：设立工学院、文学院、商学院等十四个系科，都是当时教育的前沿学科。1952年，全国院系调整，之江大学解体，工学院建筑工程系并入上海同济大学，著名建筑学家陈植、谭垣、王华彬等，古建筑园林艺术家陈从周等成为同济大学学科带头人，极大提高了同济大学建筑系学科水平；工学院机械工程系及土木工程系并入浙江大学，陈近朱等人的调入，提升了浙江大学机械工程系、土木工程系的教育质量；商学院改制为财经学院后并入上海财经学院，一批具有国内一流水平的教授进入上海财经学院，其中有胡继瑗、卢怀道、宗植心、胡寄聪、朱君毅等；文学院与浙大文学院合并成立浙江师范学院，许多著名的教授学者进入浙江师院，其中有夏承焘、胡士莹、张强邻、蒋礼鸿、盛静霞、任铭善、朱福炘、钱钟祥等。

之江大学在杭州高等学校中首先实行了学分制、学位制、选修课制、勤工俭学制、校长负责制等现代教育规范，这是现今中国高校中一直在执行的教育制度。之江大学在学术上与美国著名大学互通，承认其学历，校际间经常进行学术和教学交流，这也是现今高校提高教育水平与获得新科技信息的途径和提升科技水平的有效手段之一。之大的陈世振、顾敦鍒等就是通过这种途径获得奖学金去美国著名大学深造，并获得博士学位，执教于美国名校的。

体育运动是现代教育极重要的组成部分，也是现代教育的重要标志之一，教会学校非常重视学生的德智体全面发展，注重学生的体质锻炼，将学生的体育运动放在很重要的位置。之江大学迁入秦望山麓新校址时，在新校区内建有许多标准运动场所。不足二千师生员工的之江大学，建有标准的田径运动场（含现代足球场）一个、篮球场五个、网球场四个、排球场三个、风雨健身房一个、健美场所一个、室内兵乓球场所一个、二十五米短池游泳池一个、拳击场所一处等。浙大校长竺可桢与之大校长李培恩关系十分亲密，竺可桢走访之大时，常到网球场打网球。学校十分重视体育运动水平的提高，建立运动队，由高水平的教练指导和系统训练，即按照美国高校在普及基础上培养体育尖子的方式。因此之江大学体育运动水平大大高于其他高校，可以和专业运动队进行对抗，曾与国家篮球队、空军队、联勤队、上海高校联队等对抗比赛。在全省运动会上成绩优异，曾在多种体育项目上夺标。新中国成立后，一些学生作为出色的运动员，被选入华东体育代表队参加全国比赛。教会中学蕙兰中学（杭州二中前身）体育也是相当出色的。此外，基督教开展的团契及文艺活动丰富多彩，设有诗社、文学社、话剧演出、舞蹈表演、中英文辩论会等，并开展校际之间广泛交流和中西文化沟通，对促进杭州现代教育文化交流起着积极

之江大学机械工程系 1950 级毕业生合影。他们即将奔赴祖国各地参加新中国的建设。一排左五为工学院院长廖慰慈，他的左右分别为陈近朱、王仁东等。

之江大学文学院1950级毕业生合影。一排左一王驾吾、左二胡士莹、左三张文昌、左五黎照寰，以及慎微之、何翘森等人。其中有美籍传教士兼教授队克勋、乐天理及其夫人等。

的推动作用。

　　李培恩校长在教育领域内严格管理，引用美国大学的管理制度，提高教学质量，对学生的严格要求，特别是实行"绩点制"的考核办法，按成绩划分获得绩点的等级，来保证学业质量。这自然会使得一些学生达不到要求，以致后来受到严厉的批判，被认为是"管卡压"学生。杭州之江大学从1845年起连续创建义塾、书院、文理学院、大学，百余年间曾在之江大学执教的我国著名科技文化教育领域的人士有：马叙伦、钟钟山、陈植、陈近朱、应尚才、夏承焘、吴其玉、王华彬、陈从周、张充仁、张强邻、郭绍虞、邵家麟、杨得云、朱福炘、王季思、李笠、王箴、蒋礼鸿、林汉达、谭垣、朱君毅、汪定曾、徐次达等。这些著名人士都是我国科技文化教育界的杰出人物。此外，还有五十余位美籍教授曾执教之江大学。1952年之江大学解体，其所执行的教育理念在许多国内著名高校中实行并推广。之江大学旧址已列为全国重点文保单位，它的红色建筑群仍然屹立在杭州南面钱塘江畔的秦望山麓间。

·书讯·

西方文化中的北京印象

吕超　著

山东画报出版社　2020年1月出版

　　本书应该是国内外第一本系统研究北京域外形象的专著。北京作为中国的首都，是外国作家笔下出现频率最高的中国城市之一，在某种程度上代表了外国人眼中的中国形象。本书选择的作者有来京的旅行家、传教士、商人、外交官、军人、记者、作家等，他们从各个角度介绍了北京的历史文化和风土人情，为我们保留了详实的文字记载和图画照片。借助这些资料，读者可以在追忆北京历史的同时，玩味异质文化在阐释"东方古都"时的独特之处。

烟台圣安德鲁教堂旧影

韩沂树

　　清末，基督教英国圣公会在烟台先后建有圣彼得教堂（St. Peter's Church）、圣安德鲁教堂（St. Andrew's Church）两座教堂。前者建造时间早，留存资料少，管窥一斑，都很困难。后者幸有西人留存老照片数张，后人得以借助史料对其咀嚼品味。

　　英国圣公会（Anglican Communion），也称安立甘会或英国国家教会，为基督教新教三大主流教派之一，1844年（清道光二十四年）首次派遣传教士到中国。1874年（清同治十三年），史嘉乐（Charles Perry Scott）牧师和林披基（Miles Greewood）牧师在英国圣公会的差会组织（Church Missionary Society for Africa and the East）派遣下，自英国利物浦出发并取道美国和日本，在历经三个月的海上航行后，于10月3日抵达清帝国山东省登州府的通商口岸城市烟台。

　　当时，烟台按《天津条约》的规定已开埠十二年，在欧美宗教团体的耕殖下，当地的基督教传播呈方兴未艾之势，尤其以美北长老会（Presbyterian Church in the United States of America）的工作最为扎实。史嘉乐和林披基初来乍到，在与美北长老会首席牧师郭显德（Hunter Corbett）接洽后，暂且住进

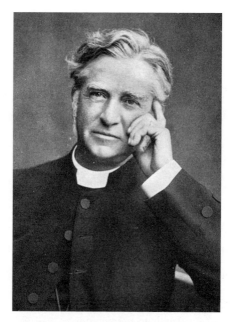

史嘉乐是最早登陆烟台的英国圣公会传
教士，后成为华北教区主教。

该会倪维思（John Livingstone Nevius）牧师位于今毓璜顶东路
的寓所。在倪维思的帮助下，史、林两人以提升汉语学习水平
为要务，兼为外国侨民主持宗教仪式，并协助倪维思开展传教
事务。1876 年（清光绪二年），他们接受时任英国圣公会华中
教区陆赐（William Armstrong Russell）主教的建议，在烟台西
山租赁了一处房屋开始独立传教。此后几年，英国圣公会在山
东的工作重心逐渐向泰安府和平阴县倾斜。1882 年（清光绪八
年），已于三年前被任命为华北新教区首任主教的史嘉乐在烟
台召开教务工作部署会议，宣布正式将传教中心西移至鲁中地
区。另外，决定将烟台的传教场所由西山搬迁至东海滩新落成

的圣彼得教堂。

　　1895年（清光绪二十一年），鉴于圣彼得教堂建筑规模较小，不利于教务工作的拓展，华北教区决定出资另行修建圣安德鲁教堂。马焕瑞（H. Mathews）牧师被委派担任教堂建设的总负责人。经过踏勘，他旋即在东海滨街（现海岸路）和爱德街（现已撤销）交汇处路东，即现解放路北首路西喷泉广场的位置敲定了地址。在这项工程中，马焕瑞显示出超凡的建筑设计及施工组织能力，在他的运筹之下，当年秋天圣安德鲁教堂即告完工。10月8日，华北教区史嘉乐主教专程从北京主教府来到烟台，主持了圣安德鲁教堂的奉献礼，该教堂成为中国首座行奉献仪式的英国圣公会教堂。从当年的老照片看，圣安德鲁教堂为哥特式建筑形制，由主教堂、钟楼及附属建筑构成（钟楼和法衣室于1899年增建），为浆砌石墙及铁栅栏围成的封闭式院落；主教堂坐东向西，为双面坡尖顶房屋，平面呈方形，正立面墙体采用巴洛克式石雕装饰，西山墙尖竖有十字架；钟楼位于主教堂西北侧，为方尖顶三层楼房，平面呈正方形；建筑均

图中右侧建筑为1895年至1899年间的圣安德鲁教堂。

采用石木结构、石砌承重外墙、木架梁柱、半圆拱狭长形门窗。此后直至解放初期，圣安德鲁教堂一直是烟台市区的地标建筑。

值得一提的是，马焕瑞牧师因建造圣安德鲁教堂，得到了史嘉乐主教的嘉许和青睐，多次被圣公会华北教区委以重任：1898 年被派驻平阴县司牧，1901 年设计修建了平阴县圣司提反教堂（St. Stephen's Church）；1903 年山东教区成立后，受到艾立法（Geoffrey Durnford Iliff）主教重视，1909 年被派驻兖州府开辟新教区，设计修建了兖州府圣玛利亚教堂（St. Maria's Church）；1929 年被派驻威海卫司牧及负责圣公会学校教务。1932 年，马焕瑞回到英国，两年后病逝。1894 至 1932 年三十八年来华传教生涯中，马焕瑞曾作为教区信徒代表出席了

民国时期，老明信片上圣安德鲁教堂的钟楼。

民国时期，海岸路上圣安德鲁教堂和东侧的法国利顺德饭店。

第一至第五届中华圣公会总议会，并曾代为署理山东教区主教职务，被公认为山东教区老资格的会长，地位仅次于主教。

圣安德鲁教堂的修建，对烟台的英国国教礼拜活动有一点小小的影响。在1882年圣彼得教堂建造之前，由圣公会组织烟台英籍居民，每个月在位于领事山英国领事馆附近的联合教堂举行一次英国国教礼拜仪式。联合教堂没有常设牧师，由一个委员会进行管理，委员会书记负责邀请各基督教差会定期组织礼拜活动。当时，圣公会与烟台的其他基督教派约定，签署了"联合教堂要为英国圣公会的活动提供方便"的协议。但随着圣彼得教堂的建成，特别是1895年圣安德鲁教堂的落成，该协议自然中止，英国国教礼拜活动移至上述两座圣公会教堂举办。

圣安德鲁教堂落成之初，因为烟台并非英国圣公会传教的中心区域，并且受传教士汉语交流能力的限制，该教堂只能针对欧美人士和懂英语的华人宣教，对普通百姓的传教工作缺少既定方针，收效也甚微。直至民国初年，由山东教区创立的烟台神学院和潍县广文学堂培养出大批学员后，英国圣公会的传教工作才深入烟台民间，华人教民的身影才逐渐在这座教堂多了起来。

1938年2月，日本侵略军占领烟台。此时中外各基督教派在烟台共建有大小基督教堂、福音堂二十处（包括圣公会的圣安德鲁、圣彼得两教堂），因日本尚未对欧美国家宣战，各堂日常教务工作未受到很大干扰。1941年12月太平洋战争爆发后，日军在烟台大肆逮捕英美籍人士，包括圣公会在内的外国传教士也未能幸免，大多被集体押送至潍县集中营圈禁，直至日本

20世纪30年代，圣安德鲁教堂与法国利顺德饭店比邻。

20世纪30年代，两名外国妇女从圣安德鲁教堂门前路过。

20世纪30年代，圣安德鲁教堂门前的街区。

投降后的1945年9月。日本占领和三年内战时期，英国圣公会在烟台蒙受了巨大的人员财物损失，教产被夺，教友四散，圣安德鲁教堂改为他用，圣彼得教堂坍毁拆除。1948年烟台第二次解放时，仅有部分中国教友勉强在圣安德鲁教堂维持教务工作。20世纪50年代，新中国基督教三自爱国运动后，基督教各教派走上了联合礼拜的道路，圣安德鲁教堂遂闲置，其建筑之后被陆续拆除，基督教英国圣公会在烟台的活动也宣告中止。

簛头，一个有情怀的小镇

朱　炜

一

清唐靖《簛头》诗云："万壑奔趋一水开，轻桴片片着溪隈。人家鸡犬云中住，估客鱼盐天上来。深坞蓐炊归暮市，高滩竹溜割晴雷。近闻筱簜输沧海，林麓何当有滞材。"

诗题中的簛头，又名英红镇，距莫干山仅二十余里，为附近诸村市集之所，今属莫干山镇。原与内地的山村了无异状，但在莫干山百年风云中，这个山中市集无比具象地呈现了这里的商业繁华与衰落、战乱纷争中的飘摇与暂歇中透出的希望。

清吴氏女诗中道："银子山前水拍矶，英红堰上落花飞。郎归未必簛头宿，日暮无人且掩扉。"这是一个宁静的小山村，名不见经传。1929 年作家迈园在《莫干山杂记》中记述道，簛头的原住民还是恒日出而来，日午担肉归去，柴扉荜户之间，举盘殽只辨野蔬，轻易不知肉味。山民多赖业竹为生，由于地形扼要，原武康县境的簛头、莫干山、后坞以及邻县安吉的山岭、溪口的竹货，通过前溪上游的双溪、合溪、阮公溪、盘溪、石胡梯水，汇聚于秋月潭。《前溪落簛谣》云："力石相冲，篙曲如弓，水石不见，篙直如箭。"可见水利条件之好。《莫干山志》纂者周庆云簰头即目便见："编竹为簰叶一舟，一篙撑出似鱼游。"以故地方志载："竹木出山，簰行必始于此，故名。"

竹簰既成，由专业放簰班筑坝拦水，水满则开坝，撑过六洞桥，放至武康沙港杨树湾，改扎成方排或尖头排，转运杭州、上海、苏州。当地合记放簰班有百余人，有"簰工世家"之称。抗战前，簰头有竹行近十家，其中有祥泰、同泰、志泰等。因竹木生意做得很大，行销颇广，三桥埠盛趾麟的志成竹行，货

簰头放簰

52

虞明德堂故纸

　　源就出自簳头，在无锡开有两家分号。抗战时期，武康因之成立了一个六合公司，专营武康至长江南北及上海等地的撑簳业务。杨梅红时是放簳的繁忙季节，武康沙港杨树湾至秋山下跨塘的十里余英溪可谓"簳满为患"，由此源源不断运送千百里外。

　　镇上市集得益于此，大小商肆皆有，熙攘往来，略与三桥埠、上柏相等。从前由莫干山百步岭直下，走山鸠坞村，经石颐寺村、仙人坑村，曲折而东南行，有石砌道路，约行三小时可到。三桥埠志成竹行盛家还出资修筑了一条从庾村到簳头的公路，接通了莫干山的前山与后山。簳头的老字号药店虞明德堂由宁波迁来，与三桥埠虞正元堂实出于一家，曾见虞明德堂商业广

53

告"本堂自运各省道地药材，选置精良……凡各界光临者，请至武康簝头镇，认明虞明德堂招牌，庶不致误"，云云。

商业既滋，关心道德情操的事业也开始兴盛起来：这个山中小市镇，借着通往外界的广阔市场，又傍中西文明交汇的莫干山背景，在二三十年间化育出另一番天地。当然不是通都大邑，但也迥异于内地风气，成就了一个不闭塞有情怀的小镇。

其实，早在清道光二年（1822），里人便在庙前村金鸡湾置义冢。清同治辛未年（1871）菊月所立"金华永邑义地"碑至今犹存。光绪二十一年（1895）正月，东沈村东堰潭立有为保护水源地生态、永禁火药罗网捕捉工具的"宪奉放生潭"碑，就是经官方认可的村规民约。

清光绪九年（1883），莫干山分设簝头礼拜堂，其中故事，略见这个小市镇的开放风气。礼拜堂建筑原系租屋，1918年在小镇上街购地肇建，清雅完善。费峻甫是簝头礼拜堂的牧师，做人很好，在地方上有威信。他有三个女儿，取名文琪、文元、文梅，至于儿子，会说英文的他，为之取名彼得。山民往往不重视教育，或因贫困上不起学，费峻甫想尽办法与外界联系，附设东吴大学第二十国民学校，坚持有年，斐然可观。费峻甫和同仁们治校严谨，学校还成立了益德会，助推了社会风气建设。费氏一家人还学习科学知识，从事医务工作，古道热肠，对贫困山民用药分文不取，他乡病死者遇亲族无从查考，可葬在费家山上。费峻甫修身修德，影响着当地人。昔每逢礼拜天，虞明德堂辄闭店，女主人留伙计以守，若有急病欲购药者，任其作价自取；教堂对面的铁铺主人王金锁则关铺停业，以禁敲打之声，恐妨礼拜。

簰头费峻甫一家

二

　　据《兴华》杂志"地方通讯"载，费峻甫于 1922 年春在
九都（今对河口村）下街离礼拜堂五里，当簰头至上柏、武康
之要道，租定了一所布道处。1923 年，又在从莫干山到簰头的

必经之途，即吴村，再增一处"讲坛"。是年 7 月 21 日，他应莫干山西教士毕立文之约，领礼拜，故一早乘凉步行赴莫干山。离簰头三里许的狮子山，山林中骤然闯出两人，一系诸暨口音，将他挟住，一以手枪向他脑部指吓禁声，强将他手中籐筐掠去，遂将他推倒路旁，扬长而去。费牧躲过了一场杀身之祸，但被掠去的籐筐中有他的妹夫周永明托他上莫干山汇寄上海的七十五元大洋和二百二十五元钞票，是急济用的。

强力能暂时让人屈服，但真正影响这个世界的还是道德的力量。簰头四围环山，路通安吉，匪徒易匿迹，行人因而苦之。当地有两个原为匪的温州人，一名张振荣，另一名张长林，专劫过路财。张振荣后因罪众叛亲离，在困境中听到真道，改邪归正。湖州有几家布店要迁莫干山中，运货需有人领路，张振荣甘当向导。张长林则是在费峻甫的直接影响下走上正途的。一次，张长林拿了一块玉器给费峻甫看，并问这块玉是否真货？费俊甫答："这是地上的宝贝。你手下有三百弟兄，这六百只手要拖着你做坏事，不能送你上天堂，只能拖你下地狱。你必得悔改。"从此，张长林与三百弟兄断绝来往，不再做土匪头子，回归山民身份，拿起锄头种山芋。

据《戴仰钦百年回忆录》，1937 年抗战全面爆发后，戴仰钦随已故湖州海岛堂胡稼农师母、老公公和孩子坐船至莫干山避难，步行到三桥埠，又转到簰头费家。那年的圣诞节，戴仰钦是在簰头礼拜堂度过的，费家预备了一样特别的点心：实心的糯米团子，用豆黄粉拌糖涂在团子外面，用笠壳做盆子，竹片做筷子。费彼得说："这是表示大家不久的将来与家人团圆。"

此时，莫干山因飞地而成为临时避难之所，费家则成了山下的重要站所，工作较往日愈多些，包括戴仰钦全家五口并表亲在内的不少避难者，均赖费峻甫妥善安排。据悉，美国传教士明美丽来时，从乌镇带了一群中国女信徒和友人。费家人称明美丽为明小姐，费峻甫的小女儿费文梅和明小姐很要好，两人还拍过照片。不久，几个日本兵来到簰头，目标无疑是这些年轻女助手和寄宿在此的邻女。最终，明美丽的美国身份化解了这场危机。很快，更多的日军进入簰头"扫荡"，声称是来搜查中国士兵。为了安全，费峻甫组织大家躲进礼拜堂，小孩子们则藏在礼拜堂一个洗澡用的大锅内，好在有惊无险。但这里将不再是避难所——明美丽照顾了十九年的一个弱智女孩被日本兵奸污，整个小镇被洗劫一空。1938年春，在顾保璋牧师的接应下，戴仰钦、费峻甫等人分两批上莫干山避难，明美丽所在的第二批不幸在途中被日军所阻。恰这时美国传教士许安之带着一面美国国旗从莫干山跑下来，搭救了他们，还雇了竹轿，将那些留在簰头的老弱妇孺抬上山。又隔了些时日，传来消息，费家房屋也被炸毁了，所幸大家行动迅速，人身安全无虞。

顾保璋是莫干山上教会工作的主持者，与戴仰钦是旧相识，他以自己的威信，把山上闲置的避暑屋辟为收容处，按谙熟程度、就近原则把大家拢到一起。他们成了山上最重要的力量之一。《莫干山中外难民救济会理事会一周年报告书》如是语，"戴仰钦先生多方予以便利，造福灾黎"。时局很乱，戴仰钦闻费家将办喜事，准备了一点礼物，在从上海返莫干山近南浔的水路上，被强人劫去。但此心意，费家人心领了。

三

20世纪50年代，簰头还叫簰头。对河口水库建成后，从秋月潭至沙港的放簰水路中断，山区竹货大部分用手拉车、独轮车运输。公路和铁路发展起来以后，直接改用汽车、火车装运。慢慢地，放簰、撑簰绝迹。

不知始作俑者是谁，好端端地，簰头的"簰"被简写成了"筏"，还好读音没有变，没有念成"伐头"，否则不忍听。但"筏头"长期被误用反而约定俗成，久而久之竟连公文、邮戳甚至地图上也都成了筏头。应该改过来，迟早要改回来，如果不能正确看待和传承地名文化，很可能会造成一代人几代人文化记忆的断裂、历史记忆的断层。

我的《莫干山史话》出版后，有读者致信我，希望我能写

簰头镇

一篇簿头的故事。不是不写，而是要下笔慎重。

2019 年 3 月 9 日，我在簿头问了几位老人，告知有一个叫王立行的人是费家的后人，可设法联系之。于是，我驱车至大概地点，又走了一段路，进到一家店，一问，迎面答话者就是我要找的王先生。"你是来送福音的吧。"闻此令人唏嘘。十几年前，还有外国人专程寻到簿头，找到费三小姐文梅，感谢当年恩情。此行，王立行的女儿还向我出示了一张珍贵的全家福。费家旧居台阶前，费峻甫鼻架眼镜，手持一书，长衫飘逸，费师母相伴其右，彼得衬衣领带，手背到身后，文琪等三位小姐恭立两旁。交谈中得知，费家旧居已不存，但费家的后人恋老屋，保存下了费字界石，为今人留下了一段厚重的历史。

国庆节前，去簿头老街妻妹家喝喜酒，顺道看望了王凤鸣老师，获赠其新著《簿头百家姓》。翻读之余，想起孙兆槐老师的乔坑老宅距此不远，他曾数次邀我去看百年老宅，今终于成行。恕我孤陋寡闻，我原知道老辈簿头人秋游、董洽民参加过国民党军，并有可歌可泣的故事，然而簿头老将何止于这两位。此番新知，孙老师的二叔孙荣春，十八岁踌躇满志、背井离乡，在国民党军中当到了营长，后来去了台湾，今年一百零二岁了！若想走进孙荣春的乡愁，可以去莫干山海峡两岸交流展示馆。

行走在地名里，就是走在历史里，常会令人眼前一亮、心头一振。愿簿头这个独特的地名早日恢复，像家乡的绿水青山那样举世瞩目。

是 1849 年建成的圣约翰教堂，左侧的建筑物是 1855 年竣工的总督府。海港停泊了很多快速帆船，

图 1

图 4

图 7

别，面向大道中的一面以柱廊及八角形的圆拱屋顶为主，属维
多利亚式设计；面向德辅道的一边则采用一系列拱形走廊为主，
借以与邻近的建筑物协调。大楼前后部分设计迥然不同，俨然
是由两座不同特色的建筑物所组成。图 5（见中插）。

这一时期，市政建设也有着中西结合的特点。比如，图 6

图 8

（见中插）。图 7 有"石板街"之称的砵甸乍街（约摄于 19 世纪 90 年代），则透露着中式建筑的影响。照片中人们的打扮也反映了当时香港中西融合的民生和市容。

此外，本组照片也记录了英国侵占九龙后的影像。图 8 即油麻地海边。摄于 19 世纪 80 年代前后。此时九龙尚未填海，海边几无平地。渔民除了把部分鱼获出售外，也将部分腌制为咸鱼，以供自身食用或售卖。在香港开埠早期，捕鱼还是一项极为重要的经济活动。

大米滩农场纪事

汪受宽

我大学毕业后，到青海牧区的解放军农场接受再教育一年。以下是这次劳动前后的回忆。

一、无证书的大学毕业生

1980年3月，正在兰州大学读研究生的我得到通知，拿了张一寸免冠照片，到学校生物楼后边平房院子的一个办公室领到了补发的大学毕业证书。该证书极为简陋，三十二开的卡纸片正面印成大红色，从中间对折，右半边是"兰州大学 / 毕业证书"八个烫金字；内页左边红底上是毛泽东手书"为人民服务"，右边白底上才是证书的正文："毕业证书 / 学生汪受宽于一九六三年九月入本校历史系历史学专业学习，一九六八年八月毕业。/ 兰州大学（加钢印）/ 一九八〇年三月廿二日 / 证补字第0412号"。其中姓名、时间、专业等都是黑墨水笔临时填上的。

我是1968年的大学毕业生，怎么过了十几年才拿到毕业证书呢？这得从那个特殊年代说起。

毕业证书

学生 汪受宽 于一九六三年
九月入本校 历史系 历史学专业
学习，一九六八年 八月毕业。

兰州大学

一九八〇年 三月廿日
证补字第 0412 号

作者毕业证书内页

　　1968年下半年，中央发布了高校1966—1968级学生陆续按"四个面向"（面向农村、面向基层、面向边疆、面向工矿）毕业分配的文件。我所在的兰州大学历史系1968级于11月下旬正式开始毕业分配，派遣方案不像"文革"前那样的全国（主要是大城市）分配了，而是全部分到陕、甘、青、新四省区。全班二十八个人，除两人被留校继续审查外，其余经人人过关审查鉴定后分配出去。陕西省安康地区一个名额，兰州市中学教师一个名额（后来不知通过什么关系又加了一个人），新疆两个名额，青海解放军农场三个名额，其余绝大部分在甘肃省地县分配。班上大部分人都往天水、平凉、庆阳、定西挤，以便离东边的家乡近一点。据说兰州军区、甘肃省革命委员会相关领导下令，兰大毕业生全部分到各县边远的公社。我对能留在甘肃早已心灰意冷，加上我家和我个人的"问题"，于是和好友苏某、李某商量，反正好地方也轮不着咱们，不如到青海去，那里缺人才，说不定将来再分配时还能有个好工作。于是我们

作者摄于 1968 年 11 月。

三人报名去青海解放军农场，一同分去的还有中文系四人、经济系三人。

12 月 20 日后，我们三人到学校机关楼办理了派遣手续，除数十元派遣费外，每人另发了八十元的御寒装备费。为了拿到半个月的工资，我们结伴于月底前两天乘火车到达西宁大什字西街的青海省革委会主管大学生分配的民政厅报到，被安置于旁边招待所的楼上，同时，我们每人还得到一件御寒的老羊皮大衣。

在招待所待了几天，等全国各地包括西宁在内的两百余名大学毕业生基本到齐后，我们受了两场教育，就被送到大堡子解放军 8064 部队营房。

二、军营会餐治了我一辈子喝酒的"病"

当时西宁市城区往西大体到人民公园为止，大堡子在人民公园西约十公里处，现在叫做大堡子镇。砂石路面的青藏公路穿大堡子而过，百余米街道两边除了供销社、车马店以及零星的几家小单位外，似乎只有十几个平顶泥屋的农家，其外就是农田了。街道北侧，约一千米的沙土路尽头靳家湾村附近，有两个汽车团，一个是隶属总后青藏兵站部的七十六团，另一个是隶属总参由兰州军区代管的汽车九团，番号为 8064 部队。两

作者于青海巴燕河滩。摄于 1969 年 6 月。

个团相邻，接收我们的汽车九团，装备的是 2.5 吨苏制嘎斯 69 吉普车与国产解放牌卡车。营房院子的路两旁是一排排的砖瓦平房和汽车库，最里边是一座不大的四层楼的团部。

这些大学生，有来自北京、上海、南京、天津、西安、兰州等部属高校和政法及财经院校的毕业生，还有青海师范学院等高校的本省毕业生，所学专业有文、理、法、经、师范等。其中不乏高官和名人的子弟。例如，中共中央组织部副部长乔明甫的女儿乔丹林、全国人大常委会副委员长阿沛·阿旺晋美的儿子仁青。仁青被分到二连，我们混得较熟，他没脾气，跟谁都很和气，他填报的家庭出身为"贵族"。他在印度读完小学和中学，后来从中国人民大学毕业。在大米滩时，有一次他跟司务长和上士外出采购，回来路上车陷到河滩，他穿着老羊皮大衣就跳下河推车，羊皮大衣全湿透了。从此，个子瘦高的他一直穿着这件皱缩的大衣，看着怪怪的。仁青有两样东西不离身，一台日产多波段半导体收音机，一块黑盘瑞士瓦斯针手表。

两百余名大学毕业生被编为两个学生连，番号为四十二分队和四十三分队，每连三个排及一个炊事班，每排三个班。连队的指导员、连长、司务长和各排排长，都由军人担任，副排长、班长及连部文书和上士（协助司务长管理伙食等杂务，每月从团部拉面粉、买菜、领工资、取邮件等）由大学生担任。一连是女生编为一个排，其余男生编为两个排；二连全部是男生。副团长张汉兴分管大学生连的工作，团部宣传股长李东奎（朝鲜族）负责大学生连队的具体工作，后勤处长金某某负责

兰州大学历史系 1968 级毕业照。前排左一至左四和左六是工宣队员。

穿上假军装的作者。摄于 1968 年 10 月。

劳动安排。我被分在二连二排六班。二排长刘天柱，陕西关中人，1959 年的兵，原为副排级，管我们大学生时就升成正排了。此人圆脸，身体壮实，干活是一把好手，脾气也还不错。副排长陈某，江苏射阳人，中共党员，南京大学中文系毕业，我俩后来成为终生的朋友。班长何某，陕西人，北京政法学院毕业，人挺好，整天笑嘻嘻地，露出两个深酒窝。

在每人发了一本《毛泽东思想万岁》的塑料皮小红书后，我们就开始过起了准军人的生活。在营房里我们睡大通铺与架子床，每人有约五十厘米宽的空间，排长睡在最外侧的一张单人床上，箱子等行李全都寄存到储藏室，日常换洗衣物只能装在枕套里面。每天随着喇叭里的号声起床、出操、学习、吃饭、

作者在兰州黄河边。摄于 1968 年 12 月。

熄灯睡觉，其间学习叠被子和打背包，还搞过凌晨四五点的紧急集合。全团开大会前，各连队互相拉劝唱歌，可着嗓子嚎吼的歌声，此起彼伏，气氛热烈。学生连因有军营稀罕的五十一名女性而被军人连队反复拉劝唱歌，中央财经学院毕业的丁某站起来打拍子指挥，记得唱的有《说打就打》《打靶归来》等队列歌曲和歌颂毛泽东的歌曲。后来，丁某等组成了毛泽东思想宣传队，穿着军装，到处演《收租院》等革命歌舞节目，几个月后才解散回农场劳动。进军营不几天，连队就知道我会画画，派我参与布置连里的学习室，在长条纸上画毛主席的头像和边框装饰，再由别人书写他的语录。

　　对我们这些大学毕业生来说，军营生活既新鲜，又难以适应。比如我们将家里带来的厚棉被叠成豆腐块的形状，就很不容易；用普通绳子打背包，怎么弄也不像样子；营房生活封闭，只有周末才允许请假外出，还限时限人数；用餐前先要排队在食堂前唱歌，吃饭要求极快，几下扒完最好；宣布要搞紧急集合时，弄得每夜睡觉都紧绷了神经；团里没有浴室，快过春节了才将我们带到隔壁七十六汽车团的浴室洗了一次澡；对无论哪一级指导员都要绝对服从；大学生文书施某每天要服侍年龄相近的连长指导员……尤其是派我为排里挑水，使我最为难堪。以前我从来没有挑过担子，在学校劳动抬筐时，别的同学都照顾我，将筐子尽量往他那一边挪。从大院水房接了两铁皮桶水，五六十斤，挑上肩头，我不会掌握平衡，歪来晃去，担子压到肩骨上，疼得要命，才几十米的路，就得换几回肩。不过经过很多次的锻炼后，肩头红肿直至失去知觉，我总算挨过了这一

二连某班劳动现场照。陈新摄。

关。

　　1969年2月17日是农历己酉年春节，腊月三十晚上的全连会餐，治了我一辈子喝酒的"病"。我家过去开小酱园店，酒是常销的商品，货架上总摆有几瓶洋河大曲，下边是两坛从糟坊后来是专营酒坊批发来的散装高粱酒。但不知为什么，我们弟兄都不能喝酒。这次会餐，大家都放开肚子吃肉喝酒，我也斗胆喝了一些葡萄酒。没想到，脸马上红了，继而就头痛恶心。我急忙往宿舍赶，在外边被寒风一吹，胃里如翻江倒海，更难受了。一回到宿舍就趴到床上，身子躬也不是，直也不是，疼得要命，恶心万分，趴到床头使劲呕，却吐不出来。一直到后半夜，迷迷糊糊中还感到胃很难受。当时我就想，何必喝酒给自己找罪受？经过这一次以后，我就再也不喝酒了。这个决心竟下了一辈子，在任何情况下，我都不再喝酒，实在不行，

二连某班劳动间歇照。陈新摄。

就轻抿一点做做样子。虽说不喝酒难以应付许多场面，但在青海化隆县的九年还真救了我。原来化隆民间有个习惯，只要请你喝酒，一定要将你灌醉，吐到炕上，他才高兴。当时，县酒厂产的六十度化隆白酒约两元一斤，一般家境稍可的人家是自酿酩醪（青稞酒），大约二十度，虽说不容易喝醉，但喝醉了就很难受，还难以醒来。1976 年 9 月，调到县文教科的我到雄先学区巡视，与学区干事一起看过八宝山下的村复式班后，到这个民办教师家中吃饭。这人家里很穷，破土房子里一无所有，款待我们的是洋芋下青稞面条，上来的酒，竟然带淡淡的紫色，学区干事追问，他才说是从公社卫生院买医用酒精兑的，没注意酒精里被卫生院的人加了碘。这种酒喝了怎么得了！我不喝酒以后，不只比别人多吃了不少菜和肉，还见证了许多人醉酒的样子。喝醉酒的人，有的大哭，有的大笑，有的诉苦，有的胡闹，有的吹牛，有的睡觉……出尽了洋相，实在丢人现眼！

三、从西宁到兴海县大米滩

　　春节过后不久，我们分乘十余辆卡车告别大堡子营房，沿着青康公路前往三百多公里外位于海南藏族自治州兴海县境内黄河边滩的九团农场。一辆辆解放牌敞篷车厢里，二十来人个个裹着老羊皮大衣，棉帽的栽绒护耳将脸部包得只露出双眼和口鼻，双手缩到袖筒里，靠着车厢栏板蜷缩地依在背包上。西行约四十公里穿过湟源县城老街，转向西南行，不久就开始在山坡路上曲折爬行，再经过四十余公里到达农业区和牧区分界的日月山顶。车队在路边停下来，大家爬上旁边海拔三千二百五十八米的坪顶（垭豁）。那里孤零零地立着一方两米多高的《日月山修路纪念碑》，是1950年青海省军区司令员贺炳炎、政委廖汉生等署名的修筑青藏公路纪念碑。站在山顶，远眺如一面蓝色镜子的青海湖，想起"过了日月山，两眼泪不干"的民谣，心里满是被"充军"的无奈和凄凉！日月山顶朔风凌厉，活动了一会儿，我们就登车下山了。走过十几公里的下坡路，很快就到了距西宁一百零二公里的倒淌河镇。这是个重要的交通路口，往西是通往格尔木和拉萨后来称为一〇九国道的青藏公路，往西南是传统的唐蕃古道，现在称为二一四国道的青康公路。我们的车队转向青康公路，在枯黄的大草原上奔驰。那天天气很好，艳阳高照，身上被晒到的地方暖暖和和，而晒不到的地方却阴阴冷冷。途中穿过一片不大的山脉，又走过一望无际的草滩。汽车奔跑一两个小时，路边见不到一个活物，更别说人了，这一路上我算是见识了牧区的空旷可怖。后来，听刘天柱说，有一次他开着车在牧区的公路上往西宁赶，一个年轻女子将他的车堵住，央求带她到西宁去。当时，部队有纪律，不许沿途带人，所以他回绝了。该女子抓住车门求他，说只要将她带出牧区，就嫁给他，刘天柱还是狠心地发动了车开走了。当时我想，怪不得有那么多的劳改农场设在青海牧区，没有汽车和食物，你不是累死、饿死、冻死，也要被狼吃掉，根本跑不出去！

大约下午五点，车队到达海拔两千八百八十米的共和县革委会驻地恰卜恰镇，开进恰卜恰兵站宿营。这一天行程一百四十四公里。晚饭后时间还早，灰头土脸的我们步行去不远处的烈士陵园，这里安息着修筑青康公路和平叛时牺牲的官兵，听说还有不久前上游水库决口淹死的军人。

第二天，车队继续沿着青康公路向西南方向前进，经过大

黄河滩乱石上与军人合影。陈新摄。

片荒原后，拐进一条向南的简易公路。又走了一段，在一个山脚下停下来休息。上山的路很陡，我们的车启动前，听到司机与副驾驶座上的班长对话："班长，上山挂几档？""混蛋，你怎么学的？""挂三档？""挂一档！"我这才知道，我们二十来个人的生命竟然操在一个刚学开车的新兵蛋子手里。山顶是一块一望无际的野马滩，平滩中央就是海拔三千三百零六米的兴海县城，现名子科滩镇，距西宁两百六十九公里。印象中，兴海县城只有数十亩大小，十字形砂石街道口的四边各有一个大院子，一边是县革委会平房，一边是供销社招待所，另外两边是什么不知道，至少有一个是武装部吧，此外就是散落的几个牧民帐篷。我们在招待所食堂就着粉条、萝卜和莲花菜煮的

黄河滩乱石上与军人合影。陈新摄。

粉汤，吃了冰凉的芽面馒头充饥。

饭后，车队在没有路的野马滩上向东南方向开去，大约四十公里以后，在野马滩边缘有一条骑马踩出的下坡路。汽车在陡峭的下坡路上弯曲下行，有的地方因为拐角弯度过小，不得不刹车，后退，转方向，前进，再刹车，后退，转方向，才能转过去，我们坐在车尾翘起的车厢里，提心吊胆地注视座座颠动的山峰。终于看见下边如带的黄河了，大家一阵欢呼。

下到河滩以后，车开到曲什安河西岸农场水泵站的几间平房前，将我们暂时安顿在这里。由于房子少，低矮的土平房还被钉成上下两层的木板床，底下的人坐到床上都难以抬头。这地方真冷，那天我洗了衣服晾到房前拉的绳子上，下一件衣服还没等挂上，前一件衣服已经冻得硬如盔甲。加上风沙很大，不一会儿衣服上附着了许多黄色沙土，只能在衣服干了以后拍打掉。

不管怎么说，我们终于来到不知要待多长时间的解放军农场了。

水泵站往上游不远，有一条直径逾五十厘米的输水管横架在湍急的曲什安河上。在水泵站待着无事，我们一些人曾经壮着胆子从管子上过河，沿着峭壁下的小路一直走到再上游的抽水站。还有一次，我们往下游走了数百米，从浅滩上踩着石块和两根长木头架成的一小段桥过了曲什安河，到达现名东大米滩的藏族老百姓的庄子。庄子里有几十户人家，都是很旧的平顶土房院子，墙角上立着白石头，这是其民族建筑的标志。还有一个敞着大门的小喇嘛寺，里边似乎没有僧人。在村里见到的人们表情木然冷漠，而且只有老人、女人和小孩，没有青壮年男性。再往前走，是曲什安河与黄河交汇处，看着一川汹涌的河水在山峡中奔流而去，我们的眼睛湿了，不知何时我们才能东归！

四、军队农场的苦力

汽车九团的农场在海南州兴海县曲什安乡境内，地名大米滩。当时听说大米是藏语"鬼"的音译，现在看资料，说是藏语"哲唐"的意译，还说相传有人将同德县卡力岗尕日干河水引过黄河到大米滩试种大米，故名。我看这个故事是现在人胡编的，因为在以前根本没有能力引河沟水越过二三百米宽的黄河灌溉对岸的土地。

黄河岸边与军人合影。陈新摄。

农场位于曲什安河与黄河交汇处及其下游的一长条宽窄不
等的河谷台地上，海拔约两千八百米，南北长约十公里，大体
分为独立的三块：最南边的是我们刚开始落脚的水泵站，台地
狭窄，平房前只有几米宽的小院场；往北约五公里黄河西岸边
一块约一二十亩的台地，是我们二连的驻地，除连部和伙房是
我们自己盖的土坯房以外，宿舍全是我们挖的地窝子；再往北
两公里是农场的场部，亦为一连驻地，二三十间盖瓦的土平房
围成了一个大院子，再往北就是农场开垦的两千多亩耕地。

1967年解放军汽车九团在西大米滩建农场，除了开垦荒地
外，最主要的就是开挖灌溉渠引水。先是建设水泵站，将曲什
安河的水抽上来，通过架在河上的大口径管道送至河西岸，再
沿着曲什安河与黄河台地高处开挖八公里水渠，包括在山崖峭

壁间开凿了七个涵洞，在沟谷间架设了六座水泥渡槽，利用自然落差输送河水到西大米滩灌溉农田，保证收成。

几天后，我们就离开水泵站奔赴驻地，先挖地窝子解决住宿问题。地窝子是一种半地下的居室，大体是视需要从地面向下挖一个长方形的深度约一米五的坑，留下约两米宽的土台子就是我们的通铺"床"，床前再挖深六十厘米左右的走道，走道尽头向外挖出约一米宽的斜坡道作为出入的门洞，在门洞入口用土坯砌一堵火墙，其旁以棉帘为"门"，这样既挡风，又取暖。坑洞上方中央架着一根很粗的长木头为大梁，粗树枝的桁条、椽木上铺以细树枝、竹帘，再涂上很厚的麦草泥抹平。每班挖一个地窝子，十来个地窝子背靠背坐落在台地的北半边。住进地窝子，每人在自己"床"头的土壁上方挖一个二十厘米高的龛洞，在墨水瓶盖上钻个小洞穿上纸捻或布捻子，做成油灯，灌了团里汽车用的柴油，就解决了照明问题。只是这种油灯的烟极大，每天早晨起来鼻孔里都是黑黑的。那一年间肺里总共吸进去多少 PM2.5，就不知道了。

二连的主要任务是维护水渠。渠道太长，而且从渠首到我们驻地的几公里渠道开凿在沟谷坡崖之间，沙石结构的地基极易崩塌。从灌春水开始，我们连的人每天倒班，值班时，就扛了铁锹，从驻地沿着渠道往南巡视查看，随时清理渠边或渠道中的沙石，并在发现渠道异常后尽快查明原因，进行处理。这一任务看起来轻松，实际上很艰难。水渠旁边没有路，要从渠边或山间绕行，架设在深沟上的水泥渡槽边沿只有几厘米，走过几次以后还是胆战心惊，害怕掉下去受伤甚至送命。高原地方水很凉，有些情况必须站到渠水里处理，即使夏天，光脚下水以后，从脚掌到小腿肚马上就冻得毫无知觉，踩在石头上也

黄河岸边与军人合影。陈新摄。

感不到硌脚。白天值班，中午吃过炊事班挑担送来的简单饭菜，有一个多小时休息时间，我们就找个有太阳又避风的地方坐着闲扯，或用大衣裹了睡觉。晚上值班，因为野外太冷，又怕有狼，就不敢睡觉，那几个小时，实在难熬。最怕的是渠道塌方。有次一段渠道出现渗漏，我们赶紧脱了鞋袜下到水泥板铺的渠道里寻找渗漏处，发现一块水泥板下陷，我们赶紧挖沙土填洞，根本无济于事。旋即水泥板塌了，渠水汹涌而下，将山坡冲出一道深沟。场里很快拉来一车水泥，排里又调来人帮忙，我们争先恐后背了水泥爬上大坡，将整袋整袋的水泥抛到坑洞里，才将塌方填平，保证了庄稼地的灌溉。这次抢险我之所以五十

在地窝子前的空地休息。陈新摄。

年后还记忆特深，是因为要背了水泥袋子爬上一二百米陡坡。一袋水泥五十斤，有的同学一次背两袋水泥，我背上一袋腿都发软，再一步一步挨着攀爬上坡，更是艰难至极。

班长何某看出我不是干力气活的料，后来便安排我为巡查的同伴们烧茶水。从驻地带来黑黑的烧水壶，渠里是阿尼玛卿山流出的清澈雪水，但高原地方柴禾难觅。有次我攀上一个山坡去拾干树枝，却不小心脚下一滑，从一个落差三四十米的陡坡上摔了下去，我眼一闭，想这下要算伙食账（部队里将牺牲或死亡称为算伙食账）了！滚到半坡却被一根冒出地面的枯树根挡住，免于一死，实在幸运。如果离黄河边不太远，我就下到河滩，捡拾河里冲到岸上的秃树枝，这种柴禾烧起来火力猛还无烟。捡了柴禾，舀上渠水，将水壶搭在两块石头上，下边点着火，掰一块茯茶投进去，再加一些青盐，水烧开就可以送给大伙喝了。

炊事班做饭和地窝子烧火墙都要柴禾，所以打柴也是我们日常的劳作之一。我们曾经很多次到农场北头的亘古荒原上去挖一种木本植物（可能是骆驼刺）的根，这种植物在地面上的枝条很低很少但很硬，地下的根可能因为长了几十几百年了所以很粗壮。我们都是在根周围用锹深挖一圈，将须根挖断，然后使劲一撬，一个十来斤重脑袋大的块根就出来了。现在看来，这样对自然生态的破坏是很严重的，但在生存和生态面前我们只能首选生存。我们也曾经进山沟打柴，走了很远，才找到有

劳动之余秀一把。陈新摄。

稀稀落落小树的山沟。我砍了一抱树枝用背包绳捆好背上，走下了山，虽然越背越沉，总算挨到了驻地。

部队没有给我们发过任何军用或劳保的衣物、手套、鞋和日用品，长期从事艰苦原始的体力劳动，风餐露宿，沙打石割，晴天土雨天泥，几个月下来，我们的衣服鞋帽都破破烂烂。衣服破了连堵洞的布块也找不到，只得将破的地方结缝到一起；衣扣掉了，就将最上或最下的扣子移到中间，外衣扣子全掉光了，就用布带从腰里一捆。大脚趾顶出鞋面是常态，鞋子掉帮，也是用绳子将底子和帮子绑到一起凑合着穿。

农场大田里种的全都是小麦，边角地种的则是胡麻。在灌溉暂停时，我们曾被调派到地里去除草，地里杂草不多，而且用的长把锄头，不像甘肃农村用手锄蹲着锄，所以没有感到太累。秋收时节，二连也加入收割的队伍，躬腰挥镰好多天，腰酸臂痛，中间休息倒在地上就不想动弹。麦芒尖利，人人手上伤痕累累。打麦时，我们排着队将麦捆子不停地传送进机器里，再将脱粒机前的麦草叉到一边，将脱出的麦粒装进麻袋移到旁边去，最后将成百上千装满麦子的麻袋背到越来越高的麦垛上。两百斤重的麻袋压在瘦小的背上令我喘不过气来，艰难地移步到垛边，又要沿着斜搭的木板登上垛顶。

五、农场杂事

二连驻地背山面河。笔直的悬崖在驻地正西百余米处，偶见结队的石羊在峭壁间悠闲攀援。悬崖南侧是一条山沟，有同学看到过结队的狼或其他野兽从沟里走出到黄河边饮水。再往南两三里的河岸边有一个小村落，稀疏地散布着十来个藏族老

在拉麦捆子的车前与军人司机及排长合影。陈新摄。

百姓的院子，村旁的羊圈用一米来高的夯土墙围成。我们巡查渠道，每次都要从村西山根约两百米的渠上走过。有一次看见一位挎着盒子枪的公社干部骑着马威风凛凛地从村前驰过。村里有一位穿着白布衬衣外套光面羊皮藏袍的年轻藏族妇女，每天赶了百余只的羊群到山里放牧。遇见时听到我们"切得毛"（您好）的问候，她黧黑的脸上就露出白牙浅浅一笑，算打了招呼。再问什么，她就是一连串的"莫西给"（不知道）。

　　驻地东边紧挨着黄河，从一条很陡的之字形小路可以下到河滩边。临水有一片经亿万年冲刷圆滑的乱石群，是我们取水和洗衣的"码头"，晾晒衣服的场所，也是夏日的天然浴场。

坐在乱石上，还可以饱览黄河水奔腾下泻的美景，尽情抒发"小资产阶级"的情调。到大米滩劳动几个月，我们没有洗过一次澡。稍微天暖，我们先试着用河边石坑里的水擦洗身体，后来下班后，我们就拿了毛巾、脱光衣服，在乱石间晒了一天的温暖河水中冲洗去从头到脚的沙尘，嬉戏玩笑，然后躺在石头上，尽情享受大自然的温存，等待衣服晒干。可是好景不长，有一天，我们听到远处传来"噢——噢——噢"的叫声。一看河对面岸竟然趴着十来个藏族女子，看着我们十几个"下边人"（青海人对内地人的称呼）在河中"天体浴"，兴奋地叫唤着，还有人站起来挥舞手臂大声叫喊，懂藏语的同学说是在叫你们过去……这里河面宽逾百米，两岸相隔二三百米，可将对岸看得一清二楚。从此以后，我们洗澡时就检点多了。驻地对岸是同德县卡力岗村，村子离岸两三公里。晚上，我曾经看见对岸村后的丛山中升起一颗信号弹，不知是军队还是敌特所为。夏日一次暴雨过后，我走出地窝子，忽然看见对面岸边，瀑流万道，在河岸上形成宽数百米高数十米的巨型瀑布，惊为奇观。

劳动之余，我们就坐在地窝子"床"上或外边空地上学习毛主席著作，"交流"心得体会，成为常态。有个兰州军区《人民军队报》的记者曾经到二连采访，让我们围坐到地窝子前的空地上学习毛著，还让刘天柱穿戴整齐和我拍了一张军人和大学生手持红宝书交流思想的合影。一天上午，我们正在地窝子里学习，忽然传来"轰隆"一声，紧接着外边有人喊："地窝子塌了！"我们急忙跑出来，看见旁边四班地窝子的屋顶陷了下去。知道大事不好，排长刘天柱、炊事班和我班几个人一齐冲到地窝子跟前，发现当作屋梁的圆木一头还在地窝顶担着，另一头连同窝顶的树枝泥土塌了下来，压在东头的床上。四班

黄河边合影。陈新摄。

的人天亮才下班回来，这会儿都睡得正熟。我钻进地窝子里时，他们一个个还傻傻地在被子里坐着，最东头床上的人肯定被压在大梁下了。刘天柱怕出人命，低头钻到梁下，大吼一声，就将数百斤重的大梁扛了起来。我们有的帮着扛大梁，有的疏散地窝子里的人，有的钻到最里边，见被压的被子里没有人，这才松了一口气。过一会儿才知道，原来睡在这个地方的某人正好出去解手，逃过了一劫。

如果说，地窝子塌陷事故没有伤亡是不幸中的万幸的话，曹万芝捞木头淹死则是一个天大的悲剧。曹万芝山东大学中文系毕业，是二排七班班长，中等个子，皮肤较黑，干活卖力，待人和善，平常总是笑嘻嘻的，我们很谈得来。他家在山东枣庄农村，早已结婚，并且有两个孩子，经济状况很差。我们一起在河边洗澡时，他总到河里游一会儿泳，自称在济南那么宽的黄河河道他都能游一个来回，这么窄的河面算什么！下暴雨涨水时，上游林场沿着水路往下放木头，那些长十多米直径五六十厘米的松木，一根根在河中漂流而下，偶尔有的搁浅在岸边，一般情况下就被林场派出沿河巡逻的工人用叉杆推入河水中，继续漂流。场部要建房就招待巡河工，拉关系，搞点搁浅的木头。慢慢地胃口越来越大，用链轨拖拉机和钢丝绳绑上木头往回拖，怕林场发现就藏在场部一侧的山沟里。我们二连因为四班地窝子塌陷，也想全面维修宿舍，改造伙房，急于用料，伺机打捞河里的木头。6月21日早饭后，加了一夜班的七班同学在地窝子里休息，牛司务长在地窝子门口朝里喊话："黄河里木头下来了，捞木头去！"就这样除两人外，曹万芝和二连七班其他会水的几个人跑出地窝子朝河边跑去。曹万芝下河时，腰里勒了一条战士用的卡扣皮带，看见河心漂下来一根大木头，曹就游到跟前，抱住了木头的后头，想将其顺流斜推往岸边。忽然，一个浪头打得木头滚动，竟将他转到河里，或许他是腿凉得抽筋，再也没有见他浮游上来。在河边的人看到此情，有的沿河追着呼喊，有的上岸给连里报告。全连在家的人，从落水处一直到下游几里河转弯的沿途寻找，但再也没能见到曹万芝的影子。

此后几天，我还被派到大米滩尽头的河滩上值班，两人一班，眼睛不眨地盯着宽阔的河面，看有否顺流而下的浮尸。再往下游的曲沟河面上设有挡木头的栅栏，听说有一个大跌水，团里派仁青等二人去联系相关部门蹲守寻找，也始终没有找到。曹的去世，全连同学十分悲痛，吃不下饭，睡不着觉，情绪激愤。大家砍了滩边的红柳枝做成花圈，悼念我们共患难的朋友，并一再要求团里举行追悼大会，将曹追认为烈士，以使他在农村的母亲和老婆孩子能得到比较优厚的抚恤金和抚养费。但是怎么反映，都得不到答复。副团长张汉兴专门从西宁赶来，明确否定了大家的要求，严厉训斥同学们这是无理取闹，质问同学们"难道把你们像花一样捧在手里吗"？后来得知，团里派政治干事刘文辉协同省民政厅派员专程去山东枣庄，对曹万芝家庭的善后进行了处理。

元旦过后，我们被拉回大堡子营房，进行劳动锻炼的鉴定，宣布再分配方案。大体上，有人正式入伍留在兰州军区，有人分到青海省级机关，有人分到西宁市，有人分到东部农业县，有人分到牧区州县。分到化隆回族自治县的是我和大学同班同学李某、陕西财经学院贺某、西北政法学院徐某、中央民族学院喇某、北京大学曾某、中央财政金融学院丁某和刘某夫妻、青海师范学院边某。几天后，一辆大卡车将我们送到一百一十公里外的化隆县招待所，交给县革委会政治部，结束了"接受再教育"的岁月。

我的地质生涯

赖炜福

1961 年夏，我从武汉电力专科学校水文地质与工程地质专业（大专）毕业后，被分配到湖北省地质局水文地质工程大队一分队。我们的主要工作是搞水文地质和工程地质的普查及勘探，比如，区域水文地质普查、水库坝址测绘勘探、城镇供水（地下水）勘察，等等。当时社会上对从事地质行业的统称为地质队。

地质工作流动性大，完成一个项目的工作后，就要转移到下一个项目地，搬家是家常便饭。分队转移是用解放牌敞篷大卡车，先把各种设备工具、行李等装进车里，人员则坐在这些东西上。每当遭遇风雨时，大家就穿上发的劳保用品雨衣。那时路况普遍较差，多半是泥土路，最好的公路也就石子路，车行时灰尘很大，一趟车坐下来，人人都是一身尘土，甚至连头发眉毛上都落满了灰尘。但对我而言，满身尘土还不可怕，最怕的是晕车，路况本就不好，车子颠簸得厉害，加上翻山越岭，每次皆吐得天昏地暗，后来车坐多了，总算不再晕了。

普查小分队搬家就更加频繁了，完成一个区域的工作后，要转到下一个地点，基本上一周到十天就要搬一次家，这种搬迁主要靠驴车或牛车。

1961 年，刚毕业时的作者。

　　到达目的地后一般是找人民公社，如公社有空房，便支起自带的行军床住宿；如果没有空房，就借住在当地老乡家里。名副其实的"四海为家""处处无家处处家"！平心而论，我们搞水文地质的还算好的，搞矿产地质的更加艰苦，不仅要住帐篷，而且搬迁更为频繁。

　　刚到地质队时，我先是搞随县（今随州市）与应山县（今属广水市）的比例尺为一比二十万的水文地质和工程地质区域性普查，后参加湖北省漳河水库灌区及引水渠道工程水文地质、工程地质的调查勘探。

　　地质工作分"外业"和"内业"，每年 3 月至 7 月、9 月至 11 月气候温和，一般是搞野外调查（即外业），即根据预先设计的工作内容和工作量，组成小分队，基本是二到三人一组，带着地质罗盘、地质锤、放大镜、地形图等工具，跋山涉水地进行野外调查填图，多半是早出晚归。具体而言，就是用罗盘定方向、量地层产状，用地质锤敲取岩石标本，用放大镜观察岩石矿物成分，并按国家规范将一路所见地质要素及数据等记录到专门的"野外记录本"上，如见到典型的地层剖面、断裂构造或山泉出处，要实地手绘素描图，标注到地形图上，同时

1961 年冬，普查小分队合影。前排中间是我。

地质普查时留影。

还要把一路采集到的岩石标本、泉或井的水样等带回来分析化
验；每天晚上要在煤油灯下对白天收集的样品和数据进行整理，
并将野外草图中的铅笔字迹上墨，以利保存。

　　那一带属于大别山脉，山高路险。我们每天在高山峡谷间
攀爬，总是翻过一山又一山，罕有人烟。中午一般吃点自带的
干粮，虽然出门时总是把军用水壶灌满，但那一小壶水是坚持
不了一天的。每当遇到山泉就高兴万分，洗个脸清凉一下，再
把军用水壶灌满，没有山泉时就只能忍受热汗和干渴了。幸而
那些大山林木葳蕤，可谓是"天然氧吧"，汗流浃背时爬上山
头，一阵清风吹来，简直感觉舒服得不得了。但在峡谷中行走

就很闷热，实在热得受不了时，就脱掉工作服上身打赤膊。当然，被滂沱大雨淋成"落汤鸡"，一任身上的湿衣服自然干燥，也是"家常便饭"。

大别山地区范围很大，每天要实地勘察的面积也很大，路线很长，全靠两条腿。有时晚上不能回到小分队的居住地，只能在沿途山区的农民家借住。20世纪60年代初，老百姓生活还很困难，山区农民更是艰苦，但他们都很热情，总是拿出自家鸡下的蛋、在溪沟里捕捞的小鱼干、自己做的腌菜等，几乎是尽其所有地招待我们（一顿饭我们则付五角钱、半斤粮票）。不过，农家一般是不会有空床的，更不会有多余的盖被，能找些稻草铺个地铺就算不错了，实在没办法时，就在人家的稻草堆上睡一夜，第二天继续完成规定的工作量。当时有两句流行的话形容地质队员的状况，"远看以为是讨饭的，走近才知是地质郎"和"有女不嫁地质郎，夜夜守空房"还是比较形象的。

野外调查是分散工作，当时没有通信设备，遇到必须与上级联系时，要到公社去挂长途电话。那时公社、生产大队之间多半没有公路，也没有交通工具，全靠两条腿步行。为打一个电话，往往要走很多路，且不能马上接通，等公社话务员终于用手摇电话机把电话接通时，差不多大半天过去了。

"外业"结束之后，大家回到分队驻地继续"内业"工作，这一般是盛夏和寒冬时节，尤其冬季的时间较长。这时，我们要把野外调查取得的第一手资料进行整理、总结，编写地质报告，并绘制系统的实际材料图、地质剖面图、水文地质图等。当时无论写报告还是绘制图纸全是"手工劳动"，繁琐，要求高，工作量也很大，在此不一一列举了，不过这也练就了我手工绘、写的"硬功夫"。

"内业"工作搞完后，一年一度的集中冬训就开始了。大约在春节前一个月，所有的人都要集中到大队部做年度总结，接受教育，以提高思想觉悟。一般是先学习文件（如适逢某个政治运动，就学习运动的相关文件），即所谓"务虚"，之后分组进行批评和自我批评。对于大多数人来说，就是对平时工作中的不足之处、团结问题等做些检查，然后互相提提意见。

待泛泛而谈的"批评与自我批评"结束后，有针对性的"节目"才开场。这一般是政工组事先已经掌握的材料，比如贪污问题、工作失职或者生活作风问题等。由于地质队多是单身汉，即使结了婚的家眷也不在当地，难免会有与当地女性产生感情、发生关系等情况出现，虽然是个别人，但被认为影响了地质队的形象，在当时已属严重问题（即作风问题）。通常的做法是：政工组先找一些骨干力量（积极分子）做重点发言，然后让有问题者坐在一个高凳子上做坦白交代、认识检讨，并动员群众对其进行揭发批判，一直要到大家对他的交代和检讨都认可后才算过关。

冬训结束后，各分队便回到原驻地，为新一年的野外工作做准备。

1963 年，湖北省为解决荆门、江陵、钟祥等地区的农业灌溉用水问题，进行漳河水库灌区及引水渠道的勘察工程。因要对引水隧洞等进行勘探，我所在的一分队就搬到了荆门县（今荆门市）城南郊外一个停产的石灰厂内。石灰厂周围环境较好，东边不远处有座宝塔山。由于此项勘探所需时间较长，工作相对稳定，人员也相对集中，这就为业余文化生活的开展提供了条件。

大约是 1963 年，工会给每个小分队配备了一台美多牌半

1964年秋，篮球队合影。抱球者是作者。

导体收音机，可以收听新闻和歌曲。搬到荆门后，周末还可以进城去看场电影，记得当时的电影有《烈火中永生》《洪湖赤卫队》《刘三姐》等。每个片子都很火爆，往往在电影院门口等候半天，才能买到一张退票，看完电影还要学唱那些电影插曲。此外每逢劳动节、国庆节，当地会组织一些文艺演出，我们地质队也排练节目参加汇演，不过只限于大合唱或器乐合奏之类。

废弃石灰厂里有一块空地，于是分队修建了一个篮球场，尽管那篮球场只是泥土地且高低不平，但终于有了一个活动场所。地质队的技术人员多为"北京地院""长春地院""成都地院""武汉地校""宣化地校"等大专院校毕业生，原本对体育活动就有些基础和爱好，不用训练便自然而然形成了一支篮球队。从此，打篮球成了我们业余文化生活中的主要部分。

那时荆门有点条件的单位差不多都有篮球队，各单位间的友谊赛成了周末的保留节目（由工会组织领导）。比赛多半在县文化馆的球场进行，事先还在街上贴出海报，醒目的"球讯"两个大字下是比赛单位、时间、地点等。由于当时整个社会的娱乐活动都比较匮乏，所以每场比赛都有很多人来观看。观众把球场围得水泄不通，比赛时喊声四起，赛后更是评头论足，议论纷纷。我们地质队的球队获得过县里的篮球赛冠军（县文化馆组织的），更有趣的是，尽管我在篮球队里个子最矮，但因身手灵活、投篮命中率高而成为我们队的主力，甚至在荆门小有名气，走在街头都常有孩子跟在身后喊"小赖、小赖"。

客观地说，野外工作者的生活总是比较艰苦的，但那时年轻，又是许多年轻人聚在一起，朝气蓬勃，胸怀建设祖国的理想，对这样的条件已觉得很满足，很高兴了。那时有首流行的《勘探队员之歌》："是那山谷的风吹动了我们的红旗，是那狂暴的雨洗刷了我们的帐篷……"我们也经常豪情万丈地唱这支歌，哪怕再苦也不影响我们苦中作乐。

我还记得两件小事。漳河水库工程中有一位水利工程师，姓冯，一次从武汉过来，长途车到终点站后没有去工地的车了，于是在路上雇了一辆驴车，请车主帮助把行李拉到工地，他在车后面跟着走。未料驴子跑得较快，渐渐便跟不上，到达工地后也不见驴车，行李自然也不知所踪。这个笑话其实是带泪的，要知道，那是"粮票""布票"的年代啊！不仅谁也没有多余的铺盖，且一人一年只有几尺布票，不知要积攒多少年才能购置一套行李！

还有一次，我们想改善一下生活，到老乡家买了一只鸡，几个单身汉忙了半天，终于把鸡炖好了。没想到锅盖一打开，一股臭气扑面而来，原来是鸡胗没有剖开清洗。每个人都懊丧之极，却又舍不得扔掉，只得把汤倒掉，重新清洗烹调。最后那鸡有没有下肚已不记得了，但这事至今仍记忆犹新。

1966年“文化大革命”爆发，各项工作皆受到干扰，除了学习文件、背诵“老三篇”、参加批斗会等外，我们技术人员也要接受工人阶级的再教育。于是，我到钻机上当了两年工人，从事勘探和打井工作。在恢复技术工作之后，又参与过不同项目的地质普查、勘探及城镇供水等项目。

光阴荏苒，五十多年过去了，如今地质工作的条件，无论是交通、通信、生活，还是工作中的便利，都是我们当年连做梦也想不到的！每当我看到他们的许多工作都能在电脑上完成时，总会情不自禁地产生一种羡慕之情，然而在感慨时代进步、科技发展之余，也有一分由衷的自豪感：现在电脑上随时可以查到、可以调出的基础资料，都是一代又一代地质人跋山涉水，用双脚在祖国大地上一步步丈量、靠人工一点点计算出来的啊！

踏遍青山人已老！今日写下这篇小文，是对我们青春岁月的缅怀，更是想给这个曾经的群体留下一点纪念，因为那个时代、那些风景，还有那些事、那些人，都已经远去了……

难忘的 1977

赵庆国

1977 年，是我一生中最难忘的一年。那年我高中毕业，在老师的推荐下，当上了一名代课教师，也是在那年，我参加了"文革"后的第一次高考。这张照片，就是我在北京市延庆县白河堡小学当老师时拍摄的。

当时刚刚粉碎"四人帮"，是我国的各项事业正处于拨乱反正、百废待兴的关键时期。我在白河堡小学当片长，相当于小学校长。除了管理白河堡小学外，还负责管理着周边四个教学点，工作非常忙。那时我每天总是第一个到校，打水扫地，整理卫生，准备上课的所有事务。白河堡小学共有六个教学班，近三百名学生，而教师却不到十人。我除了负责学校的行政事务外，还担任全校的体育课教师，同时还兼任着学校的会计工作。从早晨到晚上，全天都安排得满满的，没有一点空闲的时间。我记得那时全党全国都在学习《毛选》五卷，我还抽空写了几篇学习体会，在公社广播站播放。由于工作积极，成绩突出，当时我被评为全县教育系统先进工作者。

看着眼前这张有点斑驳及污迹的照片，四十多年前的情景历历在目。我记得当时应该是 1977 年的秋天，在县礼堂举行了

全县教育系统先进工作者表彰大会，县里相关部门的领导都出席了这次大会。大会结束后，我记得当时是李艳春老师建议的，她说这么隆重的事，咱们去照相馆留个念吧。她的倡议得到了大家的一致响应，就留下了这难忘的时刻。

照片上一共十二个人，第一排中间为公社文教组组长聂进军，他当时是我们一行的领队，也是我们的领导。一排右二为李艳春老师，她当时在公社文教组当干事。一排左二为当时白河堡中学校长陈庆祥，他没有戴花，应该是白河堡中学的领队。一排右一的女士叫张金华，一排左一是我们小学的炊事员赵满有师傅。二排从左至右依次为聂志启、闫永邻、赵东升老师，我在二排最右侧。后排从左至右依次为程宝海、田玉花、杨永田老师。

这张照片已经有四十多年了，照片上的人有的还有联系，有的以后就没有见过。特别是李艳春老师和赵满有师傅已经去世，其他人如今大都七十岁左右了吧，应该是早已退休多年，儿孙满堂了。当时我刚刚二十岁，是他们中年龄最小的，现在都已经退休了。在这里我最怀念的是李艳春老师，她是我上小学的老师，应该是我的启蒙者了。那时白河堡小学就在我家房后，由于教师少，一个老师要教全班的所有课程，所以李老师特别辛苦，一天到晚待在学校。李老师当时已经是两个孩子的妈妈了，一边教书一边还要料理所有的家务。特别是 1970 年左右，确切时间我记不清了，她家出现了重大事故。她的丈夫朱登学因上山砍柴，不小心从悬崖上摔了下来，当场死亡了。记得当时把她丈夫的尸体抬回来时，我们一帮小孩子还去现场看，场面很可怕，到现在我还记得当时的场景。四个人抬着用被子包裹着的尸体，外面只露着死者的两只脚。李老师哭得死去活来。当时李老师已经是三个孩子的母亲了，真不知她是怎么熬过来的。好在她的三个孩子都很有出息，老大在县农场工作，二儿子和小女儿都考上了大学，现都在北京工作，有一年她来北京时还到我家串过门。李老师大概是 2013 年去世的，当时也有近八十岁了吧！

我所在的白河堡小学早已成为历史，不复存在了。1970 年县里为了响应"农业学大寨"的号召，在那里开始修建白河堡水库。从 1970 年到 1982 年，水库修了十多年，白河堡村也都搬迁到山前平原地区了。那里现在是北京的重要水源地，也是著名的旅游胜地，叫燕山天池，是百里山水画廊的起点，景色非常优美。我每年都要回去几次，一是去祭祖上坟，二是那里是我的家乡，根不能忘啊！

父亲的老照片

王 超

母亲从事了一辈子的档案工作，十分注意保存各种资料，在她收藏的家庭档案里，有不少父亲的老照片，照片背后还有一些小故事。

南 下

这是父亲王汉亭离开山东老家南下时留下的一张照片（图1）。

小时候，不认识照片上那个"兖"字，经常把它念成了"充"。后来才知道兖州是个古城，夏禹时代划天下为九州时，兖州就为一州。

兖州在沾化的南面，那年父亲跨过兖州，就出了山东。父亲1945年8月在出生地沾化参加了革命，9月加入了中国共产党，担任了沾化县富国区武装部政治干事，后来又做了副部长兼武工队队长。淮海战役时，父亲担任沾化县支前担架连连长、华东干部工作队班长。

我在西南服务团团史资料上看到这样一段记载："随第三野战军由山东出发的华东支前司令部所属各地的干部，在战火纷飞里运粮草、送弹药，为我军取得淮海战役的全面胜利立下了功劳。正当他们满怀喜悦心情，准备返回山东时，领导动员他们参加西南服务团，于是他们又马不停蹄地赶赴南京。"

在兖州留下这张合影后，父亲和他的战友们，背井离乡，踏上了南下之路。

建立西南服务团，是中共中央在解放大片疆土后，即将由革命党向执政党转变的大背景下做出的重大决策。当中央决定由刘伯承、邓小平率领的二野进军西南时，邓小平向中央写出了报告，"二野进军西南，最大问题是手中无一地方干部队伍，

图1 1949年，父亲（左一）南下前于兖州留影。

图 2 1957 年，父亲和母亲。

拟从华东局抽出一部分干部，估计数量有限，我们准备动员一批京沪学生入川"。在研究这支干部队伍的名称时，邓小平说叫服务团，更能体现和符合为西南人民服务的宗旨。于是，由军人和学生组成了一万七千人的西南服务团。服务团按照军事编制，随战斗部队同步进军西南。总团长由二野副政委宋任穷担任。父亲在川东支队。

出发前，服务团在南京开展三个月的集训，二野的首长们就是教员。邓小平主持筹划了西南服务团的章程，审定集训方案，还亲自给团员们讲课。父亲说，真正懂得一些革命道理，就是从那时开始的。

邓小平讲了一课，专门谈忠诚老实。他说忠诚老实是一个共产党员必须具有的品质。忠诚就是将全部真情率直而老实地向党坦白出来，就是要忠实于党的事业，忠实于人民。说老老实实的话，办老老实实的事，做老老实实的人。

图 3 1959 年，父亲母亲和我。

父亲说，这些话受用了一辈子。

1949 年 10 月 1 日，当毛主席在北京天安门城楼上宣布中华人民共和国成立时，西南服务团从南京出发。这一走就是八千多里，其中步行三千多里，也被称作"小长征"。

父亲于 1949 年 12 月 8 日到达万县地区开县岳溪区，被任命为副区长，第二年任南门区区长、区委书记。

2010 年，我来到南门，想看一看父亲南下来的第一站。街面上新楼林立，只有一口老水井还保留着残石。在南门我竟然见到了父亲当年的警卫员，他叫黎德富，虽已两鬓白发，但腰板笔直。他说他的工龄就是从跟着父亲的那一天算起。黎德富说那时最大的问题是安全，土匪多，经常放冷枪。我们到县城和乡下时都要带枪，你爸带短枪，我背支长枪。据西南服务团团史资料介绍，重庆地区有六十八名团员牺牲在土匪的刀枪下。一位年仅十六岁的团员叫汪树人，在壁山的乡下被土匪杀害，战友们在遗体的荷包中看到了一封还未寄出的家书，上面写道：亲爱的妈妈，我已平安到达重庆。

父亲常说，他是幸运的。

父亲一生只回过三次老家。工作时回去过一次，退休后回去过两次。

第一次是1957年，父亲在北京中央人民公安学院学习，毕业后回了一趟老家。他从来没有向我们讲起回到家中的情况。

2004年，我陪父亲回到老家时，那是我长大后第一次看见了他的泪水。

父亲去世后，安葬在万州沱口公墓。我们把他的墓碑朝着

图4 1960年，父亲（中间）离开城口时与同事合影。

他南下走来的方向，朝向了他的老家。

宋任穷曾经说过，西南服务团是自我牺牲的一代，无私奉献的一代，全心全意为人民服务的一代。

福　地

母亲说，城口是他和父亲的福地，在这里有了我和妹妹。

父亲和母亲1952年结婚后，一直没有孩子。1957年到了城口，1958年就有了我，1960年有了妹妹。

城口在大巴山的深处，重峦叠嶂，地势险恶，人烟稀少，刚解放时全县只有五万人。凡是调进城口工作的干部，都认为

图5　1960年，父亲（中间）离开城口时与县人委全体工作人员合影。

图6 1960 年，父亲离开城口时与同事合影。

是来到了最艰苦的地方。父亲 1957 年从万县地区公安处副处长
岗位上，调到城口当县长，据说原因之一是因为城口山高路远，
土匪猖獗。

母亲说，城口冬天长，夏天短，父亲成天待在乡下，拄根
木棍，穿双棕鞋。

我出生的那天，父亲依然没有在家。母亲说那是一个大雪
纷飞的傍晚，县城后面有座山叫后山，后山上的竹篓子飞得很
高。那里有个气象站，每到风雪天，就会扯起一个竹篓子，城
里人看见篓子，就会知道风有多急雪有多大。篓子在雪花中飞
舞，有时像一条游动的白鱼。

母亲来不及去医院，请来了一位产科医生。母亲说我出来时哇哇大叫，弹着双腿，她高兴得眼泪都要流出来了。

半个月后，父亲从高山回家，进门时就倒了下来，一头撞在木头洗脸架上，洗脸盆滚到了墙角。母亲说那时父亲很瘦，身体单薄，在高山雪地多跑段时间就容易晕倒。

当时的县委书记叫孙喜禄，也是山东人，文化程度比父亲高一点。孙叔叔来家里看望我时，才知道我还没有名字，就说现在正是大炼钢铁"大跃进"，就叫个王刚或者叫王跃进吧。母亲说这两个名字都不太好听，现在"超英赶美"，王超好听点。父亲说好，就叫王超。

图7　父亲离开城口时与县委办公室工作人员合影。

图8 1960年，父亲离开城口时与同事合影。

　　1960年1月又有了妹妹王敏。4月父亲接到了组织的调令，到长江边上的奉节县任县长。母亲看到我和妹妹都还小，道路又陡又险，说她能不能晚一点，等今后公路修好了再走。领导回答必须一起走，修通公路不知是哪年哪月的事了。汉亭在奉节，你在城口，相距这么远，也不利于工作嘛！

　　家庭档案中的一组老照片，记录了当时父母亲离开城口时的情景。照片有十来张，分别是县委、县人民委员会、办公室欢送父母亲的，也有同事相约而照的。时间从4月22日到27日，几乎每天都有。母亲说，离开城口时，不兴吃饭，更不许送礼，县委食堂想给块腊肉在路上吃，我们也没有要，只是带了一包盐巴和两把面条。但照了不少的相，留了一些照片。现在看来是很珍贵的了，照片上还写着日期，不管时间好久，只要看到

图9 1957年，父亲在天安门留影。

照片，就会想到是哪一天，在一起的是哪些人，心里就觉得热呼呼的。

2013年，我来到城口，走进了出生时的县委大院。当年的小平房已经没有了，但院里的那棵巨大的紫弹树依然青绿。在小会议室见到了原政协主席王治才、原宣传部长于少群、政府办公室原主任张中富。张主任带来了当年的合影，并跟我说："你父母离开城口时，大家都依依不舍。你父亲个子很高，下乡时总挎着个盒子炮。他平时的话不多，平易近人，对下属很和气，但是哪个要是在工作中犯了错误，他发起脾气来也是山呼海啸，所以大家既敬重他又怕他。"

从城口到奉节的路上，一共走了十天。途中在雪宝山遇到下大雨，歇了两天。我和妹妹被挑在一对箩筐里，随行还有两个奶妈和一个带枪的警卫员。母亲说，两个奶妈性格不拢，妹妹的奶妈是城里的，个性有点强，我的奶妈是高山上的，很老实，经常被妹妹的奶妈欺负。后来妹妹的奶妈先回了城口，我的奶妈待了三个多月后也想回家，母亲给了她一大包衣服，说钱和粮票给她寄回去，怕路上不安全，但她坚持要自己带上。返回城口路过开县的狗儿坪时，她被土匪盯上了梢，用刀子逼着交出包袱，并被砍伤了手臂。在城口医院治疗时，父亲专门给城口县政府打了电话，询问伤势情况。母亲说如果有什么大问题，我们养她一辈子。奶妈的丈夫从高山上下来，从县城里接走了她，从此再无音信。我后来几次到城口，都想法打听奶妈的消息，还拜托了好朋友王老莽，但至今仍无结果。

有一年我正读初中二年级，母亲突然喊我请假回家。我不知道家中发生了什么急事，一路小跑。回到家中，才知道万县来了个医疗队，带队的正是城口那位给我和妹妹接生的医生。她从城口调到了万县，这次到巫山巡回医疗带了六个人。母亲喊我回去是为了做饭，她要在家里招待她。家中最好的东西只有一块腊肉，我剔骨剁细后，母亲包了一桌腊肉饺子。父亲也专门从乡下赶回了家。医生没想到父母亲会这么热情，父亲说这里很难见到城口人啊！

老　伴

前不久，母亲住院时，枕头下压着她随时都带在身边的一个小包。母亲输液时睡着了，小包掉到了地上。我捡起来随意翻了一下，见里面有个小塑料袋，袋里装着这张照片（图2）。

我感到了一阵颤栗。父亲离开母亲已经十二年了，母亲依

图10 1980年，父亲在大宁河。

然时时伴他在身边。

　　父亲和母亲相识在开县南门场，父亲是区长，母亲是文书。母亲叫严珺白，出生在开县竹溪河畔的镇安场。后来随进城行医的外公，来到了大巷子。大巷子在开县城很出名，巷里有天主教堂、油脂公司。外公是位中医，有钱人看病给钱，无钱人看病提鸡蛋、南瓜。门额上一块大匾，上书四个金光闪闪的大字："功侔良相。""侔"在文言文中是"相当于"的意思。旁边还有一行小字，其中有"不为良相，便为良医"的语句。这话出自范仲淹之口，意为如果不能成为国家的良相，便要成为治

图 11 1986 年，宋任穷会见时任万县地委纪委书记的父亲。

病救人的医生，功劳都是一样的。

母亲在家中排行老二，上有一个姐姐严琬白，下有两个妹妹严琼白、严瑛白。当父亲和母亲恋爱时，外婆和姐妹们都赞成，唯有外公不同意。说山东人脾气不好，不爱卫生，大男子主义严重，担心母亲受欺负。

而自我记事起，就只见父亲对我们几个小孩怒目圆睁，从未见他对母亲红过脸。两人总是以"老"相呼。父亲喊母亲老严，母亲叫父亲老王，从年轻时一直喊到年老。后来，父亲走了，母亲还经常喊着老王，讲着父亲的故事，就是吃盘花生米，母亲也要念叨一阵，说父亲最爱吃水煮的花生米。今年清明节时，我在万州沱口父亲墓前，打开手机的免提，母亲在电话里对着父亲说话，一口一声老王，足足说了半个小时。

母亲的身体一直不太好，有时走起路来好像风都能吹倒，连打人都打不痛。所以我从小就不惧怕母亲，有次因拒绝做早饭，母亲打了我几下，我歪着头说连灰尘都没拍干净。母亲气得用一个广柑掷向我。我捡起广柑边吃边笑，还在她办公的档案馆大门上，写了一幅大字报，用的是毛主席语录："贪污和浪费是极大的犯罪"。父亲知道后，一皮带抽在我的屁股上，非要我当面给母亲认错，不然就要把我撵出家门。

父亲工作时，没有时间照顾母亲。1993年，父亲退休了，两人朝夕相处，形影不离。原来家中请了个保姆，但由于母亲话多，喜欢唠叨，与保姆相处不好，父亲就担负起了做家务的任务。每天早晨上街买豆浆馒头，还学会了做菜，一天下来累得满头大汗。春节时我们几兄妹回到家里，看到父亲太辛苦，劝母亲再找个保姆。母亲说我怕和保姆相处呀，说句话都要小心翼翼。父亲说算了算了，你妈妈不愿意就算了。找个保姆来，人轻松了，但你妈心情不好……我们只好再也不作声了。

看着这张已经发黄的照片，我问母亲，这是哪一年照的哟！母亲说这是1957年，你爸爸从万县地区公安处调到城口前，我们在万县拍的。你爸爸先去城口，我因有病在万县检查。听人讲城口医疗条件差，当时还真有点害怕。到了城口后，有些呕吐，以为病重了，赶紧找当地的土医生开了点药，后来才知道是怀孕了，如果那药继续吃下去，就没有你了。

母亲一直住在弟弟家。这次住院时，我自然担负起了看护的责任。每天早晨6点半起床，熬一点鸡汤或鲫鱼汤，然后乘轻轨换车三趟。当太阳升起时，我已来到了母亲的病房。看着母亲慢慢地喝着汤，我仿佛看到了父亲在天堂里微笑……

我们家这五十年

李 剑

在时间长河中，五十年，仅是一瞬间，而对于一个普通的家庭，却是一万八千两百五十个日日夜夜。

五十年间，经历过十年"文革"的阴霾，迎来了改革开放的明媚；有备战高考的煎熬，也有金榜题名的狂欢；有育儿的艰辛，也有成长的幸福。

五十年间，沐浴过南巡的春风，目睹了港澳的回归；经历过大地震的伤痛，更感受了新时代的强盛。

五十年间，三代人栉风沐雨，承前启后，砥砺前行，这当是千千万万普通家庭的缩影。

第一张全家福

我的父亲，重庆荣昌人，1937 年出生，1956 年考上成都地质勘探学院（现成都理工学院）。该院仓促上马，1956 年 5 月始建，师资来自四面八方，9 月即招新生一千五百余人，仅有几幢学生宿舍楼，食堂、澡堂、厕所都是临时建筑，下雨时吃饭都要端到寝室里去，条件很差。1957 年"反冒进"，七百

图1

图2

多名学生被分流到全国二十三所高校，包括北京地质学院、四川大学、四川医学院、四川师范学院等。父亲就被分流到四川医学院（后改名华西医科大学，现为四川大学华西医学中心）。母亲，四川广安人，1957年考入四川医学院临床医学系。两人在华西园求学中相识相爱。1962年毕业一同分配到南充的两家医院工作，并结为夫妻。1964年7月，我出生。此照（图1）1964年10月拍摄于四川省南充市，我八十三天，父亲二十七岁，母亲二十六岁。

我的妹妹

因家庭成分"高"，父母在单位一直小心翼翼，谨小慎微。在"文革"中虽未受冲击，日子也过得战战兢兢。1971年弟弟出生不久即夭折。妹妹出生于1974年最后一天。此后不久，全面、严格的计划生育政策实施，她算是幸运的二孩。此照（图2）1975年12月拍摄于四川南充，父亲三十八岁，母亲三十七岁，我十一岁、妹妹一岁。右为三姨。

妹妹虽小，但聪明能干，成绩优异，是少先队大队长，还作为四川省少先队代表，上老山前线慰问解放军。从80年代起，父母均已晋升中级技术职称，成为业务骨干，并在各自单位担任科主任。

我的儿子出生

妹妹（后排右一）是1993年高考南充地区状元，被北京大学录取，一时间成为当地美谈。我1992年4月结婚，儿子

图3

1994 年 3 月出生。妹妹趁着学校"五一"期间放假回家探望，小家伙头不能完全直立，拍照时妹妹在后面扶了下他，才有了这第一张三代同堂的全家福。此照（图3）1994 年 5 月拍摄于南充，父亲五十六岁，母亲五十五岁，我二十九岁，妹妹十九岁。后排左为我妻子。

妹妹回来探亲

妹妹本科毕业后继续在北大攻读硕士、博士，后出国发展定居。2005 年她第一次回国探亲。妻子自小喜欢文学，婚后笔耕不已，1998 年、2003 年两获冰心儿童文学奖，加入了中国作协，成为儿童文学作家。此照（图4）2005 年 10 月拍摄于南充，父亲六十八岁，母亲六十七岁，他们均已获高级技术职称并退休，

图 4

图 5

图6

图7

我四十一岁，妹妹三十岁，儿子十一岁。

大团聚

此照（图5）2015年7月拍摄于美国，这是全家第一次在妹妹家团聚。瞧，她家的狗狗通人性，也要挤进来拍全家福。儿子2012年考取山东大学，此时正读大三。父亲七十八岁，母亲七十七岁，我五十一岁，妹妹四十岁，儿子二十一岁。右为妹夫，哥伦比亚大学博士，在美国任教。

儿子读博

儿子（中）2016年本科毕业，2018年1月被澳大利亚昆士兰大学录取为博士生，并获得全额奖学金。此照（图6）2018年1月25日拍摄于四川省南充市，全家为孩子饯行。儿子二十三岁，父亲八十岁，母亲七十九岁，我五十三岁。

为母亲祝寿

2018年5月28日，全家在四川省南充市为母亲贺八十大寿。我、妹妹、妻子分别拿着1964年、1975年、1994年的全家福，父母则共持2015年家庭成员最齐的一张全家福（图7）。一图可见五十年！

一百年前的毕业证

王亚新

　　日前，去太原博物馆观摩"2018太原·故宫文物展"，其中两张直隶农务学堂的照片引起我的关注：其一，直隶农务学堂农具库（图1）；其二，直隶农务学堂春耕教种（图2）。照片的文字说明是："光绪二十八年（1902）十一月，直隶农务学堂由直隶农务总局筹备成立，三十年（1904）改为高等农业学堂，是我国最早的高等农业学堂。"在这两张照片前，笔者徘徊踌躇多时迟迟不忍离去，因为这些内容唤醒了我对祖父历史的一段回忆。

　　祖父王硕臣，字翰卿，直隶（今河北）遵化县南岗村人。生于清光绪二十一年（1895），故于1962年11月，终年六十七岁。祖父在青年求学时期与直隶农务学堂有过不浅的缘分。因祖父去世时笔者尚未出生，而父亲在世时很少和我们姐弟提及祖父的事，只知道他是学农出身，但什么时间，毕业于哪所学校我们并不了解。还是在父亲去世后，母亲整理他的遗物时，找到一个大纸袋，里面装着祖父、父亲、大姑的四张民国年间的毕业证，其中祖父的毕业证就有两张（图3、图4）。这才搞清楚原来祖父毕业于直隶公立农业专门学校。但有很长一段时间，

图 1 20 世纪初，直隶农务学堂农具库。

图 2 20 世纪初，直隶农务学堂春耕教种。

图3 祖父民国八年（1919）的蚕科毕业证

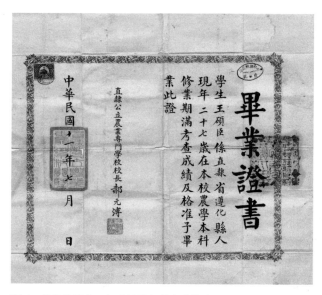

图4 祖父民国十一年（1922）的农科毕业证

图 5 　《河北省立农学院一览》，题名人为末代状元刘春霖。

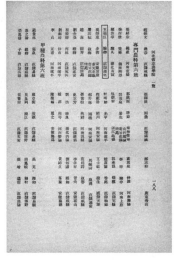

图 6 　毕业班级中祖父名字和籍贯

我也并不了解直隶农专的历史渊源。后来山西省图书馆在太原市文源巷的书库对读者开放了，有几年，周末下午没事的时候，就去图书馆转转。也许是天意，2004 年 8 月 28 日下午，在省图某书库的最下层，无意中找到一本民国二十五年（1936）出的《河北省立农学院一览》（图 5）。封面题字者是中国科举时代的最后一位状元刘春霖老先生。在该书第 188 页上"历年毕业生名录"中，找到了祖父的名字（图 6）。也是从这本书以及《河北教育大事记》中，我才搞明白中国最早的高等农业学堂直隶农务学堂的来龙去脉。清光绪二十八年（1902），直隶总督袁世凯在天津、保定两地恢复和新办各类新式专门学堂九所，其中在天津恢复天津头等、二等学堂（北洋大学堂）、

图7 中年时代的祖父

北洋西学堂。新建了北洋军医学堂、北洋工艺学堂、北洋警务学堂；在保定创办了北洋将弁学堂、直隶高等学堂、直隶师范学堂、直隶农务学堂。据《河北省立农学院一览》："光绪二十八年五月，直督袁世凯创设农务局于保定，附设农务学堂及试验场。派黄憬为总办，李兆蓝为提调。"设预备、速成两科。光绪三十年（1904）遵部令改名为直隶高等农业学堂，民国元年（1912）十一月奉教育部令高等农业学堂改称直隶公立农业专门学校。以后这所学校又曾改为河北大学农科、河北省立农学院、河北农学院，1958年后改名为河北农业大学。依上可见，祖父毕业的直隶公立农业专门学校的前身就是直隶农务学堂。

农务学堂从初创到农业专门学校时期，有农学、蚕学和林学三个专业。查《河北省立农学院一览》，民国四年（1915）八月，招收甲种蚕学预科第一班；民国五年（1916）八月，蚕学第一班升入本科；民国八年（1919），蚕科第一班毕业。祖父在该校拿到的第一张毕业证即是民国八年（1919）"在本校甲种蚕学本科修业期满考查成绩及格准予毕业"的证书，为蚕科第一

图 8 20 世纪 50 年代初，前排左起依次为祖母和祖父，后排左起依次为父亲、母亲和小姑。

图9 晚年的祖父

班（图3）。民国八年（1919）距今已整整一百年了，真令人
感慨系之。拿到蚕学毕业证，祖父向学的劲头似乎意犹未尽，
又于毕业当年的次月即民国八年（1919）八月再考入本校专门
农科第六班学习。三年后，民国十一年（1922）毕业，拿到了
农学毕业证（图4）。不知是何原因，《河北省立农学院一览》

一书中，蚕科第一班毕业生名单中，将祖父的名字遗漏了。从民国四年（1915）到民国十一年（1922），从二十岁到二十七岁，祖父足足有七年时间是在直隶公立农业专门学校度过的，拿到了两个专业的毕业证，像他这样的人在那个年代总是不多见的吧！

祖父自毕业后就单身一人在北京、唐山、保定地区工作，虽然回家的时间不多，但他给家乡和亲人们带来的积极影响是显而易见的。据大姑晚年回忆，父亲工作后回到村里教村民们要天天刷牙、洗脚（当年风俗，人一生只在新婚和死亡时洗两次脚），妇女要理发。为本族子弟增长见识，祖父给家里购置了很多书籍，还给家里订了份《申报》。祖父学农，一生勤勉，我家里曾存有多本他生前所写的观察日记，记录非常详尽，晚年尽管因为生病而致视力不佳且手又颤抖，都没停止写作。

祖父一生做过的职业不外两种，不是在农场做技术员就是在中学教书。抗战胜利后到1948年11月一直在保定农场工作，之后被分配至保定联中，1949年2月又被安排到保定女子中学做生物教员。1957年"反右运动"中，据大姑说，祖父因为对当时红极一时的李森科学派谈了点不同看法而被加"右派"之冠。50年代大姑在北京工作，有更多的机会回保定探视父母，况且她是40年代末北大农学院农学系的毕业生，与祖父所学一致，她说的话我想应该是可信的。从祖父生前留下的材料看，他最自豪的一件事是从未参加过任何政党或组织。谁能想到这样一个谨小慎微的人，晚年却摔了如此大的跟头，心情之抑郁苦闷可想而知（图9），直到去世都未能摘帽。

旧证件里的人生

朱新地

日前整理旧物，在一堆准备扔掉的东西里意外发现了几个旧时的证件及证明，其中有我的劳卫制资格证明、高中毕业证书、边疆通行证，等等。

真庆幸扔东西前多看了一眼，捡回了这些如今难得一见的"废物"。我是个大大咧咧的人，且经历过多次大迁徙，丢失的东西无数，没想到竟意外保留下了这些小东西，从而也从记忆深处捞起了大时代里的一个个人生片段。

一、青春飞扬的劳卫制资格证

今天的年轻人大概很少有听说过"劳卫制"这名词的了，它的创始者是苏联，全称为"准备劳动与保卫祖国体育制度"，按年龄组分别制定标准，通过各项运动项目的等级测试后即颁发此证，以促进青少年积极参加体育运动，提高身体素质。

新中国成立后，到 20 世纪 50 年代末，中国奉行的是全面学习苏联的思想及行为准则，实行"劳卫制"自然是顺理成章的事。

劳卫制证书

这张证明的签发日期为 1962 年 5 月，是我上初二的时候。得到它需多项运动达标，想必不是短时期的事情，要靠不断地积累。而在达到"少年级"后，我又通过了一级劳卫制测验，如此说来，我的整个初中时代都与劳卫制紧密相伴。

其实这无意中保留下来的证书和证章，我几乎连印象都没有了。真的，那时的教育少有功利色彩，也没什么考试加分之类的政策，所以这些东西在当时我根本不当回事的。不过，被体育老师选送到少体校田径队集训一事，倒是至今难忘。

那少体校的全称是昆明市少年业余体育学校，我们的训练完全是业余的，平时各人在原来的学校读书，无非每周下午有两次活动，但寒假和暑假里则要到体委集中训练半个月至一个月。

20 世纪 60 年代初，各方面的条件都很艰苦，我们连运动服都没有，只能在比赛时借穿一下，即使是寒暑假的集训，也是各人自带行李铺盖，有时是住在体专的宿舍里，有时就在体

20世纪60年代初的作者

专的教室里睡地铺。那是连饭都吃不饱的年代，正式的运动员都有相应的食品补贴，而我们这些业余的却什么也没有。记得集训时期的早餐，就是包谷糊、包谷坨之类（用玉米粉制作成糊状或馒头状），连其中的甜味都是用糖精调制的，而我们每天依然是大运动量。不过，那时我们并没觉得有多苦，说实话，那时的孩子不像现在这么娇贵，家长也多半持"听之任之，顺其自然"的态度，

比如我的父母就认为"既然被选去就去吧"，从来没想过孩子苦不苦，会不会影响我的学业，以及对我是否有什么好处之类。

1962年的寒假集训期间，正巧国家田径队在昆明冬训，于是，我们的教练，一个从国家队退役的短跑运动员，把我们带到了他们那里。尽管当年不像现在的追星族那样疯狂，但一下子见到那么多心中的偶像：郑凤荣、倪志钦、陈家全、姜玉民、胡祖荣……那个高兴和激动啊！我至今清楚记得，教练让我代表少体校田径队向他们致词时，我在台上激动得差点儿连话都说不出来。

联欢会后便和他们有了随意的交往，甚至寒假集训结束后，我们仍常到他们宿舍去玩。郑凤荣，中国第一个打破田径世界纪录的选手；倪志钦，当时的男子跳高全国冠军；陈家全和姜玉民，分别为多次打破过男子和女子短跑全国纪录的短跑名将；

这两张照片是 1962 年与国家队郑凤荣、倪志钦、姜玉民、陈家全等人的合影。

胡祖荣，著名的撑杆跳运动员……一个个如雷贯耳的名字，一个个中国体坛的顶尖级人物，却一个个都那么平易近人，就像是大哥、大姐、大朋友。

在我记忆中，那时运动员们并不谈论奥运会，也无什么金牌银牌之说，大家说得最多的就是要为国争光，祖国的荣誉高于一切。教练还给我们讲述过这样一件事：在某次参加国外的比赛中，中国运动员得了冠军，却迟迟不进行颁奖仪式，大家都不知所措地等在那儿，原来是东道主国家认为中国是"东亚病夫"，不可能获第一，连中国的国旗都没准备，结果临时去赶制了一面，颁奖仪式才得以进行。

2008年，在北京举办的奥运会开幕式上，当看到郑凤荣等八名老运动员手持五环旗缓缓步入会场，我情不自禁地欢叫起来："郑凤荣，郑凤荣！"半个世纪过去了，昔日的"东亚病夫"已成为体育大国、体育强国，且有能力在自己国家承办奥运会了。当"五星红旗迎风飘扬"的歌声响起，当李宁"夸父逐日"式地点燃奥运圣火，电视机前的我也一件件往事涌上心头，忍不住地热泪盈眶……

二、迟到的高中毕业证

在当今这个时代，毕业证书不是什么稀罕的东西，几乎人皆有之，何况才是个高中毕业证书呢！然而，我的这个毕业证书却是在完成高中学业后过了三年才拿到的，而且并非真正意义上的毕业文凭或毕业证书，仅仅是一张"毕业学生分配证明书"。

请看它的正面："毕业学生分配证明书"几个字之上是毛

高中毕业证封面　　　　　　　　　　高中毕业证内文

主席的木刻头像和林彪题词"大海航行靠舵手，干革命靠毛泽东思想"。

再看其背面，先是正文"最高指示"："我们的教育方针，应该使受教育者在德育、智育、体育几方面都得到发展，成为有社会主义觉悟的有文化的劳动者。""从旧学校培养的学生，多数或大多数是能够同工农兵结合的，有些人并有所发明、创造，不过要在正确路线领导之下，由工农兵给他们以再教育，彻底改变旧思想。这样的知识分子，工农兵是欢迎的。"然后才言归正传——学生×××，性别×，现年××岁，于一九六六年九月在我校高中（或初中）毕业。敬祝毛主席万寿无疆。落款是"昆明新一中革命委员会"日期：一九六九年三月一日。

还是让我从头说起吧。

我所就读的昆明一中，是一所有着百年历史、名师荟萃的重点中学。本来，我应该是 1966 年 7 月高中毕业的。

尽管那时的高考不像现在这样被关注和让人紧张，但仍然是一件大事。那时高考奉行的也不是"分数面前人人平等"，

高中时的我

宣传的虽是"出身不由己，道路可选择"，但家庭出身、社会关系等都是录取与否的重要因素，甚至是决定因素。事实上，许多成绩优秀的学生都可能因家庭问题而不能走进大学校门。

随着高考的日子临近，同学们都在紧张地准备迎考。虽然人人都表态"一颗红心，两种准备"，也明知考试分数之外还有诸多不确定因素，但谁也没有懈怠复习。毕竟，大学梦是那样的美丽诱人，上大学是每个人的热望。

大约是4月份到5月初吧，离高考不到三个月了，学校里出了一件爆炸性新闻：毕业班的一个同学自愿放弃高考去了西双版纳农场，并留下了一封思想新锐、措辞激烈、抨击教育制度和老师的长信。这封信一经公开，便如同在校园里投放了一颗炸弹，顿时引起轩然大波，学生中立即分成几派，赞许的、佩服的、愤怒的、嘲讽的、怀疑的，整个校园议论纷纷……

此时，我们已经完成高考前的各相关事宜，《云南日报》也登出了招生的学校及专业，一句话，就只等着进高考考场了。看着这乱纷纷闹哄哄的场面，心里焦急却谁也不知道该怎么办。

就在这时，北京一中毕业班寄来了一封公开信，倡议全国各地一中的毕业生联名写信给中央，要求废除高考制度，让我们直接走与工农相结合的革命道路。不管心里赞成还是不赞成，班里几乎人人都在信上签了名。

"文革"开始时，我们被告知高考延期三个月，后来又说延期六个月，延期一年……大家心里多少还有点念及考试，尽管也没人复习功课，但起码书还留着。后来中央要求"复课闹革命"时，毕业班已无课可复，完全处于一种无人问津的状态。两年多过去了，既没有高中毕业，也没任何就业途径，考大学更是成了泡影，大多数人都成为"逍遥派"，只盼着早日有个工作能够糊口……

那时的物质匮乏是当今人们难以想象的，以至于一些头脑灵光的同学想出高招：一旦打听到某日某单位有成立革命委员会的庆祝活动时，便用红纸写一张大大的"贺信"，一行人敲锣打鼓前去祝贺，以便混吃一顿，哪怕是混到几粒糖果、瓜子、花生也会感到高兴。如今回忆起来，也算得上一桩小幽默吧！

直到1968年12月的一天，广播里突然播出"知识青年到农村去，接受贫下中农的再教育"的最高指示，又一个新运动"上山下乡"拉开了大幕，从此中国词典里也多了个专用名词——"知青"。1969年初，昆明市从高中1966届到初中1968届的中学生，开始一批批奔赴农村插队。除了个别回乡或投亲靠友者外，基本是按学校划分地区，几人或十几人一伙，星散到了滇西各地的村村寨寨……

　　春节刚过完，我去学校拿到了这张比巴掌大一点的分配证明书，还有一张办理迁移粮户关系的介绍信（有几批春节前就下乡了）。老师当场在证书上填写了签发日期"1969年3月1日"，这一天，距离我本该毕业的日子1966年7月，已经过去了近三年！三年来，经历了天翻地覆的变化和意外，我们的人生航道遽然拐了一个大弯，一代人连续完整的求学与成长之路被拦腰截断，三年前的理想、希望等等皆已不复存在……

　　领到这张分配证明书后，我就奔赴了广阔天地。当时父母还在被批斗之中，但不管怎么说，我们总算是高中毕业了，而且得到了分配。

三、一言难尽的边疆通行证

　　准确地说，这张通行证是一张边疆通行证。跟那个时代的所有文书一样，通行证上首先是最高指示："必须提高纪律性，坚决执行命令，执行政策，执行三大纪律八项注意，军民一致，军政一致，官兵一致，全军一致，不允许任何破坏纪律的现象存在。"然后才是正文（其中的楷体为手写）："兹有朱新地壹同志，因本人眼病，由盈江前往昆明治疗，请沿途军警查明，给予通行。有效日期：陆玖年拾月叁日至陆玖年拾壹月叁日。云南省盈江县革命委员会人民保卫组（大印），69年9月30日。"

　　需要先介绍一下我插队的地方。那是云南保山地区盈江县一傣族村寨。保山地区有十个县（市），其中靠近国境线的五个县（盈江、陇川、瑞丽、畹町、芒市）属"外五县"，出入这些地方，须有县人保组（"文革"期间公检法三合一的机构）

边疆通行证

签发的边疆通行证，若没有这一纸东西，根本买不到车票；哪怕你有本事混上车，过澜沧江和怒江大桥时，守桥卫兵逐一检查证件，也要被拦下的。

下乡时是集体行动，敞篷大卡车，三十人一辆，行李放下面，人坐在行李上，过桥时人需下车步行。记得有先过去的知青在对岸朝我们大喊："不要过来，不要过来，过来就回不去了！"许多人是哭着过桥的，但我没有哭……

1969年秋天，在那个靠近中缅边界的偏远山村里，我的眼睛受了伤，在当地县医院治疗一段时间后，医生对失明的右眼束手无策，建议我转到昆明医治。尽管医生出具了转院的证明，能否得到上面批准还是未知数。因盈江属于"外五县"，必须有边疆通行证才能购买车票，才能回到昆明。

经过一番周折，我终于拿到了通行证，又是一路辗转颠簸，回到了昆明。（如何回昆明和在昆明的经历可阅读第七十三辑朱新地《一个冬天的故事》）

到家后稍微休息了几天，便去派出所报临时户口。因我的户口已迁至盈江，虽然是住在自己家里，但如得不到批准，仍有可能被当作"盲流"对待。通行证左下方的几个字："已批准在昆暂住伍天。69.10.23"。还盖了一个紫色的大印。今日戴着老花镜仔细辨认，才看出那是"中国人民解放军昆明市五华区公检法军事管制小组户口专用章"，即当年派出所后被取代的印章。

也就是说，我一路折腾回昆明看病，却只允许我在家里"暂住伍天"。

这一年将近年末时，中央的一号战备通令下达昆明（那时云南是援越抗美的前线），各高校纷纷开始了战备疏散工作。父亲所在的高校即将搬迁大理巍山。老弱病残的父亲也成了单位战备疏散的拖累。父亲的单位便让我们自行找地方疏散。于是，我们变卖了家什做路费，只带着父亲舍不得丢弃的几箱书籍和最必需的生活用品，全家从昆明迁徙到了苏北。

1969年最后一天傍晚，我登上了往东的列车，之后又以投亲靠友名义在苏北运河边的一个村庄继续插队。从此以后我再没有回过盈江，也再没有用到那张边疆通行证。

在写下这几个小故事后我突然发现，它们不仅是我个人人生经历的记录，也是一个个时代的记录与缩影呀……

民间唢呐艺人的苦乐年华

史耀增

　　2017年夏天，渭南电视台到合阳为列入市级"非遗"保护项目的民间唢呐拍摄专题片。在坊镇大伏六村，摄制组见到了年已八十六岁的民间唢呐艺人陈根成。导演没想到这位已届耄耋之年的老人精神矍铄，身板如此硬朗，问道："陈老，还能不能吹几句？"老人微微一笑："咋！怕我老了？"只见他揭开精致的小木盒，从里面取出自己用芦苇根扎成的唢呐梢子，放到嘴里用唾沫濡软，拿起两杆唢呐，顺手安上梢子，试了一下音，便吹起了他最拿手的双唢呐吹奏《双凤朝阳》。老艺人风采不减当年，吹出的曲调还是那样悦耳中听，动人心弦，众人齐声鼓掌叫好！老人摆摆手："人老了，气弱得多了！"

　　陈根成老人属猴，1932年生于韩城县庙后村，和清代乾隆年间的状元王杰是地地道道的乡党。父亲名叫陈掌印，靠给人打短工养家糊口，没有房子，就住在破破烂烂的陈家祠堂里。他四岁时母亲去世，父亲无力安葬，就那样在地里挖个坑用黄土实填了。没人做饭了，小小的陈根成只有跟上父亲到帮工的人家去混饭。根成的父亲人穷，还染上了赌博的瞎瞎毛病，刚挣下两个钱就手心发痒，为了还赌债，居然把自己的亲生儿

141

子卖给了旁人。根成的姐夫彭恩娃听到这个消息，从外地赶了七八十里路回到韩城。他心急如火，找熟人，寻朋友，千方百计凑钱把小根成赎了回来。恩娃是一个乐人，关中东府民间俗称"龟子"，文明一点的叫做"吹鼓手"，属于那种人瞧不起的"下九流"行当。他是与韩城交界的合阳县皇甫庄四家河人，因家穷，跑到山西当了乐人，走遍了晋西南的十余县，是有名的把式，后来回到老家，在甘井镇的白家庄扎了个点。老丈人竟然卖了自己的儿子，这事他不能不管。把妻弟赎回来后，便把老丈人和妻弟陈根成一起接到了白家庄，以便离得近些，也好有个照应。

恩娃总想让妻弟识几个字，便把根成送到了白家庄村的小学里。根成天资聪颖，学习又认真，只听老师说一遍，那些字啊词啊，便牢牢地记在脑子里了，成绩总是名列前茅。合阳西北区的皇甫庄、甘井、防虏寨三个联保会考，根成居然夺了第一名，联保主任高兴得让人在村里放了半天鞭炮！可是只靠姐夫当乐人雇事挣几个钱养活一家人实在困难，更别说供妻弟升学了。没办法，初小勉强上完，年仅十一二岁的陈根成便开始学艺了，跟上乐人班子四乡奔波。耳濡目染，他记熟了不少唱段。有一次在乳罗山下的吴庄雇事，有个帮忙的执事开了句玩笑：这小娃娃跟上乐人班子大概是为了混饭吃吧？陈根成一听涨红了脸，说："我唱一段《探窑》你听一听！"一开口，那脆生生的声音登时把满院子的人镇住了，都静静地听他唱。《探窑》唱完，赞誉声四起："嗨呀，还真没看出！""有智不在年高！""不简单！"从此，陈根成的名字在合阳大地上传开了，人人都晓得恩娃的班子里有了一个"小把式"。陈根成十三岁那年，在西北军里当少将旅长的行海亭为其父立功德碑，要过一回大事。这行海亭是合阳东乡小伏六村人，绰号"长眉"，据说他的眼眉又粗又硬，烟卷搁上去也掉不下来。为立碑这事，他叫了三家乐人，为的是互相比对，显个高低。先天夜里"烘棚"（合阳民间礼俗，把过事先天夜里的祭奠仪式称为"烘棚"），人们为了听陈根成的唱腔，把桌子都挤坏了，在现场的人都翘起大拇指夸赞这娃的嗓子好，另两家同行也心服口服，甘拜下风。

虽然旗开得胜，但陈根成清楚地意识到，如果自己一生要吃乐人这碗饭，还要把饭碗端牢，那就非得有过硬的本事不行。他年龄不大，但心中有自己的主意。他没拜某一个人为师，而是以众人为师，博采百家之长，不管是谁，只要有一点与众不同之处，他都要仔细琢磨，变为自家的东西。他的记忆力惊人，老艺人把戏词只念一遍，他便记下了。他不满足于会唱，还下决心要学会吹唢呐和拉胡琴。他自己买了一把胡琴，得空就拉，怕影响别人，给琴壳塞上手巾，让琴声变得细小。他向人请教指法、弓法，老艺人们不识谱，给他教板头时只是用嘴哼，他便仔细地听，认真地记下来，拉上几遍之后，再让师傅听一听，看对不对。他常说："再好的师傅，都要自己用心哩！"手指头肚磨出了泡，又结成茧，没多久，就把秦腔的花音、苦音、软音、硬音和各种板头都掌握了。头一个月学得差不多，第二个月就敢上场了。姐夫恩娃看见妻弟如此勤奋，心中当然高兴，不断地给他指拨，让他提高得更快。接下来学吹唢呐，他还是偷精学艺，悄悄地看别人的指法。可这吹满眼的指法咋也掌握不了，姐夫听了，气得狠狠地打了他一个耳光！但接着又给他耐心地教指法。这一耳光把他打灵醒了，很快地，满眼、六眼、正调、反调的唢呐指法他都熟练掌握了，又由吹单唢呐到吹双唢呐。姐夫为了让他练出硬功夫，大冬天把雪堆到他手背上、小臂上，让他站在雪地里吹唢呐，还说："甭嫌我心狠，人不下楂，学不到真功夫！"

这期间，有人给恩娃介绍，说仙宫村有个孤老婆子，让他去那家顶门立户，也不要改姓，只把老人养老送终就是了。这当然是好事，于是一家人搬到了仙宫村住下来。恩娃和根成的人缘都好，雇事回来，巷院里的老人到家里来抽烟喝茶拉闲话，从不嫌烦。虽然是外来户，却没人欺负他们。把这家的老人葬埋后，姐夫和妻弟一商量，拆除了破烂不堪的旧房，准备盖新的。打院墙时全村的人都来帮忙，有牲口的还套上大车帮他们拉土。恩娃想，乡邻们不挣钱，总该让人家吃好。便请了一位人称"八婶"的老妇人领头，和两名妇女专门做饭，好饭好菜招呼大家。不料那年秋季霪雨多，淅淅沥沥一连下了四十八天，新打的墙全部倒掉。天放晴后又重新打，左邻右舍还是争着帮忙。新房盖成不久，根成的父亲便去世了。根成的技艺这时已日臻成熟，声名远播，在多次"对事"（有如唱戏时的对台戏）中，他连吹带唱，还带"打三圆"（敲打一大两小三个鼓），看热闹的人总是围得水泄不通。有一次在徐水沟南的夏东村唱"谢雨戏"（天旱祈雨得应，感谢神灵所唱的戏），也叫了一班乐人祭神，而且指名非有根成不可。沟北的许多人听说有个好把式，都赶来看热闹。还有的人是进城办事，路过夏东村，没想到叫这个本事齐全的好把式吸引住了，只顾看热闹，连正经事都忘了办。

抗日战争胜利后，人心暂时安定，许多村续修了族谱，而"献谱"仪式更是隆重。祭祀祖先当然要请乐人，人们都将眼睛盯向了陈根成这位后起之秀。合阳县城北五里的党氏家族与县东和阳村的史氏家族都是合阳的名门望族，也都在民国三十六年

（1947）春天举行"献谱"仪式，而且不约而同地都请了根成。这两个规模宏大的"献谱"仪式为陈根成提供了展示风采的平台，让他名噪一时，见过没见过他的，一提及乐人，开口便是根成如何如何，年仅十六岁的陈根成俨然成了乐人这一行的代表性人物，让老一辈的艺人黯然失色。

面对好评如潮，陈根成并未飘飘然，他知道前面的路还很长很长。他把老艺人康长明认作干大（义父）。康长明本是合阳东南乡黑池人，后来落户到离县城十里的百里坊，在乐人这一行里是一位受人尊重的长者。他的女儿嫁给了大伏六村的赵相坤，相坤的儿子叫赵忠奇，女儿叫赵忠亲。为了让自己的实力更雄厚一些，忠奇想撮合根成和妹妹的好事。他的想法得到了父亲的赞同。不料忠亲这个聪明伶俐、人才出众的好姑娘如同一朵鲜花，想采的人很多，连大伏六村里不少人也不嫌她是龟子的女儿，想娶她为妻。这时金水沟西南蔡庄同为乐人的晁家打发媒人上门提亲，媒人走通了忠奇他母亲的路，甚至连"吃馄饨"（订婚）的日子都说好了。但赵相坤父子俩坚决不同意，形成顶牛状态，好在忠亲姑娘态度明朗，说她就看上了根成这个人，眼下他家里是穷，但她认为"只要有人啥都能有"，而且语气坚定地说："人看不起龟子，我偏要嫁个龟子！"正所谓好事多磨，老婆子偏就不同意女儿嫁给陈根成，为这事她还专门去老爷庙里抽签，想让神明帮她决断，谁知抽签时一说到南蔡，抽出来的都是下下签，可一说到陈根成，抽出来无一例外全是上上签。老婆子无可奈何地叹一口气说，"爷爷（合阳方言念 yá，老百姓对神的俗称）都和我作对哩！"她虽然同意了女儿和根成的婚事，却又提出了极为苛刻的条件，彩礼是一岁一石麦（四百斤），四十八个响元（当时一份礼二十四个响元），还有八身衣料，银项圈、银镯子一样不能少。这条件的确让人吃惊，但陈根成百说百从，全部答应。他那些"龟子朋友"知道根成的难处，纷纷伸出援手，这个助三石麦，那个帮五石麦，很快便凑齐了。根成说，借了这么多，啥时还呀？朋友们大度地手一摆："不要了！"还专门问了大车把麦送到大伏六村，交给他那未来的丈母娘，亲事算订下了。康长明老人也由根成的干爸升成了干爷。

根成十八岁那年，百良镇侯卒村一家过大事，请的有傧（类似今天的主持人），先天晚上"三献礼夜奠"（俗称"三合门"），因此事头儿专门请了根成，但他姐夫恩娃第二天在甘井镇的东休里村承了事，自然也少不了他，所以商量好等事结束后，他必须连夜赶五六十里路，还要翻一架大沟，到东休里接事。谁知那天下午入事后，赶天黑光是"三圆"就打了七遍，哪一遍都少不了双唢呐伴奏；"三献礼"开始，根成又吹又唱，的确累得不行，但他还是想着去东休里的事。不料夜奠结束，管事的坚决不让他走。主人一声口哨，接着两声枪响，一伙人把根成围了个水泄不通。管事的说，"哪达都是挣钱哩！"根成心急如火，说："可我不能误事呀！"不管他左说右说，管事的还是那句话："你不能走！"根成看那阵势，知道怕是插翅也难出这大门了，再说妻哥从心里也不想让他走，坐在一旁一满不吭声，根成只好叹一口气，留下了。第二天的事有根成这个台柱子，自然是为主人大撑了脸面，他妻哥赵忠奇也自是十分高兴。可当他满身疲惫地回到仙宫村时，他姐夫恩娃一见他，抡起木棍只一下就把他打翻在地，接着像疯了一样号啕着又哭又骂："应人事小，误人事大，你咋把人的事给耽误了？你叫我这脸面往哪达搁哩！"根成哭着跪在地上给姐夫赔不是，头

图 1　陈根成美满的小家庭

在地下都磕烂了，姐夫还是不依不饶。通过这件事，姐夫认为根成和大伏六村的姑娘订婚之后心变了，要写文约和他断绝关系，而他妻哥还在一旁撒凉腔："爱根成，把他别到你的裤带上！""我把妹子许给他，就为雇两回红火事哩！"根成真正是老鼠钻到风箱里，两头受气！他找了不少人给姐夫解释，可恩娃还是解不开心中的疙瘩。后来经人从中说合，根成未来的岳母和妻哥从大伏六村步行六七十里路，亲自到仙宫村给恩娃赔情道歉，此事才算了结。但恩娃的心结永远也解不开，他总感到根成背叛了他。根成没有忘记这位对他有大恩的姐夫，过一段便要去看望，从经济上也不时接济一点，直到姐夫去世。

1951年，陈根成虚岁二十了，新中国的第一部《婚姻法》公布了。他和赵忠亲一起到县公安局去领结婚证，人家说只要男女双方到场，其他的人都不需到场，他岳母和妻哥只好等在外面。办事人员说，你们是新《婚姻法》公布后，合阳县发出的第一份结婚证。两个人听了都非常高兴。他没回仙宫村，在别处赁了房子，农历四月初六日高高兴兴地娶回了媳妇。新娘子是在大伏六村上的花轿。结婚后陈根成带上妻子到徐水沟北的东宫城村住了两年，在那边自己雇事（图1）。妻哥与他约法三章，以徐水为界，只准他雇沟北的事。他年轻气盛，凡事总要占个上风，从来不服输，加之技艺过人，来请的人多，有次连续几天都不能好好休息，竟至累得吐了血。但他爱乐人这一行，还是不管不顾地四处奔波，而且在技艺上不断追求新高度，所以名气越来越大。

1956年冬天，陈根成的双唢呐吹奏在渭南专区的比赛中一举夺魁（图2）。1957年2月，陈根成与合阳县行家庄的跳戏《红孩儿》一起，代表渭南专区到西安参加"陕西省第三届民间音乐舞蹈会演"，因为代表队人数的限制，他除过吹奏双唢呐之外，还要为跳戏演出伴奏。跳戏是仅存于合阳的一种古老民间戏剧形式，后来被誉为"研究中国戏曲发展史的活化石"，2008年列入首批国家级"非遗"保护名录。这种民间戏剧不用弦乐，人物上下场全用唢呐伴奏。根成从未接触过跳戏，但那跳戏伴奏的唢呐曲牌，他听上几遍便记下了。他不满足于会吹，

图2 陈根成在1957年2月举行的陕西省第三届民间音乐舞蹈会演大会上获得的奖状。

总是虚心地向跳戏老艺人请教，探讨咋样才能吹得更好。行家庄的跳戏老艺人党让之是一位知识渊博的老人，很喜欢陈根成这个聪明伶俐的小伙子。当时陈根成的双唢呐进北京的呼声已经很高，有一天老人问他："根成，你吹的这双唢呐有没有名字？"说实在的，他根本就没想过名字这事，见老人问，随口说："就是双唢呐么！"让之老人说："不，要有名字。我给你起个名字，就叫《双凤朝阳》！"大家一听，都说这个名字起得好，根成更是高兴。从此，陈根成的双唢呐吹奏有了《双凤朝阳》这个名字，陈根成的名字也和《双凤朝阳》紧紧地联在了一起。1957年3月8日的《陕西日报》发表了题为"参加全国民间音乐舞蹈会演大会，我省选出九个精彩节目"的新闻报道，报道中说："这九个节目计有：……合阳县陈根成等四人演奏的唢呐吹戏……"喜讯传来，在西安参赛的合阳人兴奋异常。来采访的记者络绎不绝，还有工作人员也要问他问题，以便为上级填写详细的资料。当问到围绕凤凰的百鸟都有哪些种类时，陈根成只说出十来种时便满脸通红地卡了壳，这时坐在一旁的党让之为他解了围。老人侃侃而谈，一口气说出八十多种鸟名。当记者的总爱提一些刁钻古怪的问题，有记者问："为什么猛地有一种尖声？"老人一笑，说："那是同一种鸟，前者为雌，后者为雄，雄鸟追雌鸟，所以发出尖声！"众人听了，一齐鼓起掌来。记者走后，陈根成难以抑制心中的激动，他诚恳地对党让之说："叔，等你百年之后，我一定要来给你吹双唢呐。"可惜党让之老人1975年去世时，"文化大革命"还没结束，行家庄大队革委会规定，埋人不准叫乐人。陈根成只好先天夜里悄悄地来，给老人吹了几段，赶天明又回去了。四十多年过去，陈根成谈起往事，还为没能在老人的葬礼上吹奏《双凤朝阳》而感到无比的遗憾和内疚。

去北京时，省上给参赛的人从头到脚每人发了一身新衣服。到了首都北京，陈根成感到真正是开了眼界，见了世面。大会上组织艺人去看天安门，游览北海、颐和园，根成看着那些当年只有皇家才能享用的东西，不由想到了自己可怜的母亲和不成器的父亲，如果不是父亲把日子过烂包了，他也不会从事这被人看不起的龟子行当，可如今一个吹唢呐的竟然赴省进京，被人称为"民间艺术家"，这真是做梦也想不到的事啊！在天桥剧场比赛那天，他站在台上一点也不胆怯，只觉得灯光亮得睁不开眼。他发挥得特别好，一曲吹完，那掌声简直能掀翻屋顶！比赛结果，陈根成又是获得一等奖。他（左二）和为他伴奏的三个伙伴胡老五（左四）、晁根全（左三）、晁天平（左一）

图 3 1957 年 3 月，陈根成在北京参加全国会演时与同伴合影。

到北京的（大北）照相馆拍了一张照片，作为永久纪念（图3）。

陈根成在省上和北京连续获奖，合阳人觉得脸上分外有光彩，从城里到乡下，认得的和不认得的，都在议论陈根成，都想听听他吹的那《双凤朝阳》到底有多迷人！县剧团把他调去拉板胡头弦，一直干到三年经济困难时期，他响应党支援农业的号召，回到农村又干起他的老本行。在同行面前，他从不摆架子，端起唢呐，依然像在西安、北京吹奏一样认真，在合阳乡间口碑极好。

"文化大革命"爆发，"破四旧"的铁扫帚挥起，民间乐人是"封、资、修"的代表，自在"横扫"之列，合阳各村的造反派都宣布，埋人再不准叫龟子！1967年，和阳村的史子清

图4 1979年，陈根成担任民族器乐曲《喜庆黄水上高原》的唢呐领奏。

图5 1979年，陈根成在陕西省群众文艺会演大会上获得荣誉奖。

老人去世。1947年史氏家族举行献谱仪式时，史子清是首事人之一，而那时正是陈根成崭露头角的时候，两人从此相识。老人特别喜欢根成吹的双唢呐，临终时叮咛儿孙："埋我时一定要把根成请来，我还要听他的双唢呐！"根成悄悄地来了，但造反派事先知道了，他们赶到史子清家，那头儿恶声恶气地说："赶紧走人！不然我把你那唢呐踏成扁扁的！"此时此刻，根成能有什么办法，只能一走了之。

"四人帮"被粉碎，民间艺术的春天又来到了！1979年，县文化馆音乐干部党正乾创作了民乐合奏曲《喜庆黄水上高原》，请陈根成担任唢呐领奏（图4）。这首乐曲先在渭南地区比赛中获得一等奖，接着代表地区参加省上民间音乐会演，又是一等奖（图5）。陈根成的唢呐声时而如泣如诉，时而欢

图6　1984年7月，陈根成（前排左二）参加合阳县民间吹打乐艺人成立大会。

图7　陈根成（前排左一）被选为合阳县民间吹打乐艺人协会副主席。

天喜地，准确地表达了乐曲的主题，产生了极强的艺术效果。大家都称赞说，姜还是老的辣，陈师的功力一点不减当年。

1984年，合阳县成立民间吹打乐艺人协会（图6），在旧社会地位低下，被人看不起的乐人，到了改革开放的新时代不但扬眉吐气，被尊称为"民间艺术家"，现在还要破天荒地成立自己的协会，艺人们都兴奋异常。在成立大会上，陈根成被大家推举为副会长（图6、图7）。在后来吹打乐艺人协会和县文化馆联合调查民间唢呐曲时，陈根成毫不保留地把自己掌握的曲调一一贡献出来，成为珍贵的民间艺术资料。

年近花甲的陈根成仍不服老，骑着自行车在合阳四乡奔波着，让更多的人能听到他的双唢呐吹奏。六十四岁那年的一天为了赶路，不幸跌倒，造成小腿粉碎性骨折，住了一年多院，从此告别了他半个多世纪的民间唢呐艺人生涯。大儿子有强跟上他学吹唢呐，也是一把好手。小儿子有贵有一副脆生生的好嗓子，活脱脱是根成小时候的模样，高中毕业后参了军，在部队上还一直把吹唢呐当成他的业余爱好，时不时在联欢晚会上亮一下相。

陈根成的晚年十分幸福，已近九十岁的他和老伴身体都还硬朗。2017年已经有了玄孙，五世同堂。儿子、儿媳虽然都过了花甲之年，但对老人的生活起居照顾得十分周到。2013年，大儿媳胡文芳因为对老人孝顺，被评为坊镇首届道德模范。

姚氏兄弟在旧上海

周允中

姚氏兄弟的家世

姚文栋（字子梁）和姚文楠（字子让）兄弟俩，现在提起来，大概知道的人已不多。但这两兄弟对上海城市的发展和中华民族历史文脉贡献之大，恐怕一言难尽。

姚氏兄弟出生在上海嘉定，早年曾刻苦攻读。这里有姚文楠的孙子、民国著名大律师及教育家姚兆里录自姚文栋的《春晖长映楼集著跋语》，从中可见："乙亥（1875 年）后，居嘉定，僦宅于练祁江上四年。临江高楼数楹，余与子让读书其中。昼常谢客闭门，夜则灯火荧然，更深不辍。隔江行人指以相语曰：'此姚家兄弟读书灯也。'"（见图 3 扇面《恭靖公年谱》）

另外在姚文楠的年谱里也可以窥见其祖上是如何严格教训子女的："暑夜竟命堂伯父与先考登屋顶观之，冬夜则先祖考口说方位，命堂伯父与先考竟报星名，或至联床，深夜相问答……"（见图 3 扇面《恭靖公年谱》）

姚文栋十五岁中秀才，后多次应试未成，乃纳资捐官，他是晚清著名的边疆学家、地理学家、外交家、教育家和藏书家；

图1 姚文楠先生像

图2 姚文栋先生像

姚文楠早年考中举人，是上海地区著名的社会活动家、史志学家、教育家和公益慈善事业家。姚氏兄弟和张焕纶、沈恩孚、李平书、叶醴文、袁希涛等人一起就读于上海龙门书院，该书院刚创办时，由上海道台应宝时亲自出题，从苏州、松江、太仓三府来应试的举人、童生、贡生近三百人中，遴选出三十名，作为书院的第一期学生。可见当时入选之难，学生素质之高。后来，龙门书院的那些早期毕业生，均是日后上海滩名扬一时，学业、事业双有成就的佼佼者。

姚氏兄弟的祖父姚春舲世居老城厢西门一带，早年因科举考试失第而去经商，曾在上海大东门外咸瓜街太平弄弄口开设过"恒源海味行"，他曾著有《自怡轩诗集》（载《上海县志》）。1842年，鸦片战争上海战役爆发之后，姚春舲偕全家迁居嘉定南翔，曾先后租赁居住在南翔镇的泰康桥东大天窗周爱莲堂、缔七庆堂和南大街唐家弄口。

姚春舲生子姚润生，天资聪悟，好学不倦。后考中举人，同治十年（1871）姚润生奉委署理富阳，任富阳县知县，终因积劳成疾，在光绪五年（1879）卒于任上。因其政绩煊赫，受民爱戴，在《杭州府志》和《富阳县志》的《名宦传》上都有记载。

由于姚文楠的曾孙姚今士与作者曾一度同事（图8），得以了解姚家的渊源和变化。草成此文，以飨读者。

姚文楠参与议政，投资公益事业

姚文楠（1857—1934），精于算学。光绪壬午（1882）举优贡，朝考一等，奉旨以知县用。后又在江南考试中式第六名举人。他曾经编纂过《上海县志》《上海县续志》，审定过《川沙县志》。姚文楠"历董上海城邑各项公事，阅二十年"。姚曾任江苏咨议局议员、财政审查长、国会总议员等职务。卒后邑人私谥恭靖。

1895年，上海道台刘麒祥开办上海市南市马路工程局。为修筑黄浦江的里外马路，1905年苏松太道袁树勋照会诸绅商，组成上海城厢内外总工程局，这是中国早期较具完备意义的地方自治团体。李平书为领袖总董，莫锡纶、郁忻智为办事总董，姚文楠等三十二人为议事经董。局址设在沪南毛家弄，设有参事室和议事室，分别为市政的执行机关和议决机关。成员由地方各业人士推举呈报给地方官择定，任期四年。姚文楠曾任议事会议长，1910年改名为上海自治公所。辛亥革命以后改为上海市政厅议事会，姚仍担任议长。1923年上海恢复自治选举，产生议事会再选举董事会，姚文楠被改选为总董。

图3 折扇上留下的后人记录和怀念姚氏兄弟发愤读书和姚润生任职富阳县令的文字。

姚文楠与张謇、沈恩孚一起组织过江苏学务总会，并任常务董事，1906 年，任劝学所总董，主持创设东区学堂，还与人合办烟膏实业学校。后来因为反对袁世凯称帝，参与"二次革命"，反对曹锟贿选，遭受迫害，逃到天津和北京隐居多年。他曾经以农庵的化名自题一首诗，以明心迹，其诗曰："五凤楼西，花圃盘桓。常抱乐观，独立不惧。"此诗写于北京宣武门外，当时姚文楠已经六十六岁了。据他的后人姚今士说，此诗由他当时的至友黄炎培（姚曾经救过黄炎培的性命）手书，还画了一幅姚文楠穿着长衫站在花圃的国画，一直挂在他们家的厅堂里，逢年过节全家都要向此画祭祀。可惜此画在"文革"之中被抄走，不知下落。现在保存的是姚文楠的孙子姚兆里的至友及同学钱乾，看了此画以后，重新抄录的诗词原文（图 4）。

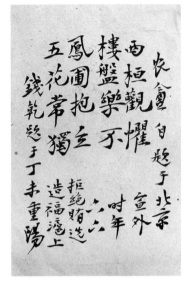

图 4 姚兆里的至交会计师钱乾抄录的姚文楠的诗句。

钱乾又名宗陶，他曾经保存了姚文楠的一张照片，后归还给了姚家，成了姚家仅存的一幅，恐怕也是上海目前唯一的姚文楠的遗像（见图 1）。姚文楠后来返回上海，卒于 1934 年。

姚文楠对上海的教育事业贡献巨大。姚文楠与张焕纶、李平书等人早年一起就读于龙门书院，龙门书院最早没有学舍，是借蕊珠书院的湛华堂进行教学的，这里有沈恩孚整理的姚文楠早年的八股策论为证（图 5）。1905 年，龙门书院改为龙门师范学堂，聘请李平书，姚文楠为校董，当年就在李、姚两位校董的监督下，增建楼房三十一栋，扩大和改善了龙门师范学生的就读条件，后龙门师范学堂改为上海道立师范学校、江苏第二师范学校，1927 年改为上海中学。这其中均有姚文楠先生殚精竭虑的筹划和运作。

1902 年，上海县知县汪懋，下令将坐落在文庙附近的敬业书院改为新式学堂，以姚文楠、叶醴文、刘汝曾等为董事，张焕纶为总教习，1927 年该校改为市立敬业中学。

1903 年，姚文楠和李曾珂在南市半段泾捐资创办廿二铺小学，并出任校董，学校后来改为龙门师范学校附小，后再改为上海实验小学。这座小学当年享誉江浙一带，老百姓中流传这

图5　姚文楠当年读书时候的论文

图6　姚文楠在上海蕊珠书院会课获奖证明

样一种说法："要进交大，先进上中；欲入上中，先入上小。"

姚文楠还支持杨斯盛创办浦东中学，1908年曾出任过浦东中学的校董。

姚文楠还与沈恩孚、袁观澜、黄炎培一起创办过中华职业教育社。

江阴的南菁学院始建于光绪八年（1882），是江南著名的书院，著名的学者唐文治、丁福宝、孙毓修都毕业于此校。姚文楠曾将他在光绪七年（1881）花费一万二千两白银购置的横沙岛上的四万亩沙地，无偿捐献给了南菁书院。上海的横沙岛是清道光年间出现在江心上的沙洲，是一片长满芦苇、杂草丛生的盐碱地。南菁书院收到姚文楠的献地之后，仍旧委托姚文楠负责开发，进行垦殖，最后获得耕地二万余亩，成为南菁书院的恒产。后来南菁书院从高等学堂嬗变为甲种农村学校——江苏省立南菁中学。但横沙岛上的校产始终没有易主，每年总能从中收取多寡不等的田租。抗战爆发，江阴沦陷，南菁中学迁入上海威海路续办，学校的经费极度困难，但尚能从横沙岛的沙地之中收到一些补贴，维持了学校的开支。喝水不忘掘井人，解放前从南菁中学毕业的学生，都很感激姚公的恩德。

姚文栋对近代外交、边疆地理及公益事业的贡献

姚文栋（1853—1929）（图2），早年就读于龙门书院、求是书院、诂经精舍，十五岁中秀才，后五次应乡试未中，捐纳通判官至二品衔直隶候补道。他自幼怀有经天纬地忧国忧民的大志，曾赋诗寄志曰："书生心事不如此，愿为苍生作牛马。"

1882年，姚文栋随清使黎庶昌出使日本。在日本期间，他致力研究日本的历史和现状，计划著书二十二种（后为三十种），称之为《东槎三十种》。为了帮助留日的学生能够较快地掌握日文，他曾在使馆内主掌东文学堂，是我国近代留学活动的最早组织者。光绪八年（1882）当他获悉日本谋袭朝鲜的情报以后，当即电告朝廷，使我抢占先机，屯兵要津，致使日本未敢蠢动。姚文栋久居日本，深知日本的野心，于是多方收集情报资料著有《日本地理兵要》《日本国地志》，呈报朝廷以供参考决策。有的专家曾指出，中日甲午战争爆发前，他是最早的报警人。

1888年，姚随同洪钧出使俄德奥等国，对俄国虎视眈眈地想并吞我国北方领土，深怀忧虑。他是我国近代外交的拓荒者之一，作为著名的地理学家，他有一套完整的御侮固边的理论，概括起来有五个方面：一、唤起国人对边疆危机的警惕；二、重视来自沙俄的威胁和危机；三、海防陆防不可偏废，海防尤以增加兵舰实力为要；四、重视西南边陲，防止英法等国蚕食

鲸吞；五、加强储备培养边疆外交地理人才。他的《筹边九议》，立论精辟，预见卓识，给他带来了极大的声誉。后来姚又奉薛福成之命考察滇缅边界，著有《云南勘界筹边记》等著作。当年的腾越边境曾树立有铭刻纪念他的石碑，其文曰："贤者姚君，虑我边陲：防山固圉，民实赖之……"

1896年以后，姚文栋在京城数次谒见军机大臣翁同龢，深得器重，戊戌变法时，姚被光绪皇帝选为"懋勤殿十友"之一，北方的学者都尊其为姚黄浦先生。甲午战争爆发之际，他曾被清廷派赴台湾襄理军务。甲午战败之后，姚痛苦不堪，哀叹："一生之忠未尽，终天之恨不捐。"庚子事变发生时，慈禧近臣荣禄多次向姚文栋垂询解决之道，后因上谕与各国开战，京城乱极，急调两广总督李鸿章赴京处理。荣禄密委姚文栋南下迎李，并详禀京中密情，姚发现李鸿章重用山东巡抚袁世凯，因而借口称病，回归故里，不问政事。

不久，姚文栋又应山西巡抚岑春煊的邀请，督办山西学务，担任过山西农林学堂总办、山西大学堂总办，亲手制定山西学务总纲十六条。他还筹办过体育蚕桑学堂、云南大学堂。"职业教育"一词最早就出现在他写的《添聘普通练习文》一书中。他还督办过江苏优级师范学堂，创立过尊孔会和世界宗教会，在上海创立了江苏第一图书馆（又称上海图书馆，设在当时的上海关帝庙里），并和他的儿子姚明辉一起主持过上海正风文学院。

1905年，上海各寺庙主持发起在大佛厂召开佛教公会，各寺僧均出席，由静安寺寺僧正生为会长，选举姚文栋为会董。1919年静安寺填浜扩路，筑成通衢大道，命名为静安寺路。因而使得沪西一带日见繁华，寺庙香火鼎盛，游览者络绎不绝。

但却造成寺宇不敷使用。1920年，寺僧常贵会同姚文栋等人斥资在大殿的东面，兴建了三圣殿，基本形成了后来静安寺寺院的主体格局。

姚文栋曾出任过上海城厢内外总工程师议董、江苏学务公所议绅、上海城内地方公益研究会会长。平日手不释卷，挥笔不辍，著作等身。著有《七庆堂全书》一百二十种，光是详细目录、序跋和提要，就厚达八册，后来由其子姚明辉抄录了两份，在1958年分别捐献给了上海历史博物馆和上海历史文献图书馆。姚文栋还襄校过《古逸丛书》。他在出使日本期间，大量购藏流入东邦的中国古籍和汉文图书，不少均是早已轶失的孤本和善本。后来他的藏书竟达十六万册之巨。尤其是收罗上海地方文献，乡贤著述，极为丰富。可惜，他晚年寓居南翔寓所的昌明文社书库藏书，均毁于"八·一三"日寇的侵略炮火之中。至今上海图书馆所藏的部分姚文栋著作抄本，就是由其后人捐赠的。

姚氏兄弟间的分歧和贡献

姚文楠曾极力主张拆除城墙。自从上海开埠以后，上海的城墙已经成为人造的屏障，不但阻害了交通，而且影响了经济的发展。1906年姚文楠上书上海道袁树勋建议"拆去城垣，环筑马路"，并且拿出了详细的方案。然而，拆城的倡议刚刚提出不久，就遭到了他的兄长姚文栋及保守派的反对。他们组织了一个"城垣保存会"团体，反对拆城，还多次致电两江总督反对拆除城墙。第二年拆城和保城的两派互相攻击，并散发传单，在街市通衢上游行示威，两派不断发生冲突，甚至爆发群殴、械斗。为此上海道蔡乃煌和自治公所会董在文庙明伦堂召开代表会议讨论，结果不了了之。

直到1909年，才决定增开城门。1911年，上海光复，李平书、姚文楠等人借助革命声势，再次提出拆城，终于在南市救火联合会大楼召开的绅商代表会议上表决通过。

姚文楠还主持过当时上海最大的慈善机构同仁辅元堂。实行抚幼赡老，恤嫠养孤，济贫救难，施棺赊棺，赊葬义冢，收埋路毙尸体和露尸入棺等多项义务。还做过施衣施米、施医给药、施粥救生等善事，对清道点灯、筑路造桥、修建寺庙、举办团防等，均有贡献。

辛亥革命爆发以后，姚氏兄弟在思想倾向上分别走上了不同的道路。

长兄姚文栋矢志效忠清皇室，并以甲子纪年，不去发辫。而且因为国难当头，将孙子辈排字的庆，改为保，长孙就取名为姚天保。1914年，还遍邀江浙人士，诣青浦北乡小阚里的孔子衣冠墓祭圣。得十六省七百九十首颂诗汇编成《孔宅诗》四集，付梓印行。后来又成立了尊仓（传说中造字的仓颉）会，并在上海百学弄建造仓圣宫。以周秦两汉著名的字学名臣配享，袝祀历代小学专家。

上海光复以后，姚文楠仍积极参与市政和公益建设，由原来的工程局议长改为担任上海县劝学长，成就更为突出，在他的主持下，制定了学务事宜五项办法：重划学区；调查学龄儿童；每学区设立公立小学一所；设立宣讲所；设立工商业生徒夜读课堂。还筹集资金规划整顿派遣留学生等。

1928年，姚文栋七十七岁，与兄弟姚文楠同去浙江富阳，当时的富阳士绅在城外春江楼祭祀他俩的先父姚润生的神位。

1929 年 8 月 11 日姚文栋自杭州返归南翔，于当月 26 日去世，与夫人合葬在嘉定安亭车站东北菖蒲溇。

姚氏的后人

中国近现代著名的地理学家姚明辉，是姚文栋的儿子，早年求学于龙门书院、广方言馆，曾任澄衷学堂、龙门师范学校教师，担任过中国图书公司地理编审、上海教育会第一副会长、国立武昌高等师范（后改名武汉大学）国文史地部主任、代理校长，抗战胜利后，在上海暨南大学、持志大学、女子大学、国学专修馆等各大学任教，著有《上海乡土地理》《蒙古志》《中国近三百年国界图志》《中国民族志》。解放后，曾被聘为上海文史馆员。姚明辉除了开创中国地理教育先河之外，还创办了西城小学，后改为蓬莱路第二小学。他与黄炎培等人一起创立过上海教育学会。

姚文楠的孙子大律师姚兆里，早年曾创建参加过田汉组织的南国社。唐槐秋在回忆录中曾提及，南国电影剧社刚成立的时候，就是由姚兆里负责与房东交涉，先不交房租入住，结果凭着姚大律师的手腕，一切安排妥当，房外贴上了"南国电影剧社筹备处"的招牌，才得以开展活动。所以，姚兆里是最早参加南国剧社的八个发起人之一。中国现代戏剧史上应该留存他一笔。

姚氏的后人，都和上海滩的名门望族结亲。姚兆里娶妻李迪君，是辛亥革命后上海民政厅长李平书的孙女。这里有一张姚兆里和李迪君的结婚合影（图 7）。李平书的儿子李祖芳娶妻叶醴文的次女叶常桂，姚文楠和叶醴文（曾经出任敬业学堂

图 7　姚兆里与李平书孙女李迪君的合影

校长和上海教育学会会长）是儿女亲家，姚文楠之子姚明涛娶妻叶醴文的三女叶常桂，生有一子姚兆里，后来不幸病逝，由她的妹妹四女叶鸿桢续弦。姚文楠的儿子姚明涛也是一位地理学家，可惜在新疆进行测绘地理形势图时，不幸被兵匪杀害。

　　清华大学教授叶企孙是叶鸿桢的弟弟，在兄弟之间排行第三，原名叶鸿眷，是姚今士的舅公公。叶企孙是我国近代物理学的奠基者，一代宗师，也是航天航空事业，以及国防科学的开创者，他长期任职清华大学，桃李满天下。今天中国"两弹

图8 作者与姚文楠曾孙姚今士（右）合影。

一星"的专家，基本上都是他的学生和再传子弟。姚家还和上
海著名实业家郁家结过亲。

姚明辉之子姚肇均在大同中学和市三女中执教过，女儿
姚兆如曾任上海宝山中学校长。姚肇均的儿子姚天保在上海建
材学院任教，女儿姚云保是松江二中高级教师。姚兆里儿子姚
今高是市八中学的高级教师。我的同事姚今士曾经在杨浦区
二十五中学和杨浦实验学校执教。姚氏家族对中国教育事业的
贡献，源远流长，泽被后代。真可谓"绛帐高悬黄浦滨，桃李
春风满天下"。

曾经的女性威仪与绚丽

——凝视几帧清末民国女性老照片

许大昕

凝视着照片里的人的目光时，许多韶华便倏忽而至。虽然百年来的时光甬道里似乎从不见轻灵、破坏、凝重、担负、绚烂、平淡、隐忍……清代女性端坐如仪，母性天然；及至民国，看她们的笑容仿佛生于最好的时代，处在最熏人的自我陶醉中。

一

说到女人，不得不说她所处的时代。封建社会的女性一般依照"三从四德"走过一生。所谓"三从"，即未嫁从父，既嫁从夫，夫死从子；"四德"最早见于《周礼》，本来用于教导后宫妇女的，后来扩至全部女性，以妇德、妇言、妇容、妇功来教导和评判女性。无疑，一旦身为女人则被限制了社会角色和社会地位。虽然，不同朝代的女性社会地位和遭遇处境各有不同，但整体看来，古代女人无论闺秀才女、巾帼须眉，还是平常妇女基本都是围绕生儿育女、相夫教子走过一生。

图1中端坐的清末女性，散发着完全的旧时代气息。她目光坚韧，略显迟滞，但是她紧紧抿着的嘴角似乎透露着不可动

图1 清末妇女坐像

摇的意志。可以想象，从纯真的小女孩到仪态清肃端庄的妇人，
照片中的人必是经过了漫漫心灵的捆绑和言行的调教。她纤细
枯瘦的双手和手肘仿佛费了很大力气才伸出层层包裹的衣装。

图 2 清末妇女像

她上身着长袄，宽袖，前襟左衽交领。虽然，大袄镶边上并无华丽装饰，但是，做工精细，样式新颖。她的裤子也是时兴的大裤管，看质地，极像讲究的香云纱。从发饰和装束看，她极有可能是广州或香港地区的女性。她也真仿佛住在这沉闷精致的衣装里，中规中矩地过着相夫教子的日子。

图2摄取于生活的瞬间场景。一位贵妇被后边两个人围着，仿佛在挑选什么。那两人一人着西服，一人着汉人便服，虽然脸部没进镜头，但是一下将人带入华洋杂处、沉闷骚动的清末。侧过身来的女人生了一脸福相，眉目舒朗，大气沉稳，自有一番笃定。她那撒花滚细边的锦缎袄熨帖安静地贴伏在身上，华贵考究。

这两幅清代女性像，女人清肃端凝，衣着讲究，"三从四德"的传统"威压"，使她们似乎早已过滤掉个人的悲欢。但是，这种夫贵妻荣、母凭子贵的社会心理认定又赋予女人发展妻性和母性的空间和自由。也因而，细看照片，感到坐在面前的是两位四平八稳、神情坚毅的母亲，而不是女子本人。

二

1911年，帝制结束，民国建立，新时代降临了……单看这些如花的笑容，这些娉婷的身影，这扑面而来的欢欣……哦，这些具有放恣的才华又找到自己、爱悦自己的民国女人们！此番风气在身历民国的人感来："民国初建立，有一时期似乎各方面都有浮面的清明气象。大家都认真相信卢骚的理想化的人权主义。学生们热诚拥护投票制度，非孝，自由恋爱。"（张爱玲《更衣记》）这清明气象之一便是男女平权——女人可以和男人一样受教育，一样选择爱人，一样穿袍……与其说女人在争取解放，不如说女人终于做成了自己。

仿佛一个时代倾尽全力变革、升腾、怒放、下沉……只为

图3 民国年轻女性之一

孕育这些风华绝代、才情卓绝的民国女人们——"民国女人"，最是那抹散之不沉的烟霞，那阕填之不尽的清词，那块久之愈芬的沉香……犹记民国时的群芳盛景：林健雄、林徽因、陈衡哲、冰心、杨绛、张爱玲、潘玉良、潘素、陆小曼……单凭她们的成就和作品，就足以傲世，足以超越男权……一门门的大家闺秀——"宋氏三姐妹"（宋蔼龄、宋庆龄、宋美龄）、"合肥四姐妹"（张元和、张允和、张兆和、张充和）、"严家三姐妹"（上海名媛严彩韵、严莲韵、严幼韵），等等。她们风华绝代，外柔内刚，简直将"相夫教子"的旧传统转为"比翼齐飞"的

图 4　民国年轻女性之二

新传统了。

　　百花争妍，风姿摇曳，必是有她们绽放的沃土与风候。1922 年政府颁布"壬戌学制"，男女同校，标志着中国女性终于获得了平等受教育的权利。"女学生"一时风头无两，她们上课、游览、运动，成绩优秀的比比皆是，学校里、大街上处

图 5 民国职业女性

　　处是她们成群结队的倩影，她们尽情吮吸着生命的芳华。学校毕业后，或进入职场，或嫁人，或出国留学……且看这几幅老照片，她们受过了现代教育的洗礼，她们笃定开怀，笑靥如花，这一定来自女子对自身的满足。

　　那年轻女子（图 3）眼神温和自信，着装紧致俏皮，尤其那嘴角，有几丝未泯的天真。扶着门框的女子（图4），大笑起来并不悦目，但是她丝毫不在意，开怀大笑，一改"笑不露齿"的传统礼法。坐在休闲椅上的女子（见本辑封三）贞静贤淑，闲闲的，沐浴在午后的阳光中……那对姊妹花（图5）开心投入地唱着歌，想是找到这份工作，由衷地欢喜吧！

她们身着民国标志性的女性服饰——旗袍。

旗袍量体裁衣，面料讲究，一改传统服饰胸、肩、背平直的造型，尤其凸显女性的曼妙身姿。据说，旗袍本是20世纪20年代，民国妇女为摒弃女性自古以来"两截穿衣"的传统，进而显示男女平等而风靡一时的，不承想，经过几十年的改良和积淀，民国女人们穿出了她们特有的韵味，穿出了华贵，亦穿出了平实，甚而穿成了一种"旗袍文化"。

这几位身着旗袍的女子恰如旗袍上风格各异的撒花，灿烂在她们的时代。较之名媛的含蓄蕴藉，文采风流，这几位没留下姓名的平常女子，眉梢眼里都是笑意，举手投足都是优雅。让人寻思，民国真是个宠爱女人的时代。她们出可做职业妇女，入可相夫教子，没有人要求女人去顶那"半边天"，受过教育的女人也不必将自己的命运完全拴在丈夫、儿子身上。

三

清代妇女沿袭着封建礼法，相夫教子，无我利他，个人的存在感建立在成就丈夫和儿子即家族的繁荣上。无论后来人如何不解，她们无疑是最伟大的族群之一。无论进入近现代社会，她们多么格格不入，但是，她们早已接受了被安排好的人生轨迹和社会角色。她们踏实真实，母仪威严，处乱不惊，最终不失做女人的希望和体面。

民国女人乘着现代社会的风候，选择更为多元。许多女人通过受现代教育等方式发现了自己，做成了自己。做成自己的民国女人有的终其一生都在做自己，有的嫁人之后各有不同的追求。当时的社会和家庭给了她们各种自由和空间。

当几十年过去，战争、革命、社会形态的重新设计等撞击着女性的生活和心灵世界，女人似乎必须到社会中才能找到自己。而在漫长的顽固的"男性统治"中，女人找不到自我的比比皆是，而传统的专门的"相夫教子"又被摒弃多年，似乎，最后就成这样了——绝大多数女人跟男人一样了。人，总是要活着，要吃饭的……因而女性最后的威仪，女性最后的优雅，女性最后的绚丽，而不是人的威仪，人的优雅，人的绚丽，通过这几张照片，静静散发出来。

（图片由云志艺术馆提供）

八十年前的流浪者小影

巫少飞

　　衢州市区青简社主人王汉龙常于僻摊冷肆中，搜罗一些关于衢州文史的地方史料。初夏的一天，他于安徽黄山看到一张1937年的老照片，内有"龙游"二字，即刻买下。

　　照片上的三人，摄于龙游灵山一片榛莽未除的杂草之地。照片正反面有详细款识、题记等。

　　照片的正面上部写有"流浪时的小影"，右边写有："为了生存，跟着历史的车轮前进。我们青年的任务：是不断地奋斗。勇敢！挣扎！来完成这历史的使命！"左边写有："奔走于灵山　汪凤翔自识　一九三七·八·卅"。

　　在照片的反面右边写有："国历一九三七年奔走龙游南乡灵山镇与两友合摄小影以作纪念　一九三七·八·二·八摄于灵山"。左边写有："二六年农历六月十七日，由家中动身。六月廿二日到达杭州，在杭抱病寄于仙鹿洞，急信报家中。七月初五日，家兄披星戴月奔走赴杭。奉家兄命，欲往龙游灵山觅身，到达灵山，一无所成。承友胡君介绍至庆丰杂货店服务。'八一三'沪战爆发，辞职归里。这篇日记写摄相后五日自识"。

　　从照片中间之人的中山装及口袋中插着一支钢笔来看，这位名叫"汪凤翔"的人当是意气风发；又从其表达的"不断地奋斗""来完成这历史的使命"等来看，汪凤翔可谓是壮志凌云。然而，行至杭州时，汪凤翔却病倒了。汪凤翔家兄收到急信后，披星戴月赶到杭州，并将汪凤翔带至龙游灵山镇边休养边找工作。可龙游灵山并没有适合的工作，幸好一位胡姓朋友帮忙，汪凤翔在龙游的庆丰杂货店暂且安身。"八一三"沪战爆发后，汪凤翔只好辞职回老家。

1937年8月28日，汪凤翔与家兄及朋友在灵山合影后，便在照片背后写了上述这些题记。

龙游灵山是龙游历史上徐氏族人聚居最为集中、延续脉络

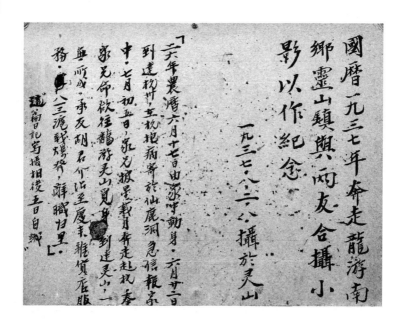

最为清晰的村落，以建有"徐偃王庙"而闻名。历史上，龙游灵山还是白石县治之所在。汪凤翔日记中的"灵山镇"曾是龙游县内七个古老集镇之一，故汪凤翔想在龙游灵山找工作便不足为奇。

考民国《龙游县志》，1937年，龙游商行商店达三百六十八家，其中杂货店五十一家，汪凤翔打工的龙游"庆丰杂货店"当是其中的一家。抗战爆发后，通货膨胀，龙游商业一片萧条。

有意味的是，衢州地区最早的照相业恰恰出现在龙游，早在光绪三十年（1904），龙游县城的祝家巷就开设有"四美轩照相馆"。三年后，衢城才有蓉镜轩照相馆。故能给汪凤翔留下照片的照相馆绝对不超过五家。

值得一提的是，上海沦陷后，第十集团军司令部奉命迁至衢县。为纪念在淞沪战役中为抗击日本侵略者而英勇牺牲的

36633名阵亡将士，该集团军总司令刘建绪于1940年7月7日，在衢县城内的中山公园（今府山公园）西南侧，建立了"抗日阵亡将士纪念塔"一座，以资纪念。

汪凤翔把流落龙游灵山一带的照片题为"流浪时的小影"，充分反映了"八一三"沪战爆发对百姓生活的戕害。同时，从抗战爆发后龙游即组织各界抗敌后援会和汪凤翔自表的"勇敢！挣扎！"等来看，即使在烽火战乱中，依然有撼人心魄的热血乐章。

征　稿

《老照片》是一种陆续出版的丛书，每年出版六辑。专门刊发有意思的老照片和相关的文章，观照百多年来人类的生存与发展。

对稿件的要求：所提供的照片须是20年以前拍摄的（扫描、翻拍件也可），且有一定的清晰度，一幅或若干幅照片介绍某个事件、某个人物、某种风物或某种时尚。文章围绕照片撰写，体裁不拘，传记、散文、随笔、考据、说明均可。

编辑部对投寄来的照片，无论刊用与否，都精心保管并严格实行退稿，文字稿恕不退还，请自留底稿。稿件一经刊用，即致稿酬。

来稿请寄：山东省济南市英雄山路189号B座　山东画报出版社《老照片》编辑部

邮　编：250002

E-mail：laozhaopian1996@163.com

网　址：www.lzp1996.com

电　话：（0531）82098460（编辑部）（0531）82098460（邮购部）
　　　　（0531）82098479（市场部）（0531）82098455（市场部）

邮购办法：请汇书款至上述地址，并标明收款人"山东画报出版社有限责任公司"和注明所购书目。

邮发代号：24-177

《老照片》网站与微信公众号

官方网址：www.lzp1996.com

微信公众号：山东画报出版社老照片

181

飘逝的 B–24J 轰炸机

段国庆　叶炘睿

一

　　1944 年 1 月 25 日 7 时 40 分，美国陆军第十四航空队 308 轰炸机大队 425 中队罗伯特·尤金中尉所在的机组驾驶 B–24J 重型轰炸机改装的运输机"Hot as Hell"（中文译为"热得发疯"），从中国云南省昆明巫家坝机场起飞，目的地是印度的查布亚机场，行将飞越"驼峰航线"。他们"飞走了"，却再也没有回来……

　　1942 年 5 月初，有着中国抗日战争"输血管"之称的滇缅公路被日军切断。为保障中国战争的战略物资供给，美国政府紧急征用了中国航空公司的运输机，同年 10 月，开始了从印度汀江机场到中国昆明的运输。由于日军飞机的拦截，航线不断北移，最后只有在喜马拉雅山的山峰间飞行才能避开日军飞机的拦截。航线从中国云南昆明巫家坝机场到印度阿萨姆邦汀江机场，这条航线就是未来闻名世界的"驼峰航线"。

　　承担"驼峰航线"运输的主要有中国航空公司（CNAC）和美国空运大队（ATC）印中联队。1942 年 7 月 4 日，"中国空军美国援华航空志愿队"（民间称"飞虎队"）解散，组建

图 1　由 B-24J 轰炸机改装的"热得发疯"运输机

美国驻华空军特遣队，陈纳德任特遣队准将司令，隶属美国陆
军第 10 航空队。1943 年 3 月 10 日，驻华空军特遣队扩编为美
国陆军第 14 航空队，陈纳德任少将司令。

　　第 14 航空队第 308 轰炸机大队是承担"驼峰航线"运输
任务的主要军事单位，它由第 373、374、375 和 425 四个中队
组成，截至 1943 年 3 月底，共装备有 B-24 重型轰炸机 30 余架。
罗伯特·尤金就是在这一时期，随第 308 轰炸机大队进驻云南
省昆明地区的。

二

　　1919 年 10 月 23 日，罗伯特·尤金出生在美国佐治亚州南
部派克郡的小城康科德，是这户传统农家最小的儿子。他生性

图2 左三的小男孩为罗伯特·尤金

腼腆，热爱弹吉他，高中毕业后就收到了德克萨斯 Midland 飞行学院录取通知书。1942 年 1 月从飞行学院毕业后，一心要投身反法西斯事业的尤金踏上去往二战前线的路。1943 年初，他被编入美国陆军第 14 航空队前往中国。

他和他所在的美国陆军第 14 航空队 308 轰炸机大队 425 中队被安排到了中国昆明，任务是从印度运送物资到云南，为中国军队的抗日战争提供物资支援。或许是出于对爱情的渴望，或是这群年轻人天性浪漫，尤金和他的战友，将自己的飞机印上了窈窕女郎的侧影，并将飞机取名"热得发疯"。

往返中国云南和印度的"驼峰航线"是当时世界上最危险的航线之一，它跨越喜马拉雅山脉，穿行于缅甸北部与中国西南部的崇山峻岭之间，频繁遭遇变化无常的气候和设备老化的挑战。

图3 罗伯特·尤金（右）与其兄长合影。

运输机时刻不停地从印度北部的 13 个机场起飞，在约 800 公里外的 6 个中国机场之一降落。机组成员一天往往要飞三个往返，疲惫不堪。

1944 年 1 月 25 日早上 7 点 40 分，"热得发疯"飞机从昆明起飞，飞往印度的查布亚。随后，24 岁的尤金和其余 7 名美国空军士兵驾驶的飞机不久就与基地失去联系，消失在"驼峰航线"上，没有人知道他们去了哪里……

三

2006 年，自费寻找二战美军坠机的志愿者克里顿·库里斯在印度北部山区发现一架坠机，经确认是美国陆军第 14 航空队 308 轰炸机大队 425 中队的 B-24J 那架"热得发疯"飞机。库里斯在网络上发帖寻找机组人员的亲属，机组成员中有罗伯

图4　本文作者之一段国庆（右一）与罗伯特·比尔（左二）等合影。

特·尤金的名字。罗伯特·尤金的侄子罗伯特·比尔和他的妻子梅琳，是在2007年9月3日偶尔间在互联网上得知"热得发疯"残骸被发现的消息。这时距离"热得发疯"消失在"驼峰航线"，已经过去了63年。

2017年6月9日，尤金的遗骸回到了家乡美国佐治亚州。同年6月11日，当地为尤金举行了庄重的葬礼。在尤金的葬礼上，有300多名华人为他送行，沉痛悼念这位为世界反法西斯斗争献出生命的美国军人。

尤金的家族一直有个心愿，希望能派家族代表到尤金曾经战斗的云南省昆明市，去祭拜逝去的亲人。消息传出，美国亚城的华人纷纷自发捐款，为尤金家族圆梦。

2019年10月11日，尤金的侄子罗伯特·比尔和其妻子梅琳代表尤金家人，赶赴云南省昆明市祭拜尤金。次日，比尔夫妇一行在云南省飞虎队研究会的陪同下，到达昆明郊野公园拜谒"驼峰飞行纪念碑"。

"驼峰飞行纪念碑"于1991年5月由云南省政协主持修建，至1993年正式落成，以纪念世界航空史上的这一壮举。据不完全统计，1942年至1945年间，在"驼峰航线"上中国航空公司与美军先后共运送了85万吨的战略物资和战斗人员33477人。仅美军陆军第10航空队就损失了563架飞机。美国《时代周刊》曾这样写道：在长达800余公里的深山峡谷、雪峰冰川间，一路上都散落着这些飞机碎片，在天气晴好的日子里，这些铝片会在阳光照射下烁烁发光，这就是著名的"铝谷"——驼峰航线！

罗伯特·比尔深情地抚摸纪念碑，迟迟不肯离开，他仿佛触摸到了叔叔和那些飘逝在"驼峰航线"上的英雄们⋯⋯

（图片由罗伯特·比尔提供）

是期许，也是真谛

冯克力

年前，在深圳新开业的越读学园里，见到一陈列《老照片》的专柜，已出版的各种版本应有尽有，蔚然可观。在书柜侧立面的镶板上，还写有一句醒目的提示语："越读越接近——真相！"默诵之余，心头不觉为之一动。

这句话，既是对《老照片》的殷殷期许，同时又朴素地道出了如何走进历史的真谛，值得用心去体味。

但凡历史，无论回忆也好，研究也罢，皆为事后所构建。而构建者囿于观点、立场、志趣以及观察角度、所据史料的不同，往往带有主观性，甚或流于片面，也在所难免。大到重要历史事件，小到一些共同的亲历，概莫能外。于是，便有人借用胡适曾经的论述，调侃说"历史是任人打扮的小姑娘"。

对于历史建构的主观性，英国历史学家卡尔在《历史是什么？》一书中也有过系统的阐释，他甚至认为，从史料的收集与选择开始，研究者的主观取向即已深深地介入了，而且如影随形，相伴始终。卡尔曾用一句话概括历史到底是什么，他说道：历史是当下与过去永无休止的对话。这一说法，与意大利史学家克罗齐"一切历史都是当代史"的名言，可谓异曲同工。

其实，历史既不担心自己被"任人打扮"，也不惧怕一代代当下的人别出心裁地与过去的"对话"。相反地，这些"打扮"与"对话"，只会让它更加丰富、更加多彩。对于历史构建而言，真正可怕的是只任由一家"打扮"和只任由一家"对话"。实践证明，何时丢失了毛泽东曾力倡的"百家争鸣"，何时历史便难逃面目全非的遭遇。

而面对众说纷纭、多元繁复的历史叙事与研究，读者只有博览众家，在不断的阅读鉴别中，才有可能逐渐接近历史的真相。

我们深知，"越读越接近——真相"，作为一种期许，虽然是写在一家新开书店的《老照片》专柜上，但反映的却是千千万万读者的心愿。《老照片》惟有初衷不改，精益求精，方才对得住这份由衷的期许啊！

坐在休闲椅上的民国女子（参阅本辑《曾经的女性威仪与绚丽——凝视几帧清末民国女性老照片》)

（云志艺术馆　供稿）

国内订阅：全国各地邮局

邮发代号：24-177

地　址：山东省济南市英雄山路 189 号 B 座（250002）

E-mail：laozhaopian1996@163.com

网　址：www.lzp1996.com

责任编辑／赵祥斌

装帧设计／王　芳

扫码听书

《老照片》微商城

微信公众号

《老照片》网站

ISBN 978-7-5474-3385-0

定价：20.00 元

老照片

OLD PHOTOS

定格历史 收藏记忆

主编 冯克力

图书在版编目（CIP）数据

老照片.第130辑／冯克力主编.—济南：山东画报出版社，2020.4
ISBN 978-7-5474-3374-4

Ⅰ.①老… Ⅱ.①冯… Ⅲ.①世界史—史料 ②中国历史—现代史—史料 Ⅳ.①K106 ②K260.6

中国版本图书馆CIP数据核字（2020）第059882号

老照片.第130辑
冯克力主编

责任编辑　赵祥斌
装帧设计　王　芳

出 版 人　李文波
主管单位　山东出版传媒股份有限公司
出版发行　山东画报出版社
　　　　　社　　址　济南市市中区英雄山路189号B座　邮编 250002
　　　　　电　　话　总编室（0531）82098472
　　　　　　　　　　市场部（0531）82098479　82098476（传真）
　　　　　网　　址　http：//www.hbcbs.com.cn
　　　　　电子信箱　hbcb@sdpress.com.cn
印　　刷　山东临沂新华印刷物流集团有限责任公司
规　　格　140毫米×203毫米　1/32
　　　　　　　6印张　131幅照片　120千字
版　　次　2020年4月第1版
印　　次　2020年4月第1次印刷
书　　号　ISBN 978-7-5474-3374-4
定　　价　20.00元

目 录

1

我的翻译家父亲耿济之

耿　辰

　　父亲生于 1899 年，从北京俄文专修馆毕业后，被派往苏联工作，直到 1938 年回国。我从 1928 年出生到回国上小学，一直跟随着他，但因为年龄小不记事，没有多少记忆。1938 年，父亲绕道欧洲返回国内，我在上海上小学，此后的九年时间，我们一直生活在父亲身边，对父亲的点滴记忆，也多集中在这个时期，也是我们与父亲相处最长的时间。

　　时逢抗战，他和朋友们蛰居上海，史称"孤岛时期"。在我的印象中，父亲的形象总是与他那张书桌联系在一起的。那张二屉桌，靠着他的床头，上面堆满了书和纸笔。从早到晚，他坐在书桌旁，伏案翻译。每到这时，我们都会自觉地安静下来，悄悄地离开房间，因为我们都知道，他手上的这支笔，挑着全家人的生活重担，这该是怎样的分量啊！

　　那是中国人最艰难的时期，也是我家最困难的时期。那时爷爷还在世，与我们生活在一起，靠父亲赡养。外公外婆也要靠父亲赡养，我的两个舅舅早年去世，姨妈钱梅先与姨夫俞颂华常驻在外，无法顾及外公外婆，只有妈妈钱福芝照顾他们的生活，所有的生活支出只靠父亲一人的收入。我的二叔耿式之

1

图1 1922年，父亲在北京俄文专修馆毕业后，进入外交部工作。时年二十五岁（虚岁）。此为与好友的合影，下侧文字为父亲与朋友在照片背面的题识。

在内地工作，二婶家生活拮据，时不时也需要接济。记得当时大舅的儿子也寄养在我家，加上我家父母姐弟七口人，这几大家子老小十几口人的生活，全靠父亲一个人支撑。对此，父亲从无怨言，默默地坚持着。

早几年，父亲的译著出版后，可以拿回一笔稿费，维持一

图2　父亲与母亲钱福芝合影。

段生活，后来战事愈演愈烈，物价飞涨，纸比书贵，出版商不愿再出书，父亲只好卖版权，实在接济不上时，母亲得变卖些首饰，我们的生活，就是这样艰难地维持着。

　　父亲为人正直，待人诚恳，有很多朋友，除了早年的挚友瞿秋白、郑振铎、俞颂华等人，蛰居上海期间，经常来往的朋友还有梅兰芳、许广平、徐调孚、赵家璧、戈宝权等人。其中

图3 1923年,父亲、母亲于大女儿静芬周岁时合影。

图4 1927年,父亲寄给母亲的照片。右侧文字为父亲在照片背面的题字。

4

图 5 大姐静芬（中间）、二姐宁芬（左四）、我（左二，排行老三，名美芬）在赤塔合影。

交往最多的是郑振铎伯伯，他常常来家里，在楼下的客堂间，一坐就是半天。他和爸爸有说不完的话，到了吃饭时间，有什么就吃什么，有时还把女儿带来和我们玩。为了躲避日寇的纠缠，他建议父亲开个古旧书店，于是父亲在善钟路开了一间名为"蕴华阁"的小书店，买卖古旧书和文具，这里也成了他们与朋友见面活动的场所。在这间不起眼的小书店里，他们议论时事，探讨文学，坚持文学创作和翻译，相互鼓励，相互支持，共克时艰。

戈宝权叔叔也是家里的常客，爸爸在家的时候，他们两人总在不停地说啊说。爸爸不在家的时候，他也经常来，一个人坐在客堂间，翻看书橱里的俄文书，有时还给我们带些少年杂

5

志。直到父亲去世后，他仍经常来翻看父亲的书，至今我还保存着他站在父亲墓碑前的照片。听妈妈说，戈宝权的叔父戈公振是父亲的朋友，戈宝权早年去苏联学习，一直跟随父亲左右，与父亲如手足。父亲去世后，戈宝权叔叔写了许多回忆文章，读来令人唏嘘。直到 20 世纪 80 年代，每次戈宝权叔叔到上海开会，总要去家里看望妈妈，并一直关心着父亲译著的再版。

妈妈做得一手好菜，她会做中西两桌酒席，和父亲常驻苏联时，妈妈经常向俄国大妈们学习如何制作俄式菜，奶油罗宋汤、土豆沙拉、炸猪扒、红烧牛腩、牛肉咖喱包……都是妈妈得心应手的菜，绝对正宗的俄式味道。在上海家里，有时妈妈会做几个好菜，让爸爸请朋友们来品尝，来客中，郑振铎伯伯

图 6　中国驻赤塔领事馆外景。右侧为父亲在照片背面的题字。

图7　1927年，父亲回国养病期间与家人的合影。左五为父亲，右一为大姐静芬，右二为祖母，右四为母亲。

是少不了的，郑伯伯是福建人，他母亲也是做菜能手，有时也请爸爸去他家吃饭。

瞿秋白早年和父亲来往密切，他们是俄专同学，在北京读书时，常在我家，和父亲一起翻译文学名著，他们俩共同翻译出版的《托尔斯泰短篇小说集》，是中国最早由俄文直接翻译的托尔斯泰译著集，在中国翻译文学史上占有一席地位。瞿秋白伯伯擅长刻章，家里曾有一枚早年他送给父亲的印章。

梅兰芳先生当年在苏联访问演出，父亲全程陪同翻译，俩人结为挚友，抗战期间，梅先生为了抵制日寇，蓄须明志，拒绝任何演出。在上海期间，梅先生常与父亲来往，有时梅先生来家里，有时父亲去梅先生府上。梅先生曾送给父亲一个玉如

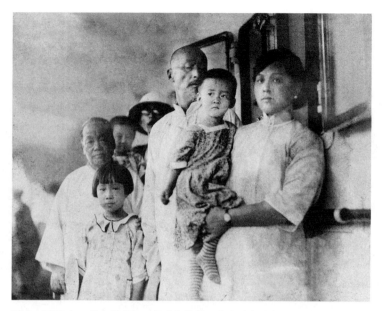

图8 1930年，母亲偕大姐二姐乘船赴苏，家人前来送行。

图9 1935年夏，姐弟在苏联度假时留影。

意、一对青铜兽、一把银制裁纸刀，还有亲笔画作，可惜都在"文革"中散失了。

父亲对待朋友如此，对待家人也一样，他从不厉声说话，他爱每一个孩子。每到傍晚，父亲要外出散步，回来时，从大衣口袋里拿出一包热气腾腾的糖炒栗子，每个孩子分上几颗，而他自己却不吃一颗。

记得 1937 年父亲送我回国读书，在此之前，我们一直随父亲生活在国外，到了读书年龄，就送回国内。回到上海后，家还没有安顿好，为了方便上学，我在舅妈家借住，在她家附

图10 1936年8月，父亲回国养病期间与家人合影。从右至左依次为：父亲、弟弟耿肃（怀抱者）、二姐宁芬、父亲的外甥女阿娟、外祖父、我、外祖母、大姐静芬、妹妹敏芬、母亲和母亲的大嫂。

图 11　1936 年，父亲、母亲在弟弟耿肃周岁时合影。

图 12 1936年至1937年，父亲偕母亲在苏联工作期间，四姐妹在上海读书，由大姐静芬照顾三个妹妹的生活起居。

近的民智小学读一年级，当时父亲回国养病，时常过来看看我。那是我第一次离开家人，看着父亲在教室落地窗外看我，心里很难受，盼着他等我下课再走，更盼着他来接我回家。终于有一天，父亲来接我了，带我来到新乐路（当时名为亨利路）的新家——父亲新租的房子里。我也转学和姐姐们在一起。

图 13 1946 年，父亲在南京燕子矶。

在我十三岁那年，患了沙眼，父亲带我到静安寺附近的医院刮治（当时治疗沙眼的一种方法），刮完后，父亲让我闭上眼睛，挽着他的手臂，我们一步步缓缓地走回家。

这两件事，让我深深地感受到了父亲的爱，直到现在不能忘怀。

图14 1947年，父亲去世后，母亲（前排右）与大姐静芬（后排右）、二姐宁芬（后排左）和弟弟耿肃的合影。

父亲血压高，有朋友说，吃南瓜子可以降压，可父亲没有时间嗑，我就每天为他嗑上一小盘，给他吃。父亲有时也和我们一起玩，他有一个手摇留声机和一些唱片，他常给我们放一张录满笑声的德国唱片，唱片里充满哈哈哈的笑声，有节奏的笑声，听得我们也都哈哈大笑，这是全家人最快乐的时候。

父亲坐在沙发上思考或休息时，习惯用手敲沙发的木扶手，敲出鼓点声，他说，五四运动时，郑振铎伯伯打大旗，他敲鼓，在那样的鼓点声中，他仿佛又回到了慷慨激昂的青春时代。父亲爱书如命，每到一地，首先光顾那里的书店，每次都会买回几本书。在赤塔买不到的书，还托在莫斯科的戈宝权叔叔买。父亲买回来的书越堆越多，客堂间的几个大书橱已经放不下了，于是他特意租了一间车库，专门放书，一箱又一箱。上海潮湿，每年春夏时节，为了不让书籍发霉，我们都要帮父亲晒书，一本一本摊开，来回翻晒，看守在那里，收起来的时候，还不能放错，一本本放回到原来的箱子里。爸爸收藏的俄文原版书籍，

图15 1969 年，我们姐弟在苏州凤凰山公墓为父亲重建墓地，墓穴里安放的是他的一部译著。1996 年母亲去世后，也安葬于此。图中墓前站立者为耿肃。

数量不少，其中也不乏珍本。爸爸去世后，家里生活入不敷出，为了维持生计，这些书都被母亲卖给了附近一家俄文书店。母亲是一位典型的俄文文盲，说得一口流利的俄语，却一字不识。

抗战胜利后，为了全家人的生活，父亲不得不独自到沈阳中长铁路工作，我给他写信，问他什么是美？他回信说，这是个哲学问题，三言两语说不清，日后我们再谈。可是这个日后却成了永远。父亲走了，丢下他心爱的翻译事业、可爱的家庭。

父亲去世后，被沈阳的友人运回上海，葬在万国公墓，那时我已加入共产党。1947年，上海地下党为了保存力量，将大批党员转移到解放区去，我也随之离开上海的家。离开前，我特意去看望父亲，在他的墓前种上一棵小花，请它替我陪伴父亲。谁料"文化大革命"时，万国公墓被强行占用，父亲的墓竟然被毁，尸骨无存。无奈之下，1969年我们姐弟五人在苏州凤凰山公墓，为父亲重建墓地，墓穴里安放的是父亲的一部译著。1996年母亲去世后，也安葬于此。可怜的母亲，永远守着父亲的译著，长眠于凤凰山。

愿父亲的在天之灵，陪伴着母亲，一起长眠。

家父宁伯龙与他的微楷书法

宁宗一

对我们的家世和父母青年时代的经历，我原本并不太清楚，只是在翻看旧相册时见到过几张年代久远的黑白照片和其中的一些人物。由于粗心，我从未打听过他们到底都是谁。倒是父母、大舅以及大姐、三姐偶然提起一些家史的片断，我才对这个家有了模糊的了解。

母亲多产，生了我们九个孩子，但是我从未见过的两个哥哥很小即相继夭殇。而在我六岁时，全家的宠儿、我的小妹（小名叫小扁儿），也因患猩红热，两岁多就离开了人间，于是我变成了六个孩子中最小的一个。

父亲原名荣燮，又名咏琴，字伯龙，后以字行，出身满族正蓝旗。我的爷爷和太太（我们把奶奶称为太太，把母亲称为奶奶）在有了我父亲和两个姑姑后就过早谢世了，所以我父亲从小就跟着我的老祖过。老祖的身世我也不甚清楚，只知道做过清朝的浙江台州知府。在北京的老宅子是东城西堂子胡同路北的一所大房子。我父亲虽然是长孙（所谓"长房长"），可是老祖的姨太太却容不得他们，对我父母十分苛刻，事事刁难，再加上时代新思潮的浸染，我父亲就带着母亲和三个姐姐一个

16

1955 年的父亲

哥哥离开了这个封建大家庭另过了。至于母亲家，那就有点不一样了，是爱新觉罗家族，姓金，据说先祖是个王爷，随清军入关，当过成都将军，但到我姥爷这一辈已经彻底没落了。我大舅后来就从西城辘轳把胡同那所大宅子搬出，到东城北总布胡同和我们家住在一起了。

父亲真的不容易！一家八口全靠他教书、做摄影记者、当小职员和卖字为生，因此我的三个姐姐和一个哥哥都没有受过高等教育。而我的四姐和我只是因为赶上了中华人民共和国成立，年岁又合适才有机会上了大学。我们一家从此过的就是典型的北京平民的日子。子女在父母的教育下深知稼穑之难，所谓"一粥一饭当思来之不易"，所以"节俭"二字，在我家已不是一种美德，而是近于本能的生活习惯。一片纸头、一截麻绳，在我们眼里都是可以利用的东西。几个孩子穿衣服也是长幼相传。我从小学到初中穿的鞋都是母亲亲手纳的布底鞋，几乎没有穿过很多同学穿的那种"双钱"牌球鞋。记得我们几个孩子用的毛笔都是戴月轩为父亲特制的写蝇头小楷的笔，但都是父亲用过的，很少有谁使过新毛笔。

我长大成人又教了书，深知中国文人的品性，他们心灵的秘密成长，他们作品中的华彩，往往酝酿于贫与病的生存困境中；大富大贵反而会扼杀艺术生命。父亲的书法艺术的精进自然也符合这条铁律。

1937 年抗日战争全面爆发，父亲有很长一段时间失业。那时他几乎完全靠卖字为生，这也就奠定了他最初从事书法写作的理念：书法具有实用性。因为书法艺术乃是从实用中来，书法艺术也就与实用有着更密切的关系，但是书法既然是一种艺术，所以和其他艺术一样，不能不讲究基本功。

在我的童年，父亲给我的印象似乎总是伏案勤笔，我们又从未帮上他的忙，只有三姐是他真正的助手。父亲写蝇头小楷，事前都是三姐用刻蜡板的钢笔和钢尺为他打好格，字数的统计三姐也了然于心。而父亲写字前总要沐浴更衣，点上一炷香，然后摘下近视眼镜，像一位老工匠，神情专注，旁若无人，自成一圈静谧的气场。而母亲与我们，干什么活儿也要蹑手蹑脚，不敢稍有打扰，生怕影响他的艺思。友朋来时，看他写字，他就会露出自信的神态，那时父亲的心情其实都落在了笔端。我愈来愈发现一种无法说清的情感血缘纽带，父亲书法作品的魅力和流淌出来的人格精神，在我生命中已经开始产生了塑造性意义。

1955 年的母亲

　　也许和很多书画家一样，都认为子女必克绍箕裘，于诗、书、画、印展其长才，世其家声者，所以在我五六岁时，父亲每天都要给我留下作业，让我练字。由于我过于贪玩，常常完不成任务，他总要对我呵斥几声。有一次母亲怕父亲发火，坐在小板凳上替我临字，父亲回家后在给我评阅作业时，竟脱口而出："煜哥（我的小名）的字大有长进。"父亲哪里知道这次的作业乃是出于母亲之手。

　　另外，我家还有一块近二尺见方的大灰砖，放在一个和我齐胸的乌漆茶几上，父亲每天是要在上面练习字的，所以他也要我在上面练，并且规定下学后要在这块大方砖上用一支大毛笔蘸着水写上二十个字才能吃饭。可是我因为爱鸟，就在大方

19

大姐，小名端儿，因端午前后生，
故名。摄于 1951 年。

砖旁边用一根木棍架着一只"交嘴"（一种不放进鸟笼里，嘴
部作交叉状，经调驯是会飞来飞去衔东西的鸟），我总是不先
写字，而要逗鸟玩，结果也不时遭到父亲无奈的白眼。

　　父亲始终对我怀有一份期盼。我的哥哥结婚以后因为和家
庭闹矛盾，离家单过了，父亲好像更把希望寄托在我身上。他
经常教导我，书法无他诀，唯横平竖直，布置安详。他自己精
读各种名帖，也让我读，而在临帖上他既让我按小学校的要求
先临柳公权的《玄秘塔碑》，也让我临习过颜真卿的《多宝塔碑》
和《勤礼碑》，后来又及褚遂良书王羲之的《兰亭集序》。临
的帖有些杂，但今天想来，他可能是要观察我适合哪一种路数。

二姐，小名二美，因小时长得就好
看，故名。摄于 1949 年。

可是不长进的我，对书法一道始终打不起精神，所以我发现他
更有意识地培养我三姐，我们全家也都认为我三姐是受父亲影
响最深的人。她的颜体字确实写得不错，素描也很传神，在京
剧上她宗言（言菊朋）派，又和我父亲同好，摄影也曾得到过
我父亲的真传，这也许让我父亲得到不少的安慰。

　　父亲曾调侃地说自己"以书（书法）为生，故自命书生"，
所以即使在逆境中也没有停止过对书法的研习和思考。青年时
代，背叛封建大家庭，更多的是凭借理想；到了中年和晚年，
父亲逐渐成为智者，他积聚起生命的全部力量，将他那挚爱与
热情化为执着地对书法艺术的追求。直到我长大成人，每次从

三姐，小名喜格，因长得喜相，故名。
摄于1950年。

天津回北京探亲，见到的总是父亲伏案书写的身影，直到他
八十一岁逝世前仍有作品产生。他从无老之将至做不了什么的
慨叹，他认为他从事的蝇头微楷就是他生命所系。

中华人民共和国成立后，父亲一直是北京艺培戏校（后改
为北京戏校）的干部。我记得很清楚，学校的匾额以及学校印
制的专用信笺都是他的手笔。有了这份非常稳定的工作，父亲
并没有放弃他的书法艺术，他参加了刚刚成立的北京书法社，
经常参加该社举办的书法展（也举办过义卖）。有一次我陪他
去看中山公园水榭举办的书法展览，他的字多被茅盾、老舍、
郭沫若、李一氓等名家买去。约50年代末60年代初，他还参

四姐，小名就叫了四丫头。摄于 1953 年。

加过在日本举办的中国书法展。日本寄来的宣传品上选印了父亲的两幅字，由于印刷精美，父亲看了极为高兴，不过让他感到遗憾的是不能到日本与同道当面切磋。

从 20 世纪 50 年代初一直到 60 年代初父亲退休，我们家总算是过了十年平静的生活，甚至"文革"前的几次政治运动也因为他的谦逊做人，从没口出过任何激烈的言辞，再加上他在戏校的人缘极好，凡张口求字，他总是有求必应，因此他总能躲过一次次的整肃。

但是，好景不长，1966 年初夏"文革"爆发。在那风雨如磐的日子里，虽然他肉体上还没有受到太多的摧残，但在精神上受到的伤害，却是他难以承受的。他的手稿、名帖、珍藏多年的图书，乃至他须臾不可离开的文房四宝都荡然无存。而最最重要的是他的《定盦藏扇》也被抄，这对于他是一次致命的打击。

大姐曾对我说，30年代父亲即开始锐意搜求名家书画和各种扇骨。仅就我青少年时代的记忆，他已收藏的有名家书画的各种扇子就有五六百把之多。到了40年代，他终于从中遴选了一百把有各名家书画作品的扇子，藏于精工制作的一个大楠木箱，定名为《定盦藏扇》。箱子有十个抽屉，每层各放十把，共一百把。这一百把扇子的扇骨也有所不同，或象牙制，或香妃竹、油竹、罗汉竹制，或檀木制；或镂空，或浮刻；色泽上有深色也有浅色。至于扇面大多是一面为画一面为字，而且大多是父亲特意请名家绘制书写的，其中也有是挚友赠送的，也有全家节衣缩食购得的名扇。在我的印象中，这一百把扇子几乎没有雷同。当时我小，不太懂得为什么父亲把藏扇柜定名为"定盦"，而径直称之为"爸爸的百宝箱"。在我脑海里，永远难以忘怀的一种情景、一幅画面，也是给我以潜移默化的一种境界，那就是，父亲每天清晨梳洗完毕后，先打一套简易太极拳，打完拳坐在八仙桌旁，泡上一壶清茶，拿出一块白色绸子，打开"百宝箱"，一把一把地擦拭，又一把一把地翻过来掉过去地欣赏，那眼神流露出的是一种难以形容的愉悦，一种说不出的珍爱之情。两杯茶后，他的"早课"结束，再去上班。即使退休之后，父亲的这个"早课"也从未间断。到我上大学和后来当了教师，对父亲高雅的爱好，才有了比较深刻的领悟，原来这一百把扇子乃是他艺术生命之所系。

然而，令人扼腕的是，父亲用了几十年心血搜集、遴选、保存的这一百把珍贵扇子，竟然被连推带拽地扔到了三轮大板车上和一大堆扫来的"四旧"物品一块拉走了。事后父亲惨然地对家人说："我这一生，可能这是最动我心的事了。"是啊！

母亲带着四个女儿在颐和园十七孔桥上。1953年由父亲拍摄。

尽管父亲几经战乱兵燹，好像都不似这次领略"彻底砸烂"的滋味。作为一生清白、正直、善良、谦逊并终身致力于书法艺术和教育事业的人来说，这一切是不是太不公平了？而他又怎能从这样与文明对抗的野蛮行为中找出一丝一毫顺乎情理的答案呢？这次的"事件"，如浑浊的河水，在父亲的心头淤积，长期不能清通化解。

1976年10月以后，父亲虽然感受到点点春风的抚慰，但他已明显衰老了。1979年10月的一天夜里，他起身小便，突然吐了口血。得到父病消息，我从天津驰归侍疾。当时我每天都要到离家很近的邮电医院值夜班，父子俩不时说些闲话，但一提起他那些扇子，他就十分激动，嘱咐我说："咱家被抄的所有东西都可以不要，唯独这一百把扇子你们可一定要把它追回。"我明白，扇子问题是他心中的一个死结，很难化解，而且永远没能化解。父亲在医院并没有进行什么治疗，大夫只是说"他老了"，言下之意，是治也没太多意义，所以至今我们家人也不知道父亲到底得的是什么病。在11月初一天的凌晨，我们父子的手紧紧地握在一起时，他永远地闭上了眼，享年八十一岁。天一亮，我抱着我的棉大衣跑着回家，把父亲仙逝的消息告诉了母亲和姐姐们。

后来，追回这一百把扇子的事，完全落在了我大姐的身上，她遵父亲的遗嘱，多次向街道办事处、派出所负责人表示："我们家被抄走的东西，可以一样也不退赔，就是请你们把那一箱扇子替我们找回，这是我父亲的唯一遗愿，也是我们全家的强烈要求。"但是，这些艺术品，至今也没有下落。几年后，我们姐弟在北京小聚，我脱口而出："物质不灭！但愿爸爸的藏扇，能流入懂行人的手里！"我的这么一句沉痛而又带调侃的话，

曾引得大姐唏嘘不已，而我自己说完这句话后也在心头涌起了
"彩云易散琉璃脆"的感伤和苍凉。

　　是的，在父亲的生活日历上，尽管有痛苦与伤心的日子，
也有苦闷的春秋，可是，他的艺术之心是年轻的，是经霜不凋的，
我们祖国悠久光辉的书法艺术，已经变成了他生活和血肉中不
可分割的部分了。他对书法艺术的一腔共患难、同生死的感情，
作为他的儿女会永生铭刻在心的。

　　父亲以蝇头小楷而名著于当时书法界，也有其自身的原因。

家父的手书微楷《金刚经》

他是一位能在喧闹嘈杂中沉得下心的一个人。从他的蝇头小楷的张张作品中即可看到，这非积数十年瀚海临池，精心趋步，悟其要领，是难以求得书法特别是微楷之精神的。事实上，困窘的经济生活反而使他淡泊名利，追求的只是心灵的圣洁。毫不夸张地说，他的一生是将书法艺术上升到精神的高度来追求，并努力而且艰辛地实践着自己的信念。

父亲在国事危急时也不是躲进小楼成一统，他的爱国心民族志皆沉潜于他的书写中。抗日战争时期他抄写的多是文天祥的《正气歌》和《指南录后序》，也有民间熟悉诵读的《治家格言》。文天祥作品中体现的豪壮的人格气势，作为正气、气节的迸发形态，沉重逼人，磊落通达，呈现出的是大真、大善、大美的力量。而这种精神已深深浸透于父亲的骨血中。他是那样自觉地用气节来观照、激励、升华自己的人格实践。

抗日战争胜利，国事蜩螗，随之又是理想的破灭。此时父亲书写的多是佛教经典。在他看来，中国的佛教十分鲜明地透露着人类心灵深处最原始与最深沉的忧患意识和本能的强烈愿望。他敬读佛经不单是从中可以体验步步莲花的佛缘慧境，而且还在于佛经可以使他更好地把握中华文明史、民族史、思想史、艺术史、文化传承史。他抄写佛经正是把阅读的感悟与心理的体验、形象的刻画与抽象的品味，深入浅出地、了无痕迹地糅合在一起，又用他的虔诚之心体现在他的蝇头微楷中。从中不但显示出他的文化品位，而且也是启迪人们对佛学乃至整个宗教知识的进一步探寻。

中华人民共和国成立后，父亲用蝇头小楷抄写最多的是毛泽东诗词。而到了"文革"，那就是抄写"老三篇"了。我并不简单地认为父亲是跟风走，倒认为这是风气使然。事实是，

"文革"伊始，街道办事处就充分发挥了我父亲这位退休干部有一手好字的作用，小至于抄写大字报，大至于横幅大标语、口号和最高指示。这在西城区皮库胡同倒也形成了一道"亮丽的风景线"，因为那房前屋后、街道两旁都是我父亲刚健有力的毛笔字。那期间我回家看望父母时，父亲伏案抄书的样子和无奈的眼神，至今历历在目。而那一声声"老宁同志"的呼唤，则意味着书写的新任务又到了。

出于对父亲的深深怀念和敬意，我领会到在书法艺术的大

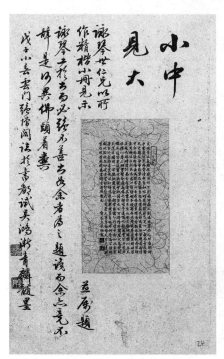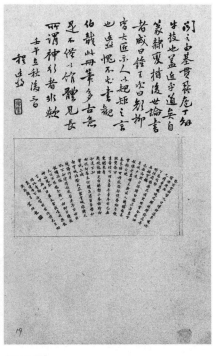

家父的微楷作品。选自他的微楷作品集《珠玑集》。

29

海中畅游，需要学养的修习和文化知识的积累，而要做到这一点，一是靠自己的天赋，二是需要名师的指点，三是靠自己的勤奋。父亲性格中的优点是谦逊，他曾把艰苦的蝇头微楷的写作看作是"小技"，这也许是自谦太过，但他自青年时代直至晚年，可以说是谦逊始终，这就决定了他在研习书法艺术中善于向名家大师学习。我家的世交溥心畲、罗复堪还有父亲的挚友郑诵先、傅芸子、陆和九、邵循俞诸先生对父亲影响最大，

全家福。后排左一是我。摄于 1945 年。

而他的老友刘雁声先生对书法艺术的求新求变，不仅对父亲的书艺产生过影响，而且他们之间经常切磋所形成的深厚友谊也给我们家带来过很多欢乐。刘先生洒脱、幽默，被我们几个孩子视为最受欢迎的人，他是我们家的常客，而溥心畬先生送给我们家的字画又是最多的。

作为个体生命，父亲早已走向彼岸，但是在追求书法这门圣洁的艺术中，我思量是不是也有一些可以启示今人的呢？

首先，一个人选择和决定从事一种艺术以后，热爱是最根本的。广义地说，艺术创作和研究可以有多种选择，可以是为了养家糊口，也可以是为了打发无聊，但是，一位真正的艺术家、一位学人一旦走上了艺术创造之路，只能选择热爱。稍稍倦怠，便是平庸和放弃。支撑艺术家和学人创造勇气甚至是激励乃至疯狂的，除了热爱，真的是没有任何东西可以仰仗的了。

其次，知识分子或是专门艺术家，其独立性的第一位依据应是艺术家至高无上的自怡性。艺术家创作，学人从事写作，未必都求发表不可，倒是为了梳理思想，记录本真，抒发情怀，宣泄心态，即书写以明志，以满足以意象、画面、文字等表达个人之发现和追求的欲望为止。

再有，任何艺术创作实际上都是非常高尚美妙的智力活动，所以，人们才能从真正的艺术创作中看到艺术家的兴会、玄悟、性灵、机趣、哲理、妙谛——在艺术家的心灵中，这种智力活动是不可或缺的。

光阴荏苒，父亲离开这个世界已经四十一年，而我也已入耄耋之龄。述往怀先，谨以此文祭奠家父的在天之灵。

我和北师大女附中（上）

徐礼娴

其实和天下婴儿一样，我自爬出娘胎，父母就对我寄托过所有人间成名成家的美好期望！

爸妈婚后长年不育，直到老妈年近半百时，才怀上我。待我出生后，老爸恭请清末秀才为我取名徐礼娴，期盼用名字的光环，培育出知书达慧、娴于礼法、光耀门庭的人才！

考上师大女附中

民国年间，北洋政府派出十几万华工支援第一次世界大战中的英法联军，熟读洋文的老爸应召漂洋过海，担任欧洲战场的华工翻译。回国后，在盐务系统任过局长，新中国成立后，时过境迁，老爸被视为政治复杂人物，无业在家，生计无着，坐吃山空。老妈只好在夜半拂晓去新街口豁口鬼市卖旧货，白天帮人洗衣服挣点钱，支撑起三口之家的基本生活。

岁月无情，日渐老迈的爸妈愁绪满城，膝下无成年子嗣做后盾，唯幼女一朵。在浑浑噩噩、悠悠无望中，好容易盼到我小学毕业，老爸老妈已是近六十岁的老人。他们只好卖了住房，

扎着红领巾的我

换来一头荷兰乳牛（起名叫"咪咪"），一家人挤奶送奶，苦度春秋。

娇生惯养的我，在困苦的磨砺中，脱胎换骨般地长大了，心里明白：过几年，我家咪咪老了，乳房干瘪了，我就是养活爸妈的"咪咪"。我须奋发努力，头悬梁锥刺股地拼命上进，长成一头健壮强大的"咪咪"！白天我在学校当"状元"，晚上回家背上褙裢送牛奶。

小学毕业后，我在校长的鼓励下，报考了北京师范大学女子附属中学。

女附中的大门是开在云端上的。历史上，师大女附中是中国成立最早的国立女子中学，人才济济，"学霸"扎堆。鲁迅《记念刘和珍君》一文中的刘和珍，就是女附中学生。近百年来，

母亲和幼小的我

女附中培养了无数知名学者与科学家。当然也有败类，据同学林晓霖说，她后妈叶群也是女附中的。

解放后的女附中就愈发光辉灿烂了，她是唯一直属中央教育部（即中央人民政府教育部，1954 年 9 月改为中华人民共和国教育部——编者注）的中学，高考录取率几乎常年百分之九十五以上。在校生里，有党中央主席的孩子，有共和国主席的孩子，有十大元帅的孩子……有人开玩笑：女附中召开家长会，家长到齐就可以开大半个政治局会议啦！

20世纪50年代初期，社会相对清朗而公平，我这个送牛奶的女孩，毫无背景关系，居然通过自己的努力考上了这所学校！发榜那天，一家四口（包括我家咪咪），围着看盖有师大女附中红色官印的录取通知书，激动得无人说话。我整个人晕晕乎乎的，只觉得天旋旋地转转！难道只是在梦中空欢喜一场？忽然，我来了股癫狂，顺势躺在地上来回翻滚撒欢，抑制不住地哈哈大笑不止！老妈拍手开了腔：我家丫头这是乐极生疯，范进中举啦！

井底癞蛤蟆登顶，在天鹅世界中飞翔。

初入师大女附中

1954年秋季开学，我分配在初一四班，全班共四十五人，保送生三十二人，自考生十三人。按照入学成绩排序，我学号35号，算是自考生中高分成绩的学生。

四十五人同在一个教室念书，同在一个宿舍睡觉，当然也在一个食堂吃饭。

其实，在开学初期，干部子弟和平民子弟原是分开两处食堂吃饭的。干部子弟食堂每月吃九元五角伙食，每顿饭有菜有肉，也有鱼虾，午餐后还发一枚水果。普通食堂就差多了，每餐青菜白菜熬大萝卜，难见荤腥，每桌八人，站立抢吃，每餐盆干碗尽，每月饭费八元。我们还是孩子，哪里懂得营养好坏，越吃肚皮越发难填饱了！

有一天，下课后开饭前，肚饥难耐，大家争相奔往食堂。忽一阵熙熙攘攘，人声鼎沸，从学校的高中部传来锣鼓喧天的

父亲和我

热闹，只见一队人马举着两张墨迹斑斑的大字报，浩浩荡荡向两处食堂行进，原来是高中的大姐姐们激情满怀地将大字报贴到了两处食堂的大门上：我们同在一个教室读书，同在一个宿舍睡觉，我们都是共产主义事业接班人，为什么不能在一个食堂，吃同样的饭菜？！

大字报轰动了校园，惊动出苏灵扬校长亲自到食堂门前，轻声轻语地解答大家的问题。几天后，两处食堂果然合并为一处，全校同学同在一个锅里吃饭了，饭费一律交九元。大家沸腾欢呼！

苏校长是我们喜爱的师长，开口说话总是温和优雅的吴侬细语、风度沉稳、体贴亲和，然而她行事风格却是严厉细致的。早年她在上海读大学，立志从事教育，抗战时期投奔延安，在延安鲁艺担任女生指导员。她是中央宣传部副部长周扬的夫人。解放后，调到女附中做校长，她身穿革命者的灰布列宁装，将微卷的短发用黑发网罩住，保持头发一丝不乱，自有一种与生俱来的威严。

女附中是50年代稀有的一所对国内外都开放的中学，常年有人来观摩，国际友人如苏联英雄卓雅和舒拉的妈妈、印度总理尼赫鲁的女儿英迪拉·甘地夫人，还有当年中国保尔·柯察金式的英雄人物吴运铎、勇斗歹徒失去双手的女英雄徐学惠等，都曾来学校参观访问。

在苏校长的严格管束下，女附中男教员夏天不许穿短裤，女教员不能光脚穿凉鞋。

学生对苏校长尊敬如母，亲切如母。她的女儿周密也是女附中学生，她对我们每个学生一如女儿般叮咛：一个女性在社会里生存，必须做到自尊、自立、诚实、严谨、向上、有为。在生活细节上，苏校长就更像是妈妈切切絮语地唠叨了：女孩子不许边走路边吃东西；洗完澡不许披头散发到处乱跑；课间十分钟，必须走出教室，参加活动……住校生的规矩更大：晚上熄灯铃响过，寝室不许再有声音；起床铃响毕，即起，洗漱整理不得超过五分钟。我们这些小丫头，在家里懒散惯了，哪能和军队战士相比，为了抢这五分钟，每晚我们都冲锋般紧张，接好洗脸水，挤好牙膏放在床底备用；宿舍卫生自是由我们自己打扫，冬天每晚生炉子取暖，也由学生完成。

那时，初一班的宿舍挨着初二班的宿舍院子，冬天轮到我值日生火，经常看见高我一级的李讷和我一样灰头土脸地倒灰渣，抱劈柴，满眼被木柴熏得流泪不止……

李讷足有一米七的个头，我好奇万分地挨近她，和她比比个头。她是个沉默寡言的女孩，鲜见笑容，鲜有话语。冬天穿蓝制服，夏天穿白衬衫，从无花色，顶多换件格子布的。她是领袖的姑娘，也许她太受社会关注，于是就很残酷地律己了。

50 年代初期，女附中的学生从伙食上、穿戴上，分不清是市井百姓还是干部子弟，拼的不是爹妈，而是学习与品德。那是共和国充满阳光与希望的开国时代，我们幸运地生活在一种热情进取、独立思考而又互助友爱的精神环境里。

新中国成立不久，抗美援朝战争打响，学校的每一个学生几乎都和前线的志愿军战士互相通信互相鼓舞，这成为一种昂扬的社会风气！那个时代的情结，就是崇拜英雄，敬仰模范。在我们校园里，发生过许多追逐英雄的笑谈和故事。

女附中有个看门人王嫂，四十多岁，负责打扫院落，收发信件，接听电话。王嫂的脚是双不大的解放脚，也识不了几个字，脸颊上有个大疤痕。这个极其普通的农村女人，却教育出一个优秀的女儿，叫小凤。小凤考上了师大女附中，成绩出类拔萃，高中毕业时，女附中将她直接保送去了苏联莫斯科大学。

这件事对全校学生震动极大，王嫂成了我们心目中的英雄，人人崇拜的明星母亲。我们总去门房拜访王嫂，她也极乐意说起小凤的趣事，絮絮地介绍着："你说这留学吧，学的是啥专业呀，说是农业吧，又说是园艺，说是园艺吧，又说是葡萄，那就好好研究葡萄吧，又说是葡萄架。唉，咱老粗，真是不懂！"话里话外都透着夸耀女儿的得意口吻。

那会儿，国家和学校常有热闹的庆典集会，每逢欢乐的锣鼓点敲起，我们这帮王嫂"粉丝"便疯狂地跑到门房，热血沸

我（右）和同学与志愿军战士合影。

腾地抬起小脚王嫂满操场疯跑，木讷老实的农村妇女哪里见识
过这等盛举？王嫂被狂乱地托举着，脚不沾地，晃荡在半空中，
惊吓得满脸煞白！此后庆典经历多了，王嫂在空中竟也从容老
练起来，她熟练地颠着小脚，主动配合热烈的气氛，情绪高涨
地举起双臂高呼："感谢共产党！感谢毛主席！毛主席是我们
的大救星！"群情更加激奋昂扬，女孩子们抬着英雄王嫂越走
越远。

　　解放初期女附中校园里，是有战斗英雄的。校后勤负责食
堂的管理员叫李勇，三四十岁，个头不高大，模样不威猛，满
脸碎麻子，每天骑着辆老旧平板三轮咣当咣当地，负责给学生
买菜买粮，不吭不哈地，我们谁也没有注意过他。

刘彬媛

我们班王可立的妈妈（王平上将的夫人）来学校开家长会，见到李勇，抢上前去与他热情握手，向我们介绍他就是王平上将和聂荣臻元帅亲自授奖、大摆地雷阵的抗日英雄李勇。貌不惊人的食堂管理员李勇，当年智勇双全地创造枪雷结合战术，炸得日寇闻风丧胆，获得过一级战斗英雄勋章。电影《地雷战》里的一号人物，就是以李勇为原型！

解放后，不打仗了，日子好过了，李勇和他的扫雷班，被调进城为女附中学生做饭。炊事班的人马，全部来自河北阜平太行山区，一水儿说的都是阜平土话。刚进大城市，因从没见过电灯，拿着烟袋锅子对着发亮的灯泡点烟抽。他们都是实诚的农民，只有一个心眼儿，最怕学生吃不饱。

学校下午两节课后是自由活动，满操场的学生都在打球、跑步、玩双杠、练吊环、谈心、看书……我们刚念初一时心野，贪玩好吃，趁此机会溜出校门去街上乱逛，看街景买零食。女附中藏在西单闹市的辟才胡同里，出了胡同，就能看见首都影院的花哨广告了。当时影院放映的都是宽银幕电影：非洲故事《塔曼果》、塞万提斯的小说改编的电影《唐·吉诃德》，还有苏联第一部宽银幕童话电影《萨特阔》。这都是名作片子，又赶上是开晚饭的钟点，票价便宜，班长刘彬媛便带着我们去赶场。

刘班长是师大二附小的保送生，机敏，好学，好玩，鬼点子多，从来也不说教条的官话、套话、虚话，我们一下子就拥戴了她，况且有班长做靠山，带领大家淘气捣蛋，鬼花活更多，胆子也越大。

电影散毕回校，天就黑了，早就过了饭点，刘班长领着我们犹如一群饿狼，悄无声息，窜进食堂后厨房，值班的大师傅认识她，知道她是个好学生班头儿，不问青红皂白，赶紧拉闸开火，米饭没有了，还剩有锅巴，切葱花，倒油炒锅巴，一块块油炸葱花锅巴，吃到嘴里，嘎嘣嘎嘣的香掉了下巴。

从此我们紧跟刘班长，常看便宜电影，总是糊弄炊事班老实巴交的叔叔请我们吃油炸葱花锅巴。

同桌鹤沁

我的第一个同桌是鹤沁。

沁儿（我对鹤沁的爱称）是北京著名的小学师大一附小毕业的好学生，安静而腼腆，留着两条长辫子，一丝不乱，坐立有度，端庄大方，低声低语，未开口先有笑，有一种矜持的羞涩与柔美。

鹤同桌与我张牙舞爪的个性反差甚大，我怕安静好热闹，常常憋不住地找茬逗她拌嘴，对我发出的"子弹"，她从不接招，红着脸，憋半天，最大的狠话，就是回一句：这孩子，又不听说了！唉！她真像宋词里形容的：也无风雨也无晴！让我很没脾气，却是更愿意亲近她，亲近她的那股特殊气息，平和而温柔。

我尤其爱看沁儿的穿戴，一年四季，春夏秋冬，衣服干净，浆洗得永远没有褶皱，连那每天戴的口罩都平整得舒坦，散发出奇异的香气，是太阳气还是樟脑气？分辨不出，反正是我特

同学外出游玩时留影。右为鹤沁。

喜欢的那种干净味道。

沁儿被大家选为卫生干事，她不负众望，办事踏实认真，带头干活。各科老师都喜欢这个稳重好学的女孩，尤其赞赏她的作业，令全班传观学习，我更是较劲地跟她比赛，暗暗撕掉重写，写了又撕，可就是写不出她那般整齐模样！

其实我更羡慕的是她那两条辫子，又黑又长，又光又亮，悠悠地晃在腰际，飘飘欲仙！我东施效颦，将精短的头发硬是扎起刷子小辫，翻出妈妈压箱底的丝绸旗袍，大刀阔斧剪成碎绸丝带，系在辫梢，晃出四个大花蝴蝶，飘来飘去地在人前显摆，却根本不见有谁人说我漂亮。唉，这就是妈妈的过错了，也许重生我几次，才会赶上沁儿的美丽！

反右运动开始后，我们突然都有了阶级观念，班上一附小出身的学生暗暗传播是非：沁儿祖辈是清代官僚，几代人不工作，专靠吃瓦片子房租生活，过的是不劳而获的剥削生活。我去沁儿家玩过，她家是和平门里的一座宅院，三进三出的院落安静整洁，她家住在中院，鹤妈妈正在休息，沁儿不敢惊动她，领着大家在院子里的游廊上聊天踢毽子，低声说话。我觉得沁儿懂礼貌，有规矩，有啥不好？

几十年后的今天，我终于懂得了：沁儿身上散发出的是一种气质，一种修为，是稀有的贵族气息。这种需要长期养育与浸润的从容与宽厚，平和而慷慨，自有一种柔和的体面与尊贵。但是它被激烈的革命"左"倾视为虚伪与无能，凶残地将其打翻在地，搞黑搞臭，再踏上一只脚！这种日积月累的高贵气息，成为当今大众社会，越来越难以见到的罕有品质。

沁儿像一朵兰花，静静地开在我的身旁。我和同学们始终都很喜欢她。

高中毕业，沁儿考上了北京医学院。大学毕业分配，我离开了北京。"文革"后，偶尔回京参加女附中聚会，突然听到了沁儿的消息，如闪电重击般将我击倒："文革"中的一天，鹤沁失去了父母，在北京没有家了，她离开北京，去了甘肃的乡镇医院。

我震颤着无声抽泣！

几十年里，我最大的愿望，就是找到沁儿，亲眼看看沁儿现在生活的模样。我来到养老院的第一个月，就找到了远在西安的沁儿，接通了遥远的电话，几十年后，沁儿的声音依旧安静平和，甚至是年轻愉快的。她告诉我：她在甘肃的乡镇医院工作了十年，见识了农民的贫穷和缺医少药的无助。她还告诉我：她与一位工程师结婚，早已调至西安医院工作。如今他们

初一四班课外活动小组正在练习器乐。

夫妇在西安退休，独生女儿在上海工作，她兴奋地将她外孙女的舞蹈视频传给我看。我替她流泪，我替她高兴，我看到了她依旧安静沉稳的模样！

后来沁儿加入了我们初一四班的微信群，依旧是不声不响，但不断地将医学信息发布给大家。

悲剧过去半个多世纪，沁儿的内心伤痛早已结痂康复了。几个月里，我从没有勇气去走进沁儿的内心。有一天，沁儿突然约我在北京相见，她说：5 月份，她家姐弟聚会北京，很希望我也去北京与她会面。我早已是在无声中泪流满面。接着，她很镇静地说起 1966 年 8 月那场家庭变故：鹤沁家是清代正黄旗贵族，祖父官居四品，当过山海关道台，留有一百多间房屋，1956 年房屋全部交公，每月享有最低定息。父亲和母亲均无任何政治历史问题。父亲早年曾开办棉纺工厂，经营不善倒闭了。

1958 年，鹤沁父母二人参加了街道洗衣组和缝纫组，老实的父亲干活十分卖力，后患中风，在家养病。母亲是浙江绍兴人，双目患严重白内障，待一目失明后，退休在家。1966 年 8 月 27 日，鹤氏夫妇先后猝然离世，同时还有大爷和大爷家的一个亲戚也去世了。父亲临死前给四个孩子留下的遗言是：是我们拖累了你们！母亲嘱咐孩子们和家庭划清界限！

1975 年鹤家被平反昭雪，父母坟墓里没有尸骨，埋的是一张政府平反冤案的文件。在北京医学院期间，鹤沁被批准加入中国共青团。鹤沁的姐姐和弟弟在"文革"后，也被批准加入了中国共产党。

左邻右舍罗小玲

每当我想念起鹤沁，都会想起我在教室里的所有左邻右舍，她们淘气闯祸的逸闻趣事，在我几十年哭哭笑笑的重重思念里，早已幻化出美丽的传奇故事。

坐在我前面的叫罗小玲。罗小玲是北京名校师大二附小的保送生，天生丽质，聪明活跃，是初一四班著名的捣蛋鬼。罗小玲喜好新奇热闹，却很少说起家事，而她家的几代人都是我等后辈人众啧啧赞叹的英雄！

她的外祖父钱壮飞，被周恩来总理多次深情提及，誉为中共隐蔽战线的"龙潭三杰"（李克农、钱壮飞、胡底）。周恩来感慨地说：如果没有龙潭三杰的潜入虎穴，中国共产党的历史将被改写。钱壮飞在长征途中的乌江垭口牺牲。

青年时期的钱壮飞颇有艺术天分，善绘画书法，参与演出过中国早期电影。参加革命后，领导过苏区的文化教育，被誉

初一四班全体同学合影。

为红军文武双全的指挥家和戏剧艺术家。顾顺章叛变后，暴露的钱壮飞只身离开南京，将子女托付老友照管，美丽的女儿改名换姓为黎莉莉，苦难多年，奋斗自强，成为中国早期电影事业的代表人物。

罗小玲的美丽主要来自妈妈黎莉莉的遗传，有评价黎莉莉是整个民国电影黄金时代里，最健康、身材最好、最阳光的一位电影界"女神"。罗小玲的眼睛几乎就是妈妈的眼睛，灵透活泛，转动起来，都是故事。小玲的身材比妈妈还要高挑，但是罗小玲毫不在意妈妈是个著名影星，更不在意自己是美是丑，大大咧咧，毫无城府，思维极快，不得安分。姥姥和妈妈给她做的衣裙，极为时尚，而她随随便便穿在身上，扣子丢了，腰带松了，晃晃悠悠得没了模样。

罗小玲最大的爱好就是看书，下课看，上课偷看，钻进书里迷迷瞪瞪地出不来。一双美丽的杏核眼，被她祸害得跑了神采，稀世的一副明星面孔，早早地戴上了瓶子底厚的近视眼镜儿！

教授我们初一语法的先生是赵静园，一个快退休的老人，满载一身荣耀：她是北京女子师范大学早期毕业生，当年她的作文都是由鲁迅先生亲自批改，几乎篇篇满分，极有才气。毕业后从事教育事业，抱着维护女权的信念，信奉独身主义，终生不婚，全部身心都献给了学生，她老人家受到全校师生的尊敬，口碑极好（那年邓颖超和教育部部长视察女附中时的合影里，邓颖超尊敬地站立在赵静园等人身后。参见《老照片》第一〇七辑罗治的文章《照片背后的故事》）。由她教我们语法课，老人家讲得费劲，我们听得也是受罪。原来这语法课程自有严谨规律，内容却了无生趣，赵先生也是年纪大了，咬文嚼字，将那一系列极富学术化的主语谓语宾语，无滋无味地来回折腾，听得大家昏昏欲睡，东趴西倒。赵先生毫无火气，站在讲台上，就像个自家奶奶，从不怪罪学生，自顾认真地倒腾着她的语法宝贝。赵先生个头矮，不足一米五，发福的身材臃肿着，在讲台上慢慢挪动。课桌上的罗小玲哪里耐得住寂寞，早就动了坏念头，趁赵先生回头板书时，悄悄走下位子，跑到讲台上，站在赵先生身后，踮起脚尖，用手比比赵先生，又回过身来比比自己，充分展示她将近一米七高的身量，伸舌头做鬼脸，逗得全班同学哈哈大笑，睡意全无。厚道、善良、老迈的赵先生浑然不觉。

罗小玲课堂不守纪律是常事儿，可这一次真的激怒了班主任谢蕴慧，她的学生竟然公开冒犯教育界德高望重的赵静园先生！谢先生关上初一四班大门，将全班同学狠狠训斥了一个下午——不准课外活动。接着教文学课的李宁先生，更是不放过罗小玲！李先生是留校生，刚刚做了我们初一的文学课老师，每天是她将赵先生搀进扶出，赵静园是她最尊敬的"女神"。那天，只见她圆睁杏眼，怒火中烧，抓住罗小玲上课偷看小说的错误，罚她站了两节文学课。陪站的还有林晓霖，倒霉的她在这节骨眼上，偏偏也在偷看小说，被逮了个正着。两个好学生，一左一右地站在教室前方示众，全班同学都吓坏了！低下头来，不敢抬眼。这样严厉的体罚，女附中的学生几乎都没见过！

罗小玲知道错了，蔫头耷脑了几天，但那贪玩耍闹的心思岂是能够从此收敛住的！罗小玲沉重了没几日，玩心便飞出学校，伙着她的好友刘彬媛换了郊外去热闹！罗小玲、刘彬媛都是二附小保送生，刘彬媛小学中学都是班长，鬼主意比罗小玲更多，不过她头脑清醒，从不越轨！这天闲在，罗刘二位出了北京城门，逛到郊外一个野院子，只见一棵结满大红枣儿的老树，枝枝杈杈硕果累累地伸在墙外，二人大喜过望。第二天便穿起肥大的长袖衬衫，又来到红枣树下，将衬衫下摆系在裤子里，把衬衫当作大口袋。罗小玲猴儿般爬上枣树，摇晃枝头，肥大的枣儿顿时装满衬衫，不想惊动了院子里的看家恶狗，呼啸着狂奔而出。其实对于恶狗的袭击，罗刘二位是看书做了精心研究的："不怕不惊，壮胆迎狗而上，狗自怕退去！"这些书本知识哪里经得住实战考验，当罗刘二位看见恶狗的血盆大

48

嘴，早已丢了自家魂魄，哇呀呀狂奔逃命，幸亏狗的主人赶到，喝住恶犬，放走了两个偷嘴学生，眼见大红枣儿撒落一地！

罗小玲和刘彬媛仍是不得安分，课外兴趣比在课堂上的更大，听说了苏联园艺学家米丘林的嫁接创新技术，立刻报名参加农业种植课外小组，把土豆嫁接在西红柿的枝条上，遐想：配套结出果实，烧起俄罗斯土豆炖牛肉岂不方便得多了！看了电影《地道战》，罗小玲拿着大手电棒和刘彬媛跑到被水淹没的学生宿舍地下室，蹚水探险，幻想找出宝藏，不想，被冷面无情的"曾不饶"先生看见，揪出来，狠狠地训斥了半天。

当然罗小玲自有得意时刻，她曾煞有兴趣地学会中医的针灸疗法，"文革"里，这位在电影学院学导演的优秀人才，被下放农村，当过赤脚医生，救治了不少病人。

常听刘彬媛深情吹捧罗小玲：有一次她与罗小玲在北戴河海边游泳，迎风吃了烧烤，突然间，腹痛难忍，狂泻不止！罗小玲立刻把她按倒在床，抽出随身的救命银针，扎穿她的腹部皮肉，顿时又麻，又胀，又痛，果然针到病除，止住了腹泻，从此让刘彬媛信服了中医针灸能治大病！

不知安分守己的罗小玲，不能算是女附中规范的正统好学生，从小，她的目光和兴趣就在教室外面的世间万物，生活的一切空间和时间都是她好奇的课堂！她天马行空，毫无拘束，始终保持了她思维的活跃和探求的好奇。她的内心，从来没有被空洞理想的词汇、口号、主义的热情所掩埋，她敞开心胸与智慧，直接去接触世间的瞬息万变。

恰恰，她所学的导演专业，也需要在一个广阔天地里，才能展现和发挥才能。果然，她事业有成，她是八九十年代儿童电影制片厂有影响的导演，她执导的电视连续剧《小龙和小丽》

荣获了1984年优秀儿童剧"飞天奖"。

听一个老教师说：教育必须从生活中来，向生命里去，万事都能激起人的好奇——叶片的落下、鸟儿的南迁、妈妈的眼泪、大地的震颤。如果你注意到这一切，你就在学习，保持永不停息的探索，在观察、挣扎、快乐和眼泪中寻找着答案。做一个世界的探寻者，努力寻找真相，我们就永远处在创造里、发展中，思维永不固化，生命永无止境。

80年代初期，我去北京看望分别二十几年的罗小玲，她已是个著名的导演了，干的依旧都是出格的怪事。那几天她的姥姥刚过世，她背着姥姥的骨灰，不去安葬，天天去逛北京的大街小巷，去天安门，去新修的立交桥，去游逛焕然一新的北京新城。她说：姥姥太闷了，大几年了，都没走出过自家大门。

此后，又是几十年，我没有再见到罗小玲。初一四班的女孩如今都已是快八旬高龄的婆婆咯！

老班长刘彬媛在微信群里，常常讲起闺蜜罗小玲的新故事：罗小玲有两个宝贝女儿，都继承了外祖母黎莉莉与母亲罗小玲所有的美貌特点，出生在电影世家，正是当明星的绝佳人选。可是，罗小玲天马行空地运筹帷幄，动员听话的大女儿报考了幼儿师范，让她一辈子生活在儿童世界的清纯与快乐里；又教育小女儿报考医学院，一生一世做个医生，悬壶济世，救死扶伤。

这几年，当我们都在纠结老之将至，是居家养老、投奔儿女，还是抱团取暖时，罗小玲老伴过世了，罗老太毅然决然卖掉了住房，扔掉瓶瓶罐罐，只身住进了一所高档养老院，去享受自由自在的阳光与温暖。

真是永远的罗小玲！你又先行一步，卸掉财产的重负，重启老来命运的全新航程！（未完待续）

在南海滩涂"学军"的女生连

张鹏程

我 1965 年从北京石油学院毕业后，义无反顾服从分配去了四川参加大三线建设。我妻子王治靖 1967 年浙江大学毕业后，根据《关于分配一部分大专院校毕业生到解放军农场去锻炼的通知》，和其他的一些浙大同学去了广东濒临南海的军垦农场接受再教育。军垦农场位于广东台山广海烽火角，由海潮冲积淤泥堆积形成的大片海涂，与澳门相近，晚间可以清晰看见澳门上空通红的灯火。

1969 年我和妻子已到了"男大当婚、女大当嫁"的年纪，得到组织批准后，我决定 12 月初请婚假赴广东台山军垦农场完婚。

去广东的道路谈何容易！车站人满为患，拥挤不堪，购票十分困难。经多方努力先从南充坐长途汽车到重庆，然后换乘火车到衡阳，再转车去广州。到广州后又坐长途汽车到台山，从台山坐汽车到广海，下车后步行十余里路才到达妻子所在的军垦农场场部。

一下车，见远处一批一批穿着破旧棉衣的人，迈着蹒跚的脚步，疲乏地向我站着的这条路走来。走近后才看清他们腰上

51

扎着稻草绳，穿着单薄且满是补丁、沾满泥水的裤子，他们便是来自全国的接受再教育的大学毕业生。12月正是严冬，天寒地冻，这些大学毕业生们利用退潮期间在荒凉的海涂上围海造田，向海洋要田地。他们不辞辛苦挖泥、抬泥、挑泥，修筑海塘堤坝。为了表现，尽管条件十分恶劣，每个人都以饱满的热情积极肯干，没有牢骚怨言，也顾不上理发，以致长长的头发几乎遮住了耳朵。劳动间歇，大家则挤在一起互相取暖。生活和劳动的艰辛，使得大家面带灰黄菜色。

台山广海一带的军垦农场里分布着不少学生连，女大学生组成的女生连，有二百余人。妻子分在女生连三排八班，穿没

　　图1　台山广海烽火角军垦农场远眺。拦江大坝右面为广阔的海涂，军垦农场设在这片滩涂上。拦江水闸和船闸形成的大坝是军垦农场标志性建筑和进出农场的唯一通道。

图2 来自全国的大学毕业生到这里接受解放军再教育。女生连中不少走向工作岗位后担任了各级领导及技术负责人，担负起发展国家科技工作的重任。图为0528部队女生连。0528部队隶属解放军四十一军一二三师。

有帽徽领章的海军干部军服，享受副排级待遇。女生连中许多女生来自国内名牌大学，如上海交通大学、复旦大学、同济大学、浙江大学、北京工业学院、天津大学、南开大学、暨南大学、清华大学、北京大学、中国科学技术大学，等等，而且大都是学理工科的。

女学生来到这块面临汹涌波涛的大海的滩涂上时，都是二十几岁的姑娘。上级一声号令，全体女生从数十里外挑来稻草和芭蕉叶，拉来竹竿，撸起袖子搭梯爬到竹架上，用毛竹搭

图3 作者妻子接受再教育期间在简陋的茅草屋前留影。

建起房架，再用稻草和芭蕉叶盖上屋顶，用掺着稻草秸的黄烂泥涂抹在竹片编成的墙体上，最后刷上白灰，搭建起了草房。参加修建草房的姑娘们，在炙热的阳光下，汗流浃背，衣服烘干又湿，湿了又干，终于在荒芜的滩涂上建立起简陋的家园。这是对女生连的女大学生们接受再教育的第一次考验。稻草房盖在海涂上，屋内十分阴暗潮湿、拥挤不堪，采光条件极差。

在成排草房子前的连部广场上，姑娘们用水泥竖起了高大的毛泽东塑像，并多次雕修，以表达对伟大领袖的无限崇敬，尽管不是很像。她们每天胸戴毛泽东像章，手持《毛主席语录》，向毛主席早请示晚汇报，风雨不误。

女生连劳动、生活、政治学习全部军事化，与野战军无异。艰苦的军训操练和半夜紧急集合，背起背包行军几十公里的野外拉练，丝毫不逊于普通士兵的强度。为不断增强军事素质和战斗意识以及实战能力，准备打仗，部队还开来一辆全副武装的坦克，让女大学生们观摩坦克行进和装备，进行针对性训练，轮流钻进坦克内体验。除每天田间劳动外，还要参加繁重的围海造田。在卸装搬运围海建堤的水泥材料时，一百斤一袋的水泥压在体重不足一百斤的瘦弱女生身上，其状可想而知。但她们仍咬着牙挺着腰，顽强扛起水泥袋，艰难挪行。很多现役女军人都不能承担的劳动，她们都照样干。田间劳动主要是割稻、打谷、打包、装运，春耕时播种、育秧、插秧，夏天管理田间作物的生长、除虫、施肥等，冬天尽管天气寒冷，仍裸露小腿

图4 女生连（六连）下属排合影。女生连按军队编制，排设排长、指导员、副排长，由现役军人任排长、指导员。背后的毛泽东塑像，是她们亲手雕塑。

图5 女生连下属班合影。那时大家都十分喜欢在亲手建立起来的草房子及竖立的毛泽东巨大塑像前留下纪念照。

下到水田劳动。此外，为了改善生活，还设圈养猪，轮班喂养，打扫猪圈，清理粪便，施肥于田间。雷打不动的是晚上的政治学习，讨论思想改造心得、学习《毛泽东选集》，每天都要认真写思想汇报。雨天时无法出工，便组织全连斗私批修、忆苦思甜，进行阶级教育，请出身贫农苦大仇深的女生作报告，请已经解放出来的高干家庭子女讲学习毛泽东思想改造世界观的心得。

我在结婚探亲期间，遇上台风来袭，使我至今难以忘怀。但见天上乌云密布，海上大浪滔天，怒涛呼啸，狂风暴雨，好像要吞噬我们的房屋，远处的上、下川岛在大浪滔滔中时隐时现。连部紧急通知我们做好转移的准备，狂涛巨浪很可能涌向岸上淹没一切，造成极大的人员伤亡——牛田洋军垦农场便因来不及转移，致不少学生溺水死亡。连部动员我们这些会游泳的男性探亲家属参加抢救队和敢死队，随时接受命令冲到最前面，抢救国家财产和人员。女生连住的草棚在狂风中被吹得咔咔作响，房顶的稻草和芭蕉叶满天飞，草房东倒西歪，房顶到处都在漏水，衣被全部被淋湿。据说大批军车已做好准备，只要接到命令，即刻来转移人群。凌晨风雨渐小时接到通知，台风已向东北移去，我冒着雨站在高处向四周眺望，见周围汪洋一片，女生连种的庄稼全被淹没。第二天多云，虽然还刮着冷风，但大家赶紧将衣物被褥搬出来晾晒后，马上又组织去田里排涝抢救庄稼。因一夜没有睡，大家满脸灰黄，个个披头散发，

图6 体力劳动锻炼和政治学习在接受解放军再教育中是必不可少的，以班为基本单位进行政治学习，每天都要举行班会谈心得谈改造体会。

图7　1970年4月，在告别军垦农场时，全班在烽火角合影。

疲劳不堪。

　　尽管是在祖国的南端，12月刮起西北风还是很冷的。劳动结束后，需要洗澡擦身，但没有冲凉室，又没有热水供应，姑娘们只好在上午去农田劳动前提一桶水，放在太阳下晒。下午劳动结束回来时，提着水桶到堆杂物的草房内，不顾寒冷擦身洗身换衣。遇到生理期，姑娘们为了争表现，争进步，仍然不甘落后，坚持下农田劳动。

　　女生连的炊事全靠自己，从买、洗、烧，切肉、杀鱼、杀鸡、切菜，到烹调都是轮班进行，"打牙祭"时会组织一些班去帮厨。为了安全，连里养了多条狗，狗到处乱窜，撕咬地下的衣物，叼来死老鼠。上级担心引起狂犬病，要将狗打掉，于是请我们男家属帮助，先由与狗熟悉的女生将狗骗来拴住，我们将狗打死后，再由大胆的女生剥狗皮，然后加大料烧狗肉，香味四溢。很多人从来没有吃过狗肉，北方女生喜欢吃狗肉，而南方女生不习惯吃。既然大家都吃了，不吃的也随着尝吃，也算是一次改善生活的"打牙祭"。

通知到南海滩涂围海造田和开荒种地进行再教育时，并没有告知具体期限，只要求大家做好长期的思想准备，有些女生便偷偷带来些专业和外语书籍。但接受再教育期间，钻研业务看专业书籍是不允许的，既不能公开学习专业，也不能学习外

图8 作者妻子离开军垦农场前在烽火角留影。

图9 半个世纪前,我和妻子站在面临南海的海湾边,眺望远方的大海,背后就是辛勤劳动和汗水浇灌的荒滩变良田,在难忘的军垦农场留下了刻骨铭心的回忆和值得骄傲的足迹。

语,更不能看外语书,这是走只专不红的白专道路,是和培养又红又专接班人相违背的。只有天天干活天天劳动,才是真正的改造思想。为了不忘所学的东西,有时只能跑到我们家属居住地来学习。谈到何时结束再教育,大家都满脸迷茫,无言以对。

最高兴快活的日子是星期天。辛苦劳动了六天,一到星期天大家都赶紧整理个人卫生,清洗衣物整理床铺,拿出针线缝衣补袜,给亲人朋友写信,或兴致勃勃去十余里外的军人服务社买些肥皂、牙膏、毛巾等日用品,买点水果糖、香蕉、杨桃等。有时还可买到时兴的"的确良"布料和毛线,姑娘通常心细,有孝心，扯点布料寄给父母弟妹做衣服。平时有事外出必须严格执行请假制度，回来后销假，晚上还要参加晚汇报和政治学习。

在接受再教育期间实行男女有别，男生不能随便去女生连，更不准找女生单独私下会面。若男生要到女生连办事或找同学，须先向女生连报告说明情况，获准后，为防止男女同学单独相见，须安排在连部会议室而且必须有领导在场，谈完事情男生要及时离开。有一男生去军人服务社时见有"的卡"布料，便想买了给远方的父母、女友做衣服，但不知需买多少布料，因此去女生连找同学询问，女生连同意后，安排在连部会议室，谈话期间连长、指导员都在场。大家知道这个严格规定，所以都自觉遵守。若到中午，连领导会高兴地留男生吃一餐免费午饭后再热情送走男生。大学生之间很少谈论个人问题，即使有男女朋友，来往信件上都是革命的词语与革命的道理，没有卿卿我我的"小资产阶级情调"，过多谈论儿女情长生怕被抓住"尾巴"遭到批判，扣上"革命意志消沉"的帽子。

从1968年9月到广州军区报到至1970年4月接受解放军再教育锻炼结束，经历了一年八个月。根据中央指示，奉上级文件精神，落实知识分子政策，由广州部队指派连级干部分批按路线将在农场锻炼的毕业大学生护送到所分配的工作单位。随着女生分批被接走，大家依依不舍，告别了铭刻在心中的日日夜夜，往日的喧哗热闹声和姑娘们欢愉的笑声、激烈的批斗声、琅琅的读《毛主席语录》声，逐渐散去，只留下空荡荡茅草屋，冷清的广场上屹立的毛泽东塑像，孤零零立在那里，在太阳的余晖下，更显得寂静。

半个世纪过去了，女生连的学生后来都成为各个单位的技术骨干，成为各级领导，许多人在军工部门工作，为研发新一

图10　穿着军裤和军鞋的妻子在毛泽东塑像前留影。

代的武器做出极大努力，为国家国防力量的强大贡献力量。不少学生去了国外发展并定居在世界各地，现今都已是儿孙绕膝的爷爷奶奶辈的人了。

回忆往事十分感慨。台山广海因离澳门很近，已成为国家重点开发区，很少人知道，半个世纪前曾经在这片荒无人烟的滩涂上围海造田、辛勤劳动的那批大学毕业生，他们用汗水浇灌了这片土地。

我和妻子退休后回到故乡杭州定居，子孙绕膝，享受天伦之乐，时常回忆起逝去的岁月，十分想去妻子当年接受再教育的广海烽火角看看。

壮志凌云

——父亲的抗战经历

田卫平

父亲田遂，离休前是卫生部国家医学考试中心副主任，抗战时期他作为空军军官学校学员，曾参加过这场伟大的民族解放战争。

父亲是湖南长沙人，七七事变后，长沙青年踊跃参军，"国难当前，从长沙开始，三湘子弟掀起了踊跃参军抗敌的热潮。……据不完全统计，湖南各地青年通过八路军驻湘通讯处所设机构奔赴延安的就有 600 多人。参加各抗日军队的人数则更多。据国民政府有关当局统计，湖南全省 8 年抗战中参军人数共达 210 多万人，仅次于四川，居全国第二"。（谭仲池主编：《长沙通史》，湖南教育出版社 2013 年版，第 636 页）上高中的父亲，成了这参军的二百多万三湘子弟中的一员。

当时，我国空军弱小，无法与敌抗衡，日机肆无忌惮，经常飞临长沙，狂轰滥炸，造成同胞大量死伤。父亲的一个堂叔，当时就被炸伤大腿，从此变成跛子。在中学学习的父亲见此情景，义愤填膺，立志要当空军，展翅长空，消灭日寇。为此，他加紧锻炼身体，坚持天天绕着竹竿跑步，锻炼平衡能力和体力，为报考空军学校做准备。还是小学生的叔叔受他影响，也

图1 1945年，父亲迁至印度腊河（今巴基斯坦拉合尔）的中国空军军官学校时留影。背面写有："萱叔（父亲的姑妈田念萱，家中子侄对其敬称以"叔"）留念。群侄（父亲名遂，字益群）敬献。一九四五年六月十日摄于印度腊河。"父亲的姑妈田念萱是剧作家，代表作有电影《乔老爷上轿》等。本文中照片都是抗战时父亲送给她的。父亲手中的照片皆毁于"文革"，而他的姑妈将所有照片完好保留了下来，于"文革"后返还了父亲。

积极准备报考幼年空军学校。当时，为加快飞行员的培养，政府调整增设了几种空军学校，特别是从娃娃抓起创办了从小学生中招收学员的幼年空校。"全面抗战爆发后，中央航空学校奉命改名为空军军官学校，并相继增设空军参谋学校、空军幼年学校和空军通信学校，以应空军建设人才之需。"（古琳晖：《全面抗战时期中国空军建设述评》，《军事历史研究》，2009年第2期）

祖父曾有四个儿女，中间一儿一女不幸夭折，留下一头一尾两个儿子。在战争最艰苦残酷的时候，两个儿子双双投考军校，祖父义无反顾地支持他们，鼓励他们走向战场，去跟侵略者战斗。1943年，上高中的父亲如愿考入空军军官学校。那次，还在上小学的叔叔也报考了空军幼年学校，但没能如愿。考官望着神情沮丧的叔叔，安慰道："你哥哥不是已经考上了吗？

空军也不能都让你们田家包了啊？"

从军打仗是有生命危险的，而当时当一名飞行员从军打仗，更是危险丛生。那时，我们没有能力自行制造飞机，抗战初期西方国家采取绥靖政策，不愿触怒日本，我们只能用重金从美苏等国购置老旧战机，飞机性能比日机差了一大截，作战中伤亡惨重，前几批中国飞行员差不多都壮烈牺牲了。"当时……中国空军的装备极端落后，远远不能同日本侵略者相匹敌。当时空军作战使用的，主要还是二十年代的古董：一种帆布蒙皮、敞着座舱的双翼飞机。我记得飞行员们把它们叫做'老道格拉斯'。现在回想起来，大概是美国产的'道格拉斯O-2型'，这种老式驱逐机（当时称歼击机为驱逐机）又慢又笨，火力很弱，比日机的性能差得多。记得他们曾在我们家一面比划着，一面向大家解释，空战中为了抢高度，我机要'一圈一圈'地往上爬，而敌机却能够一下子就拉起来。如果我机幸而占了优势而一次俯冲射击不中的话，就很难再有攻击的机会，只能等着挨打了。"（梁从诫：《长空祭》）

林徽因的儿子梁从诫写道："母亲在昆明时还有一批特别的朋友，就是在晃县与我们邂逅的那些空军航校学员，这是一批抗战前夕沿海大城市中投笔从戎的爱国青年，后来大多数家乡沦陷。在昆明时，每当休息日，他们总爱到我们家来，把母亲当作长姐，对她诉说自己的乡愁和种种苦闷。他们学成时，父亲和母亲曾被邀请做他们全期（第七期）的'名誉家长'出席毕业典礼。但是……政府只用一些破破烂烂的老式飞机来装备自己的空军，抗战没有结束，他们十来人便全都在一次次与日寇力量悬殊的空战中牺牲了，没有一人幸存！有些死得十分壮烈。因为多数人家在敌占区，他们阵亡后，私人遗物便被寄

图 2　父亲在印度学习时驾驶的高级轰炸教练机。照片背面写有："萱叔留念。群侄敬献。一九四五年六月十日摄于印腊河航校。'这是一架高级的轰炸教练机'。"

到我们家里。每一次母亲都要失声痛哭一场。"（梁从诫：《倏忽人间四月天——回忆我的母亲林徽因》，《林徽因：中国现代作家选集》，三联书店［香港］有限公司 1990 年版，第 259 页）

从军参战的种种危险和可能的牺牲，我想祖父及父亲都曾料到，但国破家亡的境况和湖南人"不怕死，霸得蛮"的个性，让他们视死如归吧！父亲曾自豪地说起，空军军官学校大门口悬挂着的对联写道"升官发财请走别路，贪生怕死莫入此门"，横批"壮志凌云"，这大概也是他及祖父当时心情的写照吧！太平洋战争爆发后，随着美国援华装备增加，中国空军主要由美军培训。"经中、美两国协议，并征得英国同意，将中国空军第1、2、3、4、5、11大队分批调往印度，由美国代训。同时，中国空军军官学校第12期至24期学生，移师印度接受初级训练。1943年6月，在印度的卡拉奇（现归属巴基斯坦。笔者注：据父亲记忆和有关文献，训练地点应该是拉合尔，或许作者此处有误，也可能后来地点变化？）建立作战飞行训练中心，中国空军分批（每批4个月）前往受训。训练科目有：美制战斗机或轰炸机的驾驶技术、轰炸或射击技术、低空编队、战斗机与轰炸机协同战术等。初级训练结束后，再赴美国分别进行中、高级训练。至1945年秋，中国空军共派出2722人赴美受训，其中803人在受训结束后回国参战。"（古琳晖：《全面抗战时期中国空军建设述评》，载《军事历史研究》2009年2期）父亲便是这两千七百二十二名赴美受训的学员之一。他在1964年干部填表底稿中简要记录了这段经历："1943年11月—1944年4月，昆明伪空军学校入伍生队；1944年5月—1945年7月，印度腊河伪空军飞行学校；1945年8月—1946年10月，美国陆军飞行学校。"

有关文献可以印证他的自述："1941年5月，租借法案（该法案允许美国向中国提供军事援助）通过后，美国就开始有计划地协助训练中国空军人员……与此同时，中国将昆明空军官校（前身为中央航校）的初级班迁到印度的拉合尔。自此，战时所有空军官校的入伍生，在昆明接受半年的入伍生训练后，就乘飞机越过驼峰到达印度，接受为期半年的初级飞行训练。结束后，近一半遭到淘汰的学生立刻整装回国。合格的学生则乘船到美国，进入洛杉矶附近的圣塔安娜陆军航空基地，重新接受三个月的语言及军事基础训练，让学员们熟悉美军基层的运作、制度以及通用术语。结训后，再分发到不同的基地，接受中级飞行及高级分科训练（驱逐、轰炸、侦察）。经过层层淘汰，原先同期入伍的100多人，结训时只剩下三四十人。这些学生都获颁中、美两国的结业证书。受训期间，他们按阶级的不同，按月领到80至240美元的零用钱。有飞行员在日记中写道：在抗战艰苦、民不聊生之际，吾人优居国外，而得到丰厚之待遇，自感有愧。"（朱力扬：《中国空军抗战记忆》，浙江大学出版社2015年版，第310—311页）

当时，堂叔田庄独自在外上学，在一次逃难中到某地火车站乘车，见站台前停靠着一列军用列车，一群身着戎装的年轻军人在车前说话，他意外而惊喜地发现其中一位竟然就是他的大哥——我的父亲。自长沙大火后，兄弟二人，天各一方，多年未见，如今兵荒马乱，竟在车站相逢，异常高兴。父亲此时是军校学员，每月发有津贴，他从钱夹里拿出一些给了堂弟。多年以后，堂叔常跟我们晚辈提起这段奇遇，特别说到父亲给了他一些钱，而当时他正在窘迫之中。

父亲先在昆明接受半年的新兵集训，集训结束后，与军校同学一起乘运输机飞越驼峰，到印度正式学习飞行。当年航校学员曾回忆了飞越驼峰时的艰难情形："8月初，我们搭乘两架中航公司的C-53运输机，从昆明飞越'驼峰'，目的地是印度的丁江。机上是两排帆布的软座，也都简单到了不能再简单的程度。为着超越'驼峰'，飞机的高度大概是16000至18000英尺，只记得有一段时间冷得直发抖，既没有厚衣保暖，也没有军毡之类的加温，只是上牙撞下牙，无奈地忍受。当时，自己想想自己，就像是被人运送的一头猪一样，有谁关心你的死活，更不要说舒适了。未到丁江之前，已经进入了雷雨的范围，

图3 1946年,父亲在美国。照片背面写有:"二(笔者的二祖父)、萱叔:这张照片似乎胖了一点,因为镜头的关系,你们看了这样'微笑'一定会发笑的,是不是? 群侄。"

飞机颠簸不停,机内一片昏暗,加上又冷又饿,只能企盼着早点落地。"(朱力扬:《中国空军抗战记忆》,第 311 页)

印度的学习经历在父亲后来的生活中留下两个印记。一是,在家中吃芒果时,他常会感叹:"印度的象牙芒果真是好吃!"二是,他从印度带回四双粗细不一的象牙筷子,最粗的一双他自用,次粗的祖父用,最细的祖母用,还有一双是母亲的。难道当初购买时,父亲就想到要为日后的妻子准备一双? 印度初级飞行训练结束,有一半学员被淘汰,父亲还算幸运,成绩合格。这期间战争已逐渐露出胜利曙光,怀着即将看到胜利的喜悦,父亲获准赴美深造。

1945 年盛夏,父亲乘坐美军军舰,取道印度洋、红海、地中海、大西洋赴美。当时赴美航线有三条，一条走太平洋，一条绕好望角走大西洋，还有一条就是父亲所走的航线。第一条航线最近但最危险，容易受到日舰攻击。第二条最远，第三条距离取中，相对安全。特别是在1944年10月，美军在南太平洋莱特湾海战中，全歼日本海军主力，获得了制海权。此时，印度洋温润的季风轻抚着父亲年轻的面颊，前方水天相接处，鲜红的太阳在慢慢落下，辽阔的天空和无垠的海水被染成红葡萄酒的颜色……沉醉在壮丽风光中的父亲，万万没有料到就在这大洋之上他竟被突如其来的疟疾击倒。

睡梦中，父亲忽然冷醒，全身发抖，牙齿打颤，似乎能够听到自己上牙磕打下牙的声音。过了一会儿，不那么冷了，却又发起高烧来，直烧到四十多度，头疼欲裂，呕吐不止。随舰军医初步诊断是疟疾，抽血化验完全证实了最初判断，他给父亲服下奎宁。父亲不知高烧昏睡了多久，忽然感到额头一阵清凉，他吃力地睁开眼睛，看见一个黑人卫生兵在把冰袋放在他的额头。卫生兵见父亲睁了眼，亲切地笑起来，问他要不要喝水。父亲看他样子很年轻，年纪大概跟自己相仿。接下来的日子，每天都是这位黑人卫生兵照料父亲，给他送药，测体温，送水送饭，为他擦汗……而且每次都是带着真诚亲切的笑容。虽然当时已经有了特效药奎宁，但疟疾的致死率依然不低。好在父亲体质不错，在黑人卫生兵的悉心照料下，身体一天天好了起来。父亲说，幸亏好了，如果一病不起，按照航海的规矩，就丢到大海里喂鱼了。几十年后，父亲仍十分怀念那位善良和气的黑人卫生兵，几次感叹："那个黑人小护士对我可真好啊！"

父亲在海上走了一个多月到达美国，先后在德克萨斯州圣安吉洛市（San Angelo）和亚拉巴马州蒙哥马利市（Montgomery）

图 4 1946 年，父亲在德州圣安吉洛的古德费罗田（Goodfellow Field）空军基地。照片写有："二、萱叔：群侄。摄于 Goodfellow Field，1 月 20 日。"

的空军基地学习。

德州圣安吉洛的古德费罗田（Goodfellow Field）空军基地建于 1940 年，1941 年招收第一批学员，四年后这里迎接了父亲和他的战友。当时，这里是一所基础飞行学校，也为空军、陆军、海军、海岸警卫队及海军陆战队提供密码和情报培训。

据我妹妹回忆，有一年，她开车带父母到亚拉巴马旅游，经过蒙哥马利，父亲兴奋地说，他当年就在这里的麦克斯韦

（Maxwell）空军基地学习。麦克斯韦空军基地历史悠久，最初是第一架飞机的发明者莱特兄弟，在 1910 年建立的第一所美国民用飞行学院。20 世纪 30 年代初，在这里成立了美国陆军飞行学校。1946 年这里成为美国空军大学总部。

据父亲回忆，飞行学校食宿条件很好，每月发给学员一百多美元零用钱，每人每天还发两包骆驼牌香烟，他由此有了吸烟的习惯。学校里有游泳池，池水清澈，父亲在这里学会了游泳，那条当年穿的枣红色纯毛平角游泳裤质地极好，二十年后他教我游泳时依然在穿。

然而，飞行训练是艰苦危险的，有不少学员因驾驶不当机

图5 1946 年父亲在美国空军基地宿舍院内。照片背面写有："二、萱叔：这张照片的周围房舍就是我们的寝室。群侄。"

毁人亡，还没等实战就在训练中牺牲，埋骨异邦。美式飞行训练比起意大利、法国等国家，要残酷无情得多，淘汰率极高。父亲经过一年勤学苦练，从中级飞到高级，可以放单飞了。他独自驾机翱翔蓝天，憧憬有朝一日，驾驶战机，打击敌人，保卫国家。

　　而就在高级飞行学习中间，父亲的命运出现了大的跌宕。中级飞行学习期间的教官，人和气，有耐心，一直鼓励肯定父亲，让他自信满满，最终以优异成绩结业，升入高级飞行，并被编入成绩最好的一组。可这组的教官是个脾气暴躁的家伙，要求苛刻，喜欢骂人，极大地打击了父亲的自信和自尊。而且，父亲这组只有他一个中国学员，其他都是美国学生。美国人一般会开汽车，驾驶汽车的感觉和经验似乎对他们驾驶飞机有一定帮助，这让他们掌握飞机驾驶技术要比父亲有了不少优势。一次单飞训练，父亲的一个飞行动作，被教官认为极其危险，便就此简单粗暴地取消了他继续学习的资格。随后，学校让父亲改行——改学领航。

　　父亲那时年轻气盛，尤其是湖南人以倔强著称的宁折不弯的"骡子脾气"，完全不能接受这个与初衷相距甚远的改变，加上战争已经结束，原来发誓要打击的敌人蓦然消逝。这一切让他毅然决定：复员退伍，解甲归田，回国投考大学，开始新的人生。那一年他只有二十一岁。如今想想，结束飞行未尝不是好事，此后不久国共内战、海峡两岸对峙，其命运更是危险四伏，凶多吉少。

　　晚年，父亲曾说："要是当初我会开汽车就好了，也许飞机会开得更好一些。"显然，虽功亏一篑，遗恨美国，父亲心中仍一直还是有着少年时代"壮志凌云"的蓝天梦想。

我的母亲

宋英敏

1926 年 10 月 30 日，母亲于淑琴出生在山东临清市郊的一个破落地主家庭。外祖父于立清吸鸦片败尽了家里所有值钱的东西，只身跑到关外。外祖母许五姑带着儿子于树争、长女于淑芳和母亲回到冠县甘官屯梅二庄娘家过起了艰难的生活。那年母亲仅三岁，是三兄妹中最小的一个。

母亲的姥娘家许家在当地是名门望族，许氏始祖在明洪武三年（1370）由河南许昌市迁至甘官屯至今已有六百五十年。母亲的外祖父许公瑷，人称"许六爷"，写得一手好字好文章，在北京候补京官时，张勋曾欲聘其为军需处长，但因其只善文笔不善言辞，加之张勋复辟失败而离京，遂回到原籍梅二庄担任民团团长，平匪剿寇，做了许多好事。母亲的大舅许俊环（字以浩，母亲叫他九舅）和二舅许宗海（名以汇，早期革命家、画家，也是著名画家喻仲林的启蒙老师，母亲叫他十舅）当时都在外读书，但学业未成就被其父召回老家。与此同时，他们把外面先进开放的新潮思想带回了梅二庄这个闭塞的小村庄：女孩一律不许缠脚，和男孩一样跑步、做操、学文化。夏日的晚间，母亲常常坐在打麦场上听舅舅讲古今中外、讲东北三省

图1　母亲年轻时的照片

沦为殖民地等情事。

　　母亲自幼回到外祖母家居住，直到十五岁出嫁，十几年间多亏她两个舅舅的接纳并给予无微不至的关怀与照顾。母亲集许氏家族的优秀基因于一身，不仅天生丽质美貌出众，而且心灵手巧，绘画女红均是百里挑一，记忆力极佳，有过耳不忘之能。虽然因家境贫寒只上了半年学堂，而且是半天上课，但幼年听其舅舅讲过的人和事，哥伦布发现新大陆、埃及的金字塔、巴比伦的空中花园、历代王朝的兴与衰等，至今仍记忆犹新。

　　母亲一生育有八个儿女，长女出生不久便冻饿而死，次子英林在"文革"初期"暴病而亡"。在艰辛的十五年里，母亲带着儿女租住在泰安市中胜街一户人家的大门洞下，睡在树叶子上，三块砖支起一个破锅，树枝折断当作筷子。夏天卖冰糕，

图2 十舅姥爷

冬天替人拆洗衣服。弟弟妹妹则上泰山拾柴当挑山工，维持生活。直到1978年父亲平反后才迁回户口。母亲又上访三年，1981年父亲才复职，搬回邮局宿舍，真是尝尽了人间的酸甜苦辣咸。但母亲从未向困难低头，始终保持乐观向上的心态。她勤劳善良，性格开朗，婆媳邻里的关系都处理得特别融洽。尤其是在清真寺街前后住了二十年，和回族街坊相处得像一家人。直到现在，经常有回族朋友到我家看望母亲。

父亲复职后，生活来源有了保障，母亲开始和老友上山锻炼身体，早五时起床上山，七时回家操持家务。二十年里，里里外外仍是一把手，直到五年前患腿疾才停止。

母亲一生最感激的人是她两个好舅舅，一生最内疚的是没能让她的母亲过上一天好日子。20世纪20年代，一个出嫁的女人带着三个儿女回娘家居住，何等艰难？到了中年，外祖母的两个女儿出嫁到济南，只剩下一个不孝之子——我的舅舅——对外祖母非打即骂，外祖母跳井自杀，被人救上来之后又上吊而亡。母亲最遗憾的是，她的表兄喻仲林赴台后没能再见上一面。幸运的是，母亲前几年在北京见到了阔别七十年的姑表兄李玉甫和表弟李玉琛，在河南见到了堂弟媳张绍华及其儿孙，近几年几次到沂水见到十舅的女儿许继紫及其全家。

图3　舅舅喻仲林在台北。

　　图4　1950年，母亲（左）、七表姨许继风（中）、大表姨喻惠霞（右）在济南合影。

图5　母亲近照，虽然已经八十多岁，但仍然红光满面，神采奕奕。

　　从 2018 年下半年开始，母亲的脑子开始糊涂不认人。现在我们兄妹六人轮流值班，又请了一个保姆照料母亲。现在爷爷、姥娘家上一辈的老人大都去世，在世的数母亲年龄最大。她幼、青、中年受够了罪，晚年拥有以我嫂子带头的一群孝子贤孙伺候（嫂子张悦兰 2018 年作为"最美儿媳"被山东影视频道报道过），也算是晚年有福吧！

大　伯

王　淼

　　大伯王瑞林，是一位烈士。

　　我爷爷兄弟两人，他排行老大，有两个儿子、一个女儿；二爷爷有三个儿子、三个女儿。大伯王瑞林是二爷爷的大儿子，也就是我的堂伯，大伯另外还有一个名字，叫王春祥，这个名字是按照"祥"字的辈分起的——我父亲和叔叔的名字分别是王龙祥和王虎祥，二爷爷那边的二伯和叔叔的名字分别是王麟祥和王麒祥。二爷爷觉得唯独大伯王春祥的名字叫起来不够响亮，于是，后来又给他起了这个王瑞林的名字。

　　我爷爷早年四处奔波，成家较晚，二爷爷已经成家多年，爷爷才娶了奶奶。所以在我的父辈"祥"字辈的那一代人中，大伯的年龄最长，他出生于1926年4月，牺牲于1948年，具体日期不详。到他二十二岁牺牲那年，排在他后面的我大姑、二伯和我父亲也不过只有十多岁而已，而其他的几个叔叔和姑姑们，有的尚在垂髫之年，有的则尚未出生，谈起大伯来，他们基本上都没有留下太深的印象。曾经与大伯接触最多的，自然是我大姑、二伯和我父亲。他们时常谈起大伯，尽管他们讲述的只是大伯日常生活中的一些零碎片段，而我却总是试图将

图 1 刚刚加入八路的大伯

这些零碎的片段连缀起来，小心翼翼地还原大伯的形象，进而走进大伯的生活，走进大伯处身的时代。

　　我家自我爷爷那一代起从老家山东济宁迁移到鲁西南的单县，只是靠做点小生意维持生计，爷爷先在单县站稳脚跟，二爷爷随即带领全家赶来会合，一家人开了一个小小的布店，靠贩卖布匹为生，在那个兵荒马乱的岁月里，出去进货的路上经常会遭遇强盗，有时甚至血本无归。在大姑的记忆里，大伯很早跟随二爷爷走南闯北，堪称能说会道，见多识广，而且大伯留分头，穿西装，扎领带，长得非常帅气，是引领小城风尚的时髦青年。至于大伯究竟什么时候加入了共产党，家里没有人能够说得清楚。

据父亲回忆，大伯加入共产党的事情在全家公开之后，二爷爷极为恼火，到处寻找大伯，想威逼大伯尽快退出。大伯则一直躲着二爷爷，即便偶尔回家一次，也不回他家，而是去我爷爷家住，尽量不与二爷爷见面。父亲印象最深的一次是，大伯有一回来我爷爷家，不知怎么就被二爷爷知道了，于是气势汹汹地找上门来。奶奶把大伯藏在放杂物的柜子里，二爷爷找不到，就问我父亲大伯哪去了，父亲回答说没看到，二爷爷虽然半信半疑，却也无可奈何，最后长叹一声，说了一句"祥羔子喝了八路的迷魂汤了，迷上八路了"，随即转身离去。

时逢拉锯时期，小城里的人鱼龙混杂，家里出了一个"八

图2　1943年11月9日，大伯（前排右一）与他的初中同学合影。

图3　壮年时期的爷爷

路"，一家人只能提心吊胆地过日子，唯恐被人告发。好在王家人一向与人为善，邻里之间关系和睦，周围邻居虽然明明知道大伯的事情，也只当充耳不闻。但二爷爷毕竟还是感觉心里没底，二爷爷既怕全家人遭受大伯连累，更怕大伯带坏了下面几个弟弟和妹妹，于是，找我爷爷商量，准备避开这个是非之地，返回原籍济宁。我爷爷思量再三，深感安一个家不容易，既然留不住二爷爷一家，只好让他们先行返回，自己则留下来处理生意等各项事务，看看时局如何发展，然后再作决定。殊不料自此一别，王家人从此分居两地，再无会合之期。

　　转眼到了1948年，国共内战正炽，鲁西南首当其冲，成为兵家必争的要地。二爷爷一家离开后，我爷爷家就是大伯唯一的落脚之处。据说大伯是共产党某个地方银行的会计，所以他每次来家都在腰上系着一个钱褡子，每来一次也总是行色匆匆，从不敢多做停留。我父亲最后一次见到大伯是那年正月，刚刚过了十五，天气还非常寒冷。大伯来的时候已近傍晚，爷爷出去望风，奶奶给大伯做饭，然而大伯刚刚端起碗来，爷爷就匆匆忙忙地进来，说中央军进城了。大伯放下饭碗，马上要走，慌乱之下，奶奶一边将两个煮好的鸡蛋塞进大伯上衣口袋里，一边将一件新做的夹袄给大伯披上，并一再叮嘱大伯，要走小路，不要在城里乱撞。我父亲自告奋勇，说知道哪里有小道，可以送大伯出城。

在得到爷爷和奶奶的同意之后，父亲就和大伯一起上路了。父亲后来讲述这段经历时，说当时颇有一种"壮士一去不复返"的悲壮之感——的确，那时的父亲尚且只是一个顽童，而大伯则是一个遭通缉的要犯，父亲在那种寒冷、肃杀的气氛中送大伯逃难，他们二人的心境可想而知。父亲带大伯来到东北堤角，城墙拆毁之后，为了应对不时之需，此处的城河已经被经常逃难的人们铺上了一条小路，只是这条小路时常被泛滥的河水淹没。时值残冬，城河里结着一层薄冰，小路上坑坑洼洼，泥泞难行。大伯让父亲回去，父亲却坚持要将大伯送到对岸，直到歪歪扭扭地走过城河，他们才突然发现，不知道什么时候，大伯披着的新夹袄不见了，两个人只顾埋头赶路，居然都未觉察。过了城河，大伯拍了拍父亲的肩膀，二人分手，父亲目送着大伯的背影从此消失在茫茫夜色之中。

得到大伯牺牲的消息，已经是很久以后的事情了，那时的小城早已迎来了解放。新政府开始寻找烈士家属，辗转找到了我爷爷，我爷爷又将消息传给二爷爷，至此全家方知家中出了

图4 风华正茂的大伯（左二）和他的同事。

图 5 二伯（戴眼镜者）、大姑和麒祥叔到湖西烈士陵园凭吊大伯时再次在牌坊前留影。

一位烈士，一时间家里人不免悲欣交集。新政府来人大致告知了大伯牺牲的时间和地点，至于大伯埋身何处，也只是说被当地的村民就地安葬，却没有给出一个具体的位置。限于各种条件，当时二爷爷家中并没有来人，而我父亲已经去外地参加工作，我爷爷家中只剩下老的老、小的小，都对大伯的事情一片茫然。此后几年，各种政治运动此起彼伏，二爷爷那边自顾不暇，寻找大伯墓地的事情，竟然就这么一拖再拖地延宕下来，成为我爷爷和二爷爷终生难解的心事。

转眼间二十多年过去了，1977 年，为了照顾卧床不起的爷爷，我父亲调回单县工作。有了单位的便利，大伯的安葬地终于有了线索。1978 年秋天，大伯的弟弟麒祥叔专程从南京赶来，和父亲一起第一次来到了大伯牺牲的地方，一个名为王草庙的小村庄。经村干部介绍，大伯牺牲的经过才终于为家人们所知。据说当年中央军过境，大伯等人藏身在村里的地道中，几个掉队的游兵散勇被大伯他们俘虏，却有一个逃掉，带领着中央军重新包围了村庄。经过一番激战，大伯他们寡不敌众，除少数几人突围成功之外，大多数当场牺牲。牺牲的大伯等烈士被村民们安葬，每年清明节都由乡镇政府组织扫墓，以后陆续迁出，到大伯迁葬到湖西烈士陵园为止，这里仍被村民们习惯称作"烈士墓"。

就在不久前，远在美国的堂姐给我发来一张老照片（图4）。老照片以牌坊为背景，牌坊前站立的四个人——经父亲确认，左边第二个正是大伯——个个器宇轩昂，气度不凡，坚定的目光中闪耀着理想主义的光彩，从中可以看出，当时的有志青年，在寻找救国之路时的某种气质和风度。

二姐的少女时代

齐晓芳

　　1960 年仲夏，陕西蓝田北岭一孔窑洞的土炕上，二姐呱呱坠地。那是个特殊的年代，生产队分给每人的粮食根本填不平饿瘪的肚子，地里、沟里、土坡上，只要是没有毒的野草、树叶都成了人们充饥的美食，公路两旁的杨树皮槐树皮也都被人们剥得精光，煮着吃掉了。父亲在西安工作，工资微薄，就是想买几斤黑市粮，在城里竟也寻不到。家里每日的吃食，是母亲放工后赶到沟里坡上弄回来的刺蓟（大蓟）等"野菜"和得之不易的榆树皮。就这些还得先紧着祖母、小姑、大姐吃，自己时常饥肠辘辘地去上工。

　　所以，二姐虽是足月生，却仅有三斤重，实实在在是一个低体重儿。几十年后母亲回忆，刚出生的二姐，太阳穴和眼窝吸成深坑，面颊没一点儿肉，肋子一根一根，骨节细细长长，尤其是二姐浑身上下裹着一层绿沫沫儿，哪里是个人娃儿，活活一个小骷髅，叫人既心疼又害怕。在农家土炕的篾席上，由接生婆手里的大剪刀剪断脐带的二姐，没进行一分钟 Apgar 评分（阿氏评分、新生儿评分），没有复杂的仪器监护，没有吸氧，没有科学的护理，后来也没有足够的奶水吃，没有奶粉炼乳，连面糊糊都是奢望。

二姐就这样，在特殊的天时里，在"低标准"的喂养中，开始了人生。后来她身高不足一米六，矮于众姊妹，和这先天不足及后天困窘有很大关系。"要想小儿安，三分饥与寒"，二姐的饥寒远不是三分。那时家里有两面窑可以安身，但在1962年一面窑洞因霖雨倒塌，剩下一面窑，一时住不下全家人，年轻的父母面临诸多困难，愁不堪言。直到1963年，生产队派出劳力为家里打了墙，1964年在窑前盖起了两间厦房，一家人终有了安身之所。1964年市场上能买到包谷了，父亲可以买回些议价粮，国家也给些救济粮，日子也就一天天过来了。

二姐从记事起，就到坡里拾柴，沟里放羊，做些力所能及的劳动。十岁时，二姐背起母亲给她缝的碎花布小书包，到大队小学上学了。我们村是个小村子，四户人家，离学校有五里多路。二姐每天跟着上四年级的大姐，以及伙伴们上学去。书声琅琅的校园，给二姐带来了快乐。学校每个年级一个班，学生三十多人。二姐学习好，多次被选为班长和三好学生。二年级时，胸前别上了"红小兵"的牌子——红色塑料的牌子上印着"铧咀坪小学""红小兵"等字。

那时家里生活有了改善，每天可以喝上包谷糁了。一年到头，家里也会给每个娃花上四块八毛钱，买两节布做一身新衣裳穿。布鞋也是一年做一双，大脚趾常会很快就把鞋戳出个洞来，母亲会不厌其烦给补起来，一双鞋一年要补许多回。

虽然年纪不大，劳动却是第一必修课。每年夏忙，全大队六个生产队，学校给每队指派一名本队的教师，带领队上的学生去收割后的地里拾麦。拾的麦上交生产队，可以替家里挣工分。拾的如果是纯麦梢儿（麦穗），三斤半一个工分；带麦秆儿，

图1　1980 年 3 月 13 日，二姐在临潼华清池。

五斤一个工分。在家里，也有任务：扫地、拾掇屋和抬水。抬水是大活重要活，村子远离大村，不通电，吃水要到沟底一处"冒眼"（泉水）去挑，大人来回一趟要半个多小时。那时父亲常年不在家，母亲整日在地里劳动，祖母也年逾花甲，三姐和哥哥更小，所以抬水就是大姐二姐的事。上午放学后抬一桶，晌午放学后抬四桶，两个人起先抬多半桶，慢慢可以抬一桶，回程中要歇几次，除过一个"转弯"有几米长的平路，其余都是坡坡路，歇肩时要用一块石头将桶支稳。途中水总要漫衍出去些，一桶水抬回家常常成了多半桶。有时快要到家了，脚下一绊一滑，水桶一倒，全泼了，只得重新下沟去抬。

二姐上初中时，我一岁。父亲的工资是三十五块钱，母亲积极参加劳动，家里的日子仍紧巴巴的。为了能喂饱六个娃的肚子，母亲会不时捐（关中方言读jiān）上一口袋面粉，搭车去"河北"（渭河以北）换包谷面、包谷糁，一斤麦面可以换两斤包谷面或包谷糁。队里分产时，也是母亲最落寞的时候，因为只她一人挣工分，所以什么都分得少。劳力多的人家，麦装几麻袋，我们只一细口袋；人家红苕、萝卜几老笼，我们只半老笼；包谷秆、麦秸人家几大堆，我们只一小堆，且常轮到最后。然后母亲推着车子，一群娃跟着回家来。有的年份年终结算时，我们家反而欠队里两百多元钱。

这样的境况下，二姐自觉懂得为家分忧。割草交队饲养室，按斤两算工分。暑假里，二姐就和伙伴们去割草。二姐人瘦小，但手脚麻利，安分，选中一块草地不挪窝子，"刷、刷、刷"就是一大把，捆好放一边，大半晌就能割一大老笼（八十多斤）或一轻便车子（手推独轮车，一百多斤）。一个暑假，她能挣四十多个工分。那时男劳力一天也就一个工分，女劳力只七分五个工（一个工分值三毛五分钱，年景好时五毛钱）。

另一"开源"门路，是在假期里挖药材。村子周围的沟坡梁崖上，有的是远志、柴胡、黄芩等。母亲嫌天热，不要二姐去。等母亲上工走后，二姐收拾好屋子，给祖母做好饭等她吃毕后，提上笼偷着去。追一阵子，就追上几个挖药的铁搭档：小利、小品、亚娃、省省。为了挖到质优的药，他们会跑十里路，到北边赵湾梁上去，那儿的柴胡、黄芩等都是老根，又粗又长。

药挖回来，将柴胡根剪下晾干，砸远志取根肉晒干，将黄芩根晒干后放笼中，放几个小圆青石，再轻轻摇晃，撞去根外头一层粗皮，再将金黄色的余根晾干。还有种叫"血统"（发音如此。学名应为"血藤"——编者注）的药，根是血红色的。

家门前的园子里有十几棵祖母种下的大杏树，每年杏熟了，村里人都来吃，留下一地的杏核。大姐二姐就把杏核收集起来，因为杏仁可以卖钱。砸杏仁是一件累活，大姐把杏核给弟妹们一人分一堆儿，一人一把洋锤一块砖，圪蹴（蹲）那儿成晌地砸杏核，叮叮咚咚，经常蹲得腿都麻了。等砖头上梭形的小坑布满，装杏仁的黄书包也"饱"了。看着书包里一颗颗饱满干净的杏仁，大家脸上都是笑。

药材积攒多了，二姐就和伙伴们大包小包地背着，步行到十几里外的县药材门市部去卖。卖了钱，不舍得花一分买吃买喝。回来路过县蔬菜公司，看那菜蔬真是诱人，拣人家买剩下品相不太好降价处理的茄子、洋柿子、黄瓜、辣子买一些，再背回家。路上渴得不行了，趴在路边浇地的机井边，喝一肚子凉水。有次二姐和三姐去卖药，回来时经过县土产门市部，恰巧柜台上一个浅黄的瓷盆子，因有一条璺（wèn，裂痕），由一块钱折价两毛钱处理，两人高兴地买下来，轮流背着这个有五六斤重的盆子，欢天喜地回到家。母亲把盆子拿去花五毛钱箍了，这个盆用了三十多年还好好的。

那时上学费用不贵，每学期小学一块五，初中两块五，高中六块。姐姐们挖药、砸杏仁的钱，足够几人交学杂费了。可是为了挣这些钱，二姐也遭过罪。一年暑假挖药，受热得了"鹅口疮"，口腔甚至咽部和扁桃体都生了溃疡，说不出话。祖母带着去了西安，父亲赶紧送到儿童医院。医生看后训斥他：你

始二姐穿了大姐的绿中长布裤子，同学们都羡慕：到底人家爸爸在外头工作，穿这么好的衣裳。后来大姐收回裤子，二姐又穿起自己的灰卡其布裤子，裤子屁股磨破了，母亲给补了两块大圆补丁，一块是新布，一块是旧布，颜色一深一浅，同学们才不说什么了。

1977年国家恢复了高考制度，但这所乡村高中校园里，并不怎么抓学习，学生也是随波逐流，大家经常说："念书有啥用啊，不学数理化，只要有个好爸。"学生们经常要去学校农场劳动，或去条件艰苦的村子"支农"。记得一次去支农，帮一个村里平整土地，干活的场面很热闹，每个班一面红旗，大喇叭随时广播各班的进度，大家争先恐后，干劲十足。二姐由于会包疙瘩儿（饺子），就在灶上帮灶。做饭的水要下到村前的深沟里去取，两个同学抬一桶，一趟得一小时。除劳动外，女同学最热衷的事，是纳袜底儿、纳鞋底儿、勾线网子。袜底花样繁多，简直美不胜收；线网子有盖茶盘的、盖被子、盖桌子的，很是好看。二姐当时没鞋底纳，向隔壁大妈要了五双鞋底，二姐带到学校，一针一线纳完，"手艺"练了出来，大妈说比她都纳得好。

本来1978年年底二姐高中毕业，但上面通知要再上半年。在1979年的半年里，学校格外重视教学了，学习抓得特别紧，无奈荒废了两年时间的学生们，已经力不从心，无从学起。最终，全年级两个文科班近一百人，只考上了一个岭上的女生。邻村的郭小利补习了一年，考上了师范学校，成了一名小学教师。

毕业后，二姐在大队编织组（设在大队小学院内）干了两年多，主要生产用于外贸出口的坐垫和门帘。用包谷壳儿（关中方言，指玉米外衣）编成长辫，再用针线团起来，就是坐垫；

缠起来，做成各式各样的穗子，用针线串起来，就是门帘。其中若嵌入蓝、红二色的花样，就更漂亮了。二姐是编织组的技术员，上面有了新花样，由二姐到公社学回来再教给其他人。编织组干活计件挣工资，活儿可带回家去做。晚上在煤油灯昏暗的灯光下，母亲和二姐一起，做活一直到深夜，这样二姐一个月可挣到五十多块钱——对于我们这样一个九口之家，算是一笔很丰厚的收入了。

秋忙后，二姐也和邻居小利去收包谷壳儿，八分钱一斤收来，一毛钱一斤交给编织组，挣一点辛苦钱。两人带上两个馍、一个大麻袋，一大早出发，走得远时天麻麻黑才能回家。一次二姐到更北边的深岭上去收，有家人一听是半岭上的，非常热情，又是端来开水，又是要留吃饭，原来她家娃子（儿子）"年龄大得很，还没订下媳妇"，想让二姐在下边给她娃说个媳妇。二姐问她娃多大，她说："实在不好意思给你说啊，我娃都七岁啦！"

后来父亲给二姐在西安找了份工作，在西安北郊皮件厂做"北京兜"的内壳。那时的北京兜，就像现在的名牌皮包，背着出门很是体面，年轻女孩照相时都要挎在肩上的。不过皮件厂不管吃住，二姐住在北大街安远饭馆父亲处，步行上下班，走得快也要半个小时。中午吃饭在皮件厂食堂，一毛六分钱一碗汤面，干一晌活下来，一顿要吃两碗汤面，还需再吃一个自带的馍才够。

二姐在皮件厂待了两个月就不干了。因为有天晚上下班，回家路上（有三站路），一个高个子男人"跟踪"她，她走快那人也走得快，她走慢那人也走得慢，二姐吓坏了，于是辞工回家。当然还有另外一个原因，是二姐要为即将的结婚做嫁妆了。

二姐在大队编织组时，经一个高中同学的姐姐的婆婆介绍，开始了自己的婚姻大事。那时一门亲事要经过很多程序，这些程序一个都不能少，并且都要严肃认真对待。正是这样一步一步的仪式中，一个女孩子，走向一个陌生的男人，走向自己真正的生活。

见面。男方是介绍人娘家门中的侄儿，初中文化，有一兄一姊一弟一妹，其父是村支书。他家地处灞河川道，地势平坦、土地肥沃，离岭上我们家有十来里路。

首先是初步见面。大姐陪着二姐，跟随媒人去了他家。进了家门，坐下后，其父先来说话，问这问那的好半天，大约是看口齿是否清楚，二姐很镇静，一一回答。说了半天话，快到饭时，大姐、二姐起身告辞，他们家里热情留饭，只得留下来吃饭，饭是其嫂擀的硬扎扎的碱面。也见到了他——中等个子，浓眉大眼，白白净净的。后来三姐一看到他，记起来两年前她和小二姐三岁的我哥哥用轻便车子推了一口袋包谷，去这个村子磨糁糁（那时我们村及周围村子没有电磨子），在他村油坊（兼磨坊）做活的就是他，当时腰里勒着草绳，衣服上油腻腻的。他母亲待人很热情，当时还邀请三姐和哥哥去家里喝水。

初步见面约两个月后，他父亲和对方媒人来到我家——也就是说，他们家同意这门亲事——定下了正式见面的日子。

川道的人向来因地理条件优越爱笑话岭上人，他们料定见面这一天，凡我们家去的人，保准是"一人一双新布鞋"。事实上当时也的确如此，岭上人出门、走亲戚都很郑重，会穿上平日舍不得穿的新衣服，当然也包括新布鞋。何况这次是给二姐见面，更要注意形象，每人真就准备好了新布鞋。然而见面的前夜，下了一夜雨，路上泥泞，新布鞋是不能穿了。于是去的伯母、母亲、小姑和大姐，穿着雨靴，二姐穿了一双篮网球鞋，让川道人的预言落了空。

正式见面，他家给了二姐"四样礼"：一身衣裳（格格白的确良撮口衫子、中长布裤子）、一双袜子、一双布鞋和一个北京兜。

订婚，也叫下帖。二姐订婚在见面一年后。

订婚先扯布。扯布一般在订婚的前一天，地点在县城。如果赶上个好日子，县城的商店里会有很多扯布的人，一律是女方在前边选，男方跟后面付钱，所买的东西可能各个不同，然而人们的表情言语却家家相似。有从很偏远地方来的，女方自己不知道买什么布好，于是就跟在别家后面，看人家买什么，自己就跟着买什么。

扯布那天，二姐叫了高中同学书霞、大姐、大姐的高中同学亚维和三姐作陪，他家出动了他、他哥、媒人等也是五人，他们一人骑一辆自行车，正好一辆驮一个人，去了县城。事先说好扯两百元的布，结果只扯了一百多元，有两米四的红色、天蓝色涤纶、卡其布各一节（一米二就可做一件衫子），等等，满满一包袱。

订婚当天，在他家举行订婚仪式，其实就是吃一顿饭。为了"声势"大，家里发动亲邻，共去了五席客（一席八人），在他们村引起了"轰动"。第二天，他们家要送布，并送彩礼。其时，如果男方各方面条件都好，彩礼官价二百四十元；倘若男方有女方"谈嫌"的，彩礼就得三百六十元。彩礼送来，女方家要回男方十元。他家的彩礼，自然是二百四十元。他家送布、送彩礼，来了两席人。那天吃的是臊子面和炒菜。我们家给准

图3 1981 年 2 月 16 日，二姐（前右）和编织组的工友们在大队小学教室前。身后为布景（教室的条麻石台阶清晰可辨）。

新女婿的回礼是一身衣裳、一双布鞋、一双袜子、十五个鸡蛋。

结婚。1984 年元月 21 日（癸亥年腊月十九日）二姐结婚。结婚前，仍要扯一次布，不过这次扯的布，比订婚那次要档次高、样数多些，因为也许婚后几年都没指望再买新衣、新布了，尤其是嫁到弟兄多的家庭。在县城买了几身成衣后，二姐叫上好友西婷，去了西安，买了纯毛毛线、双喇叭收音机（六十元，很大，上四节电池，在以后很长时间里，都是村里最好的收音机）、门帘等，花了三百元。

结婚当日一大早，媒人、新女婿、陪女婿的、抬箱子和花架子的，一伙人就来了。家里一边请他们坐席吃饭，一边收拾布置嫁妆。

二姐的嫁妆，有木箱一对儿，内装以前扯布所得的布料、衣服等。被子四床、床单八个（三个洋布单子、四个家织的粗布单子、一个塑料单子），这些都用红毛线捆在箱盖上。花架子（又叫十络格）上，摆放大小物件，计有：收音机、钟表、两个门帘、两个电壶和洋瓷盆子、塑料盆子、甩子（拂尘）、刷子、伞各一个，以及雪绷镜（其上印着一对鸟儿，搁桌上，是日后的"梳妆台"）。此外，二姐给婆婆、姑姑、大姑姐、嫂子及二姐夫每人布鞋各一双，并袜垫儿一双（直接衬在鞋里面），给公公、大哥的西式枕头各一个，给小姑子尼龙袜子一双，给小叔子皮带一条。

这些东西中，除由婆家出资在县城、西安买的以外，钟表、电壶等都是二姐几年做活攒的钱买的，其他如布鞋、袜垫儿等针线活，是二姐出嫁前一针一线做成的——这些东西摆在花架子上，村子里的人都会参观、品评，看这个新媳妇的针线活手艺咋样，也就知道你能行不能行。

另外，家里要给二姐买一对"长命碗"——小的细花瓷碗和两双筷子。二姐夫家来的陪女婿的，带一方新手帕把碗筷包起，提回去，当晚两人吃馄饨用。还要买两个镜子，去婆家的路上，二姐、二姐夫一人手里提一个，起到避邪的作用。另有一个非常重要的东西，就是木梳盒，也叫馄饨盒。二姐的木梳盒，是花五块钱买大姐的。木梳盒分两层，上层放木梳，下层装馄饨——也就是捏得很小，如小指肚大的饺子，按两人的年龄，一岁一个。木梳盒由当时十七岁的哥哥提着，到二姐夫家，他家须郑重地接过这个盒子，同时给提盒子的人一个大红包。哥哥最终得到了五元钱的红包。临到二姐要出门时，母亲还要给二姐一锭"坠腰钱"——用红纸缠裹起来的九十九个一分钱硬币。

一切准备停当，两个新人拜过高堂后，娶亲的队伍就可以出发了。这时是新女婿最紧张的时候。村里的孩子和门里、近邻的姐妹嫂子们要"耍女婿"，将新郎抹成大花脸。此时，陪女婿的就要奋力挡着护着，但最终会和新女婿一起被抹得有红是白。闹完了，抬箱子和花架子的精壮小伙子们把收音机开得震天响，一路听着广播，说说笑笑往回走。然后是两个新人，陪女婿的、送闺女的几人。再后面，就是娘家亲戚组成的送亲大军（一般都是男客，女客则留下来吃饭），浩浩荡荡，我们又去了五席客。

当天，他们家来的一个"硬女"的，带来八个硬盘馍、八个大礼馍（这礼是不用回的）。无怪乎人们常叹：养女一场，最后只落得十六个馍。父亲和母亲那天并不去亲家，而是留在家里招呼客人。等客人散尽，庭院复静下来，父母面对着十六个馍，不知道是什么心情。想要再见到二姐，得是两天以后他们回门来时了。

而在二姐夫家，热闹隆重婚礼中的二姐，则永远告别了自己的少女时代，为人妇，而为人母，开始了一个农村妇女真正的人生路。

天津地毯走出国门

陈探月

一个多世纪前，列强用洋枪洋炮打开了天津口岸，在天津建起洋房和洋行。天津手工地毯随之走出天津的大街小巷，漂洋过海。我老姥爷刘寿亭在天津西广开的小院，就是飞出国门的天津手工地毯的诞生地之一。

1934年，我妈妈王英博不到一岁便来到她姥姥家，在这里长大。我妈妈在世时，每当回忆起童年，都会讲起她的姥姥、姥爷和地毯作坊。

中国地毯历史悠久，西藏、新疆等少数民族聚居区受印度文化和波斯文化影响，早就生产使用地毯。早期的地毯规格较小，多为跪垫，大块的豪华地毯大多在皇宫和贵族家中铺放。

1904年4月，爱新觉罗·溥伦率清廷代表团出席美国圣路易斯世界博览会。这是中国第一次以官方身份参加世界博览会，清廷花了上百万银元建馆参展，以促进中美贸易。据传天津地毯在博览会上得了金牌，使天津手工地毯名声大震。

天津作为早期通商口岸，一些外国商人于19世纪末就来天津经营羊毛生意。从蒙古地区和东北各地收购的大量羊毛，被运到天津出口。善于摄影的美国商人罗伯特·钱德列斯（Robert

Chandless，1880—1951）就是一位羊毛商人。1907年，钱德列斯同俄国人巴托涅夫（Batonieff）开办益昌洋行，其皮毛工厂在天津海大道（今大沽路）。巴托涅夫死后，他继续经营，一直到20世纪30年代末。二战期间，钱德列斯曾被日军在潍县集中营关押了两年。钱德列斯的太太艾菲（Effie M. Ragsdale）是美国驻中国天津领事若士得（James W. Ragsdale）的女儿。钱德列斯和艾菲的女儿佛罗伦萨1912年出生于天津，家住天津英租界泰安道。

美国驻中国天津领事若士得的家。钱德列斯摄于1900年。所铺地毯图案简朴。原版现藏于美国华盛顿大学图书馆（University of Washington Libraries, Special Collections）。

益昌洋行买办的办公楼。钱德列斯摄于 1910—1920 年。原版现藏于美国华盛顿大学图书馆。

随着羊毛清洗加工工业的发展，地毯制作应运而生。鉴于当时中国民众的生活水平，国内对地毯的需求微乎其微，而地毯在西方虽是中高档消费品，但需求量很大。第一次世界大战爆发后，驰名欧美和日本的土耳其、伊朗等出产的波斯地毯，因运输受阻，进口受到影响。加之 20 世纪 20 年代欧美开始流行装饰风艺术，这种艺术继承并维护了长期以来为上层阶级服务的传统，所采用的材料是精致、稀有、贵重的，尤其强调装饰别致优雅，中国手工地毯正迎合了上流社会群体在工业时代早期追求享受与时髦的欲望。天津大量的廉价劳动力和能工巧匠以及相对开放的环境对外国地毯商很有吸引力，欧美地毯厂商纷纷在北京和天津建立生产基地，甘肃、宁夏、山西、陕西、

工人在益昌洋行的厂院里整理运来的生羊毛，工厂周围有许多办公楼。钱德列斯摄于 1930 年。原版现藏于美国华盛顿大学图书馆。

山东、河北等地也大量生产各种外贸用途的地毯，逐渐形成了以京津两地为中心的中国地毯集散中心。天津不仅是中国地毯生产中心，也是发货中心，所以"天津地毯"成了中国出口地毯的代名词，获得了"软黄金"的美称。

经济学家方显廷从美国耶鲁大学获得经济学博士后，1929年来到南开大学经济系当经济史教授。他在南开干的第一件事就是率领经济研究所的同事到天津地毯业的大小工厂、作坊生产现场及工人中调查访问，撰写了《天津地毯工业》的调查报告。根据方显廷统计，1911 年以前，天津地毯作坊只有三家，到 1929 年已增加到三百零三家。我老姥爷的地毯作坊就是其中的一家。

根据我妈妈、我二姨王英颉和几个姨舅们的回忆，我的老姥爷刘寿亭是从河北省盐山来到天津的。他的老家在赵茅头乡北芦村，父亲是教书匠。我老姥姥刘张氏的老家是盐山黄庄，据说她的祖辈原是孟村的回民。后因考上秀才当了官，得以脱教，成了汉族。我老姥姥和老姥爷都上过私塾。

20世纪20年代，天津周边的农民来到天津学手艺，认为只要学到一门手艺，就等于有了饭碗，生活就有了依靠，而城市中不少下层贫苦居民也都把学一门手艺当作求生的一条出

编织地毯。甘博（Sidney David Gamble）1917—1919年摄于北京。原版现存杜克大学（Duke University）数字资料库。

路，多让男孩子或是进作坊学徒，或是拜工匠为师。

我老姥爷有文化，喜欢写字画画，又敢于冒险，他看中了蓬勃兴起的手工地毯行业。天津地毯小工厂和家庭作坊当时大多集中在西广开。从 20 世纪 20 年代到 50 年代初，我老姥姥的家和地毯作坊坐落在天津西广开明远中里 2 号，也就是现在的天津市南开区广开四马路附近。院里有六间房，其中四间是厂房。不超一百平方米的厂房，放着四台织地毯的架子。当时买一台地毯机架大约要四十元到五十元。根据天津档案馆收藏的天津地毯公会名册显示，地毯作坊大小不一，小作坊的资产几百元。每块地毯的制作需要四名师傅、若干徒弟，生意多时，我老姥爷家有二十多个工人。大部分地毯是为洋行定做的，有时也买了图样织出地毯，卖给洋行。给洋行定做的，价格按平方尺计算，事先谈好。小作坊毛线由商号提供，按规定图样尺寸编织。

我老姥爷家胡同的 5 号是李华亭家和他的双义和地毯作坊。我老姥爷一家跟邻居和睦相处，我妈妈还认了隔壁胡同的一对比较年轻的做地毯的夫妇为干爸干妈。

我老姥爷干的是外贸，当时称作"干洋行"，但他不懂洋文。同样，洋行的老板大多也不懂中文。所以，天津地毯作坊和外国地毯出口商之间的交易是由天津的买办来协调的。地毯买办跟外国出口商有合同，为外国出口商服务，他们跟天津地毯作坊谈价格，他们还要担保地毯作坊不会拿了毛线不交地毯。成交之后买办一般从出口商那拿 3%—5% 的佣金。

根据方显廷介绍，通常出口商号对地毯作坊榨取很大，他们付给制造者每平方尺 7 角。每平方米 90 道半寸厚的地毯，按约 2.15 元的成本计算，2.15 元成本包括：毛线 1.25 元，经纬线

图中北京织毯的童工正在用刀砍断线头。海
达·莫理循（Hedda Hammer Morrison）摄于 1933—
1946 年。原版由哈佛大学哈佛燕京图书馆收藏。

0.18 元，工资（包括膳费）0.45 元，房租 0.10 元，其他各项 0.17
元。做出 2 平方米（约 18 平方尺）的地毯，能拿约 13 元。通
常一条 2 平方米的地毯，由 4 个织工去织，需要 1 个多月的时间。
像我老姥爷这样的小作坊一年到头挣不了多少钱。小地毯作坊
无力同商号讨价。但有的地毯作坊为了减少成本，将棉线、头
发、次毛混在好毛线里；还有的作坊采取减少每平方米的道数，

用经纬线织毯等偷工减料的办法。

我老姥爷为保证质量，大多雇用有经验的师傅，不用"二把刀"（天津话技术差的人），而且杜绝偷工减料。他明白洋行对地毯的要求非常严格，一旦退货，地毯只能降价处理，到头来还是自己倒霉。

根据方显廷统计，1927 年我国地毯出口额为 681.8 万海关两，其中天津口岸出口 616.5 万海关两，占总出口额的 90.4%。出口地毯占天津地毯工厂作坊制作的地毯的绝大多数，出口美国占 56.8%，日本占 14.1%。北京（北平）地毯作坊中小工或学徒工的比例大，地毯质量差，价格相对低，北京地毯多销往

织毯工人在剪花。英国军人 Ernest Frederick Baggs 20 世纪 30 年代中期摄于天津。图片来自英国布里斯托大学中国历史照片收藏库（Image courtesy of Baggs, Ernest Collection, University of Bristol）

1955 年，我老姥姥和我大哥在天津十八中（原汇文中学）托儿所门前。

美国。后来美国地毯生产机器化，生产出的地毯质量不比低等手工地毯差。美国从此增加关税，限制中国低等地毯进美。北京地毯出口受挫。而天津地毯质量高，大多属于高档地毯，美国地毯厂做不出来，故美国同时降低了天津高档地毯的关税，天津手工地毯巩固了地毯出口的领先地位。

　　我老姥爷的作坊织造男工毯，程序分八项：上线（或挂经：以棉纱合股线绕于织机上），画经，打底，拴头，过纬，平活，剪花，整理。其中，地毯所用图案由画家先画在纸上，然后将

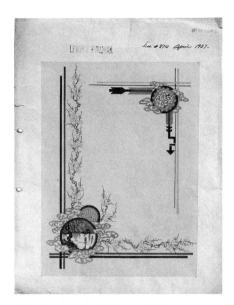

1937 年的天津地毯模板。伊丽莎白藏。

图样放在经线后面，用藤笔蘸墨水仿绘于经线上，行话是"画经"。织工们按照用粉笔画在经线上的图案，用双手将不同颜色的毛线拴在挂好的经线上，系成扣（行话曰"拴头"），再用特制的小刀砍断线头，在地毯表面形成一个绒头，然后以棉纱"过纬"。平活，剪花，工人用剪刀把织好的地毯剪平，再用剪片使花纹图像凸出毯面。

　　我老姥爷的作坊同许多家庭作坊一样，是男主外女主内。工人叫我老姥爷大掌柜，他负责定货、接货、要账等；我老姥姥是内掌柜，负责记账和工人的伙食等。

　　我老姥爷在家时喜欢给工人说书讲故事。工人一边砍地毯，一边听我老姥爷讲《三国演义》《红楼梦》和《封神演义》等古典小说。当时没有收音机，我老姥爷就成了地毯匠的"话匣子"，给枯燥的工作带来一点乐趣。当时家里没有电灯，用的是煤油汽灯，白天的光线由纸窗户射入，光线不足，地毯工人和读书人都容易得眼病。他们家离南市不远，我老姥爷为让师傅开心，有时还带工人去听京剧、河北梆子。我没有找到我老姥爷的照片，但据家人回忆，他高高的个子，身材较瘦，剃着

20世纪20年代末，我姥姥（左）与丫环摄于天津。

光头，我姥姥的五官长得像他。

　　我老姥姥识文断字，还打得一手好算盘，也会下象棋，家里店里吃的用的都由她来张罗。工人平时是吃玉米面和白面混合的两掺馒头和一大锅菜，到节假日时，老姥姥会给工人蒸白馒头、米饭和炖红烧猪肉。大部分工人都来自河北省，但他们大多不住在厂里，只有一位姓苏的大爷和他的老婆住在厂房的阁楼上。苏大爷负责运送地毯和原料。我老姥爷有一辆黄包车，地毯做好卷起后，由苏大爷用黄包车从西头一直拉到万国桥附

1957年，我姥姥和她年龄较小的五个孩子（我的两个姨和三个舅舅）在天津西关大街203号住宅。在1956年公私合营之前，我姥姥姥爷一直在此处经营一家名为"富合店"的小旅店。

近的洋行。毛线等材料也由黄包车运送。苏大娘帮助我老姥姥打扫卫生和做饭。我老姥姥性情温和，所以工人们都很喜欢她。

据方显廷统计，1929年天津地毯工人有大约一万一千人，每月工资在六元至九元之间，饭费平均每月六元。在洋行的地毯工人每月工资八元，大部分地毯工人每日工作十至十二小时，不算吃饭时间。在洋行工厂的天津地毯工人工资一般比小作坊高，吃住条件也比小作坊好，但那里的工人时有罢工，主要抗议随便解雇和缺乏人情。在我老姥爷家工作的工人跟我老姥爷称兄道弟，我妈妈和到我姥姥家的孩子们管年纪大的师傅叫姥爷，年轻的叫舅舅。我妈妈和我二姨有时还帮助工人将毛线缠绕成球。解放后，有位师傅当了天津地毯六厂的厂长，还到我老姥姥家看过我老姥姥，我妈妈和我二姨也去地毯六厂看过他。

已故东方装潢艺术研究者博根女士（Elizabeth Bogen）在追忆倪克（Walter Nichols）一文中写到，天津地毯能在国际市场站住脚还靠毛纺地毯技术的进步。毛线，是织毯的基本材料。最初，是用弹棉花弓子弹毛，用纺车人工纺线。到1920年，在津的三家洋行已开始使用电力弹毛和机器纺线。他们分别是海京洋行毛织厂、倪克洋行和美古绅。倪克洋行还是20年代末天津唯一使用化学方法洗涤羊毛的工厂。机器纺出的毛线坚固且不易结团，织出的地毯结实紧密，据说倪克地毯每平方英尺有一磅重。几家美国工厂还率先采用德国染料和改用汽染等工艺。

倪克大约于1920年来天津在海京洋行毛织厂工作，1924年在天津建起了他的第一家毛纺地毯厂，地点是天津海大道104号，同益昌家皮毛工厂在同一条马路上。工厂到抗战全面爆发前夕，已有两百架织毯机子，成为中国最大的地毯厂。1941年日本人侵占了工厂。日本投降后，倪克回到天津重新开厂。据负责地毯生产的倪克太太讲，从1945年到1948年，美国国务院从倪克地毯厂购买了大批地毯，运往美国国务院各地的机构。1949年，倪克离开天津到夏威夷檀香山经营地毯生意。

天津地毯受客户喜爱的另外一个原因是，它既保持了中国

我老姥姥和我三姨、我大哥和二哥。1958年摄于天津水上公园。

传统艺术精华，又善于吸收西方文化风俗。地毯洋行在其中的作用不可忽视。据博根女士讲，倪克从美国地毯经销商那里了解美国客户对地毯样式风格的要求，不时改变地毯设计。美国顾客一般不喜欢脚踩动物和神秘的中国符号，而喜欢简单的颜色和图案。后来，地毯从家庭延伸到董事会会议室，简单的图案就更时兴了。现在香港大学教书的伊丽莎白（Elizabeth Lacouture）女士，于 2017 年在《世界设计》杂志上发表了《在中国天津通商口岸发明"洋化"地毯》（*Inventing the "Foreignized" Chinese Carpet in Treaty-port Tianjin, China*）一文，探讨了天津地毯和中西方文化社会政治的相互影响。她认为，一方面外国地毯商为迎合地毯消费者的品位将天津地毯"洋化"；另一方面，天津地毯设计师通过他们的作品使地毯更中国化，影响了欧美人的品位。就像天津五大道的洋房同天津老城的四合院并存一样，中西文化的融会贯通是天津地毯的独特之处。

伊丽莎白在文中介绍了一款地毯模版，此地毯设计包括传统中国符号、艺术装饰风和洛可可式。模版有两个图案，一个在右上角，一个在左下方，都被"传统的"中国云所包围。右下角图案展示了一幅中国式山水画，里面有一棵树，河上有小船，背景是小山，并有汉字和梅花枝。左上角图案是黄色、粉红色和绿色的花卉，它看起来更接近法国洛可可式，而不是中国风格。装饰艺术风的箭，也许源于美国土著人的设计，从这个图案中射出。现代艺术装饰线边框，与图案形成鲜明对比。该设计是对中国传统和欧洲传统设计的当下构想。

我老姥爷"干洋行"，但家里的摆设除了一个大洋炉子外全是中式的。他特别喜欢字画也爱收藏字画。逢年过节，他会写对联送给邻居朋友。因是织地毯的，家里的"九地"（天津话地面）、炕上、椅子、小板凳，到处都铺着毯子，这些毯子是用下脚料做的。根据我二姨的回忆，直到 60 年代晚期我姥姥一家被遣送回河北盐山老家时，我姥姥还保存着一张自家织的地毯，而且抱着地毯回了老家。

我老姥姥结婚后很久才于 1912 年生了我姥姥，乳名大香，学名刘文兰。后来我老姥姥又管家又管工厂，也就再没多生。我姥姥长得漂亮，又是独苗，从小娇生惯养，家里曾送她去私塾读书，但是她说读书的时候头疼，所以就没接受系统的教育，只是自学了文化。我姥姥长大后，我老姥爷为了不让她受委屈，就专门挑选了经济状况比自己家差、相貌平平的男子做女婿。于是，我姥姥下嫁了父母在天津开小旅店的我姥爷王汉卿。我姥姥有娘家做后盾，且对公婆孝敬，还生了十一个孩子（夭折两个），所以她的确没受婆家气。我姥姥很爱她的妈妈，对我老姥姥的爱超过对她的孩子甚至她自己。老姥姥喜欢喝酒、抽烟，她就到处寻找酒和烟叶；老姥姥喜欢吃核桃酥，她就去送，从未间断；老姥姥生病的时候，她许了愿，叩头送香，十步一头，一直从西关街磕到城隍庙。

1934 年，我妈妈王英博不到一岁就被接到了她姥姥家，跟姥姥姥爷一起生活。我妈妈同我姥姥不一样，她喜欢上学读书。我老姥爷一直供我妈妈上私立小学，或花大洋，或派工人给学校扛几袋白面。我老姥爷还喜欢带着我妈妈去听戏。有时还带她去要账。我妈妈对京剧和书画的爱好与她在姥爷家的熏陶是分不开的。

我老姥爷的小地毯作坊不断受到国内外发生的大事影响。美国 1929 年经济大萧条，1937 年日本全面侵华，1939 年天津发大水，1941 年太平洋战争爆发，他的生意随之几次倒闭重启。孩子们一见家里的字画家具都没了，就知道姥爷又落了。但他们也记得，姥爷思维敏捷，乐观积极，织不了地毯就纺毛线，每次他都会重整家业，家里又挂上了新的字画，摆上了新的家具。

我老姥爷与附近胡同里的小手工业主和工匠们，比起周围的贫苦人家就幸运多了。据我妈妈讲，出了胡同就是贫民窟，许

我老姥姥和我大哥。1959 年摄于汇文里增一号。

多人住在草坯房或窝棚里，一家人盖一条被子，大姑娘因没裤子不能出门的，比比皆是。1949 年之前，她参加共产党的主要原因就是目睹了周围食不果腹、衣不蔽体的广大穷苦人的生活，同时从她的小学老师马一凡那里得知了许多国民党腐败之事。

我老姥爷 1948 年就去世了。天津的大小华洋地毯工厂作坊 50 年代多为政府接管合并。天津地毯业进入了一个新的历史时期，但开创天津手工地毯出口事业的故人故事并没有消失，至今仍让人们回味无穷。

老北京的驴事儿

刘　鹏

驴和旅谐音，因此称经常一起结伴出游的人为"驴友"，又因为驴子能驮能背，吃苦耐劳，所以"驴友"也常被旅游爱好者引为自豪的称谓。

早年，北京城内以驴（包括骡）为代步工具。清末，城内骑驴的逐渐减少，只有外城附近或内城东西北三面，还有少数营业运输的养驴户。一般是驴夫执鞭步行，赶着一头或数头驴驮载乘客或货物，俗称"赶脚的"。那时北京内城、外城，都有百姓骑驴出门走亲戚或逛庙会的习俗。

这两张照片拍摄于清末。

图1拍照于北京皇城的正南门——大清门（明代称大明门，民国后改称中华门，新中国后因广场扩建而拆除）。在大清门东侧的石板路上，两个骑着毛驴的行人一来一往，两头毛驴显得很瘦小，迎面的毛驴背上驮载着厚厚的被褥、包裹，还骑着人，看似要把驴累趴下的感觉。可见，当时虽然城内骑驴的逐渐减少，但驴还是作为代步工具存在着。

图2拍摄于冬季，在北京昌平南口镇附近。照片中一架骡车停在一个山坡，车上坐着两位头戴瓜皮帽、身穿棉袍的人，

图1　大清门东侧石板路上的骑驴人

图2　北京昌平南口镇的一架骡车

119

图3 北京市颁发的行驶证

像是大户人家，车前牵骡人应为佣人，车后站着的是车夫。这说明在当时，不光是在京城内以驴为代步工具，城外赶骡驮载乘客"赶脚的"也很普遍。

北京的兽力运输工具还有骆驼、马、牛等。1949年9月10日，北平市人民政府公布《北平市交通管理暂行规则》等七个地方性交通管理法规，为城市交通管理提供了法律依据。1950年3月，根据市政府发布的《北京市各种车辆管理暂行规则》的规定，从3月1日起，对非机动车进行登记发照工作，到年底，为各种车辆核发牌照，其中核发兽力车19827辆、马拉轿车63辆。图3是1957年北京市有关部门颁发的"三轮车、兽力车、排子车、手车行驶证"。

北洋时期东交民巷使馆区

徐家宁

北京建都已有八百余年历史，明清时候形成了现在的城垣格局，即以紫禁城为中心，皇城、内城、老百姓的外城，以一道道城墙分割开来。第二次鸦片战争以后，英、法等国开始在京城内设立使馆，集中在东江米巷一带（今东交民巷）。东江米巷是一条东西向的街道，东端位于崇文门北，西端紧邻大清门和千步廊，这是"五府六部"所在，也就是国家的主要行政机关所在。1900 年义和团运动时，拳民对洋货、洋人的冲击造成了使馆区的破坏，变乱平息之后各国趁机抢地扩建使馆。1900 年 12 月 22 日，各国公使馆提出"各国应分自主。当驻兵队护卫使馆，并各使馆所在境界自行防卫，中国人民概不准在界内居住"。清政府也于 1901 年 5 月 30 日的《北京各国使馆界址四至专章》中规定：

东界至距崇文门十丈为止，其城门旁西首登城马道不在界内。

西界至兵部街（今新大路一段）为止，街西宗人府、吏部、户部、礼部四衙门均还中国，并可在衙门后建筑城垣，不宜过高。衙门旁民房，本多毁坏，其现在尚存者，一律拆为空地。无论中国人、外国人，不得建造房屋。各使馆服役之中国人原有房屋，在界内者，另行拨给地段，令其盖房屋住。

南界至大城根为止，其靠使馆之城上，许各使馆派人巡查，但不得建造房屋。

北界至东长安街北八十米为止，使馆界墙在东长安街南约十五丈，自界墙外至东长安街北界线以内之房屋，均拆为空地，惟皇城不得拆动。其空地内，以后彼此均不得造屋，东长安街一带仍听车马任便行走，作为公共道路，由中国设立查街巡捕，建造巡捕房为该巡捕等办公之地。

英国使馆占了其北侧的翰林院，东侧的銮驾库、鸿胪寺以及兵部、工部的一部分；法国使馆将柴火栏胡同的东南地界全部划入，又在台基厂路东侧北段修建了兵营；俄国使馆占了附

1871年奥匈帝国开始在北京建立使馆，地点位于台基厂北口路东，路西侧与之相对的是清代皇室祭祀祖先的堂子。1900年义和团运动中该使馆被烧毁，重建时又占用了荣毓府及附近民宅，面积增大了很多，除照片中的主楼外，南侧还有一个操场。

　　这是在城墙上自南向北看使馆区的东部边界，近处是东交民巷东口的大门，过了大门就是大和街，街左边的高建筑是德国医院，现在是北京医院的所在。沿着这条路走到尽头是东西向的台基厂头条，奥匈帝国使馆的南门就在头条北侧。

近的太医院、钦天监，以及工部和兵部的一部分；美国使馆占了东交民巷西口路南的会同馆、庶常馆，以及巾帽胡同和貂皮巷的一部分；德国使馆新占牛角湾、白家胡同、头条胡同、二条胡同及广成木厂等地；比利时使馆新占大学士徐桐的住宅，以及柴火栏、水獭胡同一带；意大利使馆新占堂子及肃王府一部分；奥地利使馆新占镇国公荣毓府及附近民宅；日本使馆新占詹事府、柴火栏及肃王府一部分；荷兰使馆新占怡亲王祠和附近民房；葡萄牙使馆新占台基厂经板库等地。不仅如此，驻京各国使馆还在使馆区的东、北、西三面修筑高墙和壕沟，以及八座堡垒。新使馆区的建设彻底改变了这一带的城市布局。

　　　　　　　　　　（图片由秦风老照片馆着色并提供）

　　在城墙上自南向北看比利时大使馆，左边远处是东交民巷上的圣弥厄尔教堂。比利时 1866 年开始在北京设立使馆，地址位于崇文门内大街路东，义和团运动之后迁至东交民巷使馆区，新占大学士徐桐住宅及柴火栏、水獭胡同一带民房而建。

　　图为位于台基厂头条的奥匈帝国使馆大门，四根陶立克柱支起一个三角山花形成门头，上立国徽，大门刷白色涂料，显得简洁典雅。目前此门仍保存完好。

图1　1952年，某地医护人员为"粉碎美帝细菌战"纷纷签名请战。

图2　20世纪50年代初，居委会干部摇铃号召居民上街搞卫生。

苏州的"爱国卫生"与"送瘟神"

谭金土

　　1952 年春，中朝方面宣布发现美军在朝鲜战争中使用了细菌武器。为防备美军将细菌战进一步扩大，毛泽东号召："动员起来，讲究卫生，减少疾病，提高健康水平，粉碎敌人的细菌战争。"在保家卫国的浪潮中，各级政府成立了"爱国卫生运动委员会"，推动了群众性卫生防疫的深入发展，把"卫生工作与群众性卫生运动相结合"定为卫生工作的一项原则。卫生被赋予了爱国的崇高意义，又以运动的形式出现，很快形成了全民动员的局面（图 1）。

　　图 2、图 3、图 4 是 20 世纪 50 年代，苏州开展爱国卫生运动的情形。为了防备美国的细菌武器，苏州全城动员，居委会老太太摇着铜铃满大街地叫喊，男女老少齐出动，翻箱倒柜、角角落落除陈迹。穿着短裤的大爷拿着竹扫把扫大街，街道是用碎石铺砌的，扫起来是很费力气的。缸钵里放上石灰粉，盖上带柱子的盖头，让需要吐痰的人提起盖头，把咳出的痰液吐在石灰缸里消毒（图 2）。深宅大院里，男女老少齐上阵，把木格窗卸了，把各式家具搬到院子里来抹呀擦的。院里有一口水井，长辫子姑娘提了水来清洗。那张竹榻，用开水浇了以杀

图3 20世纪50年代初，深宅大院里的居民在清理卫生。

灭虱子；圆台方桌，台面擦亮，桌脚也要擦洗得一尘不染。搞卫生不留死角，高处的梁上，也搭个梯子上去抹尽灰尘（图3、图4）。

在那个摄影尚属高档消费的年代，通常各家各户打扫卫生是不可能有人去拍照片的，因为卫生运动事关爱家爱国，需要宣传动员，才有了这些珍贵老照片的留存。

旧社会留给美丽江南的一个痼疾，就是血吸虫病。血吸虫病是由寄生在水体中的中间宿主钉螺中的血吸虫尾蚴的叮咬引起的一种疾病。急性血吸虫病患者会有发热、腹痛、腹泻、脓血便、消瘦乏力等症状，如不及时治疗，发展到晚期会出现肝

图4 20世纪50年代初，男女老少齐上阵，擦窗洗尘除陈年旧垢。

脾肿大、腹水膨胀等症状，甚至危及生命。

20世纪40年代末以来，我国血吸虫病流行猖獗，疫区居民成批死亡，无数病人身体受到摧残，致使田园荒芜，断垣残壁，满目凄凉，出现了许多"无人村""寡妇村""肚胞村"等悲惨景象。素有"人间天堂""鱼米之乡"之称的苏州一地，血吸虫病患者竟高达一百零三万人，如昆山县，血吸虫病感染者占当地人口总数的65%以上，出现了一百多个"无人村"。

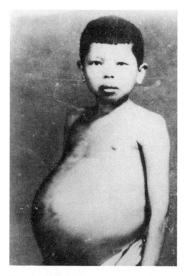
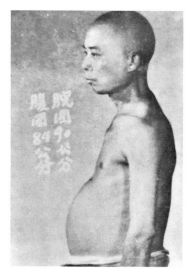

图5　患血吸虫病的大肚子小孩　　　　**图6　患血吸虫病的大肚子成人**

　　这是两张患血吸虫病晚期病人的照片（图5、图6），晚期血吸虫病患者因为脾脏肿大甚至形成腹水，而形成大肚子。儿童得血吸虫病如不及时治疗，影响生长发育，严重者还会成为侏儒；成年人得血吸虫病，则将丧失劳动能力并死亡。

　　1955年，毛泽东视察了血吸虫病疫区。当他得知在江南一带，血吸虫病有一千万人受害，一亿人民受威胁，说："这种病对人民群众的危害很大，一定要从根本上消灭它。如果有一千万人患了病，就有九千万人受到威胁，如同我们现在十人一桌吃饭，其中一人得病，其余九人也会受到威胁一样！"随即发出了"一定要消灭血吸虫病"的号召，指示卫生部"要把消灭血吸虫病作为当前的政治任务"。1957年4月20日，国务院发布《关于消灭血吸虫病的指示》，23日，中共中央发出《关

图7 1956年7月，苏州专区1956年第一届防治血吸虫病化验人员训练班结业留影。参训人员达一百五十余人。

图8 1956年9月，江苏省苏州专区血防（血吸虫防治）化验人员训练班留影。参训人员达四十八人。

图9　参训的血防化验人员在显微镜下学习检验技术。

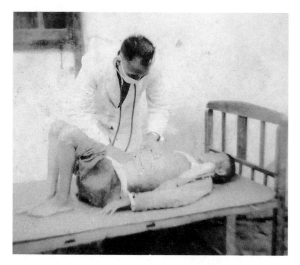

图10　医务人员对患血吸虫病的病人进行检查治疗。

图 11　从吴江县盛泽公社卫生院治好血吸虫病出院的吴某。

于保证执行国务院关于消灭血吸虫病指示的通知》，各级政府专门成立了血吸虫病防治领导小组，一场轰轰烈烈地消灭血吸虫病的群众运动展开了。

防治血吸虫病，首先要在疫区普查哪些人得了血吸虫病，采末梢血，做抗体检查，检查血液中是否有血吸虫的抗体，同时也要检查粪便中是否有血吸虫的虫卵，以便灭杀血吸虫虫卵，杜绝粪便污染水体。

图 12 一位医务人员在农村宣讲防治血吸虫病的知识。

图 7 是 1956 年 7 月，苏州专区 1956 年第一届防治血吸虫病化验人员训练班结业留影，参加训练班的人员多达一百五十余人；图 8 是 1956 年 9 月，江苏省苏州专区血防化验人员训练班的照片，参训人员有四十八人。两张照片前后相距只有两个月，当是第一届训练班结束后接着办的，此后是否还继续办班无从知道，但这两张老照片已可知化验工作的繁重。

图 9 是参训的血防化验人员在显微镜下学习检验技术。图

图 13　灭杀钉螺。

图 14　监测钉螺。

10是医务人员对患血吸虫病的病人进行检查治疗，当时患血吸虫病的病人主要口服吡喹酮和其他一些辅助治疗。图11是从吴江县盛泽公社卫生院治好血吸虫病出院的吴某。

医治血吸虫病人主要依靠医务人员，但要防治血吸虫病必须依靠群众。要广泛宣传血吸虫病的传播途径，教育水乡的民众怎样安全下水，不被钉螺里的尾蚴叮咬。为此各级医务人员、卫生防疫站的工作人员制作了宣传挂图，采用各种教育方式，下乡进村，向群众传授防病知识，图12是一位医务人员在农村宣讲防治血吸虫病的知识。

没有钉螺，血吸虫就无法繁衍，血吸虫病也不可能传播和流行。水乡地区的钉螺遍地皆是，必须发动人民群众，搞一场消灭钉螺的群众运动。例如，吴江县在发动群众消灭钉螺的群众运动中，仅查处钉螺面积就达84208250平方米，对查出的钉螺采取药杀、铲除、深埋，结合农田水利建设等方法予以消灭。（图13、图14）

1958年6月27日至7月3日，全国血吸虫病治疗工作会议在苏州举行，会议重点介绍了余江县消灭血吸虫病的经验。6月30日，《人民日报》发表了《第一面红旗——记江西余江县根本消灭血吸虫病的经过》的长篇报道。当时正在杭州视察的毛泽东，于当天晚上阅读了这篇通讯报道后，特作《送瘟神》诗二首，其中第二首写道："春风杨柳万千条，六亿神州尽舜尧。红雨随心翻作浪，青山着意化为桥。天连五岭银锄落，地动三河铁臂摇。借问瘟君欲何往，纸船明烛照天烧。"

曾经的莫干山避暑会

朱　炜

莫干山是"天然消夏湾"，自 19 世纪末美国浸礼会传教士佛礼甲把这个发现郑重告诉同事梅生，并经梅生与霍史敦、史博德联袂实地考察写成游记，全部以醒目的标题刊登在外文报纸上，莫干山一下子名扬上海。由于清政府疏于对莫干山的行政管理，加之不平等条约允许传教士入内地买田置房，只要写明"教堂公产"字样，立契之后照纳中国律例所定，如卖契、税契之费，多寡无异，卖业者毋庸先报明地方官。此至 1896 年前，一些传教士时不时地向山民在莫干山东南坡半山腰上赁屋而居。美国传教士白鼐是最早在山上筑消夏屋者，继而是伊文思，之后，洋人来山购地造屋络绎不绝。至 1898 年 6 月，一个率先由莫干山的合法业主发起的避暑会组织应运而生，负责提供避暑地内的公共服务。同年，各购地洋人执契到武康县衙交税，知县宋炽请示浙江巡抚廖寿丰，反被斥责不谙交涉，仅查明买地洋人、卖主姓名，所购地在山坐落亩分、价目了事。以避暑会名义，但凡真诚地想寻找消夏屋的申请都会被考虑，且优先考虑那些有小孩子的家庭。

避暑会（Summer Resort Association），这到底是一个怎么

样的自治组织，对近代莫干山开发建设及公共事业发展起过什么作用？据考，在周梦坡的《莫干山志》未问世前，孙乐君在《东方杂志》上发的《莫干山西人避暑记》和郑振铎《山中杂记》书中的《避暑会》算是比较客观记录莫干山避暑会的文章了。1926年，郑振铎上山时就看到到处张挂着避暑会的通告，这些通告"似乎比当地警察局的告示显得冠冕而且有威权些"，其中有一张中文通告，大意说，山上各工匠擅自涨价，日工资从四角涨到了五角，与避暑会决议不合，今年暂且这样了，明年如何，要大会后再定，落款是避暑会。直到某一日，一个在避暑会做义工的美籍沪江大学教师上滴翠轩旅馆找到郑振铎，言避暑会向避暑者募捐，以归还去年建造大礼拜堂欠下的一万元债。劝募的同时，这位洋小伙向郑振铎介绍了避暑会的事业，

莫干山别墅群

有大礼拜堂、游泳池、网球场、图书馆、幼稚园，等等，欢迎他去参观。郑振铎略问了避暑会的情形，然后写了几块钱的募捐款。

公共球场、游泳池、聚会堂之类，本就是避暑地的必具之物，莫干山上的洋人借助避暑竟把避暑区的公共事业有条不紊地做起来了。450号聚会堂即郑振铎《山中杂记》中提到的大礼拜堂，俱以山石砌成，建成时成为山中最有气势、最为宏大的一栋建筑，曾绘制在商务印书馆版《中国名胜莫干山》封面，带钟楼，一楼设童子军的房间、女孩俱乐部、图书馆、幼稚园、避暑会董事会议室等，二楼是可以容纳两百余人的大礼堂。其日程安排可参见赵君豪著《莫干山导游》：

一、周日有华语、英语礼拜；

二、不定期举行会议及特别演讲，被聘之演讲员大抵系来自海外，而经会议委员会特约者；

三、周末学校，不论老幼，均可入学，来宾参观亦所欢迎，并有郊外游宴及游泳之举行；

四、每周有音乐会，除特别音乐会取费入场外，平时任何人均可自由入场，"夜艺游会" "Stunt Night" 亦时或举行；

五、图书馆共有藏书数千册，内有良好之儿童读物，惟来此阅读者须纳阅书费；

六、幼稚园于周六开放。

在大礼拜堂旁边，有一处巨大的运动场，当年网球运动备受年轻人青睐时，此处堪称山中最为热闹的场所，每年举行网球锦标赛，且设有网球协会。既然是避暑，免不了想要游泳，但是在莫干山上却找不到一个游泳池，剑池太小，碧坞又太远，于是避暑会便集资建了一个游泳池，洋人是最会享用这种公共场所的。这也许是浙江省最早的一个游泳池。杭州之江大学教师费佩德曾用相机拍摄了一张山中游泳池大全景，数年后《申报》记者储裕生在《莫干山的欣赏》里总结称，"外国少妇小姐都爱游泳，她们裸露其身，仅带两个奶罩与穿一条三角裤，泳后日光浴，晒至皮肤呈红色方休。她们上街购物或在屋内嬉戏……都作如此装束，很多来山避暑的中国小姐们，也群起仿效"。

郑振铎在当时并不理解避暑会的模式和体系，只认识到避暑会是山中的实权机构，甚至可说是洋人圈地的保护伞，以致

网球场

怒言"我们愤怒他们之侵略，厌恶他们之横行与这种不问主人的越俎代谋的举动，然而我们自己则如何"！

感谢赵君豪著《莫干山导游》，全文引录了《莫干山避暑会章程》译本，为我们揭开了谜底。避暑会遵循罗伯特议事规则，自订有章程，宗旨有三："一是备具体育、社交、医药上之各项设置及管理以供会员之享用；二是代管会员所有之房地产及其利益产；三是共谋社会之福利。"其最高权力机构为会员大会，于每年 8 月的第一个星期四举行例会（会前两周在上海登报告知），选举 12 名董事组成董事会，由董事会提名会长候选人。据不完全统计，历任会长有法纳姆（Farnham）、雷克斯（Rex）、潘慎文（Parker）、赖德茂（O. Lattimore）、霍约翰（John）等。

西人夫妇在别墅休息

不得不承认，在避暑会的经营管理下，莫干山一度呈现出一片繁荣景象，宜人的自然环境及西化的社会环境，使洋人很快找到了一种归属感。上海的老英文报纸《字林西报》以《一个美丽的地方》介绍莫干山之夏，"这座山的山顶具有与生俱来的庄严，并且在每年这个时候，开花的灌木丛和树都是它们最美丽茂盛的时候"，"再次到访的参观者对无私合作的莫干山精神印象深刻，这是这个避暑地能够达到如此完美的秘诀"。英国人赫逊在《东亚杂志》上发表过一篇《莫干山》，称"在这里，艺术和自然浑然一体，使双目得享盛宴，灵魂得以狂喜"。出生于莫干山的杭州基督教青年会总干事鲍乃德之女鲍金美在回忆录里这样写道："这个地方是莫干山……对于浙江及其邻近省份的西方儿童，按他们父母的说法，这里是夏季几个月中的地上天堂。它是我们的。"1923年江浙齐卢之战，两省督军承诺，战争不涉及莫干山，莫干山是安全区。1935年7月4日，在山的美国人还在共同庆祝自己的国庆节，据马克著《中国杜鹃》，此仪式经多年，不仅于当年。1937年8月，中日淞沪战役打响，莫干山虽可闻空战的巨大轰鸣声，但仍是"和平之城"。此时，莫干山管理局暂时撤销，但避暑会犹在发挥守望相助作用，直至1941年山中形势日益恶化。

至此，莫干山避暑会历史轮廓线和存在感就十分凸显了。简言之，避暑会主要致力于提供山中的公共服务。莫干山管理局现藏有避暑会办理的509号、511号别墅过户给黄膺白的协议以及545号别墅转售贝渢（Hayley Bell）的协议，是非常珍贵的文献。翻译这些协议是一件很有意思的事，可以获取许多历史信息。如1932年8月16日黄膺白与潘慎文买卖511号房产及其地产协议：

写有避暑会主席赖德茂转交的信

本协议为莫干山避暑会秘书宋熙伯（Hurbet L. Sone）代表莫干山 511 号房产业主潘慎文之代理人安德森于今日同意将该房产、地产以及家具陈设以 6000 墨西哥元的价格出售与黄膺白先生的证明。

这意味着这幢房产中属于其他人而非原业主的家具陈设不在本次交易之中，可由所有人自行处置。一旦交易完成，房地契转让与买方之后财产所有权即归买方所有。然该房产现有房客在 1932 年暑假结束前仍拥有使用权。

这同时意味着本次出售以房地契中规定的地界和限制为准。交易的最终办理将在 9 月上旬于上海择双方均认可的时间、地点进行。

宋熙伯确认已收到黄膺白先生按双方达成的卖价预付的五百墨西哥元押金。

如遇现业主所持房地契和协议不能向买方交付财产的状况，交易亦宣告终止，买方预付的押金如数退回。

同意上述条款和价格请签字。签字人黄膺白。

避暑会还在山下三桥埠辟有事务所，照料往来避暑的洋人。1908年，美国基督教监理会湖州教区派陈凤笙、徐方泉、俞大钧驻三桥埠。百年前，洋人从上海、苏州等地到莫干山，最初仅有水路，坐屋船，当时需要几天，先沿京杭大运河到达塘栖，再穿过德清老县城到武康，由避暑湾上岸至三桥埠。1918年时，拱宸桥至避暑湾还为手摇小船，有游记这样写道："我们先到杭州，从杭州乘小火车到拱宸桥，然后叫了一艘小船，摇我们往山下的三桥埠去，摇了整整一夜。"其后不久，在避暑会的请求下，铁路局开通了从上海到杭州艮山门的火车，中午从上海出发，晚上到杭州。很快，缓慢的屋船被汽船取代，如果早上从上海坐火车出发，午后至拱宸桥，到了三桥埠，又早有许多轿夫挑夫等着，上了轿，行李无论多少，都不用费心，夜晚

游泳池

143

便可到莫干山。自此，莫干山的月夜不再寂寥，时有游人手提着灯笼被抬上山。住在山上的人一看山路上出现一列红灯笼，便知道有新邻居来了。

庾村人盛清诚的父母曾在避暑会三桥埠公所当管理员，会讲点英语，洋人上山经三桥埠，常在盛氏小店歇息、喝水。有一天，从杭州来的牧师尤克班（Eubank）见盛清诚聪明伶俐，给他取了个英文名字John，有意培养他，供他读书，想不到这成了盛清诚的人生转折点。盛清诚想到山区落后的医疗条件，决心当一名医生，后以优异成绩毕业于南京金陵大学医科并获医学博士，主理上海沪东医院。1947年，盛清诚买下莫干山90号别墅，每年暑假用轿子抬着药品和医疗器械，亲自上山开设义诊，有时还要爬山穿越竹林出诊、接生。他是很希望后辈们学医有所成后来莫干山办医院的。山中偶闻，当地人在与洋人打交道过程中，其实获益匪浅，特别是精神面貌改变很多，开始学会经营，懂得融通，普遍有一种充满善意和感激之情。

蓦地想起《莫干山避暑会章程·附则》最后寄语："莫干山之社会，端赖众人之合作及善意而维持，如有一人因私见而有妨害公众之动作，则将与尽义务者以难堪，而影响及于公益，惟诸君其三思之。"

与孔德懋老人的忘年之交

庞守义

　　孔子的七十七代嫡孙女孔德懋女士，今年一百零三岁，是生在孔府，长在孔府唯一健在的世纪老人。我和她相识是在三十六年前的曲阜。1984 年 9 月，山东省在"文革"后第一次举办大型孔子诞辰庆典，我是现场采访的摄影记者。在活动中认识了孔老，我第一次见到这位具有特殊身份的老人时，就被她慈眉善目、谈吐文雅，颇有大家闺秀的风范所吸引，产生了专访她的想法。让我感动的是，她当即高兴地接受了我专访的要求。在随后几天的相处和详谈中，我掌握了更多的素材，配上所拍摄的照片，形成一组摄影专题"孔子后裔故里行"刊发在《山东画报》上。

"天下第一家族"的女儿

　　孔德懋，是被称为"天下第一家"的女儿，她亲身经历了一百多年来中国的历史变迁。

　　孔德懋，幼年时在孔府深宅大院里修德识礼，十七岁时出嫁到北京。自幼受"三从四德"的封建礼教教育，成了一名典

1984年9月，孔德懋出嫁五十年后回曲阜，受到当地政府热情接待。

1984年，孔德懋在孔德成的伴读刘长厚家中做客。

型的家庭妇女，相夫教子，循规蹈矩，从未踏入社会。风云变幻，人世沧桑，半个世纪过去了，时值花甲之年的孔德懋女士却翻开了她生活的新一页。打倒"四人帮"后，洗净了"文革"带给她的各种罪名和政治凌辱，她怀着又一次被"解放"的喜悦心情走出了北京古老的四合院，走向色彩缤纷的社会。1983年后连任第六、七、八三届全国政协委员，参政议政，担任中国孔子基金会副会长、中国和平统一促进会理事等职。1995年作为中国政府代表团成员，参加了联合国召开的第四次世界妇女大会。近二十几年来，孔老热心从事慈善公益事业，多次出国访问，为弘扬儒家文化、促进各国人民友好往来、维护世界和平做了大量有益的工作。

1984年，与匡亚明等人商讨孔子基金会成立事宜。

"五十多年了，我又回娘家了！"

1984 年秋，当孔老乘坐的汽车缓缓驶进孔府大门时，她看到两边夹道欢迎的乡亲们，孔老激动得热泪盈眶，喃喃地重复着："五十多年了，我又回娘家了！"

当地领导按曲阜风俗，热情地迎接这位孔府出嫁女儿的省亲。孔老沿着绿色回廊，步入西学门宴会厅的大院时，鞭炮齐鸣的同时，响起了民间乐曲《抬花轿》，仿佛在迎接出嫁的女儿回门。到了宴会厅门口，身穿古代彩衣、梳着双髻的服务员慢慢掀起珠帘，在喜气洋洋的家一般的氛围中，孔老享受着亲人般的温暖。

席间，当地官员说道："德成先生不在家，我们替他迎接您！"孔老举着酒杯的手颤抖了一下，百感交集。孔老看着满桌子的孔府佳肴，回忆起童年在孔府的生活，恍如隔世。孔老感叹道："我真的回娘家来了！"

家宴结束时，已是黄昏。老人在大堂中一边缓缓地走着，一边和我聊起许多往事，她满含深情地说："五十年前，我结婚的前一天晚上，小弟到我房里坐了很久，恋恋不舍地说：'二姐，你明天远嫁到北京去了，孔府就剩我一个人了。'而现在我回来了，小弟却又走了，什么时候才能见一面？"说着说着，便落下泪来。

次日，她参观了孔庙、孔府，在孔林祭拜了祖坟。我在跟踪采访的过程中，频频按动快门，记录下她看到家乡亲人喜极而泣的动人场面，也记录下当她看到修缮一新的孔庙、孔府时的感慨。

1986年，孔德懋在祭孔庆典活动中。

通过第一次采访，我和孔老之间便有了经常的联系，她有些重大的社会活动都及时告知我，每逢我出差北京都会专门去看望她。即使我退休之后，她还经常寄来一些有关她活动情况的报道材料。

孔德懋姐弟的"隔海"情

从孔老提供的信息中，我选择出适合画报专题报道的内容，

1990年，在日本与阔别四十二年的孔德成相见。柯达摄。

几次去外地跟踪采风，于是产生了后来的几组专题报道《白发童心古人情》《骨肉相离泪不干》《异国姐妹情》《母女委员》《海上生明月，天涯共此时》，等等。这些稿件分别刊登在1985年至2003年间出版的《山东画报》中，尤以第六次采访的专题报道《骨肉相离泪不干》最为读者关注。

1990年11月24日，在日本，孔老期待了四十二年的姐弟重逢终于实现了。

至今，每当讲起那段经历，孔老还是难以抑制激动的心情：

"小弟（孔德成）缓缓地走下讲台，只喊了一声'二姐'，便再也说不出话来，和我紧紧拥抱在一起，满脸的热泪滴落在我肩上。我抱着小弟失声痛哭……"

当年，孔老从日本回到北京后便立即用电话告诉我姐弟重逢的喜讯，我连夜赶去北京，将姐弟俩这次相会时的有关照片和第一手资料统统收集到手。《山东画报》作为独家新闻，用封面和专题的形式及时地予以报道，在社会上引起强烈反响，后被多家媒体转载。

2000年9月，孔老又来电告知，中秋节她要回曲阜。一是应邀参加孔子世家家谱续修工作会议；二是参加当年9月举行的孔子诞辰庆典活动。于是，我又赶去了曲阜，第八次采访了她。

当我们又一次重逢时，感到时年八十三岁的老人神采依旧，

1991年3月，作者在北京孔老家中采访。

1993年3月，孔德懋、柯兰母女同时成为全国政协委员。

思路敏捷，言谈之中透露出的思念家乡、怀念亲人的情感有增无减。她说："1995年我从台湾访问归来时，弟弟德成一再嘱托我，再去孔林时替他在祖坟上敬献一个花圈以托哀思。我回来后把这一消息告诉了你，你及时赶来拍下来这一场面，用'海上生明月，天涯共此时'为题，将这组专题发表在《山东画报》1995年第11期上，我把这本画报寄给弟弟，他看后十分感慨，专门来电话说谢谢《山东画报》给予的历史记载。"

　　2003年，八十六岁的孔老自感年事已高，唯恐今后行动不便，决定再回故乡参加祭孔庆典，并邀请我前往，多拍一些照片，

1995 年，在台湾孔德成家中。左一为弟媳孙琪芳。

以备后用。当时我已退休，但欣然接受孔老之邀，赶赴曲阜和孔老相见。用镜头记录下在祭孔的人群中一位耄耋老人端庄与谦恭的风范。

风雨一杯酒　江山万里心

"风雨一杯酒，江山万里心"，这副楹联是孔德成先生在台北特为姐姐书写的，可见姐弟情深。孔老把这副楹联挂在家中最醒目的地方，思念之情油然而生。

2000 年，八十三岁的孔德懋。

2008 年 10 月 28 日，孔府里的最后一代主人、八十九岁的末代衍圣公孔德成先生在台湾辞世。得知这个消息，我即刻给孔德懋老人致电表示哀悼。这位耄耋老人沉浸在极度的悲伤中，我劝慰她忍痛节哀，保重身体。一周之后，我收到孔老寄来的一篇用血和泪写成的祭文，现摘录如下：

秋风瑟瑟，落叶飘飘，惊闻我弟溘然辞世，甚感凄凉，我与胞弟德成自幼相依为命，感情笃厚。虽人世沧桑，但仍犹如其述"风雨一杯酒，江山万里心"。弟弟德成乃孔子世家，忠恕仁爱，一以贯之的道德风范，永垂千古。今骤闻噩耗，我悲痛欲绝，仰天忆往，如梦如烟。谨书祭文，永志怀念。黄昏北望路漫漫，小弟仙逝泪不干。魂兮归来在曲阜，叶落归根吾才安。

读罢这篇祭文，是痛彻心扉的字字血、声声泪的感觉。孔老是在 11 月 1 日那天坐着轮椅，冒着寒风，在北海公园的白塔"西天梵境"吟诵了祭文。

她说，她期盼着弟弟魂归故里。

"江财"忆旧

赵国瑛

1980年8月中旬的一天，我接到江西财经学院的录取通知书。当时生产队还是吃"大锅饭"，没有分田到户实行大包干，家里既无钞票，也无粮票，要出门上学一时成了难题。于是我拿着录取通知书，挑了一担谷卖给粮站，换回些钱和粮票，以作盘缠。我带着简单的行李搭乘村里的拖拉机去诸暨县城，在火车站与一同考取江西财院的同学会合。

经过一夜火车颠簸，到南昌时已是次日凌晨。江西财院位于南昌北部下罗镇，"文革"期间曾经停办，学校复校不久，建在一片黄土山冈上。校园只有不多的几幢教学楼、学生宿舍，会堂和食堂合二为一，条件比较简陋。我们是该校复校后第三届学生。

作为80年代第一批大学生，我们的心中充满自豪。尽管物质生活比较艰苦，但十年寒窗终于跳出了"农门"，感觉还是很有成就感的。当年流行一首歌《年轻的朋友来相会》，里面的歌词激动人心，唱出了当时大学生们的心声。同学们来自全国十多个省，年龄相差较大，最长的二十五岁，最小的十五岁。每个人的经历也不尽相同，有的是下乡知青，有的刚从部队复

图3 我（中）与同学在南昌留影。左时进军、右杨再刚。

结伴去南昌市里逛逛，顺便买些书籍或生活用品，八一广场的雄伟，胜利路和中山路的繁华，都给我们留下了深刻印象。还有南昌的炒米粉等小吃也让人难以忘怀。

对我来说，大学生活最享受的，是有足够的时间去图书馆看书和杂志。虽然学校规模不大，但也有一个藏书三十多万册的图书馆，收留我四年青春时光。我看的大部分不是专业书，但四年大学生活培养了我的阅读习惯和兴趣，拓展了知识面，提高了思辨能力，使我终生受益。

当年学校还自制明信片，我们每每用来寄赠外校的同学和老师，作为纪念。

1984年4月，我们在朱文生老师的带领下去江西吉安、永丰、井冈山等地的机关和企业实习。朱老师风趣幽默，实习生

图 4 我（前排左三）与同学在校园合影。

活既充实又愉快，这是我们接触社会的第一步。

20 世纪 80 年代的大学生活，虽然清贫但精神生活活跃而丰富，没有人为就业操心，也很少有人提个人要求，大家都怀着一颗报效国家的赤子之心，服从工作分配。

图 5 江西财院自制的明信片

图 6 吉安实习期间，我（前排左五）和朱文生老师（前排左六）及同学合影。

2014 年 10 月，一场薄薄的秋雨过后，分别三十年的同学在母校团聚，分享重逢的喜悦。母校变大了，变美了，变得不敢相认了，但每一棵树木都曾听到我们的欢声笑语，每一寸土地都曾目睹我们青春飞扬，校史记录着我们拓荒植树的脚印。大家回到三十年前上课的教室，在黑板上签下自己的大名，不知不觉间三十年光阴已从我们的指间流过。

这些兵

——从下乡知青到"内招兵"

夏奇星

现代京剧《智取威虎山》中有一唱段名叫"这些兵"。2007年，《老照片》第五十四辑所刊我写的《从军营少年到下乡知青》，文中说到知青中大都经"正式招考或部队'内招'当了兵"，今天就来说说部队内招的"这些兵"。

在计划经济时期，我国的兵役政策和就业政策相互依存，城镇适龄青年服兵役也就意味着就业。1977年，在我军兵役史上是特殊的一年，按当时的政策，地方上的知青可以回城顶替父母参加工作，而部队的子弟却无此条件。因此，军中高层体恤下属，默许部队可以自主招兵。一时间，全军上下，各显神通，纷纷将其子女自主招收入伍，史称"内招兵"。据说全军内招兵过万，连我这四十二公斤体重的身板也成了"这些兵"。

记得1977年元旦刚过，军政治部陈协理员来到我们知青点，也不知找了个什么理由，说服了大队支书，把大部分知青带了回去，没两天，传出他们都当兵了。我径直跑到父亲所在的团，闹着也要当兵，没几天，我也穿上了军装，分到了军直高炮团。

这事还没完，"内招兵"的事闹得沸沸扬扬，地方上反应强烈，尤其是知青所在农村各层级领导的上访，致使高层立即

图 1　作者二十岁生日照

叫停了"内招兵"，还传出"内招兵"要退回去的说法。因此，我们这些兵连入伍手续都不全，到了部队也不分到连队，不发夏服、领章和帽徽，也不发津贴。一句话，这些兵还不算正式入伍，随时有被退回原籍的可能。我的夏服（战士服），是父亲用干部服换的（当时的干部服与战士服的区别是干部服上衣四个口袋，战士服两个口袋）。图1是我二十岁生日照，这时我已当兵十个月了，就这样我们这些兵在退与留的等待中度过了一年。

到了 1978 年，我终于与当年入伍的新兵一起正式分到了

图 2 作者在西昌靶场与战友合影。

二营七连，担任侦察兵。侦察是连队最好的专业，除共同科目训练外，专业训练主要是识图用图（军用地形图）、对空侦察、敌我飞机识别等，当年我的专业训练成绩名列前茅。到了年末，随团参加了军区所属各高炮分队集中在西昌进行的实弹射击考核。图 2 为在西昌靶场与战友留影。

　　实弹打靶未毕，我高炮团便奉命向南集结。记得是 1979 年元旦，我们从西昌正式踏上了前往南方作战的行程。到了前线不久，从父亲的来信中得知我们这些兵的入伍手续正式办下来了，入伍时间为 1976 年 12 月 31 日。噫！大战在即，好雨时

图3　作者与战友在蒙自合影。

节。图3为战后与唐兴涛（右）、郭东涛（左）在蒙自的合影，我们三人均为军炮团子弟，同时内招入伍。同年5月，胞弟夏剑锋也内招到高炮团当兵，图4为我们兄弟俩的合影。这年，我当上连队的文书兼军械员，离提干仅一步之遥。

　　1980年，全军"双冻结"（入党、提干冻结），彻底地冻结了我在军机关提干、娶女军官为媳的军营美梦。年末，我复员到了黄石市从事声像档案工作，直至退休。

图 4 *作者与弟弟合影。*

　　这些兵中，除马海滨、陈锐敏、海鹏是正式招考到空降兵十五军外，其他都是 1977 年"内招"入伍的。1978 年和 1979 年也"内招"了一些，但规模和影响远不及以前。这些兵各奔东西，分到了各师、团，有的当了师政委（大校衔），有当军医的；复员转业到地方后，有的当了党委书记，有在机关的，有在出版社的，有在银行的，也有去美国的，也有下岗的。今天他们都已退休了。

刻有时代烙印的爱情

张进仁

我妹妹张自生 1954 年 8 月 6 日出生在四川省乐山县（现乐山市市中区）平兴乡偏僻的张村，1958 年"大跃进"年代，该乡更名为平兴公社。她到上学年龄时，在公社读小学，直至完成初中学业后就成了农民。在贫瘠的土地上，她与母亲、两个姐姐和小哥哥一道，参加生产队的集体劳动，日出而作，日落而息，日晒雨淋，相当劳累，一年很少有个歇息日。年终决算，一天工分值不过两三毛钱，只能填饱肚子，在艰难困苦中度日。

20 世纪六七十年代，讲"政治挂帅"和"以阶级斗争为纲"。地主、富农、反革命、坏分子和右派分子被称为"黑五类"，是改造和专政的对象，受到极不公正的待遇。当时，家里除了在政治上没有地位外，日子也过得十分清贫，靠全家微薄的收入，生活一直很拮据。平时，有剩余的豆豆颗颗之类的农副产品，逢离家最近的新桥镇（现苏稽镇）赶场时，就步行约十五里乡村小道背到市场出售，再换回油盐酱醋等调料和一些生活用品。新桥镇坐落在乐山县城以西三十里左右，清澈的峨眉河从镇上穿过，古老的石桥、少数残存的庙子和牌坊以及参天大树留下了历史的遗迹。这是一个人口稠密、交通便利、非常繁华的商

图1 1974年，自生妹妹二十岁时留影。

埠集镇，又是文化气息十分浓厚的古镇，有"佛教之乡"的美名。

　　1969年，毛主席号召城镇知识青年到农村去接受贫下中农再教育，一股上山下乡的洪流席卷全国，"广阔天地，大有作为"，是当时流行非常广泛的政治口号。广大知青在思想上经过痛苦挣扎后，依依不舍地离开了较舒适的城镇，到十分艰苦的农村去磨练自己。1971年，乐山县城和新桥镇的一批"下乡知青"陆陆续续到我们大队插队落户，这些少男少女个个青春盎然，充满朝气。他们的到来，为寂静的山村带来了活力。但是，待安顿下来开始与社员一起劳动一段时间后，他们真正体会到"锄禾日当午，汗滴禾下土。谁知盘中餐，粒粒皆辛苦"的滋味。这里没有城镇中的喧嚣，满眼除了山丘就是田地，还有破旧的村舍；闭塞的山沟沟里，不时地传来几阵鸡鸣狗吠之声，思家之情霎时涌上心头。"既来之，则安之"，只有硬着头皮坚持下去。

农村没有什么精神文化生活，知青的生活更是单调乏味。1972年，为配合当时的形势，自上而下要求组织毛泽东思想文艺宣传队，凡是有点文艺细胞的农村青年和知青都可参加。在大队所在地经常排练一些文娱节目，如快板、三句半、舞蹈、独唱、小合唱、表演唱等，向社员们演出或到公社汇演。现代人无论如何也没法理解，在那个文化生活极度匮乏的年代，就是能看到这些节目也解渴啊。

寂寞的农村生活让我妹妹感到十分压抑，她自愿报名参加了宣传队。青年男女在一起活动时，总是欢声笑语，好不热闹。有个中等身材的年轻人许泽林，新桥镇人，五官端正，爱说爱笑，为人热情，心地善良。他歌声动人，笛子吹得悠扬，深受队员们的赞许。他在和我妹妹接触的过程中，相识相知，互相了解，兴趣爱好一致，有共同语言，渐渐地对我妹妹有了好感。在那个羞涩和传统的年代，我妹妹十分含蓄，把这个朦胧的男女之情深藏在心底，回家后悄悄向父母倾诉。父亲解放前后曾分别在新桥镇的飞龙庙小学和新二小任教多年，空闲时喜欢在镇上茶馆和朋友喝茶，对该镇有所了解，知道泽林的家位于镇上最繁华的地方，住房较宽大，经营镇上最大的茶馆，家境较殷实。其父忠厚老实，为人和善；母亲能干，吃苦耐劳，是持家的好手。我父母认为泽林和我妹妹文化程度和年龄都差不多，只要她本人心里乐意，就没意见。

过了一段时间，我妹妹经过深思熟虑后，就带泽林到我家见父母亲。在摆谈过程中，我母亲语重心长地对他说："泽林，

图2 1979年，泽林妹夫和自生妹妹结婚照。

自生是我的幺女，你要对她好啊！"泽林在我父母面前十分有礼貌，看得出来是一个有良好家教的好后生，他腼腆地说："请你们放心，我一定会做到！"一番肺腑之言让两位老人感到十分欣慰。

果不其然，不出我全家所料，当泽林的父母听说此事后，尽管知道我父亲在镇上是小有名望的教师，母亲贤惠善良，其女儿一定有教养，但横亘在老人面前的两堵墙，让他们坚决反对儿子与我妹妹交往。一是我妹妹为农民，在农村"面朝黄土背朝天"，一辈子在贫穷中挣扎；二是我家出身差。这些看法，我全家都能理解，这是当时社会造成的啊，谁也无力去说服许家人。尽管摆在面前是任何人都无法改变的现实，泽林与我妹妹仍不顾一切，十分相爱。他虽然生长在城镇，条件较优越，但在农村能和社员打成一片，有坚强的毅力和吃苦耐劳的精神，各种农活都干得较出色。我妹妹看在眼里，更加感动。劳动之余，促膝谈心，恋人

图3 1982年，泽林妹夫和自生妹妹到成都游玩时，在南郊公园留影。

之情，日久弥深。然而，可想而知，他俩在与传统习俗对抗中，精神上所受的折磨和内心的无助是多么痛苦啊！

　　光阴匆匆，一晃泽林下乡已近五年，1976年，他终于盼来了梦寐以求的返城愿望，调到乐山大渡河水运局工作。临行前，他和我妹妹话别，两人既高兴又难过，高兴的是他脱离了农村，有较好的出路，难过的是他们的爱情又增加了一堵城乡差别巨大的墙，几年的恋情又将受到严峻的考验。两人相对而泣，难舍难分，彼此都把感情深藏在心里，祈盼有美好的未来。

　　泽林的单位离平兴百多里，"隔山隔水永相望"，他们只有通过书信传递思恋之情。他假日回家，总要到张村看望我妹妹，说不完的知心话，两颗年轻而纯洁的心贴得更紧。有一次，听说泽林回家休息，我妹妹赶到镇上，刚到他家门口，就被其父母拒之门外，她心知肚明，立刻伤感地调头而去，只好偷偷与泽林约会互诉衷情。我妹妹受了多么大的委屈啊！回到家里，她一头扑在母亲的怀里，泪眼涟涟，看到女儿伤心过度，母女连心，母亲就用慈祥的母爱抚慰她受伤的心灵。世人都能理解，天下父母那个不希望自己的儿女婚姻幸福。精神的压力，心灵的创痛，让泽林和我妹妹的情绪几近崩溃。那真是一段刻有时代烙印的凄苦爱情。

上苍有时捉弄人，上苍有时又眷顾人。当泽林和我妹妹在爱情的漩涡中拼命挣扎的时候，命运之神终于对他们露出了笑脸。1977年，县教育局通知退休的父亲，要我妹妹参加笔试和面试后接他的班。几年的期盼，突然降临的幸福，似梦似幻，让他俩悲喜交集，相拥而泣，"历经磨难真情在，天长地久不分开"，终于有了出头之日。

不久，水到渠成，泽林和我妹妹组建了那代人的那种简单、平淡又美满幸福的家庭，心情无比舒畅，在各自的工作岗位上奋斗。作为电工，泽林认真钻研技术，对待工作兢兢业业，任劳任怨，受到单位的好评；我妹妹边教学边参加函授学习，获得中师毕业证书，在教书育人方面取得了不少优异成绩，获得无数表扬和奖励，成为一名优秀的小学教师。

光阴荏苒，岁月悠悠，几十年过去了。如今，泽林和我妹妹都退休了。夫妻俩相濡以沫，温馨相伴，在精明能干的女婿和乖巧懂事的女儿陪伴下，他俩过着幸福的晚年生活。

父亲珍藏的几张学运照片

赖晓平

这些照片来自父亲赖祖武的旧相册。每张照片后面都有我父亲的亲笔注解，虽然过去了七十多年，仍然清晰可见。

赖祖武（1931—2009），1950年毕业于广西大学物理系，1952年浙江大学物理研究所研究生毕业。1953年全国高校院系调整后，从浙江大学调到复旦大学物理系，创建电子学专业，历任讲师、教研室主任、系实验室总负责人等职。1960年后在核工业系统从事科研工作，为我国第一颗原子弹爆炸成功作出了贡献。1986年任九院研究生部副主任、研究员。2009年10月在北京去世。

这三张老照片（图1、图2、图3），是我在整理父亲遗物时看到的。家父1946年至1950年曾在广西大学物理系读本科，父亲生前曾多次谈到过这段往事。照片拍摄于1949年3月30日，地点为广西桂林。因国民党中央银行将教育部汇给广西大学的款项扣留不发，全校教职员工在地下党的领导下，团结一致，展开了一场"反饥饿、索取欠款"的斗争。

我父亲也参加了这次大游行。当时广西大学师生一千多人冒雨行进，来到中央银行门前，周围有很多围观的群众，愤怒

　　图1　父亲当年在照片背面写有："向种殃（中央）银行请愿照片之二：这是一群反饥饿、反剥削包围央行门口、等待合理解决的千余西大员生工警和几千观众所成的'人海'。"

　　图2　父亲当年在照片背面写有："向种殃（中央）银行请愿照片之三：他们在高唱'团结就是力量'。"

的师生把中央银行改成"种殃"银行，并写上"朱门酒肉臭，路有冻死骨"的对联，控诉央行扣发教育经费的卑劣行径。师生们高唱《团结就是力量》，围观群众与广西大学的师生汇成人海，游行请愿一直持续到傍晚。经过斗争，央行终于把钱还给广西大学。我父亲深为参加了这次学生运动而自豪。

父亲晚年（2005 年）时有一段口述录音，我将其中关于1946 年至 1950 年在广西大学期间的历史回忆摘录于兹，可以作为了解这些照片的时代背景。

　　1946 年我参加高考，当时只有两个选择，一是台湾大学，二是广西大学，因为有几个同学报考广西大学，于是我也选择了广西大学，（19）46 年暑假后就去报到。当时从福州去广西大学交通很不便利，要先乘船去香港，再从香港乘车到广州，坐火车到衡阳，然后坐汽车到达广西，那时我父亲赖汝梅去了台湾，抗战结束台湾收复后，父亲到那里海军候补，就是沿着海岸线扫雷。当时和台湾的贸易往来就是将台湾的糖果运到福州，福州的当归运到台湾，我父亲也做点小生意，养家糊口。

　　我在广西大学考的是物理系，当时有个思想，科学救国，所以一心要考理工科，我当时成绩很好，大学期间都是享受公费。

　　1946 年开始接触到学校中的地下党组织，那时地下党在广西大学中很活跃。当时学校有两个派系，一方面共产党的力量范围很大，那时还能看到《新华日报》，另一方面，福建同乡还有很多学生参加三青团，学生中有不同的政治倾向，我当时有个思想，中国要图强，就要反对国民党的腐败。

　　我当时积极参加进步学生运动，1947年北京大学沈崇被美军强奸的事件传出后，引起全国抗议，全国十几所高等院校五十万学生游行，声讨美军暴行，要求美军撤出中国，废除《中美商约》等。我当时也参加了广西大学的游行。在大学期间参加过"反饥饿、反内战"的游行，我很积极参加这些活动，广西解放前夕参加护校。

　　1946年至1947年，我在农学院上课，大学一年级学习很放松，我常到山坡上去玩，躺在草地上看天空，一学期下来，到期末发现成绩下降，被扣了很多学分。同学都知道莆田三赖教书很出名，我意识到了要努力，所以到二年级，我开始发奋念书，成绩很快上升，物理始终保持第

　　图3　父亲当年在照片背面写有："向种殃（中央）银行请愿照片之四：中央变成了种殃。"

一名。

学生运动中有两派系，从政治上分流了，虽然大家关系还可以。我当时看过《三年游击战争》这本书，书藏在砖下面。学校的地下党员多数是广西当地人，我们外地学生参加的很少。毕业时正是广西解放，广西是（19）50年初解放的，我是（19）50年夏天毕业，当时很多同学报名参军，

图4　父亲的广西大学毕业照

我在广西大学入了团，在浙大是学生会主席、学校团委委员，浙大毕业时正好招一批人去苏联学习，要考俄语，我花了两个月时间，学习俄语语法，记了几千个单词。就去上海考试，并且考上了，我就到俄专学习。

（19）49年期间我父亲赖汝梅在香港，一直动员我去香港工作，我就动员我父亲回国。那时想出国是比较容易的，家里已经度过了最困难的时期，准备好了路费，可以乘船出去，到香港一个月后就可以打工养活自己。但我不想出去，当时思想很进步，还不断劝父亲回来。

（19）49年全国解放。后来父亲也回到了国内。

（19）49年底，白崇禧撤退时把学校都包围了，我们就布电网，护校。双方对峙了一段时间，我也参加巡逻站岗，当时把仪器都搬到山洞里。就是靠进步师生的努力，保护了学校，迎来了广西的解放。

图 5 父亲在广西大学就读时的照片。

七十多年里，这几张照片随我父母亲工作调动，经历了七次大搬家以及无数次小搬家，从广西大学到浙江大学、到复旦大学，到北京，到青海，到四川，再搬回到北京。每次搬家，家里的物品都丢弃损失很多，尤其从北京搬到青海，所有家具都没有保留，经历了那么多历史动荡，而照片仍保存完好。"文革"期间，家中的照片曾被抄走一些，运动结束后失而复得，但只找回了这三张。

可想而知，这几张照片在父母亲心中的分量。它们既是父亲当年参加进步学生运动的见证，也是历史的真实讲述。

沈仲君先生的全家福

于　正　于道洋

　　为真实记录南京师范大学的发展历程，挖掘数学科学学院文化信息，讲好创业故事，留住历史记忆，我们向沈光骏先生征集其父亲沈廷玉当年创建南京师范学院数学系时的历史信息。其中有这张祖父张沈仲君先生的全家福，据他说拍摄地点似在兖州，时间当是 1934 年。

　　从这张老照片中我们看到共有五人，前面坐着的是沈仲君和夫人黄丽云，旧式的大褂、布鞋，正襟危坐。虽然是老服饰，但从先生的眼中我们可以读到其现代进步意识的光芒。而夫人则是一派大家闺秀的气质。

　　后排站立由左至右依次为：儿媳黄园珍、女儿沈润华和儿子沈廷玉。儿子配戴有眼镜，身穿新潮的浅色西装，两位女士则是新式的旗袍，均足蹬皮鞋，不用说他们都接受了新文化思想的影响。

　　沈仲君，生于 1882 年 1 月，祖籍江苏吴县。早年入上海电报学堂学习，1897 年 10 月毕业。1914 年来到开通两年的津浦线济南站任电务处领班。后不断调动到东北堡、大汶口、泰安、济南、兖州等站任站长，直到退休。

沈仲君的全家福

　　沈仲君之子沈廷玉（1914—1977），字静轩。幼年随父在山东长大。随父亲的调动，先在济南商埠小学，东北堡私塾，曲阜私塾，泰安萃英小学、中学读书。后考入金陵大学，毕业后曾在上海、南京等地任教。早年在南京，沈廷玉就是有名的数学老师，他身材瘦，却精神奕奕，讲课言简意赅，条理分明，在黑板上演题时，随手画出的直线、圆和用尺、圆规画出的一样，深受学生们的爱戴。解放后沈廷玉就被调到南京师范学院，参与创建了南京师范学院数学系并一直在那里工作，桃李满天下。

　　沈仲君之女沈润华高中毕业在上海当了小学教师。特别值得一提的是，这位沈廷玉先生的六个子女分别成为了工程师、教授和中小学教师，为国家的建设和教育事业的发展作出了贡献。

　　1934 年到现在近一个世纪了。我们从这张全家福中分明能看出百年的历史变迁，也看出了时代的发展和进步。老照片是对过去生活的回顾，其中蕴含了岁月的沉淀、时代的缩影和人生往事。每张老照片背后有太多的故事，故事中承载着一段历史。透过老照片，仿佛可以触摸到久远的历史，时代的脉搏。它不仅仅是一个家庭的珍贵记忆，也是一个时代的缩影。

行将搁笔，言有尽，意难平，每每念及沈先生的生平、家族，总有一联诗起于胸中，权作本文之尾声：忠厚长存摹胜景，弦歌不辍续华章。

征　稿

《老照片》是一种陆续出版的丛书，每年出版六辑。专门刊发有意思的老照片和相关的文章，观照百多年来人类的生存与发展。

对稿件的要求：所提供的照片须是20年以前拍摄的（扫描、翻拍件也可），且有一定的清晰度，一幅或若干幅照片介绍某个事件、某个人物、某种风物或某种时尚。文章围绕照片撰写，体裁不拘、传记、散文、随笔、考据、说明均可。

编辑部对投寄来的照片，无论刊用与否，都精心保管并严格实行退稿，文字稿恕不退还，请自留底稿。稿件一经刊用，即致稿酬。

来稿请寄：山东省济南市英雄山路189号B座　山东画报出版社《老照片》编辑部

邮　编：250002

E-mail：laozhaopian1996@163.com

网　址：www.lzp1996.com

电　话：（0531）82098460（编辑部）　（0531）82098460（邮购部）
　　　　（0531）82098479（市场部）　（0531）82098455（市场部）

邮购办法：请汇书款至上述地址，并标明收款人"山东画报出版社有限责任公司"和注明所购书目。

邮发代号：24-177

《老照片》网站与微信公众号

官方网址：www.lzp1996.com

微信公众号：山东画报出版社老照片

芝罘岛上的大家庭

彭守业

过去受"家大业大"及"多世同堂"观念影响，家庭规模大，三世、四世同堂的家庭比较普遍，甚至还有五世同堂的。当时的习俗是，长辈在，家口再大也不能分家，甚至父母不在了，兄弟也不分家，所以其时一个家庭有十几口的情况很多，个别家庭甚至达到了几十口人，堪称超级大家庭。

民国年间，烟台市芝罘岛上就有这么一个远近闻名的大家庭，老兄弟三人四辈未分家，最多时人口达五十四人。这老兄弟三人是陈世钦、陈世锦、陈世镒，他们共有十个儿子、四个女儿，孙子、孙女若干，家政由老二陈世锦主持，几房媳妇轮流推磨、做饭。

老兄弟仨有个姑姑，一辈子未婚，与兄弟三人一起过。1942年初夏，老姑姑因病去世，兄弟三人将在外经商的子侄都叫回来举丧，闺女、女婿也都回来了。陈世钦有个女婿在哈尔滨工作，回来时带了一架德国产照相机，有人提议照一张"全家福"，阖家老少都乐意，照相地点选在陈氏祠堂中。陈世锦为了不给村民留下招摇的印象，约法三章：一不准穿西服、皮鞋，一律着中国传统服装、布鞋；二不许一起进祠堂，按辈分大小

分批进、分批出；三照相时，出嫁的闺女、女婿都不上去。快门闪过，便留下了这张珍贵的老照片。照片上的人共三十七位，中间坐着的自右至左依次是陈世镒、陈世锦、陈世钦、陈世钦家属、陈世锦家属、陈世镒大房、二房。

应加以说明的有三点：一是照相后这个家庭十年内又有十多个孩子出生；二是 1942 年为中国抗战最艰苦的年份，大多数人饥寒交迫，而这家人衣着光鲜、面无饥色——当时老兄弟三人的八个大一点的子侄多在外经商，在村里还开了一处杂货铺，多有进项，保证了全家衣食无忧；三是从照片中可看出，作为背景的陈氏祠堂规格不凡，在芝罘岛堪称首屈一指。

20 世纪 40 年代后，传统的宗法式家庭受到冲击。1951 年，这个维持了几十年的大家庭终于解体，分成若干小家庭，那种阖族聚居热热闹闹的日子，从此彻底远去了。

1968：童年时代的黄大年

英　子

　　1968 年的五一节是一个非常晴朗的日子，位于广西南宁市的地质局大院里，一座刚刚建成的二层幼儿园小楼散发着木质的清香和新鲜的油漆味。这座漂亮的小楼是当时广西地质局大院里最小巧精致的建筑，红瓦白墙，墙壁上镶嵌着美丽的灯笼花图案和彩色的边纹，二楼上有着宽宽的晒台可以晾晒被褥，还有木制的护栏防止孩子们坠落。因为地质工作的特殊性，许多地质局的技术人员都长年在野外工作，也有很多夫妻分居在两地，无暇顾及孩子，所以孩子们都托管在幼儿园里，这所幼儿园小楼就成了孩子们的大家庭。

　　平日里，整个二楼住满了大中小班各个年龄段的孩子，幼儿园的老师们（包括黄大年的妈妈张瑞芳）整天忙前忙后，白天和孩子们在一个食堂里吃饭，晚上又和孩子们在一个小楼里居住。楼上是孩子们的寝室和教室，楼下就是老师们的家。这天，各地放假回来的爸爸妈妈们把孩子接回家，幼儿园空了下来。老师们也有了难得的空闲，借着这个晴好的天气，户户都敞开门窗，把衣服被子拿出来晾晒，充分吸收明亮健康的太阳味道。

　　在如此明媚的阳光里，老师家的孩子在大院里撒开了欢儿。

图1 1968年五一节。前排为黄大年、郝晓玲、杭红，后排为杭玲、杭丽。

天气刚刚转暖，孩子们脱去了厚重的棉衣棉鞋，一身轻松的他们正成群结队在大院的各个角落奔跑嬉闹。女孩子喜欢在沙坑里堆沙人，男孩子喜欢在刚刚做成的荡板上荡秋千，还有孩子在刚架起的跷跷板上起落不止。春风暖暖，天上已有了成群飞过的麻雀，各种花香弥漫在绿树浓荫之中，孩子们的尖叫声和鸟儿的叫声连成一片，整个广西地质局的大院里喜气洋洋，一派节日的气氛。

在这群奔跑欢笑的孩子里，就有十岁的黄大年。

从照片上看，十岁的黄大年个子并不高，胖乎乎的小脸，毛茸茸的黑发，是个可爱而健康的小男孩。这一年，黄大年已是小学三年级的学生，也是一名光荣的少先队员。黄大年很喜欢"少先队员"这个称号，即使在节假日，他也要像上学那样戴上红领巾。

更让大家兴奋的是，在外地工作的大年爸爸黄方明回家时，带回来一台工作用的照相机和一卷珍贵的胶片。那年代，照相是一件很奢侈的事情，能在自己家门口随意拍照，更是一件难得的惊喜。很显然，黄方明并没有独享这份快乐，他召集起院子里的邻居，趁着好天气，快来一起合影吧。

在这台照相机的召唤之下，几位妈妈顿时忙乱起来，她们四处喊自家的小孩子快快回来，快换上新衣服，黄伯伯要给大家照相啊！

可是正在疯狂地奔跑着的孩子们并不领这份情，他们更喜欢无拘无束地玩耍，一个个像躲避老鹰抓小鸡那样躲避着妈妈的呼喊。但最终他们还是被妈妈们一个个抓到了照相机前，很不情愿地组合在一起，组成了相片上的这个模样（图1）。

照相机"咔嚓"一声，1968年5月1日那天的黄大年，就被真实地记录在照片里。

图2里十岁的黄大年，站在身材高挑、面目俊秀、脸上洋溢着幸福笑容的妈妈张瑞芳身边，显得矮小了一些。他刚刚还在沙坑里跳跃，裤脚和鞋子上沾着黄沙子，突然极不情愿地被妈妈拖回来照相，自然非常抗拒。所以黄大年没有听从妈妈的安排去换一条新裤子，而是坚持要穿着打着大大补丁的旧裤子照相。据黄大年的弟弟黄大文回忆，童年的黄大年学习成绩很好，人也极聪明，但课余时间他和别的孩子一样顽皮好动，尝试着各种冒险。广西地质局的大院是那么空旷辽阔，这些爸妈都工作在野外、自己未来也会成为地质工作者的孩子们经常在

图2 1968年五一节，黄大年和妈妈张瑞芳。

大院的各处游戏探险，攀树爬墙，磨坏衣服撕破裤子是常有的事情，而活泼好动的黄大年就特别费衣服。手巧而节俭的黄妈妈常用家里的那台用不同牌子的缝纫机零件拼装而成的杂牌缝纫机（这台缝纫机也常用来给幼儿园的小孩补衣服），给黄大年的裤子缝上大而结实的补丁。补丁采用的是不同颜色的布料，虽然色泽不统一，但却结实耐穿，很符合当时的审美标准。好在那时候所有的大人小孩都穿着这种打补丁的衣服，黄大年的这条有着大补丁的裤子在当年也是一种时尚。只是在照相的时候，妈妈希望儿子穿戴整齐一些，黄大年却不肯配合，母子争执了一会儿，结果是双方各让一步：妈妈允许黄大年不换新衣服，黄大年配合妈妈去拍照。最后，表情沮丧的黄大年穿着带有大补丁的旧裤子、带着鞋子上的沙土站在了衣着整洁、鞋袜干净的妈妈身边，母子二人的不同表情，恰好说明了母子二人面对照相机时的不同心情。

照片后面那间门前晾着衣被的小房间，就是在幼儿园工作的黄妈妈张瑞芳的寝室，也是当时黄大年的家。

图1中和黄大年站在一起的光脚女孩，是邻家的女儿郝晓玲，当时她正在沙坑里光着脚蹦跳，连鞋子都没有穿就被郝妈妈抓来照相。其他的三个女孩都是杭家女儿，她们是杭红（前右）、杭玲（后左）、杭丽（后右），因为她们的妈妈和黄妈妈同为幼儿园的老师，所以童年时光里，她们一直和黄大年生活在地质局大院里，也一直都是黄大年童年的玩伴。

黄大年成人后，先后就读于长春地质学院和英国利兹大学，成为著名地球物理学家，惜于2017年1月因病去世，终年五十八岁。

由衷的祈愿

冯克力

发这辑稿时，在中国已初步得到控制的新冠疫情，又在全球肆虐起来，人类的命运正面临着一场突如其来的严峻考验。

自今年一月下旬以来，受疫情影响，物流中断，印厂停工，《老照片》连续几辑都未能如期与读者见面。罹此旷世劫难，区区一本读物的逢遭际遇实在是微不足道，也不会有多少人在意，对其脱期、延宕，想来读者也不难宥谅。

上一次大疫情，是发生于2003年的"非典"，已经过去了十七年。那次"非典"的灾难虽远不及这次的"新冠"，但给人们心理造成的创伤却一直都在，回想起来难免谈虎色变。而当年的抗疫英雄——"吹哨人"蒋彦永和抗疫专家钟南山两位医生的名字，也时常挂在众人的嘴边，被津津乐道……后来，曾有人提议在《老照片》里结合图片回忆一下当年抗击"非典"的那些人和那些事，屈指一算，惜照片拍摄时间尚不足《老照片》所要求的二十年，便放弃了。

可谁能料到，当年"非典"的那些定格未等成为"老照片"，一场更大的瘟疫竟又降临了。早知道这样，管他什么十年、二十年，管他什么照片够不够"老"，先把那些事絮叨絮叨再说。《老照片》虽书微言轻，哪怕自说自话，给大家提个醒呢。

悔之晚矣！

由于相机的普及，尤其是手机拍摄功能的日臻完善，这次的"新冠"，无疑将是有史以来影像记录最丰富的一场瘟疫。大到一个国家、一座城市，小到一个社区、一个村庄，乃至每一个家庭，都有属于自己的抗疫"图志"。其中的生聚死别、悲欢离合，都将成为疫后痛定思痛的宝贵见证，可要好好留着啊！

祈愿"痛定"的一天在全球早日到来，也希望善后的"思痛"能郑重开启。

我们期待着。

半面清妆

　　此照片从国外偶得。蛋白版制版工艺,长13.6厘米、宽9.5厘米,由一位西班牙摄影师拍摄于1880年的厦门。

　　遥想瑾年旧日,旖旎时节。深庭闺中,素服花下,螺髻轻绾,眉目间晶莹透彻,不见半点纤尘。百年长恨,如此人间美眷,始终奈何不了韶华相负,白驹过隙间,红颜不待,不禁令人怅然无语。幸其寄于纸上,虽历经岁月洗礼,仍倩影如昨,默然流芳。正是:半面执心开,清妆入梦来。

(张开来　供稿)

国内订阅：全国各地邮局

邮发代号：24-177

地　址：山东省济南市英雄山路 189 号 B 座（250002）
E-mail：laozhaopian1996@163.com
网　址：www.lzp1996.com

责任编辑／赵祥斌

装帧设计／王　芳

扫码听书

《老照片》微商城

微信公众号

《老照片》网站

ISBN 978-7-5474-3374-4

定价：20.00 元